Dietrich Koller

Geld oder Leben

Dietrich Koller

Geld oder Leben

Vom Umgang mit der Macht des Mammons

Claudius

Bildnachweis:
S. 15 Ernst Kahl: Jesus zeigt Lenin seine Wunden © Ernst Kahl, Hamburg; **S. 23** Wilhelm Steinhausen (1846–1924); **S. 25** Werner Tübke: Bildnis eines sizilianischen Großgrundbesitzers mit Marionetten 1972 Galerie Neue Meister, Staatliche Kunstsammlung Dresden © VG Bild-Kunst, Bonn 2003; **S. 66** Foto: dpa, Hamburg; **S. 85** Steinhardt: Der Prophet © Stiftung „Neue Synagoge Berlin – Centrum Judaicum“, Berlin; **S. 123** Felix Mussil: Bürger Politik, Wirtschaft, Banken Aus: Frankfurter Rundschau © Felix Mussil, Frankfurt

Bibliografische Information Der Deutschen Bibliothek
Die Deutsche Bibliothek verzeichnet diese Publikation in der Deutschen Nationalbibliografie;
detaillierte bibliografische Daten sind im Internet über http://dnb.ddb.de abrufbar.

Birkerstraße 22, 80636 München
www.claudius.de

Umschlaggestaltung: Werner Richter, unter Verwendung des Bildes Totentanz von Basel von Hap Grieshaber © VG Bild-Kunst, Bonn 2003
Satz: Stahringer Satz GmbH, Ebsdorfergrund
Druck: AALEXX Druck GmbH, Großburgwedel
ISBN 3-532-62290-4

Inhalt

Widmung

Meinen Enkelkindern Lorenz, Felix und Elias;
Finn; Nora und Joschka; Jonas und Linn.
Wenn sie einmal in diesem Buch lesen, wird
es veraltet sein.
Vielleicht wird dann die beschädigte Welt,
die meine Generation ihnen hinterlässt,
genesen sein von der Krankheit der kapitalistischen
Gelddiktatur.

Vor-Worte

„Geld oder Leben!"
Das ist die kriminelle Sprache in der Krise eines Raubüberfalls. Ich muss mich blitzschnell entscheiden. Lasse ich mich zusammenschlagen – oder gebe ich meine Brieftasche her?
Darum geht es in diesem Buch natürlich nicht. Oder doch?
„Geld oder Leben!"
Das ist auch die existenzielle Sprache in der kulturellen Krise des Kapitalismus. Wir müssen uns entscheiden: Wollen wir den quantitativen Gesetzen und Bedürfnissen des Kapitals folgen – oder folgen wir den qualitativen Gesetzen und Bedürfnissen des Lebens?
Wir sind in eine kritische Phase gekommen, wo das Geld nicht mehr dem Menschen und die Wirtschaft nicht mehr dem Leben dient; wo das Leben der Wirtschaft dienen muss und der Mensch dem Geld. Schließlich stirbt alles ab: Wirtschaft und Geld, Mensch und Leben.
Wir sind Räuber geworden und zugleich Opfer von Räubern; „kleine Hansen" und zugleich Opfer von „großen Hansen" (wie Martin Luther sich ausdrückte).
Darum geht es in diesem Buch. Aber es ist kein wirtschaftswissenschaftliches Lehrbuch. Sondern ein Buch, das theologisch und politisch herausfordern will.
„Geld oder Leben!"
Das ist jetzt die spirituelle Sprache in der Krise der Nachfolge Christi. Wer, wie die Christen, „Salz der Erde" sein will, wer, wie die Kirche, Seele der Gesellschaft sein will, wer immer Hüter oder Hüterin einer Kultur sein will, muss sich entscheiden, wenn die messianische Zeit „wie ein Dieb in der Nacht" die Welt überfällt. Nicht, dass der Messias uns mit dem Tod bedroht. Vielmehr will er uns unserer Götzen berauben. So verheißt er uns ein Leben, das den Namen Leben verdient. Wir müssen, dürfen, können wählen. Die Bibel, ein Menschheitsbuch mit ihrer Heils- und Unheils-Geschichte erzählt davon.
Darum ist dieses Buch im ersten Hauptteil so etwas wie ein biblisches Lesebuch.
„Geld oder Leben!"
Diese radikale Sprache löst die bürgerliche Sprache einer entscheidungslosen Zeit ab. Bis jetzt war anscheinend die Synthese von Geld

und Leben möglich. Geld und Leben, das gaukelte sich uns sogar als ein und dasselbe vor.
„Geld regiert die Welt." Das gilt als eine Allerwelts-Wahrheit. Aber jetzt fragen wir: „Wer regiert das Geld?" So fragend können wir unsere Wirklichkeit durchschauen und verborgene Wahrheiten wiederfinden.
Darum will das Buch für unsere politische Wirklichkeit, für unsere kulturelle Krise und für unsere Wahrheit wach machen.
„Geld oder Leben!"
Das wird künftig der Anruf eines spirituellen „Überfalls" sein. Aus den großen Weisheitstraditionen der Menschheit kommt uns die spirituelle Macht zu, uns dem Anspruch einer säkularen Geldreligion zu verweigern. Der Geldhörige in der totalen Marktgesellschaft und in mir selbst wird gestellt. Werden wir uns der Macht des „Mammon", der großen gottgleichen, süchtig machenden „Mammabrust", die nur scheinbar Lebensmilch spendet, entziehen? Werden wir stattdessen das Leben der geschwisterlichen Liebe wählen, das nur scheinbar nach Armut aussieht, in Wahrheit aber den Reichtum der Gemeinschaft und das Glück der Seele spendet, kurz und groß: das Überleben der Menschheit auf einem gesegneten Planeten?
Darum ist das Buch im zweiten Hauptteil eine Art von Lesebuch zur Erinnerung an unsere vergessenen Weisheitstraditionen.
„Geld oder Leben!"
Das könnte das Thema der Diskussion zwischen Jesus und Lenin sein, die auf einem Gemälde des zeitgenössischen Künstlers und Karikaturisten Ernst Kahl stattfindet. Er hat es mit dem Titel versehen: „Jesus zeigt Lenin seine Wundmale".
Beide, Jesus und Lenin sind im Namen des leidenden Volkes scharfe Kritiker der kapitalistischen Lebensbedrohung. Sie scheinen sich (im Unterschied zu ihren überheblichen Anhängern) wegen ihres radikalen Engagements zu schätzen und zu verstehen. Aber in ihrer Praxis sind sie durch Welten getrennt. Der eine wählt die revolutionäre Gewalttätigkeit des Materialismus als Weg zum solidarischen Leben. Der andere wählt die verwundbare Gewaltlosigkeit der spirituellen Liebe. Lenin und sein Werk wurden zur Mumie. Jesus und sein Werk ist unerschöpflich geblieben. Es wird den Zusammenbruch der kapitalistischen wie schon den der kommunistischen Welt überdauern. Das Thema bleibt: „Geld oder Leben!"

Jesus zeigt Lenin seine Wundmale

EINGANGSTEIL

Einstiege in den alten Konflikt von Geld und Leben

Kapitel I Zwei persönliche Schlüsselerlebnisse

Besitz haben heißt auch Angst haben.

1. Angst um mein Leben

August 1980 in einem Armenviertel von Santiago de Chile. Ein Meer von Bretterhütten. Ich bin für einige Wochen zu Gast in den Armenvierteln von Conchali, besonders in der katholischen Basisgemeinde „Sol Naciente Jesú“ („Aufgehende Sonne Jesus“). Es ist Winter. Jede kleine Casa innen nasskalt. Zwischen den Bruchbuden schlammige Wege. Tag und Nacht bin ich unter Menschen, unter verarmten Menschen. Darunter viele Indios vom Stamm der Mapuche (zu Deutsch: „Menschen der Mutter Erde“). Viele Kinder, viele Arbeitslose. Im Lande regiert der Diktator General Pinochet. Er hatte sich mithilfe des amerikanischen Geheimdienstes an die Macht geputscht und den demokratisch gewählten sozialistischen Arzt und Volksfreund Allende ermordet. Die Drahtzieher im Hintergrund: die antisozialistische Schule der neoliberalen „freien“ Marktwirtschaft von Fried Miltman und der „Chicago Boys“.
Heute scheint die Sonne. Es wird tagsüber warm. Es zieht mich hinaus und hinauf auf die Hügel, um endlich ein wenig alleine zu sein. Aber General Pinochets Militär und seine Geheimpolizei haben immer ein scharfes Auge auf die „illegalen“ Poblacionen. Und auf die ausländischen Gäste, die hier wohnen – das müssen doch agitatorische Marxisten sein unter christlichem Deckmantel ... Aber ich wage es, allein in die Berge hochzusteigen und auf den Felsen zwischen den Sträuchern zu sitzen, wo es so gut nach Eukalyptuslaub riecht. Da merke ich plötzlich, dass ich in einiger Entfernung von einem Mann hinter Baumstämmen beobachtet werde. Es wird mir ungemütlich. Es scheint ein Indio zu sein, ein Mapuche, also einer von den Ärmsten der Armen. Ich erhebe mich und gehe scheinbar gleichgültig weiter. Der Mann folgt mir, scheinbar ebenso gleichgültig. Will er mir den Weg abschneiden? Ich sehe mich genötigt, statt abwärts den Hang schräg hinauf zu gehen. Scheu sehe ich mich um und sehe, er nimmt einen großen Stock beim Gehen zu Hilfe. Soll ich mir auch einen Prügel suchen? Automatisch ist der Gedanke da. Aber würde ich ihn auch benützen? Ich bin kein Schlägertyp. Ich würde ihm lieber gleich meine Umhängetasche aushändigen, mitsamt dem ganzen Geld, das ich nicht zu Hause liegen lassen wollte, und dem Foto-

apparat dazu. Aber woher weiß ich überhaupt, dass der Mann es auf mich abgesehen hat? Und wenn ja, vielleicht würde er nur um ein Stück Brot betteln? Allmählich wird mir klar: Wenn auch ich ein Armer wäre, ein Poblador, hätte ich keine Angst. Nur weil ich Tasche, Geld und Foto habe und eine gute Windjacke, klopft mir das Herz. Nur weil ich ein Besitzender bin, denke ich spontan an eine Waffe. Ja, noch genauer: Ich merke, wie ich projiziere, ohne wirklich die Realität geprüft zu haben: Dieser Mensch ist mein Feind. Meine Projektionen sind die Folge meines Besitzes. Ich bin damals überhaupt nicht auf die Idee gekommen, eine positive Projektion in Betracht zu ziehen, etwa so: Dieser Mensch ist jetzt mein Mitmensch und der Himmel hat diese Begegnung eingefädelt und ich werde mich jetzt umdrehen und auf ihn zu gehen und mit ihm ein Gespräch beginnen, nach Woher und Wohin fragen, meine Brotzeit mit ihm teilen, vielleicht erfahren, dass er ein Glied einer Basisgemeinde ist. Ich würde den Kontakt mit einem lebendigen Menschen, den die politischen Verhältnisse entwürdigt haben, als Geschenk empfinden. Denn sinnlicher Kontakt, das ist Leben. Kontaktlosigkeit, das ist Tod.

Nein, die unwillkürliche Angst des Besitzenden vor dem Habenichts hat mich dieses alles nicht denken lassen. Mein lebloser Besitz hat über mich bestimmt, nicht die lebendige Menschlichkeit. Mir ist nicht rechtzeitig eingefallen, was ich in meinem Bildungswissen gespeichert hatte: Wie einst dem Bruder Franz von Assisi von Ferne ein Armer begegnete und der Heilige zu seinem Begleiter sprach: „Wir müssen dem Armen unseren Mantel geben; er gehört ihm. Denn wir haben ihn nur solange geliehen erhalten, bis wir einem begegnen, der noch ärmer ist als wir." Und als der Begleiter entgegnete, Franz dürfe nicht für andere sorgen, wenn er dabei sich selbst vernachlässige, widersprach er: „Ich will nicht ein Räuber sein. Man müsste es uns als Diebstahl anrechnen, wenn wir einem, der noch bedürftiger ist als wir, nicht geben wollten, was wir haben."

Meine Lerngeschichte endet ganz anders und mit einer fragwürdigen Erleichterung: Auf der Höhe des Berges lichtet sich auf einmal das Waldgestrüpp und weiße Häuser werden sichtbar, ja, eine Asphaltstraße, Busse, Hotels, in der Ferne die weißen Schneeberge der Anden. Ich bin im „barrio alto", sozusagen unter meinesgleichen, im vornehmen Wohnviertel der Reichen hier oben über der grauen smogbelasteten Riesenstadt. Mein „Verfolger" aber ist spurlos verschwunden. Hier, wo es alles gibt, was ihm fehlt, hat er nichts zu suchen. Jetzt wird mir klar, dass ich von derselben Mentalität besetzt bin wie diese Villenbesitzer hier oben.

Auch die Banken unten in der Stadt sind immer von Doppelposten mit Maschinenpistolen bewacht. Besitz macht Angst. Gerade die reichen Industriestaaten haben die hoch gerüsteten Armeen.
Hast du keinen Mantel und keine Tasche, bist du gefahrlos. Das war die Überzeugung des Franziskus. Einmal sagte zu ihm der ihm wohl gesonnene Bischof von Assisi: „Euer Leben scheint mir hart und nichts Irdisches zu besitzen, ist schwer!" Darauf Franz: „Herr, wollten wir etwas besitzen, dann müssten wir auch Waffen zu unserer Verteidigung haben. Daher kommen ja die Streitigkeiten und Kämpfe alle und verhindern die Liebe. Aus diesem Grund wollen wir nichts besitzen." Am Beginn des italienischen Frühkapitalismus sieht Franz von Assisi sonnenklar: Das Geld, das als Lebensmacht gilt, entpuppt sich bald als eine Todesmacht. Aber wie müsste heute eine apostolische Kirche, eine Volksbewegung, eine ökonomische Kultur aussehen, die der Weisheit des Poverello von Assisi entspräche?

2. Angst um mein Brot

Eine zweite Schlüsselgeschichte, und zwar aus meiner Jugend. Hier geht es um Leben in Form von Brot. Der Zweite Weltkrieg ist zu Ende. Wir haben Hunger. Meine Mutter teilt jeder Person unserer großen Familie jeden Morgen drei Scheiben trockenes Brot als Tagesration zu. Ich werde mit den letzten Brotmarken zum Bäcker geschickt. Ich stehe in der Schlange und komme mir sehr wichtig vor, als ich schließlich meinen Eltern und Geschwistern ein Kommiss-Kastenbrot ergattere. Ich stecke es hinter meine zugeknöpfte Jacke. Auf dem Heimweg, gleich zehn Meter nach der Bäckerei, werde ich von einer hungrigen Gestalt angesprochen. Die Amerikaner hatten das große „Russenlager" hinter den Ziegeleien oberhalb meines Wohnortes am Stadtrand von Augsburg geöffnet. Ein ehemaliger Häftling, erkennbar an den knochigen Wangen, den tief liegenden hungrigen Augen und der zerschlissenen Häftlingskleidung, spricht mich mit leiser, flehender Stimme in gebrochenem Deutsch an: „Bitte Brott, Hungger, Stückchen Brott!" Erschrocken und ohne eine Sekunde zu zögern, gehe ich schnell an ihm vorbei und renne nach Hause.
Es war eine Automatik.
Ich hatte damals kein Gewissensproblem. Das kam mir erst viele Jahre später, als die vergessene Sekundengeschichte wieder vor mir auftauchte. Warum kam ich überhaupt nicht auf die Idee, dem Mann ein Stück des Laibes abzubrechen? Einmal wohl, weil ich mich in diesem Augen-

blick als Ernährer meiner Familie wähnte. Sodann, weil mir, einem ehemaligen Hitlerpimpfen, „die Russen“ noch als Feinde und Untermenschen galten. Heute ist mir mein Verhalten unbegreiflich. Der Finger des jungen Russen, der scheu auf meinen eingewickelten Brotlaib zeigte, war es nicht der Finger des Meisters Jesus, der auf den Beutel des reichen Jünglings gerichtet war? Ich bin sicher, meine Mutter hätte mich nicht gescholten, wenn ich ihr erzählt hätte, nicht für mich habe ich da ein Stück des Brotlaibes abgebrochen, sondern für einen Russen.

Was ich später daraus gelernt habe: Ideologische Verblendung, Angst vor dem Fremden, falsches Verantwortungsgefühl – das sind die Besetztheiten, die uns an der Geistesgegenwärtigkeit hindern und uns blindlings am Hier und Jetzt, am eigentlichen Leben (und damit am verborgenen Messias) vorbei rennen lassen. Meine Aufmerksamkeit für das urmenschliche und urgöttliche Hier und Jetzt hat damals noch geschlafen und ist erst Jahrzehnte später erwacht. Ich könnte mein sekundenschnelles und unbewusstes Versagen durchaus als ein symbolhaftes Mini-Musterbeispiel für das strukturelle Gesamtverhalten der westlichen Industrienationen gegenüber der hungernden Welt bezeichnen. Wir wissen alles und doch schlafen wir. Wir tun viel Gutes und doch teilen wir nicht. Wenn uns der Himmel überfällt mit der Frage „Geld oder Leben“, wählen wir automatisch Ersteres, weil wir wähnen, unser Geld und unser Brot sei unser Leben. Wir gleichen dem korrekten reichen Jüngling, der auf der Suche nach wahrem Leben ist, der weiß, dass Geld nicht glücklich macht und dass man seinen Nächsten lieben soll wie sich selbst. Jesus antwortet auf seine Frage nach dem wahren Leben: Eins fehlt dir noch: verkaufe, was du hast, gib’s den Armen, dann bist du frei und kannst mir ins wirkliche Leben folgen.

Gewiss, dies ist kein generelles christliches Gebot, sondern ein spezielles seelsorgerliches Angebot des Meisters. Aber doch ist uns diese Geschichte von den Evangelisten bis heute aufbewahrt und auch an unsere Generation adressiert. Denn hier wird die seelische, geistige und geistliche Unfreiheit der besitzenden Klasse offenbart. Die Geschichte endet ja so: Der Reiche „ging traurig davon, denn er hatte viele Güter.“ Ist das die heimliche Depressivität unserer entscheidungslosen Wohlstandgesellschaft?

Steinhausen, Der reiche Jüngling

3. Gib mir dein Herz – zwei Bildbetrachtungen zum „reichen Jüngling“

Ein Jahr nach meiner „Vergegnung“ (wie Martin Buber sagen würde) mit dem russischen Mitmenschen wurde ich konfirmiert. Ich bekam einen Spruch aus den Weisheitssprüchen Salomos: „Gib mir, mein Sohn, dein Herz!“ Das dazugehörige Bild auf meinem Konfirmationsschein hat mich viele Jahre lang berührt: Christus und der reiche Jüngling. Für heutigen Geschmack ist die Lithographie des Künstlers Wilhelm von Steinhausen leicht nostalgisch, aber doch eindringlich.
Was sehen wir auf dieser nazarenischen Grafik?

Vor dem Hintergrund einer auf Bergen thronenden großen Burg schaut Jesus von Nazaret einem blutjungen, schön gelockten, vornehm gewandeten Prinzen liebevoll in die verlegen ausweichenden Augen. Das war die Erstbotschaft, die mich damals als Vierzehnjährigen traf: „Jesus sah ihn an und gewann ihn lieb!“ Aber mit der Hand deutet der Meister auf den Beutel an der Hüfte des Jünglings, als liege hier sein Herz, die Macht seines Unterbewusstseins, versteckt. „Denn wo dein Schatz ist, da ist auch dein Herz“ sagt Jesus in der Bergpredigt. „Gib mir, mein Sohn, dein Herz.“ Dies war die Zweitbotschaft, die mich erst als 40-Jährigen wirklich erreichte. Jenseits aller künstlerischen Bewertung betrifft mich dieses Bild bis zum heutigen Tag. Ich habe es nicht gerahmt und aufgehängt, aber sein Wesensgehalt ist unauslöschlich in mich eingegangen. Heute sehe ich in dem Bild überhaupt eine dringliche Anfrage Gottes (also eine unüberhörbare Herausforderung des Lebens) an meine Kultur, besonders an meine reiche Kirche. Der Gottesfinger zeigt auf die Hand, die unbewusst den Beutel, das „Portemonnaie“ (zu Deutsch: das Tragegeld) zurückhält. Da war er wieder, der Finger des jungen Russen, der auf meine Brust mit dem versteckten Brotlaib wies. Der Meister zeigt auf etwas, was gar nicht zur Debatte stand, als der Mensch nach dem wahren Leben, also nach dem wirklichen und spirituellen Leben gefragt hatte. Die starke Burg über dem Kopf des jungen Mannes, ein Symbol für sein verschlossenes, sich selbst verweigerndes Herz, ist mir, der ich seit Kindertagen ein Burgenliebhaber bin, auch ein Symbol für die sich abschottende Festung Europas, die ihren Reichtum vor dem anstürmenden Heer der Habenichtse schützt. Gerade aber diese anstürmenden Belagerer, die wir mit dem Wort „Wirtschaftsflüchtlinge“ disqualifizieren, könnten unsere Befreier sein. Sie kommen aus alten Kulturen hoher Gastfreundschaft, in denen der Gast als verkleideter Gott verehrt wird. Und von ihnen könnten wir lernen, dass die Bewirter schon immer durch ihre Gäste einen heimlichen Segen empfangen haben.

Der reiche junge Mann, der nach dem eigentlichen, alternativen, neuen (die Bibel sagt: „ewigen“) Leben fragte, hatte von Jesus zwei Antworten bekommen. Die erste: „Du kennst die Gebote!“ Aber die hatte der fromme Jüngling alle gehalten von Jugend auf. Er suchte eine tiefere Spiritualität. Da bekam er die zweite Antwort: „Verkaufe, was du hast, und gib's den Armen, so wirst du einen Schatz in der kommenden Welt haben und für jetzt bist du frei, mir nachzufolgen.“ Diese Antwort hatte den Mann traurig gemacht, „denn er war sehr reich“, schließt der Evangelist seinen Bericht. Ich denke, der junge Mann steht für unsere christlich-

bürgerliche Kultur. Er ist von seinem Wohlstand und seiner herkömmlichen Religion übersättigt. Er wirkt alt und müde und entschlusslos, obwohl er sich nach wirklichem Leben sehnt. Er wählt erst einmal die Unentschiedenheit und das Verbleiben in der Gespaltenheit zwischen spirituellem Verlangen und materieller Gebundenheit.
Wird sich unsere europäische Christenheit in der Gestalt des reichen Jünglings wieder erkennen? In der entschlusslosen Traurigkeit eines verwöhnten Jünglings, in dieser depressiven Unentschiedenheit, die die Mönche früher „Akedia" nannten? Wird sich die bürgerliche Kirche wieder erkennen in der problematischen Gestalt eines Fragenden, der seine Berufung vernimmt und verweigert, obwohl ihn der göttliche „Gute Meister" „lieb gewonnen" hat?

Ein säkulares Gegenbild
In einer Kunstausstellung in Apolda mit Werken von DDR-Künstlern sah ich das *„Bildnis eines sizilianischen Großgrundbesitzers mit Marionetten"* – so könnte für mich der elegische Jüngling nach seinem Weggang aus dem Blickfeld Jesu aussehen. Das Bild stammt von dem 1929 geborenen Dresdener Künstler Werner Tübke. Sicherlich hat der Maler dabei nicht an unser Evangelium gedacht.
Aber so kann ein reicher junger Mann heute aussehen in seiner vornehmen Entscheidungslosigkeit:

Tübke, sizilianischer Großgrundbesitzer (Quelle: Katalog „Jahresringe" Kunstraum DDR, Verlag der Kunst Dresden 1999 S. 89)

Ich sehe in der Mitte einen mondän bekleideten, gepflegt langhaarigen jungen Mann. Lässig lehnt er an der Brüstung seines sonnigen Balkons. Ein weißes Windspiel schnüffelt an seinen weißen Hosen. Dieser zarte Windhund ebenso wie die erlesenen Kunstgegenstände auf dem Balkon sind Hinweise auf die narzisstische Eleganz des Schönlings, der seinen Besitz gewiss nicht ohne gute Kontakte zur Mafia ergaunert oder ererbt hat. Der Blick über die Veranda geht auf das karge sizilianische Land, Umfeld einer marmornen Stadt. Wie viel tausend Hektar Land und wie viel vornehme Stadthäuser mögen dem eleganten Herrn gehören? Ihn zum Freund haben, das könnte verlockend sein. Zu beiden Seiten der Verandaöffnung sieht man die roten Tapeten eines Innenraumes, behängt mit riesigen Marionettenfiguren. Ich meine da einen adligen Raubvogel und einen vornehmen Raubritter zu erkennen, einen dünnen Buchhalter rechts und einen fettwanstigen Buchhalter links. In der rechten Ecke oben hängt ein gewappneter Goldengel; sein Degen zielt genau in Richtung des Großagrariers, wie ein spielerisches Gewissen, das noch anzeigt, aber nicht mehr trifft. Das Ganze ist ein Bild voller Ästhetik, ein „bestechendes“ Bild. Die Interpreten Tübkes meinen, der Künstler habe in seinem 1972 erstmals ausgestellten Bild eine „Verfallsallegorie des absterbenden Kapitalismus“ gemalt, ein „herrlich illuminiertes Untergangstheater mit feudaler Restexistenz.“
Dann würde es sich um eine Art Gegenbild zu dem Gruppenbild von Arbeitern handeln, das Tübke für die gleiche Dresdener Ausstellung in grauen Farben gemalt hatte, ein „Glaubensbild der Arbeiterklasse“, auf dem ein Funktionär-Brigadier unter die Kollegen kommt „wie Christus unter die Jünger.“ Aber wer mehr über Tübke weiß, darf annehmen, dass es sich bei dem „Bildnis eines sizilianischen Großgrundbesitzers mit Marionetten“ um das Portrait einer realen italienischen Persönlichkeit handelt, mit der Tübke befreundet war und die der hart arbeitende Künstler schon zu DDR-Zeiten immer wieder mal zu seiner Erholung in Sizilien aufsuchte. Es steckt ja in der Darstellung bei aller Dekadenz des Milieus doch eine spürbare Bewunderung für diesen Lebenskünstler, vielleicht sogar eine halb bewusste Identifizierung. Immerhin gab es im Dresden der DDR-Zeit, so erzählt man sich, nur zwei Volvofahrer: der eine war der SED-Parteisekretär, der andere der Professor Tübke.
Sicher ist Tübke mit seinem Bild nur formell der ideologischen Kunstauffassung des Arbeiter- und Bauernstaates gefolgt. Gleichzeitig aber hat er insgeheim eine sehr ehrliche und selbstkritische Zuneigung zu einem heimlichen westlichen oder südländischem Lebensstil-Idol an den

Tag gelegt. Er hat mit dem sizilianischen Großgrundbesitzer eine teils schonungslose, teils selbstgefällige Ansicht seines eigenen Ego gewagt. Tübke malt ja eigentlich immer sich selbst, so wie jeder Träumer eigentlich in allen Figuren immer sich selbst träumt. Auch auf dem riesigen Panoramabild in Frankenhausen stellt sich Tübke als Thomas Müntzer oder als weiser Narr selbst dar.
Diese Ehrlichkeit fängt nun an, im Bildbetrachter selber zu rumoren: O Schreck, ich Kleinbürger sehe mich in dem Großgrundbesitzer gespiegelt. Ich erkenne mich selber als Besitzbürger, als Kleinkapitalist und Aktieninhaber, als Liebhaber von Vasen und Waffen, als Kunstsammler oder Hunderassenkenner, als lässiger, modebeflissener Möchtegern-Dandy, als gesellschaftlicher Blender und als Ausblender der sozialen Frage, als anachronistischer Nachzügler einer vergehenden bürgerlichen Kulturwelt, als Nutznießer der herrschenden Schicht einer Zweiklassengesellschaft, als sehnsüchtiger und liebeshungriger, einsamer Solist, der die Vergänglichkeit aller materiellen Dinge durchschaut und umso mehr an ihnen hängt, ein trauriger „reicher Jüngling“, der hinter seiner Selbstentfremdung die religiöse Sinnfrage noch nicht ganz unterdrückt hat, der vielleicht noch alte Texte kennt wie den des Mystikers Gerhard Tersteegen:
„Gott rufet noch. Sollt ich nicht endlich hören? Wie laß ich mich bezaubern und betören! Die kurze Freud, die kurze Zeit vergeht, und meine Seel noch so gefährlich steht.“
Aber wahrscheinlich geht diese Anhauchung rasch und folgenlos vorüber wie die oberflächliche Reue des Gottesvolkes in der Sinaiwüste, eine Reue, die verdunstet „wie eine Wolke am Morgen und wie der Tau, der frühmorgens vergeht.“ (Hosea 6,4)

2. „Im Übrigen glaube ich …“

Der römische Staatsmann Marcus Porcius Cato war in luxuriösen Zeiten ein Kämpfer für die altrömischen Tugenden der Einfachheit, Sittenstrenge und Erdverbundenheit. Als Autor eines Buches über die landwirtschaftliche Ökonomie war er ein erbitterter Gegner des handelspolitischen Nebenbuhlers, der nordafrikanischen Stadt Karthago. Bekanntlich pflegte er jede seiner politischen Reden, ob es passte oder nicht, mit dem Satz zu beschließen: „ceterum censeo Carthaginem esse delendam – im übrigen glaube ich, dass Karthago ausgeschaltet werden muss.“ Das war keine Prophetie, sondern politischer Wille zur Vernichtung der wirtschaftlichen Konkurrenz.

Etwa gleichzeitig entstand in Israel ein Erzählbuch folgenden Inhalts: Der jüdische Prophet wider Willen, Jona, soll der heidnischen Großstadt Ninive ansagen, dass sie vernichtet werden wird, denn – so sprach Gott der Herr, „ihre Bosheit ist vor mich gekommen." Jona entzieht sich diesem unangenehmen Auftrag, mit einer solchen Botschaft ins Land des Nationalfeindes zu gehen. Er versteckt sich auf einem Schiff, das in die entgegengesetzte Himmelsrichtung, nach Spanien fährt. Als gutmütiger und gleichgültiger Typ hat er weder Lust noch Interesse, einem anderen Volk Gottesgerichte anzukündigen. Er ist sogar bereit, sich von den Matrosen in die stürmische See werfen zu lassen. Die ernst-heitere Erzählung berichtet nun, dass Gott seinen unfreiwilligen Propheten mit Hilfe eines großen Fisches zurückholt und ihn ein zweites Mal beauftragt: „Geh in die große Stadt und predige ihr, was ich dir sage." Mit dürren Worten entledigt sich Jona der ungeliebten Aufgabe. Er geht über die Straßen und Plätze mit einer völlig religionslosen „Predigt", die nur aus einem stocknüchternen Satz besteht und in der von Gott gar nicht die Rede ist: „Es sind noch 40 Tage, so wird Ninive untergehen." Aber, o Wunder, die ganze Stadt vollzieht in der anberaumten Frist eine Umkehr ihres Lebensstiles. Zum Ärger des Propheten, der nun als falscher Prophet dasteht, bleibt die angesagte Katastrophe aus. Gott versucht den verstimmten Propheten zu gewinnen mit den herzandringenden Worten: „Sollte ich mich nicht erbarmen über Ninive, eine so große Stadt, in der mehr als hunderttausend Menschen sind, die nicht wissen, was rechts oder links ist, dazu auch viele Tiere?" Mit dieser göttlichen Anfrage an unsere menschliche Erbarmungsfähigkeit endet die Erzählung.
Jona gab der Supergroßstadt noch 40 Tage. Die Zahl 40 ist eine symbolische Zahl der göttlichen Fristen. Wenn ich schätze, unser kapitalistisches Weltimperium dauert noch „vierzig" Jahre, so ist das zwar nicht exakt die Zeit der Zuspitzung, die der wissenschaftliche Club of Rome prognostiziert hat. Aber es ist der Zeitraum für die kommende Generation, der wir eine unbewohnbare Welt hinterlassen, wenn wir uns und die Erde weiter hemmungslos ausbeuten.
Zur vergangenen Jahrtausendwende wurde dem betagten polnischen Philosophen Leszek Kolakowski in der Frankfurter Rundschau folgende Frage gestellt:
„Prognostizieren Sie ein Wiederaufleben der Spiritualität im 21. Jahrhundert, in dem Sinne, dass der Mensch dem Mysterium der Welt – und seinem eigenen Schicksal im Rahmen der Evolution – mit größerem

Verantwortungsbewusstsein und Respekt begegnet? Oder wird das genaue Gegenteil eintreten?"

Die Antwort des Weisen: „Es tut mir Leid, aber ich bin kein Futurologe. Die Futurologie ist ja eine sehr akademische Wissenschaft von etwas, das nicht nur nicht existiert, sondern das nie existieren kann, solange sie Zukunft bleibt und nicht Gegenwart wird. Deshalb ziehe ich es vor, mir nicht die Rolle des Propheten anzumaßen. Denken Sie nur einmal an die heutigen Propheten – etwa an wirklich kompetente, kluge Wirtschaftswissenschaftler – und an ihre Vorhersagen, die nach einem Jahr oft reine Makulatur sind. Auch in Bezug auf die geistige Zukunft der Menschheit kann man sich die intelligentesten Prognosen vorstellen, aber nichts lässt sich mit Sicherheit sagen – außer der Phrase, dass wir überall sich widersprechende Tendenzen beobachten, dass wir selbst hin und her gerissen sind zwischen gegensätzlichen Wünschen und Neigungen und niemals wissen, was sich schließlich als ‚siegreich' erweist. Einen endgültigen Triumph wird es wahrscheinlich ohnehin nicht geben. Eben das ist das Schicksal der Menschheit: niemals zufrieden, niemals einheitlich, niemals der Zukunft gewiss. Und so soll es auch sein. Gott will nicht, dass wir das Morgen kennen, außer in sehr seltenen Fällen, wenn er durch den Mund seiner Propheten spricht. Aber auch sie können sich täuschen."

Seien wir also gespannt, was Politiker, Propheten und Philosophen sagen werden!

Seien wir gespannt, was wir vielen kleinen Leute wählen werden: eine Kultur, in der die Macht des Geldes dem Leben dienen muss, oder ob wir es dabei belassen, dass das Leben immer mehr der Macht des Geldes geopfert wird.

Wenn ich halb Staatsmann wie Cato, halb Prophet wie Jona wäre, würde mein abgewandeltes ceterum censeo in diesem Buch über die Alternative von Geld oder Leben folgendermaßen lauten:

CETERUM CENSEO

Ninives Glückskultur geht an sich selbst zugrunde
so wie ein Suchtkranker sich langsam selbst zerstört.
Jeder sieht es, nicht er selber, bis zur letzten Stunde.
Keine vierzig Jahre – und die Selbstsucht hat sich selbst verzehrt.

Bis dahin: Mit der Schlinge um den Hals der Menschheit gehen?
Der Rausch nimmt zu, es sinkt die Lebensqualität –
es sei denn, es wird ein Wunder in der Galgenfrist geschehen:
aus einer todesnahen Nüchternheit kommt Spiritualität.

Die subversive Liebe, in vielen schon erwacht, sie wird global.
Der Geist der Achtsamkeit für das Verdrängte, Unterdrückte,
für die Kinder, für die Frauen, für die Verarmten ohne Zahl,
für die Natur, die Seele und das Heilige, das uns einst berückte.

Gewahrsamkeit – das ist der Heute-Schlüssel für die nächste Zeit.
Zeitgenosse, merke auf und fürchte dich!
Fürchte nicht den Anruf der Gewaltfreiheit:
„Geld oder Leben! Wer soll wen regieren? Entscheide dich!"

Kapitel II Das jesuanische Schlüsselthema
Der Mensch als Ökonom Gottes
(vier Deutungen von Lukas 16)

Wie, dies Thema soll der Schlüssel zur biblischen Erlösungsbotschaft sein? Immerhin, schon auf den ersten Blättern der Bibel erscheint der Mensch als Gottes Stellvertreter und Gartenverwalter. Er soll den Garten Eden bebauen und bewahren. Er soll die Schöpfung im Auftrag Gottes beherrschen und entwickeln. Genau dies ist die Beschreibung seiner Gottebenbildlichkeit.

Aber der verantwortliche Verwalter wurde zum Versager, zum Usurpator, zum Hochverräter. Anders kennen wir den geschichtlichen Menschen nicht. Die neutestamentliche Parallele, Jesu Gleichnis vom verlorenen Sohn, besagt dasselbe: Der junge Herr Sohn fordert von seinem noch wirtschaftenden Vater sein Erbe zum Privatgenuss, bekommt es und verprasst es binnen Kurzem. Das setzt (in beiden Testamenten!) allerdings keine Fluchgeschichte, sondern eine heilvolle Entwicklungsgeschichte in Gang: Die Austreibung aus dem kindlichen Paradies, dem Garten der Unschuld, mündet nach einem gewaltigen transformatorischen Menschheits-Prozess in der geläuterten Weltstadt des „Neuen Jerusalem". Der verlorene Sohn wird nach schrecklichen Selbsterfahrungen der mündige, den göttlichen Amtssiegelring tragende Verwalter des Reiches des Vaters.

Nun kommt es aber darauf an, ob wir damit die Bibel nur religiös, spiritualisiert, vergeistigt, als Metaphysik oder ob wir sie auch und vor allem konkret, sozial, politisch, als Heils-Ethik zu lesen verstehen.

Die heiligen Schriften sind in einem Zeitraum von mehr als tausend Jahren entstanden und etwa um 200 n. Chr. zu einem äußeren „Kanon" zusammen gebündelt worden. Was aber ist der Faden, auf dem die kanonischen Schriften des ersten und zweiten Testamentes aufgereiht wurden? Gibt es einen roten Faden, der uns durch das Labyrinth der Texte zu einer Hauptwahrheit leitet? Genügt es, wenn wir als Protestanten die reformatorische Rechtfertigungslehre zum „Kanon im Kanon" erklären? Können wir die Texte überhaupt anders lesen als mit der Brille unseres jeweiligen existenziellen Kontextes? Was lesen wir heraus, was lesen wir hinein?

Was blenden wir aus? Abgesehen davon, dass man die Texte rein historisch und philologisch als alte religiöse Literatur wissenschaftlich unter-

suchen kann, gibt es mehrere existenzielle Interessen, die Bibel zu lesen, zu verstehen und anzuwenden.
Die vier wichtigsten Arten von Lesern und Auslegern könnte man so beschreiben:

1. Die Seele des religiös-antiken Menschen, die von Angst, Schuld, Krankheit, Sterblichkeit bedrängt ist, liest die Bibel als religiöses Buch einer großen Jenseits- und Erlösungsreligion, das über ewige Verdammnis oder ewige Seligkeit aufklärt, über Rechtfertigung des Sünders und über die Unsterblichkeit der Seele bzw. über die Auferstehung der Toten. So gelesen ist die Bibel ein eminent religiöses Buch der Innerlichkeit, ja, ein mystisches Buch der Erkenntnis der Weltgeheimnisse (Gnosis). Das Christentum erscheint hier vor allem als eine Erlösungsreligion.

2. Der bürgerliche Mensch, der um seines Besitzes willen interessiert ist am göttlichen Segen, an der Gerechtigkeit, an moralischer Ordnung, an Gehorsam gegenüber dem Bündnis von Staat und Religion, von Thron und Altar, findet in der Bibel den Schutzgott der Obrigkeit, der Treue, Fleiß und Sittlichkeit belohnt, Aufstand, Untreue und Unkeuschheit bestraft. Das Christentum ist vor allem eine Segens- und Ordnungsreligion, sozusagen die Fruchtbarkeitsreligion des bürgerlichen, industriellen Zeitalters.

3. Der spirituelle Mensch der Weisheit, der um seinen Transformationprozess weiß, also um seine existentielle Umkehr und kreative Reue, findet sich wieder in den biblischen Entwicklungsgeschichten eines Mose, Jakob, Joseph, Salomo, David, der Propheten, eines Petrus und eines Paulus, einer Maria Magdalena, ja, des Meisters Jesus selber. Sie alle haben eines Tages eingewilligt, sich in der Versuchung und Krise des natürlichen Ego aus dem rein psychosomatischen Menschen in einen spirituellen Menschen wandeln zu lassen. Sie lebten bewusst in der Überlappung dieser noch herrschenden alten Welt und der bereits angebrochenen neuen Weltzeit. So verstanden ist die Bibel nicht mehr das Geschichtsbuch der äußeren Welten- und Äonen-Wende, sondern das spirituelle Buch der individuellen und inneren „Welten-Wende“.

4. Menschen der Unterschicht, Ausgegrenzte, Randsiedler, die Opfer der herrschenden Verhältnisse, die so genannten „Armen“, lesen die

Bibel ganz anders, falls sie zu diesem Buch in der Verwaltung der Gebildeten überhaupt Zugang bekommen. Sie entdecken darin ihre Geschichte der Unterdrückung und schöpfen Hoffnung auf Erlangung der Menschenwürde und der sozialen Befreiung. Sie können sich leicht mit den meisten biblischen Autoren identifizieren, denn diese waren ebenfalls „ungelehrte Leute“ wie die Apostel, Abgelehnte wie die Propheten, Entwurzelte wie Abraham, Flüchtlinge wie Moses, Arme wie Maria und Joseph, Missbrauchte wie Maria Magdalena, Diskriminierte wie Jesus. Das Christentum wird zur Hoffnungsreligion der „Loser“ (von englisch to loose, verlieren), also zur Ermächtigung der gesellschaftlichen Verlierer, die das Reich Gottes nicht erst für das Jenseits erwarten, sondern für „hier und heute“. Aus einer Religion der Seele und einer Religion des Staates und einer Religion der hohen Spiritualität ist eine Religion der gesellschaftlichen Basisgemeinschaft geworden, die eine emanzipatorische Gegenkultur unter den „Herrschern dieser Welt“ (1. Kor 2,8 und Mk 10,42) darstellt.

Ich will jetzt diese Vierfachdeutung an einem zentralen Gleichnis Jesu illustrieren, bei dem es buchstäblich um „Geld oder Leben“ geht. Es findet sich im Lukasevangelium 16,1–13. Schon die Überschriften der verschiedenen Bibelausgaben sind verwirrend. Die alte Lutherbibel titelte: „Vom ungerechten Haushalter“. Die revidierte Lutherübersetzung lautet: „Vom unehrlichen Verwalter“. Die ökumenische Einheitsbibel sagt: „Vom klugen Verwalter“. Korrekt müsste die Überschrift aber, wie wir später sehen werden, heißen: **„Vom klugen Verwalter des Unrechts.“**

Jesus sprach zu den Jüngern:
„Es war ein reicher Mann, der hatte einen Verwalter; der wurde bei ihm beschuldigt, er verschleudere ihm seinen Besitz.
Und er ließ ihn rufen und sprach zu ihm: ‚Was höre ich da von dir? Gib Rechenschaft über deine Verwaltung; denn du kannst hinfort nicht Verwalter sein.‘
Der Verwalter sprach bei sich selbst: ‚Was soll ich tun? Mein Herr nimmt mir das Amt; graben kann ich nicht, auch schäme ich mich zu betteln.
Ich weiß, was ich tun will, damit sie mich in ihre Häuser aufnehmen, wenn ich von dem Amt abgesetzt werde.‘
Und er rief zu sich alle Schuldner seines Herrn, einen jeden für sich, und fragte den ersten: ‚Wie viel bist du meinem Herrn schuldig?‘

Er antwortete: ‚Hundert Eimer Öl.‘ Und er sprach zu ihm: ‚Nimm deinen Schuldschein und schreib flugs fünfzig.‘
Danach fragte er den zweiten: ‚Du aber, wie viel bist du schuldig?‘ Er antwortete: ‚Hundert Sack Weizen.‘ Und er sprach zu ihm: ‚Nimm deinen Schuldschein und schreib achtzig.‘“
Und der Herr lobte den ungetreuen Verwalter, weil er klug gehandelt hatte;
denn die Kinder dieser Welt sind unter ihresgleichen klüger als die Kinder des Lichts.
Und ich sage euch: Macht euch Freunde mit dem ungerechten Mammon. Damit, wenn er zu Ende geht, sie euch aufnehmen in die ewigen Hütten.
Nun will ich die Versuche, diesen Text recht zu lesen, mit folgenden vier verschiedenen Typen des Verstehens skizzieren.

1. Das Geld und die ewige Seligkeit

Die erste Auslegungstradition nimmt diesen Text als Allegorie:
Der reiche Mann – das ist Gott, dem alles gehört, der alles vermag, der alles weiß.
Der Verwalter – das sind die Christen, die in Gottes Dienst stehen.
Die Abrechnung – das ist die immer nahe Stunde des Todes und des Gerichts.
Die Schuldner – das sind die sozial Armen.
Das ihnen geschenkte Geld – das ist die Nächstenliebe zu den Armen.
Die in ihre Hütten Aufnehmenden – das sind die Engel, die die Seelen in die „Zelte der Ewigkeit“ geleiten, wo Gott und die erlöste Menschheit in ewiger Seligkeit zusammen wohnen.
Die ewigen Hütten sind eine Anspielung auf die ersten Gotteserfahrungen Israels in der frühen Heilszeit der Wüstenwanderung.
Der Schuldennachlass – das sind die guten Werke in Gestalt von Barspenden für die Armen, wodurch wir uns einen Platz im Himmel (nicht verdienen, aber) sichern.
Lasst uns also in der kurzen Zeit, die wir noch leben, mit unserem zwielichtigen Geld möglichst viel Gutes tun! Die Zeit ist kurz, die Ewigkeit ist lang!
Diese allegorische Auslegung hat Interesse an der metaphysischen Heilsgewissheit. Sie gibt dem erschrockenen Gewissen („Ich muss abtreten! Ich bin ein Sünder, ein Versager!“) Mahnung und Rat, Hoffnung und Trost.

Gregor von Nazianz, einer der Großen unter den östlichen Kirchenvätern, hat im Jahre 373 in Cäsarea eine Rede gehalten über „Die Liebe zu den Armen". Der berühmte Streiter um die rechte Trinitätstheologie hat als Ortsbischof sich nicht minder um die unvorstellbare Not der Unterschicht, besonders der von der Geißel der Lepra Betroffenen gekümmert. Als asketischer Mönch hatte er überhaupt nur deshalb Geld, um den Armen beistehen zu können. Seine große Rede schließt er mit folgenden Worten:

„Auf mich macht Eindruck die Kassa, welche Christus hatte führen lassen (Judas verwaltete den Beutel der Zwölfergemeinschaft) *und durch welche er uns zur Armenfürsorge auffordert … Glaubst du vielleicht, Nächstenliebe sei freigestellt und nicht Pflicht, sei nur Rat und nicht Gesetz? Auch ich hatte … die gleiche Meinung. Doch mich schrecken die linke Hand (des göttlichen Richters), die Böcke und die Strafworte … Wenn ihr, Diener, Brüder und Erben Christi, nun auf mich hören wollt, dann wollen wir, solange es noch Zeit ist, Christus (in seinen geringsten Brüdern) besuchen, Christus heilen, Christus ernähren, Christus bekleiden, Christus beherbergen, Christus ehren … So wollen wir ihm in den Notleidenden, die heute niedergestreckt sind, Barmherzigkeit zeigen, damit sie, wenn wir von hier scheiden müssen, uns in die ewigen Zelte aufnehmen in Christus, unserm Herrn, dem die Ehre sei in alle Ewigkeit. Amen!"* (Gregor von Nazianz, Reden, S. 67)

Gregor war viermal aus seinem Bischofsamt geflohen, weil er die kontemplative „Theoria" (Gottesschau) für wesentlicher gehalten hatte als die Praxis der Nächstenliebe. Jedes Mal war er wieder zur Gemeinde, diesem „heiligen Drachen", wie er sich ausdrückte, zurückgekehrt.
In seiner Rede ist das mystische Denken mit dem metaphysischen und dem sozialen Anliegen eine beeindruckende Einheit eingegangen: Der Weltenrichter verbirgt sich in den Armen (Christusmystik); an unserem Verhältnis zu den Armen (Diakonie) entscheidet sich das Weltgericht und unser ewiges Seelenheil (Heils-Metaphysik). Diese Zusammenschau von Matthäus 25 (Gleichnis vom Weltgericht) und Lukas 16 (Gleichnis vom ungerechten Verwalter) hat das christliche Gewissen für Jahrhunderte geprägt. Aber je stärker das moralistische Verständnis des Christentums wuchs, desto stärker wuchs die Angst vor dem Richtergott. Anders gesagt: Ein angsterzeugendes Gottesbild ruft eine sich immer mehr steigernde Korrektheitsleistung hervor. Dies kann nicht das ursprüngliche Anliegen Jesu gewesen sein.

2. Das Geld und die Treue im Kleinen

Eine andere Auslegungstradition ist älter als die metaphysisch-griechische. Sie ist weniger an der Jenseitsfrage und am ewigen Seelenheil interessiert als an der Verantwortungsethik im Diesseits.
Sie kann sich auf den ersten Kommentator der Jesusgeschichte berufen, auf den Redakteur des Urevangeliums, auf den Evangelisten Lukas selber. Dieser hatte die pastoralen Bedürfnisse seiner Kirche im Blick, die sich nach dem Ausbleiben des messianischen Weltgerichtes längerfristig in dieser Welt einrichten musste.
Offenbar störte den Seelsorger, dass der Herr den gewissenlosen Haushalter lobte. Er nahm die Jesusgeschichte nicht als Allegorie oder Gleichnis. Vielmehr war sie ihm ein Anlass, einen gewissenhaften Umgang des Christen mit den Gütern und Geldern dieser Welt anzumahnen. Man hatte sich eben verantwortlich in dieser Welt und für diese Welt einzurichten. Tatsächlich fand er in seinem Sammlungsvorrat von Sprüchen Jesu eine Reihe von dazu geeigneten Einzelworten aus anderen Zusammenhängen. Er fügte sie als seinen Kommentar an die Erzählung an. Ursprünglich hatte diese geendet mit dem Satz:

„Nimm deinen Schuldschein und schreibe achtzig.“ Und der Herr lobte den ungetreuen Verwalter, weil er klug gehandelt hatte.

Eine erste Erweiterung erfolgte dann durch den per Stichwort *„klug“* herbeigeholten Vers:

„Die Kinder dieser Welt sind klüger als die Kinder des Lichtes.“

Eine zweite Erweiterung hängte sich daran durch das Stichwort *„ungerecht“* und durch die Assoziation von *„Hütten“* und *„Häuser“*:

„Macht euch Freunde mit dem ungerechten Mammon, damit, wenn er zu Ende geht, sie euch aufnehmen in die ewigen Hütten.“

Ein dritter angehängter Komplex besteht nun aus Worten, mit denen ganz im Gegensatz zum ungerechten Haushalter die Gemeindechristen zur gerechten Haushalterschaft ermahnt werden. Der Christ soll sich inmitten der korrupten Welt als gerechter Haushalter erweisen. Christliche Haushalterschaft besteht eben vor allem in der Treue zum Kleinen, d.h. zum irdischen Gut. Hier lernt der Christ die Gewissenhaftigkeit, die er dann braucht, wenn ihm Größeres, nämlich geistliche Gnadengaben anvertraut werden:

Wer im Geringsten treu ist, der ist auch im Großen treu; und wer im Geringsten untreu ist, der ist auch im Großen ungerecht.
Wenn ihr nun mit dem ungerechten Mammon nicht treu seid, wer wird euch das wahre Gut anvertrauen?
Und wenn ihr mit dem fremden Gut nicht treu seid, wer wird euch geben, was euer ist?
Kein Knecht kann zwei Herren dienen; entweder er wird den einen hassen und den andern lieben oder er wird an dem einen hängen und den andern verachten. Ihr könnt nicht Gott dienen und dem Mammon.

Lukas benutzt also diese aus anderen Zusammenhängen stammenden Worte Jesu als Kommentar zu unserer Geschichte. Lukas hat offenbar noch gewusst, dass wir im treuen Umgang mit der materiellen Welt lernen, mit der spirituellen Welt treu umzugehen. Aber er hat auch noch gewusst: Beide Welten sind unvereinbar, sind ein Entweder-Oder. Gottes Gegenspieler in der Welt ist der Gott Mammon, der Gott des Bauches, der Sorgengeist, der Besitztrieb, die Sucht des Habenmüssens, die Eigengesetzlichkeit des Kapitals. Und darin hat er gewiss Jesus recht verstanden. Aber die Wirkungsgeschichte dieser Worte von der „Treue im Kleinen" war doch weder radikal noch spirituell; sie war bürgerlich. Oder anders gesagt: Das Besitzbürgertum der konstantinischen Jahrhunderte bis heute hat das Christentum verstanden und praktiziert als eine Religion der Zuverlässigkeit, der Sparsamkeit, der „preußischen" Gewissenhaftigkeit gegenüber dem kirchlichen Katechismus genauso wie gegenüber dem Infanterie-Exerzierreglement. „Bis heute" sagte ich, denn heute ist diese Tugend der Treue im Umgang mit Geld fast verschwunden. Die Macht des Mammon hat uns wie eine Epidemie erfasst und die Ehrenwertesten bestechlich, betrügerisch, verschwenderisch, egoistisch gemacht. Die Dämme sind gebrochen.
In der Spätphase des Kapitalismus herrscht das Laster der Gier und des Betrugs, obwohl an seinem Anfang die Tugend der Sparsamkeit und des Konsumverzichtes stand. Jedenfalls hat der Vater der deutschen Soziologie, der Kulturwissenschaftler Max Weber (1864–1920) in seinem berühmten Buch „Die protestantische Ethik und der Geist des Kapitalismus" Folgendes nachzuweisen versucht: Der puritanische asketische Lebens-

stil des westeuropäischen Calvinismus hat dazu geführt, dass sich allmählich viel Geld in den Händen der gewissenhaften und genügsamen Bürgerchristen angesammelt hat – Kapital, welches dann auf den Banken und Sparbüchern seine Eigengesetzlichkeit entwickelte, gemäß dem (geistlich, nicht wirtschaftlich gemeinten) Wort Jesu: „Wer da hat, dem wird gegeben werden und er wird die Fülle haben; wer aber nicht hat, dem wird auch das genommen, was er hat.“ Die Anhäufung – in marxistischer Sprache: die „Akkumulation“ – des Kapitals führte zu Wohlstand und Reichtum. Das Wort Jesu „Wer im geringsten treu ist, der ist auch im Großen treu“ wurde als anspornende Verheißung von noch mehr Reichtum verstanden. Und da der Calvinismus die Theologie der Prädestination verkündete, also die Lehre von der vorherbestimmten Erwählung oder Verdammnis, suchte die Gewissensangst der Gläubigen nach äußeren Zeichen des Gesegnet-Seins. Ein solches Zeichen der göttlichen Liebe glaubte man nun auch an Wohlstand, Erfolg und Glücksfortschritt ablesen zu dürfen.

Max Weber leitete also die seelischen Antriebe des modernen Kapitalismus aus den säkularisierten Glaubensinhalten des protestantischen puritanischen bürgerlichen Christentums ab. Eigentlich war dieser Kapitalismus im Ansatz ein christlicher, ethischer Idealismus, im Gegensatz zum historischen Materialismus des Marxismus, der anfänglich uralte biblische Züge zeigte. Demgegenüber entpuppte sich der „Geist“ des Kapitalismus am Ende als ein götzenhafter, gefräßiger, Humanität, Solidarität und Natur zerstörender Ungeist.

So haben wir es fertig gebracht, zuerst Gott *und* dem Mammon zu dienen, dann dem Mammon *und* Gott und schließlich *nur* noch dem Mammon. Jesus hatte Recht, es ist wahr: Man kann nur *einer* absoluten Macht folgen. Jesus sagt ja nicht: Ihr *sollt* nicht Gott dienen und dem Mammon, er sagt: Ihr *könnt* einfach nicht beiden dienen. Es geht nicht auf Dauer. Es geht psychisch nicht, es geht politisch nicht, es geht spirituell nicht.

Wir haben gesehen: Lukas empfahl mit seinen angehängten Einzelsprüchen eine moralische Nutzanwendung der Erzählung vom abgesetzten Verwalter: Die Erzählung will keine Nachahmung des betrügerischen Verwalters, sondern will ganz im Gegenteil zu Treue, Gewissenhaftigkeit und Sparsamkeit ermahnen. Diese Auslegungstradition hatte freilich und letztlich eine „kontraproduktive“, eine kapitalistische Wirkungsgeschichte.

3. Die Währung der Gewahrsamkeit

Dagegen nimmt eine dritte Auslegungstradition unser Evangelium nicht als pastorale Mahnung zur Treue im Kleinen, wie eben besprochen, auch nicht als Allegorie, bei der jedes Element des Evangeliums eine jenseitige, geistliche Bedeutung hat. Sie versteht den Text vielmehr als Gleichnis, bei dem es nur auf *einen* vergleichbaren Akzent, auf einen einzigen springenden Punkt ankommt. Warum hat Jesus den raffinierten Verwalter gelobt? Doch nicht wegen seiner Betrügereien! Sondern offenbar nur, weil „man selbst von der Schlauheit eines Betrügers etwas lernen kann; aber in welcher Richtung?“ (fragt Bultmann in seiner „Geschichte der synoptischen Tradition“, S. 216). Doch keineswegs auf dem Gebiet des Finanzgebarens! Diese gehört nur zur *Bildhälfte* des Gleichnisses. Die eigentlich gemeinte *Sachhälfte* hat ein ganz anderes Thema. Welches denn? Und welches ist der *eine* spitze Verkündigungspunkt?

Jesus lobte den Verwalter nicht wegen seiner Gaunerei, sondern wegen seiner Entschlossenheit. Ohne lang zu zögern, hat er seine Existenzkrise ins Auge gefasst, einen Plan zur Rettung seines Lebens in die Tat umgesetzt und seine Zukunft gesichert. Diese clevere Haltung soll den unentschlossenen Zuhörern Jesu ein Vorbild für die letzte (eschatologische) Klugheit sein. Ohne diese endzeitliche Klugheit kann niemand die Krise des Zeitenwechsels bestehen. Das Reich der Himmel ist nahe herbei gekommen, der Fürst dieser Welt, Mammon, ist im Grunde schon gestürzt. Satan führt sich nur noch so auf, um möglichst viele mit sich in den Abgrund zu reißen. Die Törichten sind von ihm so benebelt, dass sie in der Krise ihre letzte Chance verkennen und also untergehen.

Das etwa muss die Froh- und Drohbotschaft Jesu gewesen sein. Darum spricht er so viel von den beiden Haupthaltungen in der Krise der kritischen Weltenwende: *Klugheit* oder *Torheit*. Die *klugen* Brautjungfern haben im Unterschied zu den *törichten* keinen Ölvorrat für ihre Lampen bei sich (Mt 25,2). Gegürtet zum Aufbruch, wach und nüchtern, mit brennendem Licht sollen wir den Messias erwarten (Lk 12,35). Wer die Bergpredigt befolgt, ist einem *klugen* Baumeister zu vergleichen, wer sie hört und nicht tut, ist ein *törichter* Baumeister, der auf Sand baut. Man wird es sehen, wenn jetzt der große Sturm der Zeitenwende einsetzt (Mt 7,24). Du *Narr,* der du dich auf neue volle Scheunen verlässt, in dieser Nacht wird Gott dein Leben von dir fordern (Lk 12,16). *Klug* wie die Schlangen (freilich auch ohne Falsch wie die Tauben) sollen die Schüler des Meisters sein (Mt 10,16). Wach, treu und *klug* ist der

Knecht, jederzeit gewärtig, dass der abwesende Herr zurückkehrt (Mt 24,45). Macht es wie der clevere Verwalter, der seine bisherige Existenz verliert und alles auf eine Karte setzt, um eine neue Zukunft zu gewinnen. Es geht also nicht um innerweltlichen Umgang mit dem Geld, sondern es geht um die endzeitliche Existenz. Ihr Kennzeichen ist die geistliche Tugend der Klugheit.

Diese Auslegung rekonstruiert die Urbotschaft des historischen Jesus, der anfangs mit einem unmittelbar bevorstehenden Einbruch des Gottesreiches rechnete und eine letzte große Amnestie Gottes für alle Sünder ausrief und eine Chance zur Umkehr und Heimkehr aller Verlorenen eröffnete. Aber schon bald nach seinen galiläischen Erfolgen muss ihm klar geworden sein, dass der Menschensohn jetzt nicht in seiner Herrlichkeit erscheinen wird, sondern erst einmal unter das Gericht der herrschenden Mächte des jüdischen Tempels und des römischen Militärstaates geraten muss. Die nachösterlichen Evangelisten haben dann diese seine Passion nicht als eine Tragödie interpretiert, sondern als den notwendigen Preis und Beweis für die große göttliche Amnestie: Das Weltgericht ist mit dem elenden Kreuzestod des Menschensohnes vollstreckt. Der Karfreitag, der Tag des Gerichtes über den ans Kreuz geschlagenen Weltenrichter ist für alle Menschen, die ihre Schuld gegenüber Gott einfach nicht bezahlen können, zum Tag der Rettung geworden. Das Gericht findet nicht mehr statt, die göttliche Liebe hat es selbst auf sich genommen.

Mit dem Ausbleiben des Jüngsten Tages und des Jüngsten Gerichtes eröffnete sich für die nachösterliche Gemeinde eine neue Zeit des langfristigen In-der-Welt-Seins.

Damit war aber die eschatologische Entschlossenheit und existenzielle Klugheit keineswegs überflüssig geworden. Sie wandelte sich nur in die immer neu einzuübende Haltung der geistlichen Wachheit und Nüchternheit. Bis zum heutigen Tage singt die Kirche in ihrem täglichen Nachtgebet den apostolischen Zuruf des ersten Petrusbriefes:

Seid nüchtern und wacht, denn euer Widersacher, der Teufel, geht umher wie ein brüllender Löwe und sucht, wen er verschlinge. Dem widersteht, fest im Glauben.

Und an jedem Tagesende schlüpft die Kirche in die Rolle des greisen Simeon, der zu seiner irdischen Ablösung bereit ist. Sie umrahmt seinen Lobpreis („Herr, nun lässt du deinen Diener in Frieden fahren“) mit dem uralten Leitvers:

Bewahre uns, o Herr, wenn wir wachen, behüte uns, wenn wir schlafen, auf dass wir wachen mit Christus und ruhen in Frieden.

Also selbst in der Schlaftrunkenheit des Leibes kann der Geist, der mehr ist als psychisches Bewusstsein oder Unterbewusstsein, in Christus wach und nüchtern bleiben. Dieses große spirituelle Geheimnis der Aufmerksamkeit will immer aufs Neue eingeübt werden. Besonders die Wüstenväter und heiligen Frauen der syrischen und ägyptischen Wüstenklöster wurden die Meister und Meisterinnen der hellwachen und stocknüchternen Gewahrsamkeit gegenüber den dämonischen Vorgaukelungen und Einschläferungen. Sie wurden die seelsorgerlichen LehrmeisterInnen der morgenländischen und abendländischen Christenheit gerade in der Zeit, da die konstantinische Großkirche weltselig, machttrunken und geldsüchtig geworden war.
Nicephorus der Einsiedler, ein Mönch und Lehrer des 13. Jahrhunderts auf dem heiligen Berg Athos, hat die wichtigsten Worte der Väter über die Aufmerksamkeit gesammelt:

Hört mir gut zu.
Die Achtsamkeit ist das Zeichen einer vollendeten Reue,
sie ist ein Sich-Zurückfinden der Seele,
Hass gegen die Welt und Hineilen zu Gott …
Sie ist unerschütterliche Gewissheit über die Verzeihung der Sünden …
Ihretwegen neigt sich Gott über den Geist,
um sich ihm zu offenbaren.
Die Achtsamkeit ist die Ruhe des Geistes,
das Stillwerden oder das Schweigen,
das durch Gottes Barmherzigkeit der Seele geschenkt wird.
Sie ist die Reinigung der Gedanken,
der Tempel für die Erinnerung an Gott
und die Kraftquelle zum Ertragen von Prüfungen.
(Kleine Philokalie, S. 128)

Auf einmal sehen wir, wie unter der Hand aus der Handlungs-Entschlossenheit des abgesetzten Haushalters – wie aus der urchristlichen eschatologischen Klugheit eine zeitlose kontemplative Haltung der Gewahrsamkeit in jedem Hier und Jetzt geworden war. Eine wichtige und wirksame Auslegungstradition! Aber gerät nicht darüber die ethische und politische Bedeutung des Evangeliums aus den Augen? Geht es dem Evangelium nicht doch auch ganz konkret um den Umgang mit dem Geld? Darf man mit dem Evangelium eine rein kontemplative, individualistische Innerlichkeit pflegen?

4. Das Unrechtsgeld und der Schuldenerlass

Im Gegenzug zur vorigen Auslegungsweise fußt die vierte auf der Befreiungstheologie und der so genannten „materialistischen" Bibelexegese.

Der Herr lobte den ungetreuen Verwalter, weil er klug gehandelt hatte.

Das war ursprünglich der Schlusssatz nach dem Ende der Erzählung von dem abgesetzten Gutsverwalter. Warum Jesus den Mann nicht getadelt, sondern gelobt hat, kann man dann am besten verstehen, wenn man in der Erzählung Jesu nicht ein Gleichnis, schon gar nicht eine Allegorie, sondern eine Beispielgeschichte sieht. Wahrscheinlich handelte es sich um eine wahre Begebenheit, die Jesus durch eine mündliche Zeitung zu Ohren gekommen war: Da hatte ein Großagrarier mit Besitztümern riesigen Ausmaßes begonnen, seinem Verwalter wirtschaftlich und politisch zu misstrauen. Dass es sich um einen der superreichen Latifundienbesitzer gehandelt hat, kann man aus den riesigen Schuldsummen der verarmten Pächter erschließen: Der eine Bauer schuldet *hundert Eimer Öl,* im Urtext 100 Bath, das sind umgerechnet 3900 Liter Olivenöl, Ertrag von etwa 150 Ölbäumen. Der andere Bauer ist verschuldet mit *hundert Sack Weizen*, im Urtext 100 Kor, das meint 39.000 Liter, also 780 Zentnersäcke Weizen. Das will in der vormaschinellen Zeit erst einmal auf dem Buckel getragen werden! Für einen Kleinbauern der antiken Handarbeits-Wirtschaft ging es hier um riesige Summen, die er nie im Leben abbezahlen konnte, wahrscheinlich auch seine Kinder und Kindeskinder nicht. Missernten, Krankheiten, Bürgerkriege oder andere Schicksalsschläge ließen die Leute verarmen. Vor allem aber das kapitalistisch Zins- und Geldsystem der imperialen römischen Besatzungsmacht begünstigte die Kollaborateure. Die neue Schicht der Großagrarier saß nicht nur im Lande. Die Herren waren oft im Ausland ansässig und setzten auf ihren Gütern am fruchtbaren Jordanufer, am See Genezaret oder in der Ebene Jesreel, wo sich die besten Böden befanden, Verwalter mit Prokura ein, so genannte Ökonomen. Diese waren bei den verschuldeten Fellachen, die ihren Pachtzins weder in Geld noch in Naturalien immer weniger bezahlen konnten, ebenso verhasst wie die unsichtbaren „großen Hansen". Die Opfer der Preis- und Geldpolitik waren machtlos gegenüber jeder Zinserhöhung. Zwar war im Judentum das Zinswesen unter den Glaubensgenossen verboten. Aber wo ein Gesetz ist, gibt es Umgehungen. Es war üblich, einen Zinssatz verdeckt und ungenannt in die Schuldsumme mit hinein zu packen, mitunter sogar bis zu 100 %; so viel jedenfalls erlaubte der im Orient gängige Paragraf 99 des ägyptischen Hammurabi-Gesetzes.

So befindet sich nun auch der „ungerechte Verwalter" in der Jesuserzählung in einer berufstypischen Zwickmühle zwischen seinem misstrauischen und unerbittlichen Chef, der immer reicher wird, und seinen Volksgenossen, die immer ärmer werden. Ihm droht die Absetzung.

Lukas bringt ein paar Kapitel später noch eine weitere Verwaltergeschichte (19,11 ff). Der aus dem Ausland zurückgekehrte Großkapitalist ist ein „strenger Mann", von dem jedermann weiß, dass er von der Bank „abhebt, wo er nicht eingezahlt hat", und dass er „erntet, wo er nicht gesät hat" (V. 22); und wenn schon mit seinem Leihkapital nichts erwirtschaftet wurde, so fordert er sein Geld wenigstens mit respektablen Bankzinsen zurück (V. 23). Auch in dieser Geschichte wird ein in den Augen des Chefs unfähiger Verwalter gefeuert und jeglicher Rente beraubt. Mit solchen Erzählungen aus der alltäglichen Praxis der Ausbeutung des Volkes hat Jesus sicher sofort die gespannteste Aufmerksamkeit seiner Hörer gefunden. Und kaum vorstellbar, dass er in allegorischer Form mit solchen „harten" Chefs seinen Vater im Himmel gemeint haben konnte, den Gott Israels, der von sich sagt: „Weil die Elenden Gewalt leiden und die Armen seufzen, will ich jetzt aufstehen und Hilfe schaffen" (Ps 12,6). Unter diesem Gott tröstete man sich mit den Worten: „Der du den Elenden rettest vor dem, der ihm zu stark ist und den Armen vor seinen Räubern" (Ps 35,10). Nein, der Vater Jesu Christi ist nicht mit einem misstrauischen und erbosten Gläubiger zu vergleichen.

Nun also, in der Stunde der Not, sagt der bedrohte Verwalter: „Was soll ich tun?" Das ist in der Bibel immer die klassische Frage des Menschen in der Krise. „Was sollen wir tun?" fragen die erschrockenen Hörer des Täufers Johannes. Der hatte als Wegbereitung für den Messias eine Erniedrigung der (Reichtums-)Berge und eine Auffüllung der (Armuts-) Täler gefordert – und die Zöllner hatten verstanden: Es geht ums Geld! Denn die Zollpächter waren damals ein wichtiger Teil des ausbeuterischen Finanzsystems. Sie pachteten von den Römern die Zollstationen und verlangten weit höhere Handelszölle, als gesetzlich verordnet war,

um auf diese Weise nicht nur ihre Existenz, sondern auch ihren Bereicherungsmechanismus zu sichern. Der Täufer antwortet auf ihre erschrockene Frage ganz klar: „Fordert nicht mehr, als euch vorgeschrieben ist." Die Söldner und die Besitzbürger bekommen ähnlich konkrete Antworten auf ihre betroffene Was-sollen-wir-tun-Frage. Diese Frage ist bei Lukas immer eine Frage, die der Heilige Geist im Gewissen erweckt. Das zeigt die Pfingstgeschichte, nach der die Erweckungspredigt des Petrus den Hörern „durchs Herz ging". Sie reagierten mit der Frage: „Ihr Männer, liebe Brüder, was sollen wir tun?" Oder beim Erdbeben in Philippi. Da kommt dem Gefängnismeister dieselbe Herzbeben-Frage auf die Lippen: „Was muss ich tun, dass ich gerettet werde?" Sicher hat diese typisch lukanische Frage mit der urchristlichen Tauftheologie zu tun. Die Taufe ist hier das Ritual der persönlichen Zeitenwende, in der sich die heilsgeschichtliche Äonenwende realisiert.
In einer solchen Lebenskrise und Lebenswende sagt sich nun unser „ungerechter Verwalter": „Ich weiß, was ich tun will!" Er ruft die Gläubiger seines Chefs herbei und praktiziert einen grandiosen Schuldenerlass bis zu 50 % der Ausstände. Sicher, er tut es aus eigennützigen Gründen, er will sich wieder eingliedern in sein Volk und aufgenommen werden von der Unterschicht, der er ursprünglich entstammt. Aber zugleich entlastet er auch sein Gewissen, das auf der falschen Seite, dem falschen Herrn, nämlich dem Gott Mammon gedient hatte. Er vollführt einen Akt der Gerechtigkeit, indem er die überhöhten Zinslasten auf ein moderates Maß zurückfährt. Das alles *lobte der Herr* Jesus! Er ist also gerade kein „ungerechter" Verwalter, sondern ein „Verwalter des Unrechts"; denn so muss man den griechischen Ausdruck *„oikonomos täs adikias"* korrekt übersetzen. Er ist ein Verteiler des unrechten Gutes geworden, er hat einen kleinen Anfang gemacht mit der „Enteignung der Enteigner". Er handelt da sogar im Sinne eines altisraelitischen Gesetzes, das nicht mehr praktiziert, aber auch nie abgeschafft wurde, das Gesetz über das Erlassjahr. Nach diesem sollen alle sieben mal sieben Jahre die in Schuldknechtschaft geratenen Bauern freigelassen werden. Gottes heiliges Land sollte dann unter alle neu verteilt werden. Wer in dieser Tradition handelt, ist kein ungerechter Verwalter, er ist vielmehr ein Verwalter des Unrechts. Man bezeichnet ja auch nicht einen Hausmeister der Psychiatrie als einen psychotischen Hausmeister. Übrigens war eine der ersten Handlungen der aufständischen Zeloten im jüdisch-römischen Krieg die Verbrennung der Schuldarchive.
Nach dieser Auslegungstradition ist also die Überschrift des Textes in

Lukas 16 zu korrigieren von: *„Gleichnis vom ungerechten Verwalter“* in: *„Beispiel vom klugen Verwalter des Unrechts.“*
Der finanzpolitisch angepassten Reichskirche nach der konstantinischen „Weltenwende“ muss eine solche befreiungstheologische Auslegung mit politischer Ethik unangenehm gewesen sein. Erwünscht war eine rein erlösungstheologische Seelenheilslehre. Davon zeugt eine kleine geschickte Textkorrektur in der ältesten Pergamenthandschrift. Im Codex Sinaiticus aus dem 4. Jahrhundert ist auf der Textseite mit unserer Geschichte durch Hinzufügung bzw. Darübersetzung von nur zwei Buchstaben, einem T und einem E, aus einer 3. Person Einzahl (*EKLIPÄ* „es ist aus mit ihm“, nämlich mit dem Mammon) eine 2. Person Mehrzahl geworden (*EKLIPÄTE* „es ist aus mit euch“, nämlich mit euch Sterblichen). Zurecht heißt der 9. Vers in der revidierten Lutherübersetzung wieder korrekt:

Macht euch Freunde mit dem ungerechten Mammon, damit, wenn ***er*** *zu Ende geht, sie euch aufnehmen in die ewigen Hütten.*

Unser Problem soll also nicht so sehr sein, was mit uns geschieht, wenn uns das Leben ausgeht und der Tod naht; unsere Sorge soll sein, was mit uns geschieht, wenn die Zeit des Mammon zu Ende geht, die Ressourcen der Erde wegen ihrer rücksichtslosen Ausbeutung sich erschöpfen und eine Kultur des Reiches Gottes im Kommen ist. Auf welcher Seite werden wir stehen? Werden wir uns rechtzeitig zu den Armen bekehren? Werden wir den zweiten Akt unserer Bekehrung zum Menschensohn vollziehen, indem wir uns auch zu seinen geringsten Brüdern und Schwestern bekehren? Werden wir mit unserer Unterschrift politisch an der weltweiten Nord-Süd-Kampagne „Erlassjahr 2000“ mitwirken? Diese hat sich ja zum Ziel gesetzt, 41 hochverschuldete oder zahlungsunfähige Entwicklungsländer zu entschulden. Fangen doch die Banken und die Regierungen schon an einzusehen, dass ein neues internationales Insolvenzrecht erarbeitet werden muss!
Diese vierte Auslegungsweise der Jesuserzählung bei Lukas 16 mag sich auf die erste Jesuspredigt berufen, die Lukas in Kapitel 4 anführt und in der Jesus aus dem Buch des Propheten Jesaja zitiert:

„Der Geist des Herrn ist auf mir, weil er mich gesalbt hat, zu verkünden die frohe Botschaft den Armen, zu predigen den Schuldsklaven, dass sie frei sein sollen, auszurufen das Erlassjahr des Herrn.“

Aber man muss einwenden: Hat denn der Verwalter so uneigennützig gehandelt? Nichts sagt Jesus über das soziale Engagement des Verwalters. Es ging ihm doch nur um seine eigene Zukunftssicherung! Seine Solidarisierung mit den Pächtern hatte doch massive egoistische Gründe. Und waren die Pächter wirklich arme Kleinbauern? Es könnten doch auch Großhandelspartner des Großagrariers gewesen sein.
Am Ende muss man überhaupt fragen: Wie politisch, wie spirituell will die Botschaft Jesu verstanden sein? Gehört das Evangelium Lukas 16 in die Erlösungslehre („die ewigen Hütten“)? Gehört es in die Tugendlehre („die Treue im Kleinen“)? Gehört es in eine spirituelle Weisheitslehre („die geistliche Klugheit“)? Gehört es in eine Ethik der Befreiungstheologie („Schuldenerlass der Reich-Gottes-Bewegung“)?
Wir sehen: Jede Zeit, jeder Standort findet aufgrund der jeweiligen existenziellen Situation einen eigenen Zugang zum Evangelium. Muss man sich für *eine* Auslegungsart entscheiden? Wir könnten doch einander zuhören und einander bestaunen: „Sieh da, wie eigen hat der Geist Gottes zu dir geredet!“ So würden wir ein Konzert, einen harmonischen Wettstreit der Stimmen bilden, eine Polyphonie des Heiligen Geistes.
Glaube an die ewige Seligkeit nicht ohne Nächstenliebe; Diakonie nicht ohne kontemplative Praxis. Spiritualität nicht ohne Treue in den Alltagsgeschäften; Individualethik nicht ohne politische Ethik – alles trägt ein messianisches, ein jesuanisches Geheimsiegel. Die urchristliche *„metanoia“*, die alles entscheidende Umkehrung des Denkens und Handelns im Blick auf die kommende Gottesregierung, hat viele Schichten. Die Übersetzung des Zurufes *“Meta-no-eite!“* ins Lutherdeutsch „Tut Buße!“ ist ein verhängnisvolles Missgeschick. Es geht bei unserer Bekehrung nicht um eine Sünden büßende Leistung, nicht um ein „Bußgeld“, nicht um eine sich kasteiende Büßergesinnung. Es geht um ein neues *„no-ein“*, ein gewandeltes Denken, Entscheiden und Handeln, und zwar nicht einfach als neue innerliche Religion, welche die Außenzustände so belässt, wie sie sind. Nein, es geht bei der Umkehr um eine Neubesinnung, die einen neuen Weg beschreitet, den Lebensstil des Evangeliums. Es ist ein Weg in die Freiheit, heraus aus den Fesseln von mammonitischer Sucht, heraus aus jeglicher narzisstischer Sorge oder symbiotischer Bindung. Statt immer neuer Gewissensangst nun endgültige Amnestie. Statt Ichsucht nun Gemeinschaft. Dieses Umdenken mit unserer ganzen inneren und äußeren Existenz als Verwalter des Lebens, das ist es, was der Herr an einem Ökonomen lobt.

5. Der törichte und der kluge Ökonom bei Jesus

Gern und oft hat Jesus in seinen Gleichnissen das Bild des *homo oeconomicus* gebraucht: der Mensch als Haushalter, der den anvertrauten Besitz seines Herrn veruntreut. Vor allem Lukas, der Evangelist mit dem besonderen Blick für die sozial Verarmten, hat Jesu Anliegen gut aufbewahrt:
das Gleichnis vom törichten Kornbauern (12,13–21),
die Rede vom Sorgen und Schätzesammeln (12,22–34),
das Gleichnis von Wachsamkeit und Treue (12,35–48),
das so genannte Gleichnis vom verlorenen Sohn (15,11–24),
das so genannte Gleichnis vom ungerechten Haushalter, das wir in diesem Kapitel untersucht haben (16,1–13),
der so genannte reiche Jüngling (18,18–27),
die Bekehrung des Steuerpächters Zachäus (19,1–10),
das Gleichnis von den anvertrauten Pfunden (19,11–27),
das Gleichnis von den bösen Weingärtnern (20,9–19).
Jesus hatte in seiner kaputten und korrupten palästinensischen Gesellschaft, in welcher die Schere zwischen reicher werdenden Reichen und ärmer werdenden Armen immer größer wurde, genug Anschauungsmaterial für die verheerende Rolle des imperialen Kapitals.
Der Evangelist aber hat bewirkt, dass künftig zum Selbstverständnis eines Christenmenschen unbedingt die ökonomische Haushalterschaft dazugehört. Der Christ als geistlicher und weltlicher Ökonom hat vor allem drei Dinge zu verwalten: money, time und talents – Geld, Zeit und Begabung. Die Laienbewegung der US-Kirchen nennt diese Art Haushalterschaft „stuartship“.
Der große Paläontologe Teilhard de Chardin, der Entdecker des Urmenschen Sin-Anthropus Pekinensis, schreibt in seinem Werk „Das göttliche Milieu“ über die „Vergöttlichung des menschlichen Tuns“: „Wir glaubten, die Schöpfung sei seit langem beendet. Irrtum, sie geht in vollem Schwung weiter … Und wir stehen im Dienste ihrer Vollendung … Durch jedes unsrer Werke arbeiten wir atomhaft, aber wirklich daran, das Pleroma zu errichten …“ Unter Pleroma versteht Teilhard die Fülle des Seins. Sie vollendet sich durch das immer noch im Gang befindliche „Unternehmen der Inkarnation“, der Menschwerdung Gottes. Auch das weltliche Tun des weltlichen Menschen hat dadurch eine göttliche Qualität. So denkt ein Wissenschaftler und Mystiker, der im Mysterium der

Welt das göttliche und das menschliche Tun in eins sieht. Kann man Tieferes aussagen über den Menschen als Ökonomen Gottes? Selbst wenn sich der Homo sapiens in der Evolution als die tragische Fehlentwicklung darstellen sollte – er bleibt auch als Versager wie als Entwickler im Blickpunkt des unermüdlich kreativen, transformatorischen Erbarmens Gottes.

Diese Tiefenschau möchte ich insgeheim beibehalten, wenn ich jetzt versuche, ein Porträt des neuen jungen Unternehmertyps der „New Economy" zu zeichnen:

Das bisher so erfolgreiche klassische Management der etablierten Industrie hat inzwischen dazu geführt, dass die wirtschaftliche Entwicklung zu stagnieren begann. Warum?

Traditionelle Produkte wurden mit konservativer, patriarchalischer Mitarbeiterführung, in der Scheu vor technischen und kaufmännischen Innovationen, mit reservierter Investitionsbereitschaft, oft mithilfe staatlicher Subventionsprogramme bei gleichzeitigem Personalabbau auf den Markt gebracht. Zu dieser *Old-Business-Praxis* trat vor dem Jahre 2000 die *New Economy* hinzu. Der „Neue Markt" wurde eröffnet mit neuen technologischen Produkten, die intelligenter und einfacher zu bedienen sind als die schwerfällig hergestellten, umständlich vermarkteten und schwierig zu bedienenden Erzeugnisse. Sie wurden von einem neuen Unternehmertyp entwickelt und serviert. Diese Männer (und Frauen!) sind jung, clever, wagemutig, mitunter aggressiv und höchst risikofreudig. Alles oder nichts!

Sie bringen mit dem Bonus des *first-movers* blitzschnell neue Artikel und neue Dienste auf den Markt, wo es noch keine Konkurrenz gibt. Sie agieren sofort global, wickeln vieles über das Internet ab, werden „die neuen Millionäre aus dem Hause Intershop" und riskieren einen frühzeitigen Börsengang. Sie haben innerbetrieblich die Hierarchien durch flotten Team-Geist ersetzt, gewähren ihrer überschaubaren Mitarbeiterschaft gewiss keine tariflichen Löhne, aber selbst gestaltete Arbeitszeit und eventuelle Gewinnbeteiligung. Das motiviert den Arbeitselan und die Identifizierung mit der Firma enorm. Flächentarifbeschlüsse gehören für sie in die ökonomische Steinzeit des Dualismus von Arbeitgeber und Arbeitnehmer. Die Gewerkschaften überhaupt erscheinen ihnen als Saurier. Sie selber wollen ja auch in der Industrie- und Handelskammer (IHK) gar nicht vertreten sein. Sie kümmern sich wenig um buchhalterische Kleinkariertheit oder um Schulden und Risiken vermeidende Finanzierungsmethoden. Sie leihen sich das Startkapital bei Wagniskapi-

tal-Gesellschaften (Venture-Capital-Gesellschaften, „VCs") ohne jede Sicherheiten gegen die Überlassung von Anteilen an ihren aussichtsreichen Firmen. Sie setzen auf rasches Geld und riskieren dabei unter Vernachlässigung des *Controlling* auch raschen Absturz. Dann wird eben auf anderem Gebiet von vorne angefangen, bis der große Durchbruch zum *Cash-Flow*, zum geglückten Liquiditätsfluss gelingt. Zwar sind die Aktienkurse auf dem Nemax rasch hoch geklettert und bald auch in die Tiefe gestürzt. Aber die neuen jungen Unternehmer gelten doch bei den *Head-Hunters* als begehrte „Ware". Diese „Kopfjäger" auf der Suche nach den überall fehlenden qualifizierten, intelligenten Unternehmerpersönlichkeiten bekommen gute Provisionen für diese neuen Profiltypen, denn diese sind einfach eine Belebung des Marktgeschehens. Man muss sie bewundern. Vielleicht würde auch der unkonventionelle Meister Jesus sie loben wie den „Verwalter des Unrechts, weil er klug gehandelt hat". Setz alles auf eine Karte! Schau nicht zurück! Handle blitzschnell! Warum sollten das nicht christliche Handlungsimpulse sein? Könnte nicht die traditionsreiche, schwerfällig gewordene alte Firma „Kirche" ihr nach wie vor gutes Produkt „Evangelium", das sie zur Zeit nicht mehr recht absetzen kann, von einem „New Economy-Pfarrertyp" geistlich unternehmerisch auf den blühenden neuen Markt der Religion bringen?
Allerdings: Als ich in einer Gruppe von neuen Unternehmern der *New Economy* nach der Motivation und nach den Zielen des Neuen Marktes fragte – ob es denn letztlich nur um „Geld" oder auch um „Leben", ob es also um Profitmaximierung um der Kapitalbildung willen gehe oder auch um nachhaltige Wertschöpfung –, erntete ich nur mitleidiges Lächeln. Die Überwindung von Armut, Krankheit, Hunger, Bildungsmangel und Ausbeutung der Natur und ihrer Ressourcen sind offenbar keine Ziele des Neuen Marktes. Gesundheitswesen, Bildungswesen, Sozialarbeit, kommunale Kulturszenen – das alles schrumpft unter dem Sparzwang, weil die öffentlichen Kassen leer sind. In privater Hand aber kumuliert steuerfrei ein astronomisches Kapital. Auf dem globalisierten, so genannten „freien" Markt begegnen sich immer weniger und immer reichere Akteure. Die größer werdende Masse der immer ärmer werdenden Menschen bleibt ausgeschlossen. Der afrikanische Kontinent z.B. gilt als „ökonomisch vernachlässigbar."
Folgendes wurde mir erzählt. Ein erfolgreicher Unternehmer alten gediegenen Schlages übergibt seinem Sohn die Firma, die er schon von seinem Vater geerbt hatte, und der Sohn fragt: Was gibst du mir für einen

Tipp aus deiner Erfahrung? Der Vater antwortet: Ratschläge kann und will ich dir nicht geben, du weißt vieles besser als ich. Aber mein Vater hat mir gesagt: Vergiss ein paar alte biblische Grundsätze nicht!. Die könnte ich dir nennen.“ Auf die Rückfrage des Sohnes „Welche denn?“, sagt der alte Herr:
Z.B.: **Biete einen Nutzen!**
Im Philipperbrief heißt es: *Ein jeglicher sehe nicht auf das Seine, sondern auch auf das, was des andern ist.*
Oder: **Sei ehrlich!**
In Römerbrief steht: *Befleißiget euch der Ehrbarkeit gegen jedermann.*
Oder: **Sei nicht ängstlich, vertraue!**
Im Petrusbrief sagt der Apostel: *Alle eure Sorge werfet auf Gott, denn er sorgt für euch.*
Oder: **Behandle andere so, wie du auch behandelt werden willst!**
Wie Jesus sagt: *Alles nun, was ihr wollt, dass euch die Leute tun sollen, das tut ihnen auch!*
Und: **Delegiere!**
In 2. Mose 18 heißt es: *Es ist nicht gut, wie du das machst. Du wirst dich selbst und die Leute, die bei dir sind, völlig erschöpfen, denn die Sache ist für dich zu schwer, du kannst sie nicht alleine besorgen.*
Arbeite geduldig und hart!
Sprüche 13,11 lautet dazu: *Erhasteter Reichtum vermindert sich. Wer allmählich sammelt, vermehrt ihn.*
Habe Ausdauer!
Dazu heißt es: *Lasset uns Gutes tun und nicht müde werden, denn zu seiner Zeit werden wir auch ernten, wenn wir nicht ablassen.* (Gal 6,9)
Und das Wichtigste: **Jeder erntet, was er sät.**
Paulus sagt: *Irret euch nicht, Gott lässt sich nicht spotten. Denn was der Mensch sät, das wird er ernten: Verderben oder Leben.* (Gal 6,7)

Dies hat Jesus klassisch und elementar einfach in seinem „Gleichnis vom reichen Kornbauern“ (Lk 12) dargestellt. Es handelt sich aber nicht um ein Gleichnis, sondern um eine Realgeschichte mit politischem Hintergrund. Hermann-Josef Zoche hat diesen Hintergrund im Anhang seines Buches über die Kirche als Management-Unternehmen („Die Jesus AG“) etwa so skizziert:
Ein Landwirt macht eine Rekordernte. Er expandiert. Er baut „vernünftigerweise“ größere Lagerhallen. Er betreibt also keine Vorsorge für den eigenen Bedarf, sondern er betreibt etwas völlig anderes, nämlich Geld-

vermehrung über den Markt. Er hält in diesem Rekordjahr, in dem der Preis niedrig ist, seine Ware zurück, bis die Preise wieder steigen. Hier beschreibt Jesus die Logik der Marktwirtschaft: die Selbstregulierung der Preise durch Angebot und Nachfrage. Der schlaue Bauer verknappt das Angebot durch Lagerung und kann so die Preise diktieren. Aus der Notlage seiner Mitmenschen macht er finanziellen Gewinn. Sein Vertrauen in die Zukunft ruht nicht mehr spirituell in der vertrauensvollen Gottesbeziehung, sondern materiell in der Sicherung durch Lagerung. Es ist aber eine Scheinsicherheit. Der Tod betritt die Bühne: Herzinfarkt. Gott sagt: „Du Narr, diese Nacht wird man deine Seele von dir fordern!“ Vielleicht denkt Jesus hier grundsätzlich an das Todbringende der marktwirtschaftlichen Gesetze. Aus dem Geschäft mit dem Hungertod der Armen erwächst der Tod der Reichen. Der freie Markt sichert die individuelle Bereicherung der Reichen, aber zu Lasten der Armen. Der reiche Kornbauer kann sogar eine Monopolstellung erreichen. Aber er handelt in Jesu Augen nicht vernünftig, weil nicht ethisch gut. Der Markt denkt nicht sozial. Eine Ökonomie der Gerechtigkeit würde die Grundbedürfnisse für alle Menschen zu vernünftigen Preisen befriedigen. Das wäre die rechte Marktwirtschaft. Jesus nennt die falsche Marktwirtschaft närrisch. Denn dem Bauern geht es nicht mehr um Befriedigung seiner und der anderen Grundbedürfnisse, sondern um private Geldvermehrung. Er schafft künstlich Bedarf und geht so an den Bedürfnissen und an den Bedürftigen vorbei. Er „braucht“ die Armen, um selbst reich zu werden. Er macht die Armen noch ärmer und bedürftiger durch seine Hortung. Einem „Wirtschaften für das Leben“ steht das todbringende liberalistische Wirtschaften des Kornbauern entgegen. Er sagte zufrieden zu sich selbst: „Ruh dich aus, liebe Seele, iss und trink und freu dich des Lebens.“ Das ist gewiss keine Gemeinwohlorientierung.

Sein Überfluss und der Mangel der anderen bedingen sich gegenseitig. Der „kluge“ Bauer ist sozial blind und bereitet so seine Katastrophe, den „Tod“ vor. Das Vertrauen in die totale Selbstregulierung des Marktes wackelt zwar immer wieder, z.B. durch den Sturz der Börsenkurse 1929 (oder durch den Verfall der Telekom-Aktie und des Technologie-Marktes 2000 bis 2002, bei denen allein in Deutschland Geldvermögen der Kleinaktionäre im Wert von 160 Mrd. Euro vernichtet wurden). Aber immer wieder erneuert sich diese blinde Vertrauen. Das Zentralproblem des Marktes aber ist immer geblieben: die gerechte Verteilung der Güter. Heute geht es nicht nur um Korn und Brot, sondern auch um Wasser und Luft. „Tod“ ist mehr als die allgemein bekannte Tatsache,

Das Kamel und das Nadelöhr: Vor Gott sind alle Dinge möglich

dass das Individuum nichts mitnehmen kann. „Tod" ist auch der Bruch des sozioökologischen Lebensnetzes. Es geht beim reichen Kornbauern nicht einfach um das jenseitige „ewige Leben", sondern um das Reich Gottes, welches vom „Jenseits" der so genannten menschlichen Vernunft her dem Diesseits einen neuen Wert gibt. Jesus greift ein in die Welt wirtschaftlicher Regeln und Gesetze. Er will das Reich Gottes, die Herrschaft des Himmels, als Ferment des rechten Lebens auf der Erde ins Spiel bringen.

Diese Auslegung von Hermann-Josef Zoche zeigt, wie schwer es ist, der so genannten Vernunft nicht zu folgen. Wie schwer ist es doch, zu glauben, dass sich der Glaube an Gott und die Rücksicht auf den Mitmenschen besser rechnet als alle anderen Berechnungen. Leichter kommt ein Kamel durch ein Nadelöhr als ein Reicher in die Dimension des Gottesreiches, weiß Jesus. Er weiß aber auch, dass bei Gott alle Dinge möglich sind, dass also auch ein Reicher ins Reich Gottes kommt; denn alle Dinge sind möglich dem, der da glaubt und alles ganz auf Gott setzt.

CETERUM CENSEO

Ninives Glückskultur geht an sich selbst zugrunde,
so wie ein Suchtkranker sich langsam selbst zerstört.
Jeder sieht es, nicht er selber, bis zur letzten Stunde.
Keine vierzig Jahre – und die Selbstsucht hat sich selbst verzehrt.

Bis dahin: Mit der Schlinge um den Hals der Menschheit gehen?
Der Rausch nimmt zu, es sinkt die Lebensqualität –
es sei denn, es wird ein Wunder in der Galgenfrist geschehen:
Aus einer todesnahen Nüchternheit kommt Spiritualität.

Die subversive Liebe, in vielen schon erwacht, sie wird global.
Der Geist der Achtsamkeit für das Verdrängte, Unterdrückte,
für die Kinder, für die Frauen, für die Verarmten ohne Zahl,
für die Natur, die Seele und das Heilige, das uns einst berückte.

Gewahrsamkeit – das ist der Heute-Schlüssel für die nächste Zeit.
Zeitgenosse, merke auf und fürchte dich!
Fürchte nicht den Anruf der Gewaltfreiheit:
„Geld oder Leben! Wer soll wen regieren? Entscheide dich!“

Im Folgenden will ich die Gesamtbotschaft der beiden biblischen Testamente betrachten. Denn diese Botschaft ist – trotz jahrhundertelangen kirchlichen Missbrauchs und bürgerlicher Missdeutung – nach wie vor geoffenbarte und erfahrungsgesättigte Weisheit.

ERSTER HAUPTTEIL

Geld oder Leben
als Thema der
biblischen Heilsgeschichte

Sozialgeschichtliche Einblicke
mit theologischen Kommentaren

Heilsgeschichte – was ist das? In diesem umfangreicheren Kapitel soll die biblische Geschichte des Gottesvolkes und seine Erlösung von ihrem ökonomischen Hintergrund her gelesen werden. Es möge deutlich werden, dass es sich nicht um einen Nebenaspekt, sondern um eine theologische Zentralschau handelt. Die Bibel wurde einst erschlossen von der scholastischen Metaphysik, dann von der reformatorischen Rechtfertigungslehre, dann vom Rationalismus und Idealismus der Aufklärung, dann von der existenzialen Interpretation der Mythen. Schließlich wurde ein „materialistischer", ein sozioökonomischer Zugang zur Bibel entdeckt. „Paradigmenwechsel erfordern eine neue Brille, durch die wir unsere ererbten Schätze auf neue Art anschauen." So formuliert es Matthew Fox (der seinerseits wieder einen anderen Blickwinkel befürwortet, nämlich einen mehr kosmisch-esoterisch-spirituellen).
Für die orientalisch-griechische Kirche ging und geht es vorwiegend um die Unsterblichkeit der Seele. Vergänglichkeit, Schicksalsangst und Todesfurcht werden in den Mysterienfeiern der göttlichen Liturgie überschritten. Der Heilswille des Mensch gewordenen Gottes zielt auf die „Vergottung" (Göttlichwerdung) des Menschen, ja, des ganzen Kosmos. Das österliche Geheimnis der Auferstehung Christi ist der Anfang der neuen Schöpfung. In der „Göttlichen Liturgie" der orthodoxen Kirchen fühlt man sich bereits im Himmel.
Für die abendländische (römische und reformatorische) Kirche ging und geht es vorwiegend um die Erlösung von der Gottesangst, um die Rechtfertigung des Sünders gegenüber dem Gotteszorn. Die drängende Schuldfrage glaubt man gelöst durch das Sühnopfer des gekreuzigten Christus. Das Seelenheil des einzelnen Gewissens und die Kirche als sakramentale Heilsvermittlerin gelten als das Zentrum des christlichen Glaubens.
Diese beiden großen historischen Ausprägungen der christlichen Spiritualität, der östlichen und der westlichen, haben bei aller unterschiedlichen Akzentuierung eines gemeinsam: Die sozioökonomische Frage nach der neuen Gerechtigkeit des Reiches Gottes auf Erden wird an den Rand verdrängt. Sie wird weitgehend dem Individuum als Caritas und dem Tun guter Werke überlassen. Für Jesus war der Hauptgegner nicht der physische Tod, sondern der Geldgott Mammon, unter dessen Herrschaft das eigentliche Leben in einem gierig-ängstlichen Egoismus verkommt. Der Hauptfeind des Lebens war für ihn nicht die Unmoralität der Sünder, sondern die gesetzliche Korrektheit des Pharisäismus mit seinem moralistischen Perfektionismus in zweitrangigen Frömmigkeitstugenden. Die drei großen satanischen Versuchungen der Menschheit,

denen sich Jesus selbst unterzog, waren die Ego-Versuchungen des materiellen Körpers, des seelischen Herzens und des geistigen Strebens. Es ging jedes Mal um die Fragestellungen des Reiches Gottes: auf materiellem Gebiet die Brotvermehrung ohne Gott („Du kannst doch als Messias aus diesen Steinen Brot für dich und für alle machen!"); auf seelischem Gebiet die Erfolgs- und Geltungssucht („Lass dich als Gottessohn von der Zinne des Tempels hinunter und nimm ein Bad in der dir nun glaubenden Menge!"); auf geistigem Gebiet die Verabsolutierung der politischen Macht und die Anbetung der Gewalt („Die ganze Welt kannst du rasch christlich machen, wenn du sie aus meiner Hand und mit meinen Methoden übernimmst!").

Die Verkündigung Jesu in der Bergpredigt, dazu seine irdische Aktions- und Passionsgeschichte bilden eine große irdische Alternative zur gesamten Religions- und Profangeschichte. Durch Jesus Christus, aber auch schon durch seine ihm vorauslaufenden Propheten können wir die Heilsgeschichte nur noch in, mit und unter der heillosen Weltgeschichte begreifen, nicht über ihr, nicht jenseits von ihr, nicht in weltloser Innerlichkeit.

Darum möchte ich jetzt vor jeder Etappe der biblischen Heilsgeschichte den kulturellen Hintergrund skizzieren. Wichtige Einblicke verdanke ich hier dem immer noch grundlegenden Buch des Heidelberger Befreiungstheologen Ulrich Duchrow „Alternativen zur kapitalistischen Weltwirtschaft". Duchrow sagt: „Sozialgeschichtlich arbeiten heißt nicht, den Sinn der biblischen Texte auf die soziopolitischen Fragen einschränken, sondern umgekehrt erkennen, dass die … politischen Strukturen und Verhaltensweisen … als Entscheidung für oder gegen Gott aufzufassen sind. Die Gesellschaftsfrage wird theologisiert, nicht die Gottesfrage säkularisiert" (S. 133). Heilsgeschichte erscheint jetzt nicht mehr als metaphysische Seelenheilsgeschichte, sondern als Geschichte der heilsamen Alternative des winzigen, aber globalen Gottesvolkes als punktuelle, salzkornartige „Kontrastgesellschaft" zu den Kulturen der Weltgeschichte.

Darum werde ich jetzt jeden Hauptabschnitt der Geschichte Israels zuerst in einem soziokulturellen Horizont betrachten, dann in nacherzählender Kurzfassung biblische Fenster auftun und schließlich jeweils eine Brücke zum Heute zu schlagen versuchen.

Kapitel I Exodus und Wüstenzug

Versklavte entdecken ihren Befreier – und schielen nach den Fleischtöpfen der Unfreiheit

1. Sozialgeschichtlicher Horizont

Die ersten staatlichen Großreiche der Menschheit sind im Zusammenhang mit den großen Bewässerungsprojekten am Nil und in Mesopotamien entstanden. Hier bildeten sich rasch arbeitsteilige, hierarchische Klassengesellschaften heraus. Militärische Macht und imperiale Unterwerfungspolitik gingen einher mit einer hochreligiösen Reichspriesterschaft. Sowohl die ägyptischen Pyramiden als auch die babylonischen Göttertürme sollten in ihren Spitzen von den Göttern segnend berührt werden und das absolute Eine, das monarchische Machtprinzip repräsentieren. In diesen Sklaven haltenden Gesellschaften wurde auch zuerst das Geld erfunden; nicht so sehr als Tauschmittel für den Handel, vielmehr erstens für den Opfer- und Tempelkult einer nicht erwerbstätigen Priesterkaste und zweitens für das Tributsystem, mit welchem die unterworfenen Völker ausgesaugt wurden. Geld wurde also erfunden zum Betrieb der religiösen und politischen Großinstitutionen.
Zwischen diesen Machtzentren am Nil einerseits, an Euphrat und Tigris andererseits lag Kanaan, so benannt nach seinen Einwohnern: „Kanaanäer“ heißt „Händler“. Mal der einen, mal der anderen Großmacht tributpflichtig geworden, hielten sich hier nur Händlervölker am Leben, die kein eigenes Großreich bilden konnten. Hier, besonders in der Ebene Jesreel südlich vom Berg Karmel, kreuzten sich die großen Handels- und Heerstraßen. Hier, auf dem uralten Schlachtfeld von „Harmagedon“ (Meggiddo?) sieht die spätere Apokalyptik die Endzeitschlacht der Weltreiche kommen. In dieses gefährliche, aber verheißungsvolle Land, „wo Milch und Honig fließen“, treibt es die Habenichtse der umliegenden Regionen.
Sie waren „heruntergekommene Aramäer“ (Selbstbezeichnung Altisraels in einem frühen Erntedank-Credo, 5. Mose 26,5). Diese deklassierten, durch Hungersnöte verarmten Familien mit einer schlichten Sippenreligion nannten ihren noch namenlosen Gott einfach „Gott der Väter“. Eine Gruppe hatte sich notgedrungen in Ägypten verdingt und war dort erst recht in Schuldknechtschaft und Frondienst einer harten städtischen

Klassengesellschaft geraten. Diese und andere entwurzelte Gruppen lebten in einem Zustand ohne politische und ökonomische Selbstständigkeit und ohne ausreichende Ernährungsgrundlage. Sie sind vergleichbar mit desolaten Bevölkerungsschichten in den marginalen Elendsvierteln heutiger über- oder unterentwickelter Länder. Sie wurden damals *„hapiru"* oder *„chabiru"* genannt, wovon sich der Name „Hebräer" herleitet, was soviel bedeutet wie „Deklassierte" oder „Entrechtete" oder „Abgewirtschaftete". „Hebräer" ist also kein National- oder gar Rassebegriff, sondern ein Sozialbegriff. Und so lautet denn auch der älteste Gottesname dieser Armutsgruppen: „Der Gott der Hebräer" (2. Mose 3,18; 9,1). Das ist ein Gott, der im sozialen Existenzkampf einseitig Partei für die Schwächeren ergreift. Der spätere Gesamtname, den sich die versprengten Einzelgruppen gaben, „Israel", muss wahrscheinlich übersetzt werden mit „Gottes Schützling".

Gerade die ägyptische Mosesgruppe machte nun eine neue Gotteserfahrung mit einem Befreiergott, der sie aus dem pharaonischen Fronsystem herausführte und sich ihnen am Sinai als ein Gott des Rechtes offenbarte. Gottesrecht und Menschenrechte (die beiden Tafeln des Zehnergebotes) waren in einem Bündnis der barmherzigen Treue Gottes aneinander gekoppelt. Hier zeigte sich keine Staatsgottheit der Oberschicht, kein Gott des Todes, der im Jenseits herrschte und Tier- oder Kinderopfer wünschte, sondern ein lebendiger Gott, der das Schreien der Elenden hört; der erniedrigt und erhöht, Arme reich und Reiche arm macht. So besingen es besonders die Frauen, von Hanna (1. Sam 2) über Mirjam (2. Mose 15) und Debora (Richter 5) bis zu Judith (Kap. 16) und Maria (Lk 1). Sie finden bei diesem neuen Gott erstmals ihre Stimme.

Mose hatte seinen Brüdern und Schwestern den geheimnisvollen und verheißungsvollen „Namen" dieses Gottes vermittelt: „ICH BIN da, als der/die/das ICH (für euch) da sein werde" (JHVH). Für euch Unterdrückte speziell, nicht einfach für alle Menschen! Zum ersten Mal war ein Gott erschienen, der nicht ins polytheistische Pantheon passte, der nicht an einen heiligen Ort, eine Quelle oder einen Baum gebunden war (trotz des brennenden Dornbusches, eines momentanen Symbols für präsente Transzendenz), noch an einen heiligen Berg (trotz der einmaligen Sinai-Epiphanie), noch gar an einen steinernen Tempel (trotz der Bundeslade, einem götterbildlosen hölzernen Tragthron im Wanderzelt); vielmehr war zum ersten Mal ein Gott erschienen, der sich an eine Gruppe gebunden hatte, und zwar nicht an eine herrschende Hierarchie, sondern an eine Unterschicht. Neu war der Gedanke, dass Gott selber der soziale Gesetzgeber ist, nicht irgendein altorientalischer Priesterkönig. Das zentrale Anliegen diese Gottes ist in Begriffen ausgedrückt, die wir heute spiritualisiert haben und oft nur noch rein religiös oder als individuell innerseelische Zustände verstehen, obwohl sie nach wie vor im Kern soziale Begriffe des Gottesrechtes sind: Gerechtigkeit, Richten (Zurechtbringen), Frieden (soziale Integration aller Ansprüche), Befreiung, Erlösung (Loskauf), Hoffnung; selbst der religiöse Zentralbegriff „Glaube“ hat einen politischen Sitz im Leben und bezeichnet ein taktisch alternatives Verhalten in auswegloser militärischer Situation: Es ist das Stillehalten und bewusste Nicht-Tun von bedrohten Menschen, die dem rettenden Eingreifen ihres Gottes vertrauensvoll entgegen schauen. Statt der Machbarkeit aller Dinge folgen sie der Alleinwirksamkeit der „Gnade“ (*chäsäd* ist mit „Gnade“ unzureichend übersetzt, es bedeutet soviel wie unverbrüchliche Treue und personale Zuneigung). Im Bundesverhältnis Handeln durch Nicht-Tun – das ist der ursprüngliche Sinn von „glauben“. Gerade daran, am Vertrauen in die göttliche Führung durch den Gottesfreund Mose haperte es in der schier mörderischen Wüste freilich immer wieder. Hatte man in der ägyptischen Unfreiheit nicht besseres Essen und größere Sicherheit als in der barbarischen Freiheit der Wüste? Gewissheit (*certitudo*) durch fundamentales Gottvertrauen oder Sicherheit (*securitas*) durch Anpassung an die Welt – das ist (in Luthers Begrifflichkeit) bis heute die Grundentscheidung der christlichen Kirche.

2. Biblisches Fenster: Zu sehen sind Himmelsbrot und Erdenstier

1
Seht, da sind sie aufgestanden in tiefster Nacht,
seht, wie die Entrechteten ihren Fronherren enteilen!
Bei Nacht und Nebel, „als die Hinwegeilenden“ (2. Mose 12,11).
Seht, sie flüchten aus ihren Barackenlagern in eine unbekannte Freiheit.
Ein Gott mit einem neuen Namen hat sie gerufen.
Durch seinen Sendboten, einen politischen Flüchtling,
den tot geglaubten, in der Wüste alt gewordenen Volksgenossen Moses.
Was tragen sie in ihren Bündeln?
„Habseligkeiten“ – was für ein Wort! Seliges Haben?
Sieh da, Gold und Silber haben die Habenichtse eingewickelt,
Schmuckwaren ihrer Sklavenhalter.

Gestohlen? Angeeignet.
Als Entschädigung für die Jahre der unbezahlten Zwangsarbeit.
Wird es ihnen in der Wüste helfen? Kann man es essen und trinken?
Wir werden sehen.
Noch etwas ganz anderes tragen sie bei sich:
ein armseliges Brot ohne praktischen Nährwert,
nur aus Mehl und Wasser gebacken, ohne Hefe,
aber von hohem Symbolwert:
die Mazzen, das Brot der Eile, der Freiheit, der Vorfreude.
Wer darf abwarten, bis der träge Sauerteig aufgegangen ist,
wenn in der Tiefe der Nacht die Stunde des Aufbruchs geschlagen hat!
Brot des Hier und Jetzt, Brot der Armen, Brot des Lebens.
Der Tod der Barackenlager liegt hinter ihnen,
mitsamt dem schrecklichen Mumien-Prunk der ägyptischen Todeskultur.
Das Gericht liegt hinter ihnen.
Symbol dafür war das Blut des Lammes,
das sie an die Pfosten ihrer Hütten gestrichen hatten.
Sie sind vom Tode zum Leben hinübergeschritten.
Pessach, d. h. „Verschonung“, das gnädige Vorüberschreiten des Gerichtes.
Das werden sie fortan von einer Generation zur anderen in jährlicher Feier nacherleben.

2

Der Aufbruch bleibt weiterhin aufregend.
Am Roten Meer angekommen, großer Schrecken!
Pharaos Verfolgungsarmee hinter ihnen, das Schilfmeer vor ihnen.
Wahnsinn, wer sich bis zum letzten Blutstropfen wehren wollte!
Zum Glück keine Waffen da.
Aber Trübsinn, wer da umkehren und sich wieder nach Ägypten schleppen ließe.
Der inspirierte Moses gibt in der Ausweglosigkeit die Alternative an:
„Der Ewige, ICH BIN DA ist sein Name, wird für euch streiten und ihr werdet stille sein.“
Ein starker Ostwind arbeitet die ganze Nacht über.
Eine seichte Stelle, eine Furt wird sichtbar.
Die Schützlinge Gottes ziehen hinüber.
„Sie gingen wie Rosse auf der Weide und hüpften wie die Lämmer und lobten dich, Herr, der sie erlöst hatte.“ (Weisheit Sal 19,9)
Hinter ihnen jagten die Verfolger in die Furt.

Aber ihre schwer gepanzerten Streitwagen blieben in Schilf und Sumpf stecken.
Der Morgenwind hatte gedreht und trieb stürmisch die Wellen zurück.
Ross und Reiter ersoffen im Meer.
Die Engel trauerten über den Untergang so vieler Menschen und Tiere.
Aber so wurde Ägypten endlich von seiner Verblendung erlöst. (Nach einer talmudischen Überlieferung)

3
Das erlöste Gottesvolk zog weiter wie eine erwählte Braut zur Hochzeit.
„Die heilige Weisheit leitete sie auf wunderbarem Wege und war ihnen am Tage ein Schutz und bei Nacht ein Sternenlicht." (Weisheit Sal 10,17)
Am heiligen Gottesberg Sinai lagerten sie.
Zeit der ersten Liebe.
Später wussten sie: Es war die heilige Pfingstzeit.
Der Bund der Erwählung und Vermählung ward geschlossen, die Ehesatzung auf steinerne Tafeln geschrieben, beginnend mit der allem vorausgehenden, durch nichts begründbaren namentlichen Liebeserklärung Gottes: ICH BIN dein Gott.
Dies ist das Gebot, in dem nichts geboten, sondern alles geschenkt wird, in welchem Gott sich selbst schenkt. (Luther im Großen Katechismus)
Höre Israel, schema Jisrael, der Herr allein ist dein Gott!
Darum brauchst du, mein Volk, keine anderen Götter und Sicherheiten, du brauchst nicht morden, huren, stehlen, lügen, auch nicht im Herzen begehren, wie die Armen aller Welt und die Reichen aller Zeiten begehren und begehren.
Und doch:
Kurz darauf schon überkam sie der Ehebruch des Begehrens.
Mose, noch einmal auf den Berggipfel gerufen zum unsichtbaren Angesicht, in die mystisch-dunkle Freundschaft des neu entdeckten Gottes, war lange ausgeblieben. Vielleicht vom Gottesfeuer der Gipfelblitze verzehrt?
Sind wir nun verlassen? Führungslos und gottverlassen –
das ist die Wahnvorstellung in der Stunde der Versuchung.
Sein Bruder Aaron, nach alter Priestermanier (wo hat er es nur gelernt!) ordnet eine Kollekte an: Gold und Silber soll helfen:
Lasst es uns opfern und einschmelzen, zum Essen und Trinken taugt es nicht.
Aber es taugt, uns ein sichtbares Bild unseres abwesenden Gottes zu ma-

chen, eine goldene Ikone, die uns Trost und Sicherheit spendet, ein großes Stierkalb, wie wir es in Ägypten gesehen haben.
Lasst uns um dies Symbol der großen Vitalkräfte tanzen:
um Gold und Fruchtbarkeit, um Wachstum und sexuelle Power.
Und so steigert sich aus heimlicher Todesangst der eifrige Opfergeist in den Rausch einer Lebensfeier.
Mann und Frau, Jüngling und Jungfrau fallen in die Trance einer scheinbar heiligen Hochzeit.
Mose kam herab und sah voll Zorn, „dass Aaron sie hatte zuchtlos und verwildert werden lassen.“ (2. Mose 32,25)
Er zermalmte das güldene Idol zu Pulver und streute es aufs Wasser und gab's ihnen zu trinken.
Ja, wir müssen auslöffeln, was wir angebetet haben, bis zum Überdruss.
Wir müssen es fressen und als Kot wieder von uns geben, damit es unsere Seele nicht mehr auffressen kann.
So ist es bis heute, an unserer Ideologie holen wir uns den Tod.
Keiner jener Generation kam ins verheißene Land, in vierzig Jahren waren sie alle in der Wüste niedergestreckt.
Aber ihre Kinder und Kindeskinder, die durften zu Erben des Lebens werden.

4

Und die Treue und unauslöschliche Liebe Gottes führte sie und erzog sie und nahm sie auf die Arme, ja, trug sie wie auf Adlerflügeln, gespeist mit wunderbarem und doch ganz natürlichem Wüstenbrot vom ersten Tag des Auszuges an: Manna, die süßen tropfenartigen Gebilde, die mit dem Morgentau von den Blättern der Tamarisken auf die Erde fallen.
Und dies tägliche Brot vom Himmel brachte eine Lebensweisheit mit:
Ob einer viel oder wenig aufgelesen hatte, jeder hatte nur so viel, wie er zum Essen brauchte. Und wer aufbewahren und horten wollte, dem war es schon am nächsten Morgen stinkend und voll Würmer.
Denn weitaus köstlicher als gierige Vorsorgeberechnung ist es, taufrisch von allem zu leben, was aus dem Munde Gottes kommt.
Von der Hand in den Mund, hier und jetzt, das tägliche Brot nur für heute!
„All Morgen ist ganz frisch und neu des Herren Gnad und große Treu.“
Nur am Tag vor dem Sabbat hatten sie die doppelte Menge in ihren Krügen:
Denn zum Gottesrecht und Menschenrecht gehört das Privileg der Arbeitsruhe.
Manna, das tägliche Brot der Freiheit, Gleichheit und Brüderlichkeit.

Manna, das Brot des Gottvertrauens und des Ruhens in Gott.
Manna – Gegenbild zum Mammon.
Manna, das tägliche Brot der Glaubensgewissheit (certitudo).
Manna, das unscheinbare Gegensymbol zum goldenen Stier, dem Symbol der scheinbaren Rechensicherheit (securitas).

3. Brücke zum Heute: Unser Tanz ums goldene Kapital

Leicht kann man vom allgemeinen Tanz ums goldene Kapital mitgerissen werden. Ich war, während ich dies schreibe, selber erregt von der Idee, diesmal dem neuen deutschen Volkstrend zu folgen, als nach Telekom auch die Deutsche Post-AG an die Börse ging. Aktien auch für den kleinen Mann wie mich! „Post", das ist doch etwas Vertrautes mit zivilem bürgerlichem Image und liegt mir irgendwie nahe. Ein populärer Showmaster und sein Bruder warben an allen Ecken und Enden der Medien. Ihre Gesichter kamen mir mal clever, mal etwas doof vor, aber vielleicht war das nur eine Projektion für mein Selbstgefühl: Ich kam mir in meinem Vorhaben mal mehr progressiv, mal mehr naiv vor. Aber warum sollte ich nicht anfangen, Kleinaktionär zu werden? Wird die Post nicht immer Konjunktur haben, auch im Zeitalter von Internet und E-Mail? Gibt es denn theologische Bedenken? Sollte mein Gott und Herr nicht auch der Herr und Gott der Börse sein? Bin ich nicht gerade als Christ im Gewissen frei und mündig in der Welt? Ich erkundigte mich freilich zuvor, wo denn dann mein Geld auf den internationalen Finanzmärkten arbeiten würde. Die freundliche Dame am Beratungsschalter verstand meine Frage nicht. Ich fragte, ob investiert würde etwa in der Atomkraft, in Rüstungskonzernen oder in der Alkohol- und Tabakindustrie. Da gab mir die Dame leihweise ein dickes gelbes Buch, die Jahresbilanz der Post-AG, einem Nichtfachmann kaum verständlich zu lesen. Dort fand ich natürlich keinerlei Hinweis auf meine Hintergrundfrage. Aber zwei Tage später stand ein lebensgroßer gelber Stier vor dem Postgebäude. Da ging mir blitzartig ein Licht auf. Dies eindrucksvolle, ja, verheißungsvolle Symbol verstand ich: Es geht um stierische Durchsetzungskraft, um männlichen Instinkt, um die kapitalistische Gewalt der Ellenbogengesellschaft. In den letzten Tagen vor dem großen Run auf die Börse standen überall die schönen gelben Stiere. Ein ganze Herde davon glänzte in unseren Städten und geisterte durch unsere Medien, Symbol der „Verwilderung der Sitten in Wirtschaft und Gesellschaft" (Rainer Sanders).

Aufsteigender PostAG Stier

Ich glaube an die treffsichere, weil bewusste und zugleich unbewusste Wahrheit von Symbol, Logo, Label oder Werbeidee. Sie vereinfachen die komplizierten Hintergründe, die nicht jeder fachmännisch durchschauen kann. Aber sie verraten oft ungewollt den Geist, der in einer Materie steckt. Denn Symbole sind immer doppeldeutig: Positiv werbende zeigen unterschwellig ihr negatives Antlitz. Das ist gerade das Verführerische. Da stand er nun auf einmal sichtbar auf unseren Marktplätzen, der gelbgoldene, wunderschöne, junge ägyptische Stier. Ob denn die Werbeberater der Post-AG an die biblische Dramatik gedacht hatten? Wohl kaum. Ich sofort. Da kehrte ich zu meinem schlichten Gottvertrauen zurück und war befreit. Ich kam mir zwar hoffnungslos altmodisch vor, aber auch hoffnungsfroh zukunftsträchtig, gerade weil ich verzichtete, auf die unverfügbare Zukunft zu spekulieren. Um ein Haar hätte ich mich ein klein wenig beteiligt an dem spekulativen Charakter der großen Finanzmärkte, deren Sinn es ist, dass immer mehr Ströme von Börsengewinnen, die dem produktiven Wirtschaftskreislauf entzogen bleiben, nach Amerika und Europa fließen, wobei die Entwicklungsländer umso mehr ausbluten. Ich hätte um ein Haar die Rechnung ohne den gerechten Wirt, den guten Hirten des Lebens gemacht.

Diese aktuelle Gottvergessenheit ist nicht nur eine Erscheinung der Geldgesellschaft. Die Verdrängung der guten Gottesherrschaft passiert uns, weil das Ego eines Individuums oder eines Volkes instinktiv ahnt, dass seine ungehinderten Triebe beschnitten werden. Das will das trotzige und angstvolle Ego nicht: Sicher „tanzt“ das Ego nicht aus ungebrochener Lebensfreude so wild um das Stierkalb, sondern aus existenzieller Angst und tiefer Verunsicherung heraus.

Von daher erklärt sich der „unbeschnittene“, überbordende Hass Adolf Hitlers auf den Gott der Juden. H. Rauschnig zitiert in seinem Buch „Gespräche mit Hitler“:

„Wir erklären den Krieg gegen die Perversion unserer gesundesten Instinkte. Ah, der Wüstengott, dieser verrückte, stupide, rachsüchtige, asiatische Despot, mit seiner Macht, Gesetze zu machen! Diese Peitsche eines Sklavenhalters! Dieses teuflische: Du sollst; du sollst! Und dieses dumme: Du sollst nicht! Es muss heraus aus unserem Blut, dieser Fluch vom Berge Sinai! Dieses Gift, mit dem sowohl Juden wie Christen die freien, wunderbaren Instinkte der Menschen verdorben und beschmutzt und sie auf das Niveau hündischer Furcht herabgedrückt haben ... Was wir bekämpfen, das ist das so genannte Gesetz ..., die weichliche Mitleidsmoral, der man göttliche Weihe verliehen hat, um den Schutz des Schwachen gegen den Starken sicher zu stellen, wobei man die unverrückbaren Gesetze des Krieges verachtet ... Gegen die so genannten Zehn Gebote eröffnen wir die Feindseligkeiten ... Die Tafeln vom Berg Sinai haben ihre Gültigkeit verloren ... das Gewissen ist eine jüdische Erfindung; es ist, wie die Beschneidung eine Verstümmelung des Menschen.“

Kapitel II Landnahme und Richterzeit

Das Kontrastmodell einer solidarischen Volksgemeinschaft kommt ans Licht der Geschichte

1. Sozialgeschichtlicher Horizont

Den Vorgang der Landnahme, also der Einwanderung hebräischer Stämme ins palästinische Ackerland, muss man sich so vorstellen: Von Süd und Ost und Nord sammelten sich die Gruppen, die den Hungergebieten oder der Versklavung durch die Großmächte entkommen waren. Sie zogen zögernd in das Land ein, „wo Milch und Honig fließen". Die Wirklichkeit war freilich ernüchternd. Sie fanden nämlich erst einmal nur Siedlungsraum auf den kargen Anhöhen. Das fruchtbare Flachland war von den Kanaanäern und ihren kleinen Stadtkönigtümern besetzt, welche einst von den Hyksos gegründet worden waren. Am Küstenstreifen zum Mittelmeer siedelte seit kurzem die Konkurrenz indogermanischer, nichtsemitischer („unbeschnittener") Seefahrervölker, die Phönizier und Philister. Von letzteren (Pelischtim) leitet sich der Name „Palästina" her. Sogar „Riesen" gab es unter ihnen, lautet das Gerücht der zitternden Kundschafter aus der Wüste und tatsächlich kommt es später zum Kampf gegen das „Goliath-Phänomen". Kanaan, das verlockende Land, das mit göttlichem Eid versprochene („gelobte") Land war trotz dieser bevorstehenden Schwierigkeiten das ersehnte Ziel der Wandergruppen, die wir heute „Wirtschaftsflüchtlinge" nennen würden. Sie sind vergleichbar mit den „Bremer Stadtmusikanten", die alt und zahnlos gewordenen und für den Kochtopf oder Schindanger bestimmten Tiere, die sich zusammenschließen und gemeinsam Räuber verjagen, durch die „psychologische Kriegführung" ihrer „Musik", nicht durch brutale Gewalt.

Zwölf „hebräische" (also nicht rassische, sondern sozial verarmte) Stämme schließen sich auf dem so genannten Landtag zu Sichem unter der Initiative des Mose-Nachfolgers Josua zusammen. Dieser Stämmebund hatte (wie in den griechischen Amphiktyonien von Delos oder Delphi) eine sakrale Mitte, in welche besonders die Sinaigruppe ihre neuen Gotteserfahrungen mit dem mitgehenden und „da seienden" Befreiergott (JHVH) einbrachte (Josua 24). Die Landnahme erfolgte zunächst weitgehend kampflos, da es ja in Palästina ein gewisses Machtvakuum, jedenfalls keine Zentralmacht gab. Allerdings entstand eine prinzipielle Rivalität mit dem Halbnomadenstamm Amalek. Ihm gegenüber verhielt man sich nach den Spielregeln des „Heiligen Krieges“: Die Verantwortung wird dem Gott Israels übertragen, Israel selbst muss „durch Hoffen und Stille sein“ stark werden. Psalm 44 singt: „Du hast mit deiner Hand die Völker vertrieben, unsere Väter aber hast du eingepflanzt. Sie haben das Land nicht eingenommen durch ihr Schwert und ihr Arm half ihnen nicht, sondern deine Rechte, dein Arm und das Licht deines Angesichts.“ Israel hat frühzeitig den furchtbaren Begriff „Heiliger Krieg“ spiritualisiert. Es geht nicht um einen vernichtenden Religionskrieg, sondern um eine geistliche Selbstdisziplinierung der Kämpfer, die Gottes Heilswillen walten lassen. Auch die Grenzfestung Jericho wurde keineswegs erobert, sondern die (nach archäologischem Zeugnis bereits seit langem entvölkerte) Stadt wurde mit einer liturgischen Dank-Prozession siebenmal umschritten und dann besetzt.

Was eine illegale Landnahme ist (spanisch: *toma*), erlebte ich in einem Armenviertel (spanisch: *población*) am Rande von Santiago de Chile. Eine Indiogruppe von Mapuchefamilien besetzte illegal städtisches Brachland und ließ sich dank kirchlicher Vermittlung singend und betend auch nicht von Polizei und Schubraupen vertreiben.

In Kanaan entsteht nun eine Solidargemeinschaft von zwölf Stämmen, die getrennt siedeln. Es ist eine klassenlose, kleinbäuerliche Agrargesellschaft ohne die sozialen Gegensätze von Arm und Reich, von Oben und Unten, ohne eine Staatspriesterkaste, ohne Staatsämter, ohne Hierarchie und noch ohne Geldwirtschaft. Frauen scheinen ebenso wie die Männer prinzipiell religiöse und politische Rollen spielen zu können, wie am Beispiel der Prophetin, Richterin und Heerbannführerin Debora zu sehen ist.

Der Boden ist kein Privatbesitz. Er wird als Eigentum des Bundesgottes verstanden, deshalb verbleibt er jedes siebte Jahr in einer heiligen Brache, im Vertrauen auf die Fürsorge des Herrn, wie es schon die Erfahrung der sechstägigen Mannalese der Wüstenzeit gelehrt hatte. Darüber hinaus wird das Acker- und Weideland durch die sakral-soziale Institution des Halljahres (wenigstens laut Verfassungstheorie von 3. Mose 25) alle sieben mal sieben Jahre neu verteilt, sodass Verarmte, Verschuldete und Pechvögel ebenso wie Erfolgsmenschen, Glückspilze und Profitmacher wieder chancengleiche Neuanfänge haben. Diese etwa 200 Jahre währende Richterzeit muss man mit dem Fachwort der Ethnologen eine „geregelte An-Archie“ nennen. Sie bezeichnen damit die staats- und

herrschaftsfreie Verfassung der Sippengesellschaften der indianischen und afrikanischen Stämme vor dem Eintreffen der weißen Kolonialherren. Auch hier wurde erst in Notzeiten ein charismatischer Gesamtführer gewählt, der nach Beendigung der Stammeskrise wieder abtrat.
So folgte auch der israelitische Stämmebund in existenzieller Bedrohung durch Überfälle halbnomadischer Beduinen einem spontan erweckten prophetischen Führer („Richter"), der vom Gottesgeist inspiriert war.
Die innere Gefahr bestand dagegen in der religiösen Verführung durch die im Land angetroffenen kanaanäischen Blut- und Bodenkulte. Auf den Höhen standen die erotisierenden Sonnengottpfähle des Baalskultes. Für einen Neubauern, der etwas von der Heiligkeit der Bodenfruchtbarkeit ahnte, lag es nahe, auch den örtlichen Kultgottheiten ein Bitt- oder Dankopfer zu bringen, statt nur vom unsichtbaren Himmelsgott Israels den Segen zu erwarten.
Dennoch: Die autonome, egalitäre Bauernrepublik, diese klassenlose regulierte An-Archie der Frühzeit Israels konnte offenbar nur deswegen einigermaßen funktionieren, weil die dörflichen Siedlungen nur die Naturalwirtschaft betrieben.
Das änderte sich mit der Zunahme der Bevölkerung, der Entstehung eines Stadtbürgertums und durch engere Kontakte mit den benachbarten Königtümern. Doch bevor damit die große religiöse und politische Krise Israels beginnt, will ich wieder ein wenig nacherzählen.

2. Biblisches Fenster: Zu sehen sind der General und der Bauer

1

Wirklich, da kommen sie zu Tausenden ins grüne Land, diese merkwürdigen Wüstenleute mit ihrem Gott-losen Holztragthron.
Gewiss nicht Kraftprotze, nach vierzig Jahren Manna-Ernährung.
Aber auch nicht zerlumpt.
„Ihre Kleider waren nicht zerrissen und ihre Füße nicht geschwollen." (5. Mose 8,1)
Ihr bildloser Gott hatte sie getragen, wie ein mütterlicher Adler seine Jungen ausfliegt, der unter seinen flüggen Kindern schwebt, damit sie nicht abstürzen, wenn sie ermatten.
Jetzt aber – was für ein Boden! Nicht hart, trocken, steinig, sandig, grell und tödlich; sondern dunkel, feucht, weich, fruchtbar: Muttererde. Mutter Erde. Göttin Erde?

Bange Fragen einer neuen Zeit. Beängstigend auch die Nachrichten der Kundschafter:
Das Land sei zum großen Teil schon besetzt, es gäbe sogar Riesen, der Jordangraben sei tief, die Strömung stark, die Grenzstadt befestigt.
Moses ist tot, Josua blutjung. O Gott!

2
Josua der General weiß: In unserer Lage ist nur Realist, wer an Wunder glaubt.
Er schickt nicht die Krieger zuerst über den Jordan, sondern die waffenlosen Priester.
„Wenn die Fußsohlen der Priester, die die Lade des Ewigen tragen, in dem Wasser des Jordan stillstehen, sollt ihr merken, dass ein lebendiger Gott unter uns ist." (Jos 3,13)
Die Priester steigen ins Hochwasser. Der Jordan fließt langsam ab.
Neue Fluten folgen nicht.
Ist hoch im Norden die Böschung zu einem Staudamm heruntergesunken?
Das ganze Volk zieht trockenen Fußes durch das Flussbett.
Zwölf große Trittsteine nahmen sie mit hinüber, für eine jährliche Dankprozession zum Gedenken an den zweiten wunderbaren Gang ins Wasser.

Aber jetzt droht dem teils gläubigen, teils zweifelnden General ein neues Problem:
Die uralte Grenzfestung Jericho – wie kann man sie passieren?
Josua, der General ist nervös. Er schleicht allein ins Gebüsch der Jordan-Auen.
Da steht vor ihm ein fremder Krieger mit gezückter Waffe.
Einer der sagenhaften Riesen? Dem General zittern Herz und Knie.
„Freund oder Feind?" Da wird ihm klar:
Der Fürst der himmlischen Heere ist gekommen!
Die unsichtbare Welt! Unser Gott ist uns präsent!
Der Boden, auf dem ich stehe, der ist heilig.
Er zieht seine Schuhe aus.
Er legt die Stirne auf die Erde, er betet an.
Dann, zum Lager zurückgekehrt, gibt er den Befehl zum Marsch in Richtung Stadt.
Beim Näherkommen, sieh, stellt sich heraus: Die Mauern sind gänzlich desolat.

Kein Militär ist zu sehen.
Grund genug für einen neuen posaunenstarken Gottesdienst.
Wieder eine Prozession des Volkes. Singend, preisend umschreiten sie siebenmal den Mauerring, der lang schon bröckelt.
Ein General erobert sich ein Land durch Liturgie! So sieht's der Glaube.

Und noch einmal ruft der fromme Heerführer zum einem Akt des Glaubens auf:
Im Westjordanland, bei Sichem, wird ein Landtag abgehalten.
Das eingenommene Land war bereits durch Losentscheid an die einzelnen Großfamilien verteilt worden.
Jetzt sollen sich all die bunten Sippschaften in einem sakralen Bündnis vereinen.
Denn wieder zeigt sich die Gottesfurcht des jungen Generals.
Er weiß, was schlichte Menschen denken, nämlich: Wo neues Land, da neuer Gott!
Moderne Zeiten, moderne Religion. Jetzt brauchen wir eine neue Spiritualität!
Sich anpassen ist vorteilhafter als konservativ bleiben!
Josua geht klar entschieden voran: Macht, was ihr wollt, dient euch den hiesigen Geistern an, huldigt den Naturgöttern des Ackerlandes.
Ich aber und mein Haus, wir wollen Gott dem Ewigen, dem Ich-Bin-Da der Wüstenjahre dienen!
Da traten alle Stämme auf seine Seite.
Das war vielleicht der größte Sieg des Generals.
Sieg übers schlaue, feige Herz des Volkes.
Und die weiteren „Eroberungen"?
So hat die Schrift es aufbewahrt auch für heutige nahöstliche Ohren:
„Juda zog hinab, um gegen die Kanaaniter zu kämpfen, die auf dem Gebirge und im Negev und im Hügelland wohnten …"
Doch eroberte Juda nicht Gaza mit seinem Gebiet. Dennoch war der Herr mit Juda, dass es das Gebirge einnahm; es konnte aber die Bewohner der Ebene nicht vertreiben, weil sie eiserne Wagen hatten …
Auch der Stamm Benjamin vertrieb die Jebusiter nicht, die in Jerusalem wohnten, sondern die Jebusiter wohnten bei denen von Benjamin in Jerusalem „bis auf diesen Tag!" (Richter 1,9.18). Ja, bis auf diesen Tag 3000 Jahre später.

3
Aber die Neusiedler überall im Land, die sich dem alten Bundesgott angelobt hatten – „sicher ist sicher!“ denkt das menschliche Herz – schielten doch auch den alteingesessenen Kanaanäern über Zaun und Schulter:
Wie die um den Segen der Muttergöttin buhlen, wenn der Regen ausbleibt!
Wie die ihre Saat- und Erntefeste feiern, rauschende heilige Hochzeiten, mit Kultdirnen und priesterlichen Beischläfern, wo Himmel und Erde sich küssen, wo alle Sinne erregt werden, wo die Begierde nach mehr, nach noch mehr erwacht – da sehen wir doch arm aus! Denkt sich das frisch gebackene Bäuerlein.
Eben erst war ihm das Land vermessen und zugeteilt. Heilig war ihm zu Mute.
Zu Recht!
Glücklich geht der Besitzer übers Feld, Psalm 16 singend:
„Das Los ist mir gefallen auf liebliches Land; mir ist ein schönes Erbteil geworden.“ Aber oben auf den Hügeln angekommen, wird er stutzig:
Soll man hier nicht doch einen kleinen Knicks andeuten, wenn man am Phallus-Pfahl des Sonnengottes hoch erregt vorbei muss?
Kann ein Öpferchen schaden? Kann es schaden, wenn meine Frau des Nachts der Mondgöttin heimlich die Kusshand zuwirft?

3. Brücke zum Heute: BSE-Seuche und Mutter-Erde-Esoterik

Auf den ersten Blick: ein gewisses inneres Einverständnis von uns Heutigen mit den Gefühlen des neugebackenen altisraelitischen Bauern!
Unsere eigenen esoterischen Denkbewegungen gegenüber der Mutter Erde sind ein Gegengewicht gegen die rein materialistische Ausbeutungspraxis der modernen profitorientierten, gewinnmaximierten Agrartechnik.
Auch die eingewanderten Neusiedler des modernen Staates Israel, auch die religiösen unter ihnen, haben eine europäisch orientierte nichtreligiöse Agrarproduktion entwickelt. Sie sehen zwar „das Land“, *Erez Jisrael,* als heilig an, als gottgegeben. Aber sie gehen politisch mit ihm doch so um, als sei es Staats- oder Genossenschafts- oder Privateigentum, obwohl ihre biblische Tradition sagt: Alleiniger Eigentümer ist der Gott Israels.
In Europa hat die intensivierte Viehwirtschaft inzwischen zu einem Supergau der Nahrungskette geführt, jedenfalls auf dem Gebiet der Rind-

fleischproduktion, wo mehr Tiere gehalten werden, als die natürlichen Futteranbauflächen erlauben würden. Durch die Zufütterung mit Tierkadavermehl hat sich offenkundig der auch für den Menschen lebensgefährliche Erreger BSE des so genannten Rinderwahnsinns ausbreiten können. Wohl auch dadurch, dass den Kälbern die Muttermilch durch ein Milchtauschverfahren entzogen wurde, vielleicht auch dadurch, dass womöglich schon die Weideböden durch BSE verseucht sind. Im Hintergrund ist eine imperialistische, an den Interessen des Kapitals und seines Profites orientierte Agrar- und Futtermittelindustrie am Werk. Wir Verbraucher sind durchaus daran beteiligt, sofern wir billige, weltweit gehandelte, und fabrikmäßig verarbeitete „Ware“ bevorzugen. Eigentlich müssten uns schon die grauenhaften Umstände des binneneuropäischen Viehtransportes zu politischen Vegetariern machen.
Sollten wir da nicht zurückkehren zur Weisheit der alten Völker, die in der Erde und ihren Lebewesen nicht ein *Material* zur rücksichtslosen Nutzung, sondern eine *Mater* zur ehrfürchtigen Ernährung sahen?
Aber auf den zweiten Blick: Die zugrunde liegenden religiösen Fragen sind komplizierter! In dem Moment, in dem ich die Erde nicht nur bildhaft als „Gaia“, als beseelten Gesamtorganismus, als Pacha-Mama sehe, sondern als wirkliche Göttin, wird aus der Natur eine absolute Macht. Die Große Mutter, die uralte hunderbrüstige Diana der Fruchtbarkeit, wird plötzlich eine Mutter der Furchtbarkeit, die ihre Kinder in der alles verschlingenden Weise einer Urmutter in Unmündigkeit, Unfreiheit und Ängstlichkeit gefangen hält. Der Schritt von der Ehrfurcht zur Furcht ist klein. Das Erbe der europäischen Aufklärung sollten wir nicht wie ein Kind mit dem Bade ausschütten.
Noch mehr: Es geht um das geistige Erbe Israels und seiner Gottesoffenbarung. Nun hat sich zwar Israel seinen Gott wohl sicher als Mann vorgestellt, nämlich als liebeseifernden Ehemann im Bund mit seiner „Braut Israel“. Aber andererseits handelt es sich im Ersten Testament (im Unterschied zum Spätjudentum) nicht um einen patriarchalischen, unterdrückenden, sondern um einen geradezu menschlichen, befreienden Gott. Ein Gott mit ebenso männlichen wie weiblichen Zügen. Denn erst Mann und Frau zusammen ergeben das Ebenbild Gottes, der sich im Menschen ein Abbild schuf, männlich und weiblich. Auch das göttliche Erbarmen ist im Hebräischen mütterlich geprägt; bedeutet doch die hebräische Wurzel *„rchm“* sowohl „Erbarmen“ als auch „Eingeweide“ und als Sitz von Erbarmen und Liebe bedeutet es auch „Mutterschoß“ und „Mutterleib“. Der zärtliche Abba-Vater Jesu von Nazaret

wird im Johannesevangelium als gebärender Vater des „eingeborenen“ Sohnes bezeichnet. Dennoch spricht hier die Bibel keine biologistische, sexistische Sprache, sondern eine geistige, metaphysische. Israel erfuhr mit Staunen, dass sein geschichtlich führender Wüsten- und Wegegott sogar auch für die Kreisläufe der agri-cultura des Mutterbodens zuständig ist. Es geht bei dem „Gott des Himmels *und* der Erde“ nicht um den Gegensatz männlich – weiblich oder anima – animus oder himmlisch – irdisch. Es wäre Unsinn, eine angeblich schreckliche Himmels-Vaterreligion durch eine angeblich wunderbare Erd-Mutterreligion auszutauschen. Es geht der Bibel um den Unterschied zwischen materialistisch und spirituell, zwischen unpersönlich und personal, genauer: zwischen unfrei und frei. Es ist nämlich gar kein so weiter Weg von einer erdhaft Materie-orientierten Frömmigkeit mancher Feministinnen zu einem materialistisch Mammon-gebundenen Säkularismus mancher Machos. Gegen beide Spielarten der Bindung an die Urmaterie sind die Propheten Israels aufgetreten, sowohl gegen die alte „Hurerei“ der Blut- und Bodenreligiosität als auch gegen den modernen städtischen Wucherzinskapitalismus der Zweiklassengesellschaft. Schließlich war für Jesus von Nazaret der Gegenspieler Gottes der Gott Mammon, der Gott der irdischen Sorge, der Angst und der daraus folgenden Gier. Die Ideologie des Wachstums um jeden Preis kennt kein Gottvertrauen. Das aramäische Wort „Mammon“ meint die gesamte Sachwelt, die Geldwert hat. Das zugrunde liegende hebräische *„aman“* bedeutet „trauen, bauen auf, beständig und wahr sein“ (vgl. „Amen“). Wenn man alles nur nach seinem Geldwert betrachtet und dabei ein Gefühl der Abgesichertheit entwickelt, entsteht ein abgöttischer Aberglaube.

Kapitel III Königszeit und Zusammenbruch
Die Propheten scheitern an Kultus, Krone und Kapital

1. Sozialgeschichtlicher Horizont

Es geht um folgende Fakten:

Erstens: Auflösung der ursprünglichen Solidargemeinschaft
Um das Jahr 1000 hatte sich die Bevölkerung der Agrargesellschaft Israel verdreifacht. Zum Zweck der Produktionssteigerung spezialisierten sich die einen auf Oliven- und Weinanbau, die andern auf Getreide- und Viehwirtschaft. Der neue überörtliche Markt entsteht. Mit ihm die Schicht der überregionalen Händler, die auch Kontakte mit dem Ausland entwickeln. Zu Gütertausch und Naturalwirtschaft tritt nun die Geldwirtschaft. Damit nimmt die Zahl der Profiteure und die Zahl der Ausgebeuteten zu. Mit der Internationalisierung der Handelsbeziehungen entsteht ein Import fremder Kulte, ein religiöser Synkretismus. Die Kleinen wollen freie Bauern bleiben, können aber wirtschaftlich nicht mehr mithalten. Die Großen wollen einen modernen Staat, der ihnen in Form einer Monarchie ihre Privilegien garantiert, zumal die Konflikte mit den westlich benachbarten Philistern zunahmen.

Zweitens: Entstehung des absolutistischen Königtums
Der erfolgreiche Richter *Gideon* hatte es noch abgelehnt, das ihm angetragene Königtum mit Erbfolge anzunehmen: „Ich will nicht Herrscher über euch sein und mein Sohn soll auch nicht Herrscher über euch sein, sondern der Herr (JHVH) soll Herrscher über euch sein" (Richter 8,23). Der hochbetagte Richter und Prophet Samuel wird nun bedrängt, einen König einzusetzen „wie ihn alle Heiden haben" (1. Sam 8,5). Samuel versteht es sofort als eine Verwerfung und Absetzung Gottes als des eigentlichen Volkskönigs. Aber er erhält den göttlichen Auftrag, dem Volk zu Willen zu sein, damit es Erfahrungen machen kann, die Samuel so vorhersagt: „Das wird des Königs Recht sein, der über euch herrschen wird: Eure Söhne wird er nehmen für seinen Wagen und seine Gespanne … und dass sie ihm seinen Acker bearbeiten und seine Ernte einsammeln und dass sie seine Kriegswaffen machen. Eure Töchter wird er nehmen, dass sie Salben bereiten, kochen und backen. Eure besten

Äcker und Weinberge und Ölgärten wird er nehmen und seinen Großen geben. Dazu von euren Kornfeldern und Weinbergen wird er den Zehnten nehmen und seinen Kämmerern und Großen geben. Und eure besten Rinder und Esel wird er nehmen und von euren Herden wird er den Zehnten nehmen und ihr müsst seine Knechte sein." (1. Sam 8,11–17)
War der bald gesalbte Bauernsohn *Saul* noch ein schlichter Volkskönig ohne großen Hofstaat und Beamtenapparat, so entwickelt sich der charismatische Stadtkönig *David* mit eigener Hausmachtbasis zu einem Monarchen mit Erbfolge und den dazugehörigen Hofskandalen und blutigen Nachfolgewirren.
Vor allem aber sein Sohn *Salomo* tritt als absoluter orientalischer Monarch mit hochsakraler Würde, Riesenharem, teuerstem und modernstem Militärwesen und freizügigem religiösem Synkretismus ins Licht der Geschichte.
Unter seinem Sohn *Rehabeam*, der die Steuerschraube noch höher anziehen will, protestiert die Landbevölkerung in einer Art Volksaufstand. Der Staat fällt auseinander, die zehn Nordstämme bilden ein eigenes Königreich mit Sitz in Samaria. Aber dort setzt sich die Eigendynamik eines Königshaus entgegen den Vorstellungen des Volkes ebenso durch wie bisher schon im Südreich.

Drittens: Die Zuspitzung von innen- und außenpolitischen Konflikten
Im Nord und Südreich war eine Dreiklassengesellschaft entstanden: *Die Oberschicht* besteht aus dem Königshaus mit seinen Verwaltungsbeamten und Richtern, der militärischen Führung und den Tempelpriestern. Im Norden sind es sogar Reichspriester am Reichstempel, geziert mit dem Gottessymbol des goldenen Kalbes. Eine Luxuskultur etabliert sich.
Die wohlhabende, am neuen Kapital teilnehmende *Mittelschicht* in den Städten und auf dem Lande ist liberal und bürgerlich eingestellt, angepasst an die neuen Verhältnisse, deren Nutznießer man ist. Man glaubt, Gott (JHVH) und Baal zugleich dienen zu können, ja, es ist ihnen wohl ein und derselbe Gott, der Herr des Bodens, der alles segnet, auch wenn man durch Bodenspekulation die Preise hochtreibt.
Die *Unterschicht* dagegen sind verarmte Kleinbauern ohne politischen Einfluss, religiös und politisch in Opposition zu den neuen Klassen stehend. Nach ihrem ursprünglich freien Landbesitz greift der neue Adel immer unverschämter, wie der Konflikt zwischen König Ahab und seinem Schlossnachbarn, dem Weinbergbesitzer Nabot, illustriert (1. Kön 21).

Im selben Maße, wie sich das innenpolitische Klima drastisch verschlechtert, braut sich am Horizont die Gefahr der alten reaktivierten Großmächte Assyrien und später Babylonien zusammen. Die kurze Zeit der für Israels Königreich günstigen Großwetterlage, der Zeitraum eines Machtvakuums zwischen dem Nilstaat und den Mächten im Zweistromland schmilzt zunehmend dahin. Als bestünde ein geheimer Zusammenhang zwischen dem zunehmenden Verstoß gegen die göttlichen Bundesgesetze und dem Näherrücken vernichtender Großmächte.

Viertens: Die Entstehung der kritischen Prophetie
Diese Gesamtentwicklung war der Anlass für die Geburtsstunde der neuen Prophetie. Nicht mehr Hofprediger oder Tempelorakler innerhalb der Oberschicht traten jetzt in Erscheinung, sondern inspirierte Persönlichkeiten vorwiegend aus der Unterschicht. Innenpolitisch predigten sie gegen das soziale Unrecht, außenpolitisch gegen die imperiale Politik, religionspolitisch gegen die Verfremdung des Glaubens und den Missbrauch des Tempelgottesdienstes.
Im Nordreich steht der gewaltige *Elia* im Widerstand gegen König Ahab und seine heidnische Frau Isebel.
Elischa salbt in Samaria einen revoltierenden Gegenkönig. *Amos* der Hirt und Maulbeerbaumzüchter äußert radikale Kritik an der Gleichzeitigkeit von Feiertagsgottesdienst, Alltagsgötzendienst, Rechtsbeugung, Marktbetrug und Vergewaltigung der Rechtlosen und Besitzlosen. *Hosea* wendet sich im Namen der Liebe des Bundesgottes ebenfalls gegen wirtschaftliche Ausbeutung, Luxus und Baalsverliebtheit.
Im Südreich äußern *Jesaja* und *Micha* ähnliche Kritik an den ähnlichen Zuständen. Beide aber haben darüber hinaus eine Vision eines kommenden Reiches der Gerechtigkeit und des Friedens, weit über Israel hinausgehend, aber vom Zionsberg und einem neuartigen Davidsohn ausgehend. Nord- und Südstaat werden zwar schließlich an ihrem Königtum zugrunde gehen. Aber es steigt aus der nahenden und unausweichlich gewordenen Katastrophe eine prophetisch inspirierte Hoffnung auf einen heilvollen König, einen Geistgesalbten, Frieden stiftenden, Gerechtigkeit bringenden Davidssohn. Der theologische Messiasgedanke war aus dem Desaster der Politik geboren.
Einige Propheten hatten versucht, Israel zu seiner guten vorstaatlichen „Brautzeit" in der Unmittelbarkeit zu Gott als dem König des Volkes zurückzurufen. Aber diese Re-Volution war wohl zu ungeschichtlich gedacht. Andere Propheten hofften auf eine Zähmung der Mächte Krone,

Kult und Kapital. Aber diese Re-Formation misslang. Offenbar ging die Geschichte nur weiter durch eine vollständige Katastrophe des herrschenden Systems. Ein Neuanfang durch einen „heiligen Rest" konnte erst nach dem selbst verschuldeten Untergang von Staat, Königtum und Tempel möglich werden. In der Sicht der Nationalen Front mit ihren Durchhalteparolen waren die Propheten vaterlandslose Gesellen. In der Sicht der Propheten waren die eigentlichen Gottesfeinde nicht die Assyrer, die das Nordreich 722 kassierten, auch nicht die Babylonier, die Jerusalem zerstörten. Altisrael ist an sich selbst und seinem sozialen und geistlichen Versagen zugrunde gegangen.
Dies gibt uns zu denken, wenn wir unseren heutigen maßlosen Lebensstil, unsere gewalttätige Kultur, unsere profitgierige Wirtschaft und unsere zahnlose kirchliche Frömmigkeit dazu anschauen. Umwelt, Volksgemeinschaft, Familienstruktur, Ethos und Seelenkultur werden zerstört. Es bedarf keines eigenen göttlichen Strafgerichtes. Das System geht an sich selbst zugrunde. „Das alles tust du dir selbst an!" (sagt Jesaja).

2. Biblisches Fenster: Zu hören sind Kostproben aus dem Munde Gottes durch das Maul der Propheten

1

Der König Ahab besichtigt den Weinberg seines Nachbarn Nabot, den er durch Justizmord hat umbringen lassen. Er will einen Kohlgarten daraus machen. Da trifft er auf den Propheten und sagt:
Hast du mich gefunden, mein Feind!
Der Prophet Elia sagt:
Ja, ich habe dich gefunden, weil du dich verkauft hast, Unrecht zu tun vor Gott.
Du hast gemordet und fremdes Erbe geraubt. Unheil wird über dich und deine Nachfahren kommen.

2

Der Viehhirt und Obstbauer Amos sagt zur Wohlstandsgesellschaft:
Ihr meint, von bösen Tagen weit ab zu sein.
Ihr schlaft auf elfenbeingeschmückten Lagern und streckt euch auf euren Ruhebetten.
Ihr esst die Lämmer der Armen und leistet euch die teuersten Mastkälber und spielt auf der Harfe und erdichtet euch Lieder und trinkt Wein aus

Schalen und salbt euch mit den besten Ölen – aber ihr bekümmert euch nicht um den Schaden des Volkes!
Gott hasst eure Paläste und wird sie in Trümmer schlagen, Winterhaus und Sommerhaus.
Ihr edlen Damen, für die sich die kleinen Leute abschinden müssen, ihr fetten Kühe, die ihr zu euren Herren sprecht:
Zeigt, was ihr habt! Lasst uns ordentlich saufen!
Für euch kommt bald die Zeit, dass man euch mit Fischhaken herausangeln und in die Fremde deportieren wird.

Die Handelsherren sagen:
Wann wollen endlich die Feiertage vorbei sein, dass wir wieder neue Getreidegeschäfte buchen können, geringere Maße, höhere Preise, veränderte Gewichtseinheiten festsetzen können, damit wir den Pächtern höhere Abgaben an Korn abfordern und die Landlosen um ein Paar Schuhe in unsere Gewalt bringen und ihnen Spreu für Korn verkaufen!
Der Prophet sagt:
Niemals wird der Herr im Himmel diese eure Taten übersehen noch vergessen.

Am Feiertag sind die Herren und die Damen auf dem Weg zum Gottesdienst.
Der Gott, der Amos inspiriert, liebt liturgisches Singen nur aus dem Munde derer, die ihren Mund auch für das Recht der Armen aufmachen, und der darum spricht:
Ich bin euren Feiertagen gram und verachte sie und mag eure Versammlungen nicht riechen.
Tu weg von mir das Geplärr deiner Lieder, ich mag dein Harfenspiel nicht hören!
Es ströme aber das Recht wie Wasser und die Gerechtigkeit wie ein nie versiegender Bach.

Amos wird immer wieder von inneren Bildern überfallen:
Siehe, da steht ein Korb mit überreifem Obst vor seinen Augen.
Was siehst du, Amos?
Einen Korb mit reifem Obst.
Weißt du, was das bedeutet?
Es ist angerichtet.
Reif zum Gericht ist mein Volk.

Amos sieht einen Mann mit einem Bleilot auf der Mauer.
Was siehst du, Amos?
Ein Bleilot.
Weißt du, was es bedeutet?
Siehe, ich will das Bleilot der Gerechtigkeit an mein Volk legen und ihm keine krummen Sachen mehr durchlassen.

So sieht Amos furchtbare Bilder der Verwüstung kommen.

3
Der Prophet Hosea, der Künder der unzerstörbaren Liebe Gottes, bekommt von Gott den Auftrag, eine Prostituierte zu heiraten.
Er soll seine Kinder nennen Lo-Ruhama (Nichthuld) und Lo-Ammi (Neinvolk).
Alle sollen an ihm das Leid und die Schmach der Liebe Gottes sehen, der mit seinem Volk einen unglücklichen Ehebund eingegangen ist.
Denn es ist keine Treue, keine Liebe und keine Erkenntnis Gottes im Lande.
Erst in ferner Zukunft wird Gottes ewige Liebe neu durchbrechen.
Dazu aber muss Israel noch einmal in die Wüstenzeit zurück, die soll wieder eine glückliche Brautzeit werden, wie es Israels Frühzeit war.
Jetzt aber: Wie Kanaans Händler hat Gottes Volk eine falsche Wage in seiner Hand und betrügt gern und spricht: Ich bin reich, ich habe genug, man wird keine Schuld an mir finden. Aber die Räuber plündern auf der Straße.
Die Oberen sind toll vom Wein und rufen: Heute ist unseres Königs Fest.
Israel vergisst seinen Schöpfer und baut Paläste, aber ich, der Herr, will Feuer in seine Städte senden, das soll seine Paläste verzehren.

4
Jesaja wird in einer Tempelvision zum Propheten berufen und unter dem Eindruck der von Himmelsmächten besungenen Heiligkeit Gottes nur sagen:
Weh mir, ich vergehe, denn ich bin unreiner Lippen und wohne unter einem Volk von unreinen Lippen.
Er bekommt den bitteren Auftrag, Herz und Ohren seines Volkes taub zu machen.
Herr, wie lange?
Bis die Städte wüst werden und die Häuser ohne Einwohner und das Feld ganz wüst da liegt.

Wie bei einer gefällten Eiche nur noch ein Stumpf übrig bleibt, wird nur ein heiliger Rest des Volkes übrig bleiben.
Zu der Zeit wird der Herr den Schmuck an den kostbaren Schuhen der Frauen abtun und die Stirnbänder, die Spangen, die Ohrringe, die Armspangen, die Schleier, die Hüte, die Fußkettchen, die Gürtel, die Riechfläschchen, die Amulette, die Fingerringe, die Nasenringe, die Festkleider, die Pelzmäntel, die Tücher, die Handtäschchen, die Spiegel, die Blusen, die Überwürfe.
Und es wird Gestank statt Wohlgeruch sein und ein Strick statt eines Gürtels, eine Glatze statt lockigem Haar, Brandmal statt Schönheit.

5
Der Prophet Micha geht gegen die politisch Verantwortlichen vor:
Hört doch, ihr Häupter und Herren des Volkes, die ihr eure Entscheidungen gegen Geldgeschenke trefft, ihr solltet doch die sein, die das Menschenrecht und das Gottesrecht kennen.
Aber ihr schindet dem Volk die Haut ab.
Der Prophet geht gegen die geistlichen Amtsträger vor, die das Volk verführen; wenn man euch zu fressen gibt, predigt ihr: Es wird alles gut, wer euch nichts ins Maul gibt, dem predigt ihr: Es kommen schlechte Zeiten.
Ihr Priester lehrt gegen Lohn und ihr Propheten wahrsagt für Geld – und wollt euch dennoch auf den Herrn verlassen und sprecht: Gott ist mit uns!
Aber wenn ich ein Irrgeist wäre und ein Lügenprediger und predigte, wie sie alle saufen und schwelgen sollen – das wäre ein Prediger für dies Volk!

6
Aber Jesaja und Micha ahnen auch, was nach dem Zusammenbruch des Systems kommt:
In den letzten Tagen nach allen Katastrophen werden es die Menschen nicht mehr in ihrer Heillosigkeit aushalten.
Aus allen Himmelsrichtungen laufen sie herzu, eine letzte Völkerwanderung setzt ein.
Ziel ist der Zionsberg, von weit her sichtbar.
Kein geographischer Berg ist es, sondern ein Ort und eine Art der Unterweisung, wie Leben und Zusammenleben gelingen kann.
Jerusalem, einst Stadt der Verblendung, jetzt Weltstadt der Erleuchtung, der Gott Israels als Lehrer des Friedens.
Hier verlernen alle den Krieg und üben sich im Frieden machen.

Schwerter werden zu Pflugscharen umgeschmiedet, Panzer zu Apfelsinentransportern umgebaut.
Ein jeder wird unter seinem Weinstock und Feigenbaum wohnen, in völliger Sicherheit, ohne Waffen, geschützt von der Gerechtigkeit und Geschwisterlichkeit.

3. Brücke zum Heute: Wie sehen wir Gott in unserer Zeitgeschichte handeln?

Entspricht eigentlich unsere Welterfahrung dem Gottesbild der Propheten? Dass „der Lenker der Geschichte" so klar reagiert und richtend eingreift? Dass sich Gott leidenschaftlich und „eifersüchtig" um ökonomische und soziale Fehlstrukturen kümmert? Dürfen wir einfach die geschichtlichen Zusammenbrüche als göttliche Strafaktionen verstehen? Wer dürfte so Auschwitz oder Hiroshima oder Dresden deuten? Gott auf der Seite der Vernichter? Unmöglich!
Erscheint uns Gott nicht vielmehr als der große An-Arch, der die Zügel schleifen lässt, der eben nicht eingreift, den Armen nicht rettet und den Erpresser nicht beseitigt? Wäre Gott nicht viel eher auf der Seite der Verlierer und der Vergessenen zu sehen? Gott als der Leidende, als der Ermordete, der die Welt nicht von oben mit Gerechtigkeit regiert, der vielmehr von unten her im Blut der Märtyrer und im Scheitern der Sanftmütigen den Samen für eine neue Zukunft in den Erdenschoß der Geschichte legt? Hat nicht auch im Gleichnis vom verlorenen Sohn der unglaublich großzügige Vater den frechen Sohn ins Weite ziehen lassen, ohne durch ein Machtwort zu verhindern, dass der junge Mann sein Erbe verprasst und ins selbst gemachte Glück und Unglück rennt? Gott also der Herr der Geschichte, der nicht straft, sondern abwartet und uns selbst Erfahrungen mit dem Bösen machen lässt, damit es in uns ausreift und an sich selbst zugrunde geht? Ist dies nicht das Gottesbild Jesu von Nazaret?
Aber beeindruckt uns andererseits nicht doch die ungeheuer selbstkritische Geschichtsdarstellung Israels? Wo gibt es sonst noch ein Volk, das seine eigene Geschichte so wenig als „Heldensage" von Heroen und so sehr als „Heldenversagen" von Verstockten erzählt? Selbstkritik statt Selbstbeweihräucherung, Umkehr statt Selbstrechtfertigung – das scheint die langfristige Wirkung der alten Propheten zu sein.
Sicher hat die nachexilische Geschichtstheologie ein einfaches Vier-Takt-Schema daraus gemacht:

Das Volk und seine Führung missachten die Gottesliebe durch religiösen Aberglauben und die Nächstenliebe durch sozialen Egoismus; darauf folgt ein Gerichtsakt Gottes, indem er Israel seinen Feinden preisgibt; darauf folgt eine Umkehrbewegung des (Rest-)Volkes; darauf beginnt ein neues Heilshandeln Gottes.
Aber so nachweisbar und schematisch können wir die Weltgeschichte nicht sehen. Freilich, die Geschichtsschreibung Israels ist nicht kühle Spekulation, sondern heiße Betroffenheit, ist nicht objektiver Faktennachweis, sondern reuevolle Glaubensdeutung. Müssen wir Heutigen auf solche prophetisch-erbauliche Deutung unserer jüngsten Geschichte und nächsten Zukunft verzichten – zugunsten eines ehrlichen Agnostizismus, eines „Ignoramus", eines „Wir-wissen-nicht"? Aber können wir andererseits nicht doch während eines genügend langen Menschenalters erleben, wie alle Unrechtssysteme an sich selbst zugrunde gehen: das eitle, knapp 50-jährige Wilhelminische Kaiserreich (an dessen unbearbeiteten Sünden auch noch die 14 Jahre währende Weimarer Republik zerbrach); das braune „tausendjährige Reich", von zwölf Jahren; die 40-jährige DDR; die gut 70-jährige kommunistische Welt; das 16-jährige „System Kohl" (man verzeihe mir die Aneinanderreihung von Ungleichgewichtigem). Und wie lange mag es dauern, bis der allein siegreich übrig gebliebene totale Wirtschafts-Liberalismus zusammenkracht? Nach dem weltweiten Scheitern des gelenkten Staatskapitalismus der kommunistischen Planwirtschaft blieb dem Westen gar nichts anderes übrig, als global zu werden. Die Globalisierung ist ja nicht das Übel (wie fundamentalistische Globalisierungsgegner meinen). Es müsste und könnte ja auch eine Globalisierung der Arbeit, der sozialen Gerechtigkeit, des Friedens und der Bildung möglich sein. Zur Zeit kann sich der unregulierte Turbokapitalismus noch als Sieger der Geschichte verstehen, als Wohltäter der Menschheit, ja, sich gar als Ende und Vollendung der Wirtschaftsgeschichte wähnen; dazu muss er aber seine Verelendungswirkung an Mensch und Natur auf der Südhälfte des Globus übersehen. Ebenso muss er die schon einsetzenden vielfältigen alternativen, sich global vernetzenden Umkehrbewegungen in Gestalt von Tausenden von „Nichtregierungsorganisationen" unterschätzen. Solche für das Suchtverhalten typische Wahrnehmungsstörungen weichen inzwischen einer langsamen Ernüchterung. Mit den Konzepten der alternativen Bewegungen wird die übernächste Zukunft schon prophetisch vorweggenommen. Schon oft in der Geschichte sind die Real-Utopien der Verlierer zu Handlungskonzepten der kommenden Pioniere geworden. Vielleicht schickt uns

Der Prophet (Gemälde von Steinhardt in der Berliner Neuen Synagoge aus dem Jahre 1911)
Man beachte die bereits 30 Jahre vorhergeschaute Zerstörung der „Stadt"!

der Himmel heute nicht mehr so sehr große Einzelpropheten-Gestalten, sondern zahllose kleine, aber kompetente, sowohl religiöse als auch säkulare, kirchliche wie nichtkirchliche Gruppenmenschen. Ihren Basisbewegungen gegenüber muss sich eine Gesellschaft heute genauso entscheiden wie seinerzeit ein Volk seinen Propheten gegenüber: Sind sie Irrgeister, Narren, Neurotiker – oder Menschen mit Herz und Geist, mit schärferem Durchblick und selbstloserem Sachverstand als die großen ideologischen Macher?

Vielleicht ist auch Novalis mehr als ein frühromantischer Naturphilosoph gewesen, nämlich ein Prophet. Schon im Jahre 1799 erhofft er in seiner Schrift „Die Christenheit oder Europa“ kühn und naiv eine endlich geeinte und ihrer Zwanghaftigkeiten entledigte spirituelle Kirche, die nicht mehr einer „sich selbst mahlenden Mühle“ gleicht. Er schreibt: „... alle nötigen Reformen werden unter der Leitung derselben als friedliche und förmliche Staatsprozesse betrieben werden. Wann und wann eher? Danach ist nicht zu fragen. Nur Geduld, sie wird, sie muss kommen, die heilige Zeit des ewigen Friedens, wo das neue Jerusalem die Hauptstadt der Welt sein wird ...“ Aber sicher ist „Jerusalem“ nicht ein historischer, geographischer Ort, sondern eine je und je überall neu aufbrechende, erleuchtete und wirksame Idee des Friedens zwischen Klassen, Nationen, Religionen, zwischen Mensch und Mensch und zwischen Mensch und Natur. Die Propheten Israels haben die Welt damit inspiriert. Sie sind freilich in derselben Zeit eines gewaltigen Bewusstseinsschubs der Menschheit aufgetreten, nämlich in der von Karl Jaspers so genannten „Achsenzeit“, in der die jonischen Naturphilosophen bis Sokrates und Plato, in der Buddha, Konfuzius und Zarathustra ins Licht traten, ohne voneinander zu wissen.

Kapitel IV Deuteronomium – das andere Gesetz

Der Versuch einer eindrucksvollen Kult- und Sozialreform kommt zu spät

1. Sozialgeschichtlicher Horizont

Offenbar konnten sich nach dem Zusammenbruch des Nordreiches der Prophet Hosea und andere regierungskritische Geister der Deportation nach Assyrien entziehen und ins Südreich flüchten. Es muss eine langjährige intensive Diskussion im Kreise von Leviten, Propheten und Landvolksvertretern entstanden sein. Man überlegte in dieser wertekonservativen Elitegruppe, wie dem Staat Juda ein Schicksal ähnlich dem des Nordreiches erspart werden könnte. Vielleicht kann man diese geistig-geistlichen Köpfe mit der antinationalsozialistischen, gewaltfreien Widerstandsgruppe des „Kreisauer Kreis" des Grafen Moltke vergleichen. Es ging in beiden Fällen um Überlegungen, wie die neue Reichsverfassung nach der als unvermeidlich angesehenen Katastrophe aussehen müsste. Die neue sozialpolitisch und theologisch geprägte Verfassung Altisraels liegt uns vor in dem Kern des Buches „Das Zweite Gesetz" (Deutero-Nomium), also des 5. Buches Mose. Die Vision dieses Gesetzbuches ist folgende: Israel steht im Geist noch einmal am Sinai vor Mose und vor Gott. Dieser Mose, schon seit 600 Jahren tot, redet noch einmal dem Volk eindringlich ins Herz. Er hält eine lange Predigt über Recht und Unrecht, über Fluch und Segen, über Tod und Leben. Eine Fülle von sehr detaillierten Gesetzesbestimmungen wird dem Volk eingeschärft. Alles kommt aus den Erfahrungen der Katastrophe und aus dem liebenden Herzen Gottes, der noch einmal inständig um das Herz Israels wirbt.

Man kann es im Einzelnen offen lassen, aus welcher Zeit die einzelnen unglaublich sozial- bis sozialistischen, human- bis humanistischen Texte stammen: Sind es Entwürfe aus der vorstaatlichen Zeit des frühen Israels? Oder nachträgliche reuevolle Erkenntnisse in der Zeit des Exils? Oder nachexilische, moderne Ideen des übrig gebliebenen Landvolkes unter dem Einfluss der Prophetie? Reformatorisch, wertekonservativ und zukunftsweisend sind sie in jedem Fall.

Der König Hiskia (um 725–697) scheint sich dieser deuteronomischen Reformbewegung schon ein Stück weit geöffnet zu haben. Um wirkliche Umsetzung bemüht war er nicht, dies war erst König Josia (639–609). Auf ihn geht die so genannte „josianische Reform" zurück.

Die Auffindung eines neuen (alten) Gesetzbuches bei Renovierungsarbeiten am Tempel erregte die Gemüter aufs Höchste (2. Kön 22).
Das „Deutero-Nomium" hatte zwei Schwerpunkte, entsprechend den beiden Tafeln des Dekalogs: Gott lieben und den Nächsten lieben, das gehört untrennbar zusammen. Die Liebe zu Gott wurde neu verankert im Gesetz der Kultzentralisation: Die vielen regionalen Heiligtümer wurden abgeschafft, weil in diesen Tempeln die Gottesverehrung mit dem Baalskult vermischt worden war. Nur noch Jerusalem gilt fortan als der eine und reine Ort der Anwesenheit Gottes. Eine jährliche Wallfahrt auf den Zionsberg soll das jeden Volksgenossen erfahren lassen.
Die Liebe zum Mitmenschen wurde vor allem in folgender Sozialgesetzgebung organisiert:

1. Eine neuartige *Volkssteuer* in Höhe von 10 % für einen Zeitraum von zwei Jahren, eigentlich ein Spargesetz, tritt an die Stelle der Tributzahlungen für den unersättlichen Königshof. Es ist eine Steuer des Volkes für das Volk, nämlich für ein jährliches religiöses Volksfest am Zentralheiligtum in Jerusalem. Wer für diese große Wallfahrt zum Bundes-Erneuerungs-Fest einen zu weiten Weg zurückzulegen hat, kann die Abgabe statt in Naturalien auch in Bargeld erbringen: „Gib das Geld für alles, woran dein Herz Lust hat, es sei für Rinder, Schafe, Wein, starkes Getränk oder für alles, was dein Herz wünscht, und iss dort vor dem Herrn, deinem Gott, und sei fröhlich, du und dein Haus." Gemeinschaftlich fröhlich essen und trinken im Bewusstsein der Gegenwart Gottes – was für eine Kultur! In jedem dritten Jahr wird diese Steuer als eine Sozialabgabe erhoben für die landlosen Berufsleviten im Tempeldienst sowie für die Fremdlinge im Land und für die Witwen und Waisen, damit diese unversorgten Sozialgruppen auch voll mitfeiern können – „auf dass dich der Ewige (JHVH), dein Gott, segne in allen Werken deiner Hand, die du tust." (5. Mose 14,22–29)

2. Ein *Erlassjahr-Gesetz* bestimmt, dass alle sieben Jahre diejenigen Mitbürger, die sich im Lauf der Jahre verschuldet hatten (ob schicksalhaft oder wegen Unfähigkeit), in einem Erlassakt entschuldet werden müssen. Darauf besteht Rechtsanspruch, für die Gläubiger ist es eine rechtliche Verpflichtung. Die Volkssolidarität und immer wieder neue Chancengleichheit werden geregelt, damit nicht die Reichen immer reicher und die Armen immer ärmer werden (5. Mose 15,1–11).

In diesem Gesetz stehen die beiden berühmten Ideal- und Realsätze: „Es sollte überhaupt kein Armer unter euch sein." Und: „Es werden allezeit Arme sein im Lande."

3. Darüber hinaus sorgt ein *Freilassungsgesetz* dafür, dass alle sieben Jahre in Schuldknechtschaft geratene hebräische Sklaven amnestiert und freigelassen werden müssen. Sie sollen sogar ein Startkapital dazu bekommen für einen Neuanfang (5. Mose 15,12–18).

4. Nun kommt noch das berühmte *Zinsnahmeverbot* dazu. „Du sollst von deinem (hebräischen) Bruder nicht Zins nehmen, weder für Geld noch Speise noch für alles, wofür man Zins nehmen kann" (5. Mose 23,14). Wie konnten da im christlichen Mittelalter „Jude" und „Wucherer" als gleichbedeutende Begriffe gebraucht werden? Ganz einfach, weil in der strengen Ständeordnung Juden keinen Grundbesitz erwerben und in keine Handwerkszunft eintreten durften. So lebten sie notgedrungen vom zinspflichtigen Geldverleih, der für Christen unter Christen wie für Juden unter Juden verboten war. Übrigens wird auch das Pfandnehmen verboten: „Du sollst nicht zum Pfande nehmen den unteren und oberen Mühlstein; denn damit hättest du das Leben zum Pfand genommen" (5. Mose 24,6). „Du sollst das Recht des Fremdlings und der Waise nicht beugen und sollst der Witwe nicht das Kleid zum Pfand nehmen" (5. Mose 24,17). Auch dieses Gebot wird theologisch begründet, nämlich mit der Erlösungserfahrung: „Denn du sollst daran denken, dass du Knecht in Ägypten gewesen bist und JHVH, dein Gott, dich von dort erlöst (losgemacht) hat."

5. Von besonders rührender Umsichtigkeit ist das *Nachlesegesetz*. Es verbietet dem Besitzer, auf dem Stoppelfeld Ähren nachzurechen oder Olivenbäume nach der Ernte nachzuschütteln oder auf abgelesenen Weinbergen eine Nachlese zu halten. „Es soll dem Fremden, der Waise und der Witwe zufallen" (5. Mose 24,22).

6. Auch ein neues hoch brisantes *Königsgesetz* (offenbar ganz am Ende der so negativ verlaufenen Königszeit) wird erlassen. Der König muss von Gott selbst erwählt sein (durch Los- oder Volksentscheid?), darf nicht „viele Rosse halten" (offenbar in Anspielung auf die salomonischen Kavallerie- und Streitwagen-Kasernen), darf keine imperiale („ägyptische") Politik machen, keinen Harem unterhalten „und soll

auch nicht viel Silber und Gold sammeln", also keinen Staatskapitalismus betreiben. Er soll sich eine Abschrift dieses Gesetzbuches machen lassen, „das soll bei ihm sein und er soll darin lesen sein Leben lang, damit er JHVH, seinen Gott, fürchten lernt" (5. Mose 17,14ff).

Noch viele andere humanisierte Gesetze enthält das neue Buch, z. B. Heeresdienstbeurlaubung für Neuvermählte, Wehrdienstbeurlaubung für Bauernsöhne in der Erntezeit oder für Neubauern vor dem Umzug ins neu gebaute Haus – und all dies auch und gerade in Kriegszeiten, einfach auf der Basis eines sehr bewussten und konkreten Gottvertrauens. Man ahnt, welche Bauernnötigungen früher passiert sein müssen.
Das ganze humanistische Gesetzeswerk erscheint zugleich als Glaubenswerk. Der Segen hängt an einem spirituell verstandenen Sozialrecht. Der Ewige (JHVH) wird nur so Leben und Zukunft gewähren, wenn sein Volk im Bund der Liebe bleibt. Grundlage für alles ist das *Sch'ma Jisrael,* das „Höre, Israel, der Ewige (JHVH) ist unser Gott, und du sollst IHN (JHVH), deinen Gott, lieb haben von ganzem Herzen, von ganzer Seele und mit all deiner Kraft!" Das ganze Deutero-Nomium aus dem Geist des Sinai ist eine einzige Bergpredigt, die offensichtlich für durchführbar gehalten wurde, so wie Jesus, aus dieser Tradition schöpfend, seine Bergrede ebenfalls fürs schlichte Tun, nicht fürs ideale Denken gesprochen hat. Um des Lebens willen!
Warum aber brach auch das Südreich zusammen? Kam das Deuteronomium, kam die josianische Reformation zu spät? Wurde sie nicht ernsthaft genug umgesetzt? Lag es daran, dass nach Josias tragischem Tod seine Nachfolger wieder in die alte eigengesetzliche Königspolitik zurückfielen? Durch ihre wahnwitzige antibabylonische Politik bereiteten sie sich selbst den Untergang des Reiches. Ein Jeremia trat energisch gegen die Kriegspolitik des Hofes und die dazu korrespondierende Tempeltheologie des Klerus und den luxuriösen Lebensstil der städtischen Oberschicht auf. Er bekämpfte auch die epidemisch abergläubische Volksreligiosität. Er war nicht nur vom Gottesgeist inspiriert, sondern hatte wohl auch eine eigene gute politische Spürnase. Er war in vielem eine Art gescheiterte Bonhoeffergestalt (bzw. Bonhoeffer war eine gescheiterte jeremianische Gestalt). Aber die Nachwirkung beider geht weit über ihre Zeit und ihr Volk hinaus, obwohl das Sozialwerk des Deuteronomium vielleicht nur eine Generation lang funktioniert hat, nämlich zwischen 609 (Tod Josias) und 586 (Zerstörung Jerusalems).

2. Biblisches Fenster: Zu sehen sind ein junger König und ein altes Buch

König Josia ist 26 Jahre alt. Seit seinem 8. Lebensjahr ist er König.
Die Königsmutter Jedida sagt:
Ein braver Junge! Er geht einen geraden Weg. Ein gottesfürchtiger Junge!
Das gab's schon lang nicht mehr auf Davids Thron.
Wo gibt es so was überhaupt auf den Sesseln der Welt?
Aber er ist zu idealistisch eingestellt. Seine Reformideen sind zu kühn.
Er ist ein wenig zu schwärmerisch. Glaube ist Glaube und Politik ist Politik.
Das sollte er nicht vermischen. Wir haben da eine Zwei-Reiche-Regelung.
Unsere Priester wissen das. Aber mein Sohn hört ja mehr auf die Propheten.

Der König Josia sagt:
Es geht nicht an, dass sich das Kapital in den Händen weniger kumuliert und die Masse des Volkes zunehmend ärmer wird.
Es geht nicht an, dass alle Lebensvorgänge zu Geld gemacht werden, dass selbst das Geld teuer verliehen und teuer verkauft wird, dass das Land des Herrn den Familien der Selbstversorger entzogen wird und in die gierigen Hände weniger Großagrarier gerät, dass freie Bauern zu Bettlern und Knechte zu Sklaven werden.

Der Staatssekretär Schafan sagt:
König, wage deine Reform! Du wirst Unterstützung im Land finden.
Die Vertreter der Landvolkbewegung hoffen auf dich, du bist ihre letzte Hoffnung.
Die Priester sind dir dankbar, wenn du ihnen ihren baufälligen Tempel renovierst.
Die Erneuerungsbewegung in den levitischen Kreisen arbeitet dir zu in der Wiederherstellung einer baalfreien Spiritualität nach Art unserer Vorväter.
Die Militärs sind mit dir zufrieden, wenn du die Gunst der Stunde nützest, da der Assyrer alt und schwach geworden ist, der Babylonier noch nicht allmächtig und der Ägypter seine große Zeit hinter sich hat. Nütze den Spielraum!
Wage eine neue Außenpolitik der bescheidenen nicht-imperialen Unabhängigkeit und eine neue Innenpolitik der entschiedenen sozialen Gerechtigkeit.

Der König sagt:
Trotzdem bleibt es ein Glaubenswagnis, auch wenn das Kalkül stimmen mag.
Politik muss auch ein geistliches Wagnis sein.
Mich ermutigt dazu das Wissen, dass die Propheten hinter mir stehen.
Was der Nordstaatler Hosea hier bei uns im Südstaat gesagt hat, traf mich ins Herz.
Nicht nur seine Erfahrungen vom unseligen Samaria; nicht nur seine Warnungen für das vielleicht nicht mehr lange glückliche Jerusalem, sondern seine Liebesbotschaft.
Der Künder der brennenden Gottesliebe hat mein Herz berührt.
Ich liebe das Volk und seine alten Rechte.
Ich liebe Jerusalem, geistlich mehr als politisch.
Ich liebe den Tempel, mehr seine Stille als seinen furchtbaren Opferbetrieb.
Ich darf sagen: Ich liebe den Gott Israels mit ganzem Herzen und all meinen Kräften.
Verzeih, dass ich so offen ausspreche, was nur Gott wirklich weiß.
Nun geh schon mal zu Hochwürden hinüber, zum Hochpriester Hilkija und besprich mit ihm die Finanzierung der Tempelerneuerung. Übrigens:
Ich verzichte auf Kostenvoranschläge und Bauabrechnungen der Werkleute.
Sag ihm das! Wir wollen in dieser Sache alle auf Treu und Glauben handeln. (2. Kön 22,7)

Der Staatsekretär Schafan, vom Hochpriester Hilkija kommend, zum König:
Alles geregelt. Aber das Wichtigste ganz nebenbei:
Hilkija gab mir mit spitzen Fingern ein Buch. Eine alte staubige dicke Buchrolle.
Man fand sie in einer Kammer des Tempels. Hier ist sie. Soll ich vorlesen?
Der Staatssekretär liest und liest, Spalte um Spalte. Der König sagt nur: Weiter!
Er will alles hören: Wie es früher war, wie es in Zukunft sein sollte, weniger Staat und mehr solidarische Selbstregulierung, mit weniger Geld- und Zinswirtschaft und mehr Ehrfurcht vor dem Ackerland Gottes.
Stunden vergehen, bis die letzten Abschnitte gelesen sind, bis Fluch und Segen, Leben und Tod dem Volk zur Entscheidung vorgelegt sind.

Der König steht entsetzt auf, greift sich an den Hals, reißt sich das Gewand ein.
Er sagt tonlos:
Wir sind verloren. Wahrscheinlich ist es zu spät, während wir uns in Sicherheit wähnten.
Denn groß ist der Grimm des Herrn, der über uns entbrannt ist, weil unsere Väter nicht den Worten dieses Buches gehorcht haben und nichts von dem taten, was darin geschrieben ist. Ich will aber, dass der ganze Staatsrat und der Hochpriester für mich und für das Volk den Herrn befragen.

Sie gehen hinunter in die Vorstadt zur einer Prophetin.
Die Prophetin Hulda sagt:
Sagt dem Mann, der euch zu mir gesandt hat: So spricht der Herr, der Gott Israels:
Unheil über diesen Ort und seine Einwohner! Nicht mehr löschbarer Grimm!
Sie haben mich verlassen und anderen Mächten gedient, anderen Gesetzen geglaubt.
Aber du König von Juda, weil du im Herzen betroffen bist und bist demütig vor mir geworden und weil du vor mir geweint hast, so will ich dich rechtzeitig zu deinen Vätern im Schlaf des Todes versammeln, du sollst im Schalom in dein Grab kommen, und deine Augen sollen nicht mit ansehen müssen all das Unheil, das über diesen Ort kommt.

Zwölf Jahre später. Das Volk denkt:
Alle Achtung, wie der König nun schon seit zwölf Jahren den Reformstau anpackt!
Aber es geht zu schnell, er macht zuviel im Alleingang, er überrumpelt uns.
Die Ideen mögen ja an sich richtig sein, aber das geht ja jedem an seine Privilegien und gegen unsere bisherigen Gewohnheitsrechte. Morgen ja, aber heute noch nicht!
Im Übrigen: Es wird nichts so heiß gegessen wie gekocht.
Lasst uns wenigstens dafür sorgen, dass sich die Theologie nicht in die Politik mischt.

Der Staatssekretär zum Volk:
Ich habe Staatstrauer anzuordnen. Unser König Josia ist tot.
Er ist in diesen Tagen des ägyptischen Truppendurchzuges unter Pharao

Necho in der Stadt Meggiddo auf noch nicht geklärte Weise ums Leben gekommen.
Der Staatsrat schlägt vor, dass nach der Überführung und Grablegung das Volk des Landes Joahas, den Sohn des Entschlafenen, zum Nachfolger wählt.

Der Staatschronist vermerkt:
Dreiundzwanzig Jahre war Joahas alt, als er König wurde; und er regierte drei Monate zu Jerusalem.
Und er tat, was dem Ewigen (JHVH) missfiel, wie seine Väter getan hatten.
Und Pharao Necho legte ihn ins Gefängnis und legte eine Geldbuße auf das Land in Höhe von hundert Zentnern Silber und einem Zentner Gold.

Weitere zwölf Jahre später:
Jerusalem ist durch Nebukadnezar, den König von Babel, zerstört.

3. Brücke zum Heute: Warum haben wir heute keinen christlichen Sozialismus?

Im Blick auf unser Gesamtthema „Geld oder Leben" dürfte das Buch Deuteronomium das gewaltigste Buch der hebräischen Bibel sein. Darum habe ich es hier etwas ausführlicher dargestellt. Es hat den Jesus von Nazaret und das Urchristentum zutiefst geprägt und ist (auf dem Weg über meist jüdische Denker wie Karl Marx) zur Wurzel eines humanistischen Sozialismus geworden.
Aber auch das religiöse Judentum von heute hat noch den Geist des Deuteronomiums bewahrt. Ich saß kürzlich mit meinem Freund Andreas Ebert in München im „Schmok", dem jüdischen Kaffee-Restaurant in Schwabing. Wir bestellten einen Schoppen zum Trinken und lasen auf der Karte die Erklärung: „Was ist koscherer Wein?" Ich zitiere einige Punkte daraus, die etwas von der rücksichtsvollen, unprofitlichen und sanften Gesinnung des Deuteronomiums verraten:
Die Trauben werden erst ab dem 4. Jahr geerntet. Zwei Monate vor der Ernte darf nicht gedüngt werden. Erntegeräte, Fuhrpark, Silo und alle technischen Geräte werden unter rabbinischer Aufsicht peinlich genau gesäubert.
Gelatine, Vasein und Stierblut sind beim Vinivizieren unzulässig. Es ist lediglich nur pflanzliches Betonit zur Reinigung zugelassen. Im 7. Jahr, dem Sabbatjahr, werden keine Trauben geerntet. Die Rebstöcke sollen

sich nutritiv und organisch regenerieren. 1 % der Weinerzeugung wird zugunsten der Armen abgegeben und darf nicht veräußert (als Geldwert gespendet) werden. Ausbau in der Kellerei dürfen nur Personen tätigen, die den Shabbat ehren und einhalten.
Nun musste allerdings der geschichtlich wirksam gewordene Sozialismus als ein areligiöser und antikirchlicher in Erscheinung treten. Warum nicht als christlicher? Die Kirche hat sich Jahrhunderte lang in einem zugleich metaphysischen wie machtpolitischen Rausch mit Krone, Großkapital und Militär verbündet. Heute sitzt die Kirche isoliert zwischen sämtlichen Mächten. Weder konnte sie ihren alten Einfluss auf die Kapitalbesitzer behalten noch wird sie vom Volk als Anwalt seines Kampfes um Gerechtigkeit gesehen. Und dazu hat sie auch noch die Kompetenz für „Religion" eingebüßt. Manche Soziologen meinen, die passende Religion für den heutigen globalisierten Wirtschaftsliberalismus sei ein westlich zugeschneiderter Buddhismus. Hier schließe der Gläubige die Augen, gehe nach innen und habe doch profitablen Anteil am äußeren Erfolgswettbewerb, von dessen Stress er sich dann in Meditationskursen erhole. In Amerika ist die passende Religion der Wohlhabenden offenbar der christlich evangelikale Fundamentalismus der oberen Mittelklasse. Eigentlich aber ist es die biblische „Religion" beider Testamente, die unserem wirtschaftlichen Gebaren kritisch auf den Leib geschrieben ist. Eine biblisch inspirierte Kirche müsste aus ihren eigenen spirituellen Wurzeln heraus dem galoppierenden Turbokapitalismus prophetisch in die Zügel greifen und die Reiter zur Besinnung rufen. Sie würde dann nicht nur den Wagenlenkern die lästige Aufgabe abnehmen, die unter die Räder Gekommenen aufzulesen und zu pflegen und wieder neu zur Ausbeutung zur Verfügung stellen; sie würde sich vielmehr an die Spitze derjenigen Volksteile und Bewegungen setzen, die für grundsätzliche Veränderung, für Vorrang des Menschen und der Natur vor dem Kapital kämpfen. Hier war bisher Papst Johannes Paul II. der einzige Kirchenfürst mit eindeutiger Stimme (übrigens auch in der Ablehnung von militärischer Gewalt). Aber solange die Institution Kirche selbst noch zu 51 % Nutznießer des Systems ist und erst zu 49 % dessen Opfer, wird sie höchstens laue, leise Töne von sich geben und sich in ihren Sozialworten scheuen, Ross und Reiter zu benennen. Ein klassisches Beispiel: Die „Kundgebung" genannte Erklärung der EKD-Synode in Amberg vom November 2001. Sie spricht zwar vom „Skandal weltweiter wirtschaftlicher Ungerechtigkeit", aber sie wägt Chancen und Risiken der Globalisierung wohlwollend ab und vermeidet eine unmissverständliche

Delegitimierung der nachweislich schädlichen Welthandelspolitik. Sie verschweigt, dass an den Folgen der Globalisierung jedes Jahr mehr Menschen sterben als während des gesamten 2. Weltkrieges, wie der Schweizer Professor Jean Ziegler (UNO-Sonderberichterstatter für das Recht auf Nahrung) feststellt. Abgesehen davon: Unsere Kirche hat nicht nur ihre prophetische, sozialkritische Rolle eingebüßt, sondern auch ihre ureigenste spirituelle Kompetenz verloren. Die geistlichen Verluste sorgen nicht nur an den Rändern der geschrumpften Volkskirche für Erosion, sondern haben längst den Kern und die Substanz des Kirchenvolkes und ihrer Funktionäre erreicht. Darüber hinaus haben unsere europäischen Kirchen noch nicht begriffen, dass die gegenwärtige Weltwirtschaftsordnung, die eine rasch zunehmende Armut verursacht, nicht nur ein ethisches Problem ist, sondern vielmehr ein theologisches. D.h.: Der *status confessionis* ist gegeben. Das Wesen der Kirche steht auf dem Spiel. Das Mysterium der Liebe Christi wird verraten. Die Kirche veruntreut das Evangelium als gute Nachricht für die geringsten der Brüder und Schwestern des Weltenrichters Jesus. Ich scheue nicht davor zurück, diesen Skandal mit der halbherzigen Haltung der Bekennenden Kirche im Dritten Reich zu vergleichen, wo die Kirche den *status confessionis* nur im Blick auf die Theologie der „Deutschen Christen" sah, nicht aber, wie Dietrich Bonhoeffer, bereits im Blick auf die Rassegesetze und die Judenfrage. Wir haben immer noch nicht gelernt, dass nicht nur Glaubensfragen, sondern auch ethische Fragen zu Bekenntnisfragen werden können, mit denen das Wesen der Kirche steht und fällt. Schon das Deuteronomium lehrt uns doch eigentlich, dass das Doppelgebot der Liebe, Gott und den Nächsten zu lieben, die Gottesfrage und die Humanitätsfrage unlöslich aneinander bindet!

Von daher ist es ein skandalöser Bekenntnisverstoß, wenn die Kirchenleitungen im Sommer 2002 nur sehr zurückhaltend auf die Einladung zu einer „Westeuropäischen Konferenz zur Globalisierung im *processus confessionis*" reagiert haben. Bereits 1995 hatten afrikanische Christen festgestellt: „Mit den Mechanismen der globalen Wirtschaft steht heute das Evangelium selbst, die gute Nachricht für die Armen, auf dem Spiel."

Nun, in unserem eigenen europäischen Kontinent mag die Verelendung, die eine historische Begleiterscheinung des Kapitalismus ist, trotz des Phänomens der „neuen Armut" noch nicht allen bewusst sein. Es ist noch offen, wieweit der Mittelstand aufsteigt in die reichere Ober-

schicht, wieweit er absinkt zur Sozialhilfegrenze. Für beides gibt es genug Einzelbeispiele.
Aber blicken wir in die anderen Kontinente, beispielsweise nach Lateinamerika. Ich beziehe mich im Folgenden auf einen Artikel in der Frankfurter Rundschau im November 2000 von Romero Rey aus Buenos Aires.
Der UN-Fonds für landwirtschaftliche Entwicklung hat ermittelt, dass in Lateinamerika und den Karibikstaaten mehr als 220 Mio. Menschen, das sind 45 % der Gesamtbevölkerung, davon 90 Mio. Bauern, in Armut und Elend leben. In den vier Jahren seit 1996 ist die Verelendung in den ländlichen Gebieten um bis zu 20 % gestiegen. Neoliberalismus und Globalisierung haben den Menschen dort nur Nachteile gebracht. Michel Camdessus, der berühmte Generaldirektor des Internationalen Währungsfonds (IWF) hat das wenige Monate nach seinem Rücktritt vor Unternehmern in Buenos Aires offen bekannt. Gerade die radikalen Sparmaßnahmen, verbunden mit einer Liberalisierung der Handels- und der Arbeitsgesetze zuungunsten der Arbeiter unter strenger Aufsicht des IWF, also die reine Durchführung der Dogmen der neoliberalen Politik, haben die Arbeitslosigkeit und Verelendung der Massen wie nie zuvor gesteigert. Der Schuldenberg hat sich verdreifacht auf rund 900 Mrd. Dollar. Die ungerechte Steuerpolitik der herrschenden Politklasse besteuert die Lebensmittel der vielen kleinen Leute anstatt die hohen Einkommen und Vermögen der zahlenmäßig kleinen Geldelite. Und Europa wie die USA sperren sich trotz der Liberalisierungsideologie gegen die Exportfreiheit für lateinamerikanische Agrarprodukte, sodass Brasilien keine Chancen hat, seine Schulden bezahlen zu können. Europäischer Protektionismus erschwert den Lateinamerikanern den Zugang zu den Märkten der Europäischen Union. Die Armen von Mexiko bis Patagonien haben es zu büßen. Eine solidarische, egalitäre Entwicklung ist nicht möglich. Wir sind meilenweit entfernt von den lebensnahen und menschenfreundlichen Grundauffassungen der Weisheit eines Deuteronomiums. Wir sind vielleicht religiös erweckt, aber nicht ethisch. Wir verbinden vielleicht Dogma und Mystik, aber noch nicht Ethik und Mystik. Wir kennen nicht die Mystik der offenen, höchstens der geschlossenen Augen.

Kapitel V Nach dem Exil

Die Rückkehrer versuchen eine sozial-spirituelle Umkehr zu den vorstaatlichen Idealen des Gottesvolkes

1. Sozialgeschichtlicher Horizont

Das Machtkonglomerat des typisch orientalischen Königssystem, das Israel seiner ureigenen Spiritualität entgegen imitiert und installiert hatte, die Kombination von Krone, Kult und Kapital, also von Königsmacht, Priesterherrschaft und Großgrundbesitz, hatte aus weltpolitischen und system-immanenten Gründen in die Katastrophen von 722 (Nordreich Israel) und 586 (Südreich Juda) geführt.

Aber offenbar sind die Reformideen des Deuteronomiums im Exil unvergessen geblieben, vor allem in gewissen Kreisen von Prophetenschülern. Erst recht nach der Rückkehr aus der 70-jährigen babylonischen Gefangenschaft sind die alten Visionen neu virulent und aktuell. Unter dem relativ liberalen persischen Tributsystem versucht die nun entstehende jüdische Restvolks-Gemeinschaft bescheidene Anfänge einer solidarischen, also gesetzestreuen Gesellschaft.

Hosea und *Jeremia* wirken nach. Es ist wie immer: Propheten bekommen nicht zu Lebzeiten, sondern erst hinterher ihr Recht und ihre Frucht.

Die Babylonier hatten vor allem die Oberschicht, die politische Elite und die Handwerkerschaft deportiert. Die verarmte Landbevölkerung war im Land geblieben. Sie kam während des Exils ohne Staat und ohne Tempel offenbar ganz gut zurecht. Sie war wieder zu Grund und Boden gekommen und konnte sich selbst organisieren. Die babylonische und später die persische Provinzverwaltung war relativ liberal. Die Botschaft des Jeremia oder des Deuteronomiums bekommen gerade bei den Kleinbauern eine volksmissionarische Spätwirkung: die Abkehr von den Naturgottheiten und die Umkehr zum Gott Israels, zu JHVH. Das bedeutete konkret: Die solidarische Lebensgestaltung wurde die Spiritualität der Landarmen. Man glaubt an einen „Neuen Bund", der darin besteht: Keiner belehrt mehr den andern von oben herab, wie es in der alten Hierarchie geschehen war; alle gelten als unmittelbar vom Herrn selbst inspiriert und bekommen ein „Neues Herz" (Jer 31,31).

Es entstehen neue religiöse Strukturelemente. So wird z.B. die *Familie*

zum Ort der Liturgie, der Hausvater zum Hauspriester, die Wohnstube zum Tempelersatz.
Die *Beschneidung* wird zum grundsätzlichen Realsymbol der Bundesmitgliedschaft. Es war ja den Propheten immer um eine politische „Beschneidung“ oder Zähmung der egoistischen Machtinteressen gegangen.
Die *Sabbatheiligung* bekommt einen zentralen Stellenwert. Sie ist nicht nur das Identität stiftende Zeichen des Gottesvolkes unter der Fremdherrschaft im Lande und in der Diaspora draußen. Sie ist auch Ausdruck des konkreten Gottvertrauens, durch welches man die umtriebige Automatik des gierigen pausenlosen Schaffens und Werkens und Sorgens unterbricht. Auch der ärmste Mensch ist am Sabbat ein Königskind. Auch der Acker und das Vieh sollen feiern!
Noch bei den Exilierten wurde gegen Ende des Exils in der Hörerschaft eines namentlich nicht bekannten, aber offenbar hoch bedeutenden neuen Propheten die Botschaft des alten Jesaja neu bearbeitet und fortgeführt.
Es handelt sich um den heute so genannten *Deuterojesaja.* Neu an diesem keineswegs epigonenhaften Meister ist, dass er als „Evangelist“ auftritt, als Frohbotschafter, nicht wie vorwiegend die alten Propheten als Drohbotschafter. Neu ist, dass der Befreier Israels mehr ist als nur eine nationale Volksgottheit, er ist vielmehr Weltenschöpfer und Völkerlenker. Sogar der heidnische Perserkönig Kyros ist sein auserwählter Knecht. Neu ist, dass es keine religiös verbrämte, also totalitäre Königsideologie mehr geben wird. JHVH selbst ist wieder alleiniger König, besonders aber der König der Schwachen, der Verarmten und Unterdrückten, die er alle zu „Gottesknechten“, d.h. zu „Erlösten“ macht. Sie alle sind repräsentiert in dem einen Gottesknecht (dem Propheten selbst?), dessen Leid und Krankheit und Schmach stellvertretende, Sünden vergebende Macht haben (Jes 53).
Noch deutlicher ist der „Neue Bund“ im prophetischen Zukunftsentwurf des in der Exilszeit lebenden Priester-Propheten *Hesekiel* geschaut: Ein neuer Tempel wird da sein, er ist absolut heilig, wird also nicht durch staatliche Einflüsse, königliche Bevormundung und synkretistische Religionsvermischung kontaminiert sein. Die Priester sind wieder Diener, nicht Ausbeuter, Hirten, nicht Metzger der Volksherde. Das Land wird wieder gleichmäßig verteilt. Die verheerende ideologische Machtverknüpfung von Königsmacht, Priestermonopol, Beamtenherrschaft und aristokratischer Wirtschaftslobby ist aufgelöst.
Aber nicht der prophetisch-priesterliche Verfassungsentwurf des Hesekiel realisierte sich unter den Rückkehrern, sondern eine Neufassung

der vorexilischen Geschichtsüberlieferung unter den geistlichen Volksführern *Nehemia und Esra.* Diese Neufassung wird heute *„Priesterschrift"* genannt und in der Forschung mit „P" bezeichnet. So entsteht nun der Pentateuch, die fünf Bücher Mose, die Thora in ihrer heutigen Gestalt. Deswegen kann man die jetzt beginnende Verfassung „Israels", also des Judentums, eine „Thora-Republik" nennen.
Was sind die wichtigsten Kennzeichen der neuen Wirtschaftsordnung dieser halbautonomen jüdischen Provinz in einer Nische des großen Perserreiches? Grundsätzlich ist die Wirtschafts- und Sozialordnung zentraler Bestandteil des Heiligkeitsgesetzes (3. Mose 25)! Z. B.:

Erstens: Das Sabbatjahr
In jedem siebten Jahr wird die ökonomische Eigengesetzlichkeit unterbrochen und eine wohltuende „Brache" für den Erdboden und die arbeitenden Menschen (Freie wie Sklaven!) eingelegt. Der Boden und das Volk sind „heilig dem Herrn", d. h. dem Herrn gehörig.

Zweitens: Das Halljahr
Alle sieben mal sieben Jahre ruft die kultische Posaune das Jobeljahr aus. Jeder reich oder arm Gewordene (ob schuldhaft oder schicksalhaft) kehrt wieder zurück zu seinem angestammten Familiengrundbesitz. Der ursprüngliche Zustand der Gleichheit wird wieder hergestellt. (Das erinnert mich an das Ereignis der Währungsreform des Jahres 1949, die Geburtsstunde der über ein halbes Jahrhundert währenden D-Mark. Damals wurden pro Kopf der Bevölkerung 40 neue Mark zugeteilt.) Ungleichheit, im Heiligkeitsdenken der Bibel als Sünde empfunden, wird im heutigen Neoliberalismus wieder als natürlich gegebener Wert und bewusst gewollter Zustand bejaht und „Gleichheit" als „Zwangssozialismus" diskreditiert. Hier liegen also zwei völlig verschiedene Vorstellungen von Freiheit und Befreiung vor: eine individualistische, die der Gesellschaft schadet, und eine gemeinschaftliche, die dem Individuum nützt.

Drittens: Der Jom Kippur
Jedes Jahr einmal werden am großen Versöhnungstag alle religiösen und sozialen Thoraverletzungen und Fehlentwicklungen aufgedeckt (konfessorisch bekannt), um dann in einem Versöhnungsakt der Reinigung göttlich „bedeckt" (vergeben) zu werden. Die liturgische Frömmigkeit und die Gottesdienstordnung sind also direkt bezogen auf die Wirtschafts- und Sozialordnung.

Viertens: Die Ge'ulah-Ordnung

Es handelt sich um eine Einlösungsmöglichkeit von Grundbesitz, der wegen Verarmung verkauft werden musste, durch einen reicheren nächsten Verwandten aber aufgekauft und dem „armen Vetter" wieder als sein angestammtes elementares Produktionsmittel zur Verfügung gestellt werden musste. Das anschaulichste Beispiel dafür finden wir in der köstlichen Liebesgeschichte von Ruth und Boas, erzählt im Buche Ruth. Wenn kein Einlöser vorhanden ist, darf der Käufer nicht das Grundstück des Verarmten kaufen, sondern nur eine Reihe von Jahresernten. Der sozioökonomische Begriff „Einlöser" oder auch „Auslöser", hebräisch *Go'el,* ist schon in der Bibel dann auch zu einem theologischen Begriff spiritualisiert worden: der „Erlöser" ist letztlich Gott selbst und seine „Erlösung" umfasst das gesamte leib-seelische, ja, vor allem das völkische Heil. Im Gottesvolk soll es keine Verschuldeten, keine Versklavten, weder im sittlichen noch im materiellen Sinn geben.

Die Wirtschaftsethik ist also zugleich (und nicht erst als Anhang) Theologie. Andere Götter haben hieße: eine andere (unsoziale und unabänderliche) Wirtschaftsordnung haben, die nicht infrage gestellt werden darf. Das erste Gebot der ausschließlichen Liebe zu dem einen Gott wäre nur dann Ausdruck einer religiösen Intoleranz, wenn es nur um Theologie ginge. Das erste aller Gebote aber garantiert eine humane Sozialordnung, die mit anderen ideologisch begründeten Wirtschaftsordnungen unvereinbar ist. Wenn die Theologie nur ein Reflex des vorgegebenen Wirtschaftssystems ist, wird sie zu einer den Status quo sanktionierenden zahnlosen Ideologie. Vielmehr müsste eine relevante Theologie die Art des Wirtschafts- und Finanzgebarens vom erlösenden, befreienden und Ausgleich schaffenden Gott her mitgestalten oder kritisieren.

Fünftens: Der Zehnte

Die jährliche Abgabe von 10 % der Ernteerträge hatte verschiedene Zwecke. Einmal diente diese aufgesparte Absonderung zum eigenen Verzehr beim jährlichen Bundesfest in Jerusalem (5. Mose 14,22). Bei zu großer Entfernung konnte man es auch in bar mit nach Jerusalem bringen und dort damit einkaufen gehen, um „vor JHVH deinem Gott", an der Stätte, wo sein Name wohnt, Brot, Wein, Öl und Fleisch zu genießen, „auf dass du deinen Gott achten lernst dein Leben lang." Man feiert nicht für sich, man wird gesegnet nur in der Gottesdienstgemeinschaft vor Gott. Zum andern dient der Zehnte auch dazu, den einkommenslosen Waisen und Witwen die Teilnahme am „Volksfest" zu ermöglichen. Auch das Freuden-

fest, das Nehemia am Tag der öffentlichen Thoraverlesung feiern ließ, wurde nur möglich durch ein allgemeines Teilen mit den Mittellosen „Die gemeinsame Festfreude am Herrn ist eure Stärke", heißt es in Nehemia 8. Bis heute feiert Israel das ausgelassene Fest Simchat-Tora, („die Freude an der Weisung des Herrn"). Dabei wurde sogar mir als Tourismus-Goi einmal im galiläischen Städtchen Sfad die heilige Thorarolle in den Arm gelegt, um sie im Tanz um das Lesepult herum zu tragen.
Vor allem diente der Zehnte aber als Existenzgrundlage für die landlos gebliebenen, also nicht produzierenden Leviten, die für den permanenten Tempeldienst abgesondert waren. Der Zehnte ist „Erbgut für ihr Amt" (4. Mose 18,21). Will ein Bauer seinen Zehnten „ablösen", d.h. in bar bezahlen, dann muss er ein Fünftel des Erntezehnten mehr abgeben (3. Mose 27,31). Lebendige Naturalien sind mehr wert als totes Geld! (Heute denken wir umgekehrt. Wir geben leichter ein Stück Brot als eine Münze.)
Es gibt noch mehr Einzelbestimmungen in diesem differenzierten Gesetz. Die Grundtendenz aber ist immer: Gib ab, um zu bekommen, teile, um gemeinsam vor Gott feiern zu können. Es ist keine Askese-, sondern eine Segensordnung.
Solche Ordnungen inmitten der oft despotischen orientalischen Antike zu setzen, ist schon eine große Tat. Die Einhaltung und Durchführung steht freilich auf einem anderen Blatt. Immer wieder entsteht eine ökonomische oder priesterliche Oberschicht, die sich Privilegien verschafft und entsolidarisiert. Aber gegen diese „natürliche" Tendenz des Gruppenegoismus gibt es kodifiziertes und göttlich sanktioniertes Recht, ein Recht, das nicht „sozialistisch" lebensfremd ist, sondern so sehr dem Leben dient, dass eine Gesellschaft zugrunde geht, wenn sie auf Dauer dagegen verstößt. Und so geschah es dann auch mit der „Thora-Republik."

2. Biblisches Fenster: Zu sehen sind neue Reformatoren, neue Warner

1

Da ist unter den ersten Deportierten nach der ersten Einnahme Jerusalems im März 597 ein hoch gebildeter Mann der Oberschicht, ein Priester: Hesekiel.
Er wohnt in der Fremde am babylonischen Fluss Kebar.
Im Geist ist er oft zu Hause in Jerusalem.
Er sieht, wie verblendet die letzten Könige Judas sind.

Sie wollen das babylonische Joch abschütteln.
Und sie beuten wie eh und je in krimineller Weise das eigene Volk aus.
Hesekiel leidet um die Zukunft des Gottesvolkes.
Er leidet an einer heiligen Krankheit. Er fällt zu Boden wie ein Epileptiker.
Er schaut in seinen Anfällen schreckliche und selige Dinge.
Wenn Gott ihn wieder auf seine Füße gestellt und seine Zunge gelöst hat, spricht er für die Weggeführten und die zu Hause Verblieben aus, was er geschaut und gehört hat. Z. B. dies (laut Worten aus Kap. 34 und 36):

Wehe den Hirten, den Führern Israels, die sich selbst weiden!
Ihr esst das Fett und kleidet euch mit der Wolle und schlachtet das Gemästete.
Aber die Schafe wollt ihr nicht weiden.
Das Schwache stärkt ihr nicht, das Kranke heilt ihr nicht, das Verwundete verbindet ihr nicht, das Verirrte holt ihr nicht zurück und das Verlorene sucht ihr nicht. Das Gesunde aber tretet ihr nieder mit Gewalt.
So spricht Gott JHVH: Siehe, ich will ein Ende damit machen, dass sie Hirten sind.
Siehe, ich will mich meiner Herde selbst annehmen und sie suchen und will sie aus der Zerstreuung sammeln und zu ihrem Land bringen.
Ich will sie selbst weiden, wie es dem Recht auf Leben entspricht.
Ich will selbst richten zwischen den fetten und den mageren Schafen.
Weil ihr mit Seite und Schulter drückt, die Schwachen wegstoßt mit euren Hörnern, will ich meiner Herde helfen, will das Schwache stärken und das Starke behüten.
Ich will ihnen einen einzigartigen neuen Hirten erwecken und ich will einen Bund des Friedens mit ihnen schließen.
Alles, was um meinen Hügel her ist, will ich segnen mit Fruchtbarkeit.
Ich will euch ein neues Herz und neuen Geist in euch geben und will das steinerne Herz aus eurem Fleisch wegnehmen.
Ich will solche Menschen aus euch machen, die nicht unter, sondern in meinem Recht wandeln und handeln. Ich will! Ich will! Ich werde!

2
Im zweiten Regierungsjahr des Perserkönigs Darius, in der Nacht des 24. Novembers 520, ist ein Mann in Jerusalem hellwach.
Er ist wacher als wach, ein Engel hat sein Bewusstsein so erhellt, als sei sein bisheriger Wachzustand noch Schlaf gewesen: der Prophet Sacharja.

Er kennt die Schwierigkeiten der aus dem Exil Zurückgekehrten:
Ihre Häuser sind von den im Lande Verbliebenen in Besitz genommen.
Seit 70 Jahren schon. Gewohnheitsrechte? Treuhandschaften?
Prozesse mit Behauptungen, Lügen, Meineiden um Häuser und Grundstücke.
Aber nicht dies macht Sacharja schlaflos. Sondern acht Nachtgesichte in einer Nacht.
Visionen, Bilder, Botschaften für eine gereinigte und geeinigte, für eine geisterfüllte und solidarische Volksgemeinde.
Hier die fünfte Schauung:
Da fliegt eine Schriftrolle daher, 100 m lang und 50 m breit. Ein fliegender Teppich.
Riesig. Und was steht drauf? Ein Fluch, der ausgeht über das ganze Land.
Der verteilt sich und geht aus in jedes Haus eines Wirtschafsdiebes und Meineidigen.
In jedes derartige Haus im ganzen Land. Der Fluch frisst sich in Balken und Steine.
Die künftige Gemeinde muss gereinigt sein von Lug und Trug,
Treuhand darf nicht nur so heißen, sondern muss es auch sein.
Sonst misslingt der Neuanfang und es gibt keine blühenden Landschaften.

3

Ein bis zwei Generationen nach der Wunder-Wende von 538, die man der Gorbatschow-artigen Politik des Perserkönigs Kyros verdankte, ziehen sich die Neuanfänge (wie bei uns nach dem Mauerfall von 1989) generationenlang mehr oder weniger schleppend dahin.
Der jüdische Statthalter im Auftrag der Perser, Nehemia, ist ein starker Reformator.
Er baut die Mauern der Hauptstadt auf. Er baut die Mauern in den Köpfen ab.
Es beschwerten sich nämlich eine ganze Reihe von Leuten, vor allem Frauen bei ihm.
Lauthals beklagten sie sich:
Wir müssen unsere Kinder verpfänden, um Getreide zu kaufen, sonst verhungern wir.
Unsere Äcker und Häuser müssen wir versetzen oder Hypotheken aufnehmen, sonst können wir den Persern unsere Steuern nicht bezahlen.
Wir sind doch wie unsere Brüdern, die reicher sind, vom gleichen Fleisch und Blut!

Und unsere Kinder sind wie ihre Kinder! Schon sind einige unserer Töchter erniedrigt!

Aus Nehemias Notizen:
„Ich wurde sehr zornig. Ich hielt Rat mit mir selbst.
Dann schalt ich die Ratsherren und die Grundstücksbesitzer und sprach:
Gebt ihnen noch heute ihre Äcker, Weinberge, Ölgärten und Häuser zurück!
Erlasst ihnen die Schuld an Geld, Getreide, Öl, die ihr von ihnen zu fordern habt!
Solltet ihr nicht in der Ehrfurcht vor Gott leben und uns so zum Hohn der Heiden ringsum machen?
Soweit es uns möglich war, haben wir unsere Brüder freigekauft, die sich an die Heiden verkaufen mussten – und ihr wollt nun eure Brüder in Schuldsklaverei nehmen, dass ich meine Brüder wieder von meinen Brüdern loskaufen muss?
Da schwiegen sie und dann sprachen sie: Wir wollen's machen, wie du sagst.
Da ließ ich die Priester einen Eid von ihnen nehmen.
Und ich zog mein Gewand aus und schüttelte es vor ihnen aus und sprach:
So schüttele Gott einen jeden aus seinem Haus und Besitz, der dies Wort nicht hält.
Und die ganze Gemeinde sprach: Amen.
Von da an verzichtete ich auch selbst auf meine Einnahmen als Statthalter." (Neh 5)

4
Im Jahre 515 wird endlich der neue Tempel eingeweiht.
Der Prophet Maleachi, *der letzte im Buch des ersten Testamentes, tritt auf.*
Er ist ein leidenschaftlicher Disputierer.
Er geht durch die Straßen und mischt sich ein.
Er kennt die gemischten Gefühle der Leute. Die Klagen über Verzögerungen, feindselige Übergriffe der Nichtjuden, die sozialen Konflikte zwischen mittellosen Neuankömmlingen und etablierten Neureichen, über Unwetter und Missernten.
Er kennt die allgemeine Skepsis, die religiöse Gleichgültigkeit und Kleingläubigkeit, die grassierende innere Abkehr vom Väterglauben, die soziale Rücksichtslosigkeit, die biographischen Brüche, die vielen Ehescheidungen und Ehen mit Ungläubigen.
Maleachi weiß: Der neue Tempel hat viel Geld und Mühe gekostet, aber keineswegs die erhoffte Glaubenserneuerung gebracht.

Alle haben sich zu viel ums Geld gekümmert, zu wenig um den Geist. Auch und gerade die Priester.

Und so etwa verlief ein Dialog der Werbung Maleachis um die Seele des Volkes (nach Mal 3):

M: *Ihr macht den Herrn unwillig durch Eure Reden.*
Leute: *Womit machen wir ihn unwillig?*
M: *Dadurch, dass ihr sagt: „Wo ist der Gott der straft? Wer Böses tut, der gefällt dem Herrn. Es ist umsonst, dass man Gott dient."*
M: *Aber seht, der Engel des Bundes, nach dem ihr euch sehnt, er kommt bald! Der wird das Herz der Eltern zu den Kindern und das Herz der Kinder zu den Eltern wenden. Wendet euch doch dem Herrn zu, so wendet er sich euch zu.*
Leute: *Inwiefern sollen wir uns wenden?*
M: *Ist es recht, dass ein Mensch Gott betrügt?*
Leute: *Womit betrügen wir ihn?*
M: *Mit dem Zehnten. Bringt den Zehnten in voller Höhe. Der Herr sagt euch: „Ihr könnt mich hierin prüfen, ob ich euch dann nicht die Himmelsfenster öffne und Segen herabschütte die Fülle. Ich will um euretwillen den Fresser bedrohen, dass die Heuschrecke eure Feldfrüchte nicht frisst. Alle heidnischen Nachbarn werden euch glücklich preisen! Ja, ihr sollt ein herrliches Land sein!"*

3. Brücke zum Heute: Den Zehnten geben oder im Lotto spielen?

Maleachis Aufforderung, den Himmel mit der Entrichtung von 10 % des Einkommens zu „prüfen", gilt meiner Erfahrung nach für alle Zeiten und ökonomischen Zeitumstände. Es scheint ein Lebensgesetz zu sein, d.h. eine Erfahrung der Lebensweisheit, dass Geld eine merkwürdig irrationale Komponente hat. Je mehr man es für sich festhalten will, desto rascher zerrinnt es. Je mehr man (für andere) ausgibt, desto mehr kommt wieder rein. Als würde der Himmel seine irdischen Verteilerkanäle nicht unversorgt lassen. Es ist besonders die Erfahrung der Basisgemeinden in Lateinamerika: Teilen macht Spaß, denn durch Teilen entsteht erst Gemeinschaft, jeder gibt etwas und jeder bekommt etwas und durch den Ausgleich entsteht ein Anfang von Fülle. Bei der monatlichen *Jornada* (Ganztagsversammlung) einer Gemeinde von Arbeitslosen am

Stadtrand von Santiago de Chile z.B. habe ich erlebt, wie sich der Tisch füllt, wenn einer eine Tomate, eine andere ein Ei, jemand einen Blumenstrauß oder einen Apfel oder eine Kanne Tee mitbringt.
Man kann sich darauf verlassen (vorausgesetzt, man bezweckt es nicht), dass man die Geldsumme, die man zusätzlich für eine aktuelle Not gespendet hat, exakt in derselben oder gar doppelten Höhe in kurzer Frist von ganz überraschender Seite wiederbekommt. Diese Volksweisheit und Glaubenspraxis unserer Vorfahren gilt es wieder zu entdecken. Brot, Geld und Zeit sind oft Mangelware. Sie sind zugleich unberechenbare Größen. Daher gibt es wunderbare Brotvermehrungen einfach durch „Brechen", d.h. durch Teilen des Brotes. Es gibt wunderbare Geldvermehrungen ganz ohne Zinswirtschaft. Es gibt wunderbare Zeitvermehrungen an Tagen, an denen man eigentlich im Stress der Zeitnot ist und sich dennoch Zeit nimmt für seine Seele oder für seinen nächsten Mitmenschen. Man kann „das Leben" darauf hin „prüfen". Ich könnte manches Erlebnis dazu erzählen, z.B. von einer ökumenischen Dienst- und Lebensgemeinschaft, der ich angehörte. Als unser bewusst Kirchenzuschuss-unabhängiges Zentrum in die roten Zahlen geriet, bildeten die beteiligten Familien eine freiwillige „Topfgemeinschaft". Jedes Mitglied legte jeden Monatsanfang anonym einen selbst bestimmten Betrag in die gemeinsame Kasse. Und prompt floss ein Spendenstrom, den wir uns nicht hätten ausdenken können.
Ich berichte jetzt von einem ganz andersartigen Vorgang. Während ich an diesem Kapitel schrieb, flatterten mit zweimal verlockende Werbungen einer staatlich beaufsichtigten Lotterie auf den Tisch. Man kennt das ja. Irgendwoher haben die meine Adresse irgendjemandem abgekauft, um mich nun sehr „persönlich" und „vertraut" anzusprechen und zu umwerben, um nicht zu sagen: zu bombardieren. „Auszahlungssicherungsschein bei Gewinn für Sie, werter Herr D. K., in maximaler Höhe von 15 Mio. Euro aus der Gesamt-Gewinnsumme von …" (folgt eine Ziffer von fast 1 Mrd. Euro). Dazu verschlossene „Sicherungs-Siegel", „Goldcard" usw. Viel in Goldbuchstaben! Viel mathematische Wahrscheinlichkeitsrechnungen der Gewinnchancen über 80 bis 98 %. Und natürlich Zusatzjoker, Autos usw. „Jeder Tag kann Ihr Glückstag sein. Sie müssen nur …" Natürlich kitzelte mich das nicht. Nicht beim ersten Mal. Beim zweiten Mal fing ich doch an zu überlegen, wie das wohl wäre, wenn … Moralische Entrüstung, Skepsis, Fantasiebilder und aufkeimende Neugier, ja, Gier wirbelten durcheinander. Die Beunruhigung durch die mammonitischen Welt als Einbruch in die Seele. Ich beobach-

tete mich genau. Ich wusste: Eigentlich brauche ich das Geld nicht. Ich wüsste gar nicht, was ich mit 1 Mio. Euro machen würde. Natürlich würde ich erst einmal 50 % in ein mir vertrautes Projekt der Dritten Welt stecken. Aber würde ich dessen Etat nicht völlig aus den Fugen bringen?
Weitere 25 % des Gewinnes würde ich auf meine fünf Kinder und deren Familien verteilen. Der Rest für mich und meine Frau in eine zu erwerbende Eigentumswohnung investieren? Aber ich wusste auch: Was für Energien und Fixierungen an die materielle Welt würde mich das kosten! Und das Buch, das ich gerade schreibe, müsste ich sofort kassieren. Es kamen theologische Reflexionen dazu. Ist Gott nicht ein großzügiger Gott? Gehört ihm nicht „alles Silber und Gold der Welt"? Könnte er gerade nicht jemandem wie mir, der vermeintlich überhaupt nicht auf so was aus ist, ein Riesengeschenk machen? Halb unbewusste Eitelkeiten! Schließlich ein säkularer, mannhafter, ganz kühler Entschluss: Ich will ein Experiment mit mir und dem Leben machen und gehe auf das Lotteriespiel ein. Ich rief bei der Lotterievertretung an, um weitere Erkundungen einzuholen. Aber da war nicht viel zu holen. Es bedurfte auch keinerlei Unterschriften, Goldkarten, Einsendungen – das ganze Brimborium der Werbung entfiel. Es ging nur um Mitteilung meiner Adresse. Ich bekam die gewünschten Lose zugesandt und bezahlte die von mir gewählte Klasse. 25 Euro war ich bereit, für das Experiment in den Kamin zu setzen. Und nun geschah das erwartete Bewahrungswunder: Ich blieb von einem Gewinn verschont. Aufatmen überwog weitaus die kleine hartnäckige Enttäuschung. Ich wusste wieder, was ich schon vorher geglaubt hatte: Das ist keine faire Art, ehrlich Geld zu verdienen. Es ist eine spielerische Art der Ausbeutung von vielen, damit einige wenige über Nacht in das giftige Scheinglück eines Millionärs kommen. Es ist ein kleines Stück der großen Entsolidarisierung einer geschwisterlichen Zivilgesellschaft. Beinahe hätte ich dazu beigetragen, dass sich das Geld aus der Tasche der vielen stiehlt und in die Hände von wenigen kommt. Auch die Lotterie ist eine Fehlform der Umverteilung, wenn auch in der Schicht des kleinen Mannes. Ich hatte zutiefst gewusst: Auf dem Feld der Lotterie spielt der allmächtige Gott Israels, mein himmlischer Vater, nicht mit. Es ist das Gebiet der Glücks- und Sorgengeister des Geldgottes Mammon.

Kapitel VI Leiden unter dem hellenistischen Weltsystem

Das verzweifelte Restvolk spaltet sich in gegensätzliche polit-theologische Lager

1. Sozialgeschichtlicher Horizont

Das Perserreich wurde vom hellenistischen Großreich Alexanders des Großen „feindselig übernommen". Der sonnenhafte Alexander erschien im Jahre 332 in Jerusalem – symbolischer Ausdruck für die Hellenisierung des gesamten Orients. Diese neue Lebenskultur hat das hebräische Herz zum Teil fasziniert, zum Teil schockiert. Unter den Erben Alexanders, den Diadochen, geriet die Provinz Judäa mit ihrer kleinen, von den Persern einst geduldeten, ja, geförderten Thora-Republik zunächst zum ägyptisch-ptolemäischen, dann zum syrisch-seleukidischen Großreich. Griechisch war die Weltsprache geworden. Auch die Heiligen Schriften Israels wurden ins Griechische übersetzt. Die theologisch liberale Priesterschaft Jerusalems sympathisierte mit den Seleukidenherrschern. Der Hohepriester richtete in Jerusalem sogar ein „Gymnasium" ein, eine griechische Körper-Kampfsportstätte, obwohl diese Spiele unterschwellig mit dem griechischen Götterkult in Verbindung standen. Bald aber lieferten sich verschiedene Priesterfamilien um die Erlangung des Hohenpriesteramtes erbitterte Kämpfe. Mehrmals ließen sie sich gegen hohe Geldgeschenke vom neuen seleukidischen Großkönig Antiochus IV. eine Amtseinsetzung erkaufen. Durch diese Ein- und Absetzungen entstanden ungeheure Eingriffe des berüchtigten Königs in die inneren religiösen Angelegenheiten der Kultusgemeinde. Nicht zuletzt spielte die prekäre Finanzsituation des sich absolutistisch gebärdenden Königs und seines von der wachsenden römischen Großmacht bedrängten Reiches eine verhängnisvolle Rolle. Er bestimmte, dass alle Völker seines Reiches ihre religiöse, ethnische, rechtliche und ökonomische Autonomie aufgeben mussten. Es sollte ein einziges Reichsvolk entstehen durch Währungseinheit, militärische Besetzung und hellenistisch-religiöse (synkretistische) Ideologisierung. Geldgierig und brutal wie der vierte Antiochus war – er hatte schon so manchen Tempelschatz seiner unterjochten Völker geplündert –, liebäugelte er auch mit dem Gold des Jerusalemer Heiligtums. Tatsächlich fand er im Jahre 169 v. Chr. einen Anlass, persönlich in Jerusalem einzumarschieren und sich des gesamten sakralen Inventars des Tempels zu bemächtigen. Er als Heide betrat sogar selbst das Heiligtum. Auf diese Schändung reagierten die antihellenistischen gesetzestreuen Gruppen mit Empörung. Im folgenden Jahr ließ Antiochus seine eigene Provinzstadt Jerusalem erobern und niederbrennen. Viele Jerusalemer Bürger und Bürgerinnen ließ er töten oder in Sklaverei abführen. Er verbot unter Androhung der Todesstrafe die Opfergottesdienste, die Beschneidung, die Sabbatfeier, richtete im Dezember 167 einen für alle Juden verbindlichen Zeuskult im Tempelbereich ein, den vom Gottesvolk genannten „Gräuel der Verwüstung". Im folgenden Jahr eröffnet Judas Makkabäus den jüdischen Aufstand gegen die syrisch-hellenistische Religionspolitik. Die Verabsolutierung von Macht, Geld und Religion auf beiden Seiten hatte wieder einmal eine katastrophale Rolle gespielt. Apokalyptisches Lebensgefühl und Martyriumssituation bestimmten das Leben. Die in dieser Zeit geschriebene geheime Untergrundliteratur, das so genannte „Buch Daniel" (aus politischen Tarngründen fingiert in die babylonische Zeit zurückverlegt), gibt ein anschauliches Zeugnis dieser Zeit der ungeheuren Gewissensbelastung und der bekennenden Widerstandstheologie. Das Credo ist hier mehr als nur eine liturgisch-dogmatische Lehrwahrheit über eine metaphysische Gotteswelt. Das Credo ist jetzt eine befreiungstheologische Existenzwahrheit zur Bezeugung der Gottheit Gottes, der um der Menschlichkeit des Menschen willen keine anderen Absoluta neben sich duldet.

Je nach sozialer Situation und Gewissensprägung entstanden folgende Reaktionsgruppen (in der Charakterisierung von Ulrich Duchrow 1994, S. 166):

„Landpriesterfamilien, darunter die Makkabäer, die zunächst die Führung der Opposition übernehmen;

freie grundbesitzende Kleinbauern, die durch die hellenistische Geldwirtschaft und die daraus folgende Landakkumulation in den Händen der städtischen Eliten ihre Existenz gefährdet sehen;

die ‚Partei der Huldvollen' (*àdat chassidim*), eine radikale Thorapartei, deren Mitglieder als Guerilleros den Hellenismus bekämpfen."

Diese antihellenistische Koalition erreicht zwar die Rückeroberung und Befreiung Jerusalems. Aber der Makkabäer Jonathan setzt sich selbst nach Art altorientalischer Despotie die Königskrone und zugleich den Hohepriesterturban auf. Die Ideologie des Feindes hatte die Sieger infiziert und besiegt. Daraufhin zerbricht das Bündnis. Man kann etwa folgende sechs Reaktionsweisen auf den totalen Hellenismus beschreiben:

1. Am meisten angepasst an die herrschenden Verhältnisse ist die aristokratische Priesterkaste der Sadduzäer, das sind hellenistisch Gebildete ohne messianische Spiritualität.

2. Im Verein mit ihnen befindet sich die Schicht der Kapital- und Großgrundbesitzer. Sie sind nicht nur Mitläufer, sondern auch Mittäter und Nutznießer des zunächst hellenistischen, dann römischen Imperiums eines ökonomisch-militärisch-ideologischen Systems.

3. Die chassidische „Gerechtigkeitspartei" spaltet sich. Ein Teil entscheidet sich für die Totalverweigerung, versagt sich jeglichem hellenistischen Geist und zieht sich in die Wüste zurück, um alternative kommunitäre Siedlungen zu gründen: die späteren Essener und Qumranleute, die sich als elitäre Bewegung des gerechten Gottesreiches verstehen.

4. Von ihnen trennte sich die volkstümlichere Gruppe der Pharisäer (die „Abgesonderten"). Sie entscheiden sich für Teilverweigerung, bleiben im Lande und mischen als gesetzestreue Laienbewegung in der Religionspolitik (vor allem gegen die korrupte und hellenisierte Priesterkaste) mit.

5. Mit ihnen in Verbindung steht eine militante Gruppe, die nationalistische, aktive Widerstandsgruppe der Zeloten („Eiferer").

6. In den Dörfern und Kleinstädten lebt der *ám-ha-árez,* das verarmte Landvolk, die „Stillen im Lande". Sie hoffen auf das baldige Erscheinen eines wahren Messias und sie halten sich an das Verheißungswort durch den Propheten Sacharja: „Es soll nicht durch Heer oder Kraft, sondern durch meinen Geist geschehen, spricht der Ewige (JHVH Zebaoth)." So üben sie sich im „Warten auf das Reich Gottes".

Ist noch eine ganz andere Haltung in diesem traumatisierten, ja, schier neurotisierten Geschichtsabschnitt des Gottesvolkes denkbar? Ich habe soeben den soziokulturellen Rahmen – um nicht zu sagen: den Mutterboden – der Jesusbewegung und des aus ihr entstehenden Christentums beschrieben.

2. Biblisches Fenster: Zu sehen sind apokalyptische Bilder bei Daniel und Hiob

1

Seht, da steht es, da glänzt es in der Glut der Mittagssonne, sechzig Meter hoch ragt es in den Himmel, das Symbol des Systems, das Kultzeichen des Imperiums, das makellose Bild der absoluten Mehrheit, die Verobjektivierung einer Wirtschaftspolitik, bei der keine Korrektur denkbar und keine Kritik erwünscht ist.
Wen stellt es dar? Den Großkönig? Das Göttliche an sich?
Die Einheit von Politik, Ökonomie und Ideologie.
Das Reich der hellenistischen Leitkultur und die Kraft der politisch-militärischen Leitfiguren und die Herrlichkeit der herrschenden Leitwährung.
Darum ist das Leitbild aus Gold gemacht, aus dem Gütematerial, das ewiglich währt, dem fetischisierten Inbegriff der Weltwirtschaft.
Da steht es also auf dem Marktplatz der Welt.
Was man täglich sieht, durch Nahsehen oder Fernsehen, gilt als wahr.
Bilder fangen das Gewissen, Idole prägen sich ein.
Wehe dem, der ihnen nicht dient.
Alles streckt den Arm zum Heilruf aus, Obere und Untere, Reiche und Arme.
Alle glauben an das goldene Bild, das man sich von den Verhältnissen versprechen darf.

Daniel, ein Mensch Gottes, steht da und behält die Arme hinter dem Rücken.
Er steht wie eine kleine Bildsäule seines Gottes.
Er und seine Freunde. Er ist nicht allein. Es gibt eine Minderheit.
Bilderkritische nüchterne Menschen, also jüdischen Geistes, Menschen, die mit ihrem Gott durch Feuer und Wasser gegangen sind (Jes 43,2) und in ihren Psalmen (135,15) singen:
Silber und Gold sind die Götter der Völker, Machwerke aus Menschenhand, ihr Gold hat ein Maul und redet nicht, hat Augen und sieht nicht, Ohren und hört nicht, es ist ohne Lebensodem. Wer sich auf solches Machwerk verlässt, wird ihm ähnlich:
ohne Odem, ohne Herz, kalt und unpersönlich wie ein Götze.
Wer aber das herrschende Weltsystem nicht anbetet, unterminiert es.
Wer ihm die fachliche und moralische Legitimation entzieht, schwächt es.

Sie werden verhört. Der König voll Zorn:
„Wie, ihr wollt meinen Gott nicht ehren und das goldene Bild nicht anbeten, das ich habe aufrichten lassen? Wohlan, seid bereit beim nächsten Posaunenruf!
Werdet ihr's aber nicht tun, sollt ihr sofort in den glühenden Ofen geworfen werden.
Lasst sehen, wer der Gott ist, der euch aus meiner Hand und meinen Vernichtungsöfen erretten könnte."

Die Männer zum König:
„Es ist nicht nötig, dass wir dir darauf antworten.
Wenn unser Gott, den wir verehren, will, so kann er uns erretten.
Und wenn er's nicht will, so sollst du dennoch wissen, dass wir deinen Gott nicht ehren und das goldene Bild, das du hast aufrichten lassen, nicht anbeten wollen."

Sie werden aus dem System ausgeschieden. Sie fallen ins holocaustische Feuer.
Aber sie verbrennen nicht. Der König sieht mit Entsetzen einen „Göttersohn", einen Engel Gottes bei ihnen.
Das ist die große Ausnahme. Und doch eine uralte Erfahrung.
Meistens verglühen die Widerständler im System. Dennoch:
Ein verkehrtes System geht langfristig an der Wahrheit seiner Opfer zugrunde.
Es kann nicht anders sein.

2
Daniel ist gerettet. Jahre später. Eine Nacht. Daniel auf seinem Lager.
Er schläft nicht. Er schaut. Und er schreibt es auf, was er geschaut hat (Dan 7):
Das aufgewühlte große Meer. Vier große Raubtiere entsteigen ihm nacheinander:
ein Löwenartiges, ein Bärenartiges, ein Pantherartiges und ein Zehnhorn-Monster.

Klar, das sind die Wappentiere der Weltreiche (bis heute sind es immer Raubtiere!), die einander in über 500 Jahren ablösen: Babylonier, Meder, Perser, Griechen.
Wann kommt endlich ein Reich des Friedens und der Gerechtigkeit?

Wird es die pax romana sein? Das römische Recht? Oh, Rom wird eine Wölfin sein.
Nein: Daniel schaut in dieser Nacht etwas anderes. Er notiert:
Ich sah, wie Throne aufgestellt wurden, und einer der uralt war, setzte sich ans Präsidium, weiß wie Schnee und heiß wie Feuer, tausendmal tausende Diener um sich. Die Prozessakten werden aufgeschlagen.
Jedem der Tiere wurde seine Zeit und Stunde bestimmt, es war aus mit ihnen.
Und dritte Vision in dieser Nacht des Daniel:
Siehe, es kommt einer mit den Wolken des Himmels, der wie ein Mensch aussieht.
Nicht aus der Meerestiefe, sondern aus der Himmelshöhe, kein Tier, ein Mensch!
Und dieser Menschensohn gelangt vor den Uralten und bekommt von ihm verliehen Vollmacht über alle Völker und sein Reich wird nicht untergehen, weil es ein Reich mit einem menschlichen Gesicht ist, eines Menschen, der nicht raubt, sondern dient.
Und dieser kollektive Mensch wird sein: „das Volk der Heiligen des Höchsten" (Dan 7,27).
Der Menschensohn Jesus Christus, als Gemeinde existierend, kündigt sich an.

3

Und da sind in diesen apokalyptischen Zeiten von Ohnmacht und Gewalt noch zwei andere Bilder von gefräßigen Tieren: Leviatan und Behemot (Hiob 40), Urwesen des Chaos, Symbole für Weltsysteme, für Ideologien, in denen die Gesetze nicht von der Gerechtigkeit bestimmt werden, sondern von der puren Macht des Faktischen.
Oh sprachgewaltiger, leidensfähiger Hiob, wenn du gewusst hättest, dass einmal ein europäischer Staatsphilosoph (Thomas Hobbes, 1588–1679) *ein Buch schreibt mit dem Titel „Leviathan" und eine Geschichtsphilosophie mit der Überschrift „Behemoth"!*
Wenn du gewusst hättest, dass dieser Herr Philosoph an Leviathan glaubte, nur noch an ihn, an diesen „sterblichen Gott" (sagte er), nämlich an den autoritären Staat, denn:
„Nicht die Wahrheit, sondern die herrschende Macht schafft das Recht!
Autoritas, non veritas facit legem!" Wenn du, Hiob, das gehört hättest, wie hätte das deinen Zorn erregt!
Aber so hast du ja selbst deine hellenistischer Zeit und dein persönliches Schicksal erlebt und beschrieben:

Wer kann den Leviathan zähmen? Einen Bund mit ihm schließen?
Wer kann ihm den Panzer ausziehen? Um seine Zähne herum herrscht Schrecken.
Auf seinem Nacken wohnt die Stärke und vor ihm her tanzt die Angst.
Die Wampen seines Fleisches haften fest an ihm.
Sein Herz ist hart wie der untere Mühlstein.
Sein Bauch fährt wie ein Dreschschlitten über den Schlamm.
Er rührt das Meer um, wie man Salbe mischt, und lässt eine Leuchtspur hinter sich.
„Auf Erd' ist nicht seinsgleichen."

Globales Riesenkrokodil und Riesennilpferd – die Spiegelbilder jedes politökonomischen Imperialismus.
Sie sind die Schicksalsmacht, sie sind es, die den rechtschaffenen, gottesfürchtigen Mann Hiob erdrücken.
Er ist ein Mitglied, ja, Inbegriff der treuen Thora-Republik.
Er ist ursprünglich ein wohlhabender, ja, ein reicher Mann, dazu „ein Vater der Armen", ein Versorger von Witwen und Waisen.
Aber von heute auf morgen stürzt er ab in Armut und Krankheit.
Seine Kinder kommen um, seine zynische Frau rät zum Selbstmord, seine Freunde, die ihn trösten wollen, forschen nur nach seiner Schuld.
Der Gott der Väter, langmütig und barmherzig, gerecht und voller Güte, ist für Hiob in einer Gottesfinsternis versunken.
„Dass es doch zwischen uns einen Schiedsmann vor Gericht gäbe, so wollte ich reden und Rechenschaft von ihm verlangen und mich nicht fürchten, denn ich bin mir keiner Schuld bewusst!" (Hiob 9,35)
Hiob versteht Gott und die Welt nicht mehr.
Aber er ist stark. Er lässt sich keine falschen Schuldgefühle machen.
Das wäre ein falscher religiöser Ausweg.
Nein, Hiob fordert Gott immer mehr heraus.
Und nun antwortet Gott – indem er sich zugleich verhüllt unter den Bildern von Leviatan und Behemot, den Inbegriffen der Willkürherrschaft, des total deregulierten, ungezähmten Liberalismus des hellenistischen Machtsystems.
Und Hiob verstummt. Er kapituliert. Gott darf tun, was er will.
Gott ist Gott und nicht Mensch.
Und durch diese Kapitulation Hiobs wird Gott von Hiob besiegt.
Gott bekehrt sich zurück in den alten treuen Bundesgott, den Anwalt der Rechtlosen.

Hiob, Repräsentant einer desorientierten, verzweifelten, neurotisierten Gesellschaft, hatte in der Anfechtung der Seele das Weltgeschehen in eins gesetzt mit Gott, musste glauben, Gott sei dasselbe wie Natur oder Schicksal oder Weltpolitik oder gar wie Tod und Teufel!
Hiob nimmt Martin Luthers Erfahrung der Anfechtung vorweg:
Der Glaube an den guten Gott muss in der Anfechtung „unserm Herrgott für eine Weile die Maske der Teufelheit belassen".
Hiobs zerbrochener Geist beharrt in einem zähen Glauben.
Er ruft Gott gegen Gott an, Gott als Anwalt gegen Gott als Richter:
„Sei du selbst mein Bürge bei dir – wer will mich sonst vertreten?"

Die äußeren und inneren Wetterstürme Hiobs, eines modernen Menschen vor dem Hintergrund einer umfassenden Kulturkrise – sie finden ein Ende. Hiob wird nach der Bewährung wieder in den Stand des Segens eingesetzt. Neuer wirtschaftlicher Aufstieg. Neue Kinder. Sieben Söhne und drei Töchter, sehr geliebt. Ihre Namen verraten es:
Jemimam, Täubchen; Kezia, Zimmerblüte; Keren-Happuch, Salbhörnchen. Und ihr Vater gab ihnen – erstmals in der patriarchalen Sozialgeschichte – gleichberechtigtes Erbrecht und solidarisches Erbteil neben ihren Brüdern.

(So deutet Ton Veerkamp in: „Autonomie und Egalität" den Schluss des Hiobbuches, zitiert bei Duchrow 1994, S. 165.)

3. Brücke zum Heute: Sechs Dimensionen unseres Weltwirtschaftsystems

Erstens: Das „Hellenistische" an unserm heutigen Weltsystem
Es fällt einem klassisch gebildeten Humanisten schwer, zu sehen, dass der hellenistische Imperialismus (und dann der ihn beerbende römische Imperialismus) für die unterworfenen Völker keineswegs ein klassischer Kulturhumanismus war. Insbesondere das judäische Volk mit seiner Tradition einer theonomisch garantierten Volkssolidarität musste in den Imperien ein apokalyptisches gottloses Ungeheuer sehen. In unseren europäischen Bildungsbürgerohren mag das Wort „Hellenismus" nach „Hellas" oder nach „Humanismus" klingen, nach „wahr, schön und gut", irgendwie „hell". Die 300 Jahre des orientalischen Hellenismus brachten in der Tat Bildung, Humanität, Kultur, Wissenschaft, Kunst, Geistesfreiheit, religiöse synkretistische Toleranz, Ausweitung des Welthandels, Entstehung eines Weltmarktes. Die ptolemäische Gold-Oktodrachme

– ein Sklave oder Tagelöhner hat sie freilich wohl nie in seinem Leben in die Hand bekommen – war lange Zeit eine stabile Währung. So positiv mögen es die Profiteure und Eliten des Systems erlebt haben, nicht aber die kleinen tributpflichtigen Völker mit ihrem Heer von Analphabeten. Zwar gehörte auch deren Oberschicht zu den Privilegierten, wenn sie sich als Steigbügelhalter vorteilhaft mit der Fremdherrschaft arrangiert hatten. Aber sie haben sich dadurch auch von ihrem eigenen Volk entfremdet und sich an seiner Ausbeutung mitbeteiligt. So ging die soziale Schere nicht nur international, sondern auch innervölkisch immer weiter auseinander. Die Kehrseite der immer größeren Summierung von Macht und Kapital in den Händen von immer wenigeren besteht in der Zunahme von Verarmung, ja, Verelendung der Masse an der Basis. Viele Mittelständler schaffen den Aufstieg, viele von innen sinken ab, eine gespaltene Zweiklassengesellschaft entsteht.
Aus der Sicht von unten her erscheint die Welt apokalyptisch, d.h. übermächtig, ungerecht, unbeeinflussbar, nicht angreifbar, total, undurchsichtig, schönfärberisch, unabänderlich, lügnerisch, süchtig und krank machend, dämonisch, böse. Es ist das Lebensgefühl der kleinen Leute, der als Verlierer geborenen *„Loser“*. Es ist auch die Deutung der zeitgenössischen biblischen Schriftsteller, der letzten Propheten. Sie betrachten die herrschenden Verhältnisse, die sich ideologisch verabsolutiert und konkurrenzlos etabliert haben, als endzeitlich. Es kann nur noch der große Zusammenbruch kommen. Der wird in unserer heutigen globalisierten Welt furchtbar sein, weil er alle betrifft. Aber er wird auch die Befreiung bringen. Wir ahnen heute: Als der Sozialismus um 1990 zusammenbrach, geriet eine halbe Welt aus den Fugen. Wenn der jetzt allein herrschende Kapitalismus untergeht, betrifft es die ganze Welt. Wohl niemand wünscht sich das. Aber wir kennen den inneren Konflikt vom 2. Weltkrieg her, wenigstens soweit wir damals nicht von der Propaganda des „Heils“ benebelt waren: Wir fürchteten den Zusammenbruch und wir ersehnten ihn.
Ähnlich ambivalent muss man auch die Heilsideologie des ökonomischen Neoliberalismus euro-amerikanischer Globalisierung sehen. Auf der einen Seite, der Seite der Profiteure, steht ein ungeheurer Zuwachs an Wohlstand und Kapital, an Gesundheit und Lebenserwartung, an Wissen und Bildung, technologischer Lebenserleichterung, an blühendem Welthandel und fortschreitender Demokratisierung, an nie da gewesener religiöser Toleranz und internationaler Kommunikation durch die neuen Medien. Aber die Überfremdung alter Kulturen und Religio-

nen durch die westliche Profanwelt erzeugt fundamentalistische Terroristen.
Aus der Sicht der bevölkerungsreichsten Kontinente Lateinamerika, Asien und Afrika, nicht ihrer oft korrupten Machteliten, sondern ihrer Volksmassen, ist der Neoliberalismus alles andere als „neo“ – sie kennen Ausbeutung durch die weiße Rasse seit 500 Jahren – und er ist alles andere als „liberal“ – sie leiden ja unter den barbarischen „Anpassungsstrukturen“ des Internationalen Währungs-Fonds IWF.
Der Neoliberalismus verschuldet die Nationalökonomien bis herunter zur Ebene der Kommunen. Er mauert sich ein und macht aus Europa und Amerika, den einst ruhmreichen Ländern der Aufklärung und der Menschenrechte, eine Zoll- und Polizeifestung zur Abwehr der Wirtschaftsflüchtlinge, jener unzählbaren Opfer des großen Deals.
Die hohen Mauern der Einfuhrzölle und die erzwungene Senkung der Rohstoffpreise sind für die Entwicklungsländer ebenfalls alles andere als Zeichen von Liberalität. Selbst innerhalb der „Festung“ ist ein Machtkampf entbrannt zur Ausschaltung der Konkurrenzen: Die „freundlichen“ (d.h. von der Verliererangst diktierten) oder ungeschminkt „feindlichen“ Übernahmen erzeugen durch immer neue Fusionen immer größere Konzerne, die dann auf dem „freien“ Weltmarkt die Preise diktieren können.
Das alles wissen wir längst. Langweilt es uns? Wenn ja, dann wohl nur, weil wir die ökonomischen Mechanismen als unabänderlich und alternativlos (weil quasi naturgesetzlich) betrachten. Unsere Resignation verknüpfen wir dann gerne mit dem alten Optimismus des Noch-Nutznießers, der hofft, dass eines Tages nach dem Gesetz des römischen Brunnens auch das große untere Becken gefüllt werden wird, wenn nur erst die oberen Schalen zum Überlaufen des Segens gebracht wurden. Dies aber ist in den letzten Jahrzehnten nicht eingetreten, eher das Gegenteil: Die neue Armut hat sich in unser Land geschlichen. Erst durch eine Wiedergewinnung des biblisch-prophetischen Geistes und durch vorurteilsfreie Zeitanalyse werden wir das doppelköpfige Janusgesicht (Liberalismus und Inhumanität) des „Hellenismus von heute“ erkennen. Vorher werden wir niemals verhindern, dass unsere Wirtschaftswelt ihre letzten humanen Züge verliert und schließlich unsere eigene „zu teuer gewordene“ klassische Kultur durch Geldentzug stranguliert.

Zweitens: Das Ideologische an unserem Weltwirtschaftssystem

Wenn ich hier häufig das Wort „System" gebrauche, so weiß ich wohl, dass auch die deutschnationalen und faschistischen Kreise mit diesem Begriff die erste deutsche Demokratie auf dem Boden der Weimarer Verfassung disqualifizieren wollten. Sie projizierten damit ihr eigenes Systemdenken auf die echt liberale Weimarer Demokratie und errichteten auf ihren Trümmern das System des wahrhaft apokalyptisch anmutenden „Tausendjährigen Reiches". Dieser Begriff stammt übrigens aus der Apokalypse des Johannes (Kap. 20). Dort ist die Rede von einer tausendjährigen Heilszeit, in welcher Satan von einem Engel gefesselt bleibt, bevor er in einem Endkampf um Jerusalem endgültig annulliert wird. Der allzu kühne Augustinus hielt um 400 n. Chr. die Zeit der christlichen Kirche für die Heilszeit des tausendjährigen Reiches. Heute sind wir weit davon entfernt, unser System positiv zu sehen. Die Sache, die mit dem Begriff „System" gemeint ist, wird im Neuen Testament, besonders im johannäischen Schrifttum, mit dem hellenistischen Wort *„kosmos"* bezeichnet. Unter Kosmos versteht der Hellenismus die schöne, wahre, geordnete Welt. In ihr herrscht der Nomos, das Staatsgesetz des Alleinherrschers, das Naturgesetz, das blinde Gesetz der Moira, das Schicksal in den Sternen, nicht das hebräische „Gesetz" der Solidarität. Die biblische Thora ist die göttliche, geoffenbarte Weisung für ein gutes Leben. In der Bibel steht deshalb dem Nomos der Welt als Gegenmacht das menschliche Reich Gottes und seine Befreiungsmacht gegenüber. So entlarvt Johannes die schöne hellenistische Welt, wenn er sagt: „Habt nicht lieb die Welt. Wenn jemand die Welt lieb hat, in dem ist nicht die Liebe des Vaters ... Alles, was von Gott geboren ist, überwindet die Welt und unsere Treue (zu Christus) ist der Sieg, der die Welt überwunden hat" (1. Joh 2,15; 3,4). Die der „Welt" Widerstand leistende Kraft der Verweigerung ist bei Johannes die Liebe zu den „Brüdern". Die zivilgesellschaftliche Agape hat im Denken von Ton Veerkamp und Ulrich Duchrow „die größte Affinität zu Solidarität". Insofern gehört sie eng zur *pistis* (Treue/Glaube).

Die Treue zu Gott beseelt. Er fängt mitten in der alten „Welt" mit der neuen Welt der Liebe an. Sie ist die Welt der Wahrheit, also die letzte aller Welten. Sie ist in den Augen der Zyniker wirklich „das Letzte", in den Augen der Skeptiker das Unmögliche, in den Augen der Apokalyptiker wirklich die ganz am Schluss kommende Welt, in den Augen der Mystiker das verborgene Hier und Jetzt.

Das System aber erhält sich seine Anhängerschaft nicht durch Treue und Wahrheit, sondern durch die Wahrheit verschleiernden, bewusst oder unbewusst lügnerischen Ideologien. Zwei verschleiernde Beispiele sind: die „Entschuldungspolitik“, die eigentlich eine Verschuldungspolitik ist, und die „freie Marktwirtschaft“, die eigentlich ein monopolistisches Preisdiktat ist.

Drittens: Die so genannte Entschuldungspolitik

Wir sprechen seit Jahrzehnten von „Entwicklungshilfe“ für die „Entwicklungsländer“, diese aber sind in Wahrheit seit Jahren Verarmungsländer geworden. Denn schon allein die Tilgungsraten für die hübsch verzinslichen „Entwicklungsgelder“ und die ständige Senkung der Preise für die Bodenschätze, Arbeitslöhne und Agrar-Exportportwaren haben in die Geberländern weit mehr Kapital zurückfließen lassen, als sie ausgegeben hatten. Und trotzdem klagt der europäische Stammtischler um seine den „Faulpelzen und Nichtskönnern“ in den Rachen geworfenen guten Euros. Die Gelder aber, die der Internationale Währungsfond IWF in zu entwickelnde Länder fließen lässt, sind an rigorose Sparmaßnahmen gebunden, die Bildungswesen, Gesundheitswesen und andere nichtökonomische Felder strangulieren.

Wegen der trotz aller Entwicklungshilfe zunehmenden Verschuldung der Länder ist seit Oktober 1996 ein Schuldenerlass durch die Industriestaaten versprochen worden. Die Internationale Kampagne „Erlassjahr 2000 – Entwicklung braucht Entschuldung“ ist von vielen NGO-Gruppen (also Nichtregierungsorganisationen aus der Basis der europäischen Zivilgesellschaften) gestartet worden. Sie hatte bis zu ihrem vorgeplanten Ende Mitte des Jahres 2001 einige Erfolge zu verzeichnen. Ein Höhepunkt war die Menschenkette von 35.000 Menschen, die sich beim Weltwirtschaftsgipfel der G 7-Staaten in Köln vehement für eine deutlichere Entschuldung eingesetzt hatten. Aber der Skandal ist folgender: Von den 41 Ländern, die 1996 auf die berühmte Liste der HIPC, der Highly Indebted Poor Countries kamen, deren Schulden als untragbar und unbezahlbar anerkannt wurden, ist bis Ende 1999 nur sechs Ländern tatsächlich ein Schuldenerlass in Aussicht gestellt worden (nach Johannes Bickel, in: Südwind e.V. Nr. 18). Aber bis Ende 2000 hat von diesen sechsen nur ein Einziges den „completion point“ erreicht, den Punkt des tatsächlichen Erlasses. 21 anderen Ländern wurden mit einem Status des „decision point“ vertröstet. Sie können erst nach Erfüllung aller Vorbedingungen mit einem Erlass rechnen. Die Vorbedingungen klingen an sich ganz vernünftig, aber sie bringen eine ungeheure Verzögerung mit sich und stellen sich immer mehr als ein raffinierter Trick des IWF he-

raus. Schon die anfangs nicht durchschaubare Unterscheidung zwischen „decision point" und „completion point" verschleppte die Sache. Sodann wurde in Köln 1999 beschlossen, die gesparten Rückzahlungsgelder müssten garantiert für ein Armutsbekämpfungsprogramm („Poverty-Reduction-Strategy-Paper", PRSP) im Lande verwendet werden. Gut; aber bis die entsprechenden Organisationspläne erstellt und garantiefähig werden können, wachsen die Schuldenberge weiter an. Schließlich wurde – wie löblich! – verlangt, dass die jeweilige Zivilgesellschaft an den Armutsbekämpfungs-Plänen beteiligt werden müsse – eine schlichte Überforderung der desolaten Gesellschaftsstrukturen der Dritten Welt. Immerhin, Mosambik, der Musterknabe des IWF, leistet zur Zeit keinen Schuldendienst. Die Gläubigerstaaten beschlossen aufgrund der Überschwemmungskatastrophe ein einjähriges Schuldenmoratorium. Aber die Zinsen laufen „natürlich" weiter und vergrößern den Schuldenberg, der einst verkleinert werden sollte. Das „eingesparte" Geld kam aber in keinem Budget vor, denn der Schuldendienst hätte sowieso nur mit Aufnahme neuer Kredite bei den Geberländern geleistet werden können. Die Gläubigerländer sind also mittels scheinheiliger Auflagen meilenweit hinter ihren ursprünglichen Versprechungen zurückgeblieben. Es fehlt einfach ein internationales Insolvenzrecht.
Wie immer, wenn es ans Zahlen geht, z. B. beim Entschädigungsfond der deutschen Unternehmen, die sich durch Ausbeutung von Fremdarbeitern im Hitlerregime bereichert haben, oder hier beim faktischen Schuldenerlass, zeigt das Großkapital sein heuchlerisches Gesicht, jedenfalls seine bewusste Verzögerungstaktik.

Viertens: Die so genannte freie Marktwirtschaft
Schon lange spricht man nicht mehr im Sinn von Ludwig Erhard von „sozialer Marktwirtschaft", sondern ehrlicherweise von „freier Marktwirtschaft". Aber ist sie wirklich frei? In Wahrheit bekommen wir immer mehr einen monopolistischen Markt, auf dem der freie Wettbewerb eingeschränkt ist. Freihandel aber darf keine Einbahnstraße sein. Die Sperren gegen die Agrar- und Textilprodukte der Entwicklungsländer müssen fallen!
Haben die großen Konzerne vor kurzem noch eine „Diversifizierung" geplant, also die Schaffung großer Technologiekonzerne mit breitem Warenspektrum, so geht es inzwischen längst um so genannte „Kernkompetenz", also um Konzentration auf das wichtigste und beste Fachgebiet eines Konzerns. Auf diese Weise bekommt er eine alles beherr-

schende Weltmarktstellung auf seinem Kompetenzgebiet. Das wird natürlich von den Aktionären begrüßt. Aber es ist nicht gut für die Verbraucher und nicht gut für die kleinen und mittleren Unternehmen. Es verhindert Innovationen in einer Volkswirtschaft und schaltet Konkurrenz aus. Überhaupt liegt die Freiheit des Marktes nicht im Interesse der Aktionäre. Die Wirtschaft dient jetzt nicht mehr der Versorgung einer Bevölkerung mit ausreichend großer und preisgerechter Warenmenge, sondern dient den Interessen der Kapitalproduktivität, der Börsengewinne ohne jede Neigung, Kapital in die Werte schaffende Ökonomie zu investieren. Das ist die „Shareholder-Value-Conception", der es nicht um Herstellung von Industriegütern geht, sondern um Spekulationsgewinne. Ein Konzern wie Siemens macht schon längst seine Gewinne nur noch zu etwa 2 % durch Produktion und Verkauf von Elektroware, praktisch aber dadurch, dass das Kapital auf den Finanz- und Börsenmärkten selber „arbeitet" und sich „wunderbar" vermehrt, ohne dass die Zinsgewinne besteuert werden. D. h.: Menschliche Arbeit ist nicht interessant als Erhöhung von Lebenswerten, als Sinn- und Wertestiftung, sondern wieweit sie den Börsenwert eines Unternehmens erhöht. Und dieser Börsenwert (*shareholder value*) ergibt sich nicht aus ehrlich realisierten Gewinnen, sondern aus spekulativ erwarteten Gewinnen, ja, er erhöht sich sogar, wenn sich der menschliche Faktor „Arbeitsplatz" reduziert.
Die Unternehmensfusionen vorbei an einem zahnlosen Kartellgesetz erhöhen die Machtstellung der internationalen Konzerne und damit die Unfreiheit des Weltmarktes, auf dem Newcomer vor allem aus den Entwicklungsländern wenig Chancen haben. Kein Wunder, dass der alte Ruf nach einem starken regulierenden Staat neu zu hören ist. Denn, so glaubt man, der Marktmechanismus verstehe nur etwas von Markt, nichts aber von sozialer Gerechtigkeit, nichts von Umwelt, Bildungswesen oder Moral. Dafür müsse der Staat durch politische Eingriffe in diese ökonomischen Entscheidungen sorgen. Aber die Dominanz der Politik über die Wirtschaft wäre ein ebenso verhängnisvoller Weg in die Unfreiheit. Nein, wenn die Politik nur für ein stabiles Preisniveau und gesetzliche Rahmenbedingungen sorgen würde, unter denen ein vollständig freier und fairer Wettbewerb stattfinden kann, dann würde die Marktwirtschaft aus sich selbst heraus „sozial" sein. Ein freier Markt stimmt die Interessen der Geldgeber, der Unternehmer, der Arbeitnehmer und der Konsumenten optimal aufeinander ab. Ludwig Erhards freie soziale Marktwirtschaft stammt freilich aus der Zeit der nationalen Volkswirtschaft. Heute ist für alles der Weltmarkt zuständig. Nationale,

Karikatur in der FR: Wer regiert das Kapital?

auch europäische Wettbewerbsbestimmungen sind machtlos. Die meisten Kritiker des kapitalistisch-monetaristischen Systems sitzen heute in den USA. Sie fordern eine internationale Rahmensetzung für internationale Multikonzerne, um den Wettbewerb funktionsfähig zu halten. Sonst werden immer weniger globale Finanzmachtzentren alles bestimmen. Sie bestimmen dann die nationale und die internationale Politik, die Entscheidungen über militärische Interventionen, die Tätigkeit der Geheimdienste und die ungehinderte Ausbeutung der zu Ende gehenden Naturressourcen. Sozialpolitik, Klimaschutz, Gesundheitswesen, Bekämpfung der Arbeitslosigkeit, Bildungspolitik und Kulturförderung – all das wird dann uninteressant und nicht mehr finanzierungswürdig sein. Ganze Erdteile, wie Afrika, werden schon jetzt als ökonomisch uninteressant links liegen gelassen. Ihm geht es wie den Langzeitarbeitslosen bei uns oder den Massen in den riesigen Flüchtlingslagern der kranken Erdteile: Sie werden gar nicht mehr ausgebeutet, weil das System für sie keine Verwendung hat. Da sind fast die noch „besser" dran, die einen unterbezahlten Job haben oder die entwurzelten Kinder, die als Kalaschnikow-Soldaten in den Söldnerheeren der War-Lords überleben, der Kriegsherren, die keinerlei politisches Konzept mehr im Sinn haben.

Wenn wir keine internationale Fusionskontrolle der marktbeherrschenden Giganten bekommen, werden alle Zivilgesellschaften an ihrer Ohnmacht zugrunde gehen. Margret Thatcher hat schon als britische Premierministerin die berühmte zynische Frage gestellt: „Where is something called ‚society'?" Sie meinte damit: Gesellschaft gibt es eigentlich nicht, es existieren nur Individuen und es gibt nur den Markt. Auch der Kopf von „New Labour", Tony Blair, genannt „a Thatcher in trousers" (also „in Hosen") denkt nicht wesentlich anders.
Die freie demokratische Bürgergesellschaft steht mit dem Rücken zur Wand. Das Individuum des arbeitenden Menschen ist nur als „Humankapital" interessant und dieses hat „flexibel" zu sein, also Arbeitsplatz und Wohnsitz, Arbeitszeit, Lohnhöhe, gesundheitliche und familiäre Bedürfnisse ganz den Bedürfnissen des Großkapitals zu unterwerfen. Globalisiert ist die Wirtschaft, aber nicht das Arbeitsrecht, nicht die Sozialgesetzgebung, nicht das Kartellgesetz, nicht die Demokratie, nicht die Freiheit.
Jedermann, der will, kann sehen: der Neoliberalismus ist kein Liberalismus, sondern eine unbeschränkte ökonomische Freiheitsordnung für eine unkontrollierte Geldherrschaft, die verhindert, dass auch die ökonomisch armen Völker Zugang zum exklusiven Weltmarkt der Privilegierten haben. Haben wir also biblisch gesprochen, „apokalyptische" Zeiten vor uns?

Fünftens: Das „Apokalyptische" am Weltwirtschaftsystem
Die Wesensmerkmale einer apokalyptischen Zeit sind in der biblischen Literatur beider Testamente folgende:

1. Eine sowohl verführerisch wie bedrückend verschleierte Situation wird enthüllt. *apo-kalyptein* heißt entbergen, offen legen, den letzten Schleier wegreißen. Die Menschen verstehen nicht, was läuft, haben keinen Durchblick, dienen freiwillig oder zwangsweise einem System, das sie im Grunde von sich selbst, vom Mitmenschen, von der Schöpfung und vom Schöpfer entfremdet. Der Geist Gottes ermutigt einige, zu sehen und zu sagen, was ist. Aus dem Blickwinkel der „Loser", der strukturell Benachteiligten, wird das System noch am ehesten durchschaut. „Wie Lassalle sagte, ist und bleibt die revolutionärste Tat, immer das laut zu sagen, was ist" (Rosa Luxemburg). Insofern war das Buch Daniel eine revolutionäre Tat.

2. Das apokalyptische System ist eine totale (zwanghafte, freiheitsberaubende), eine globale (weltweite, alle Völker und Kulturen prägende), eine kosmische (auch die Natur und die außerirdische Welt beschädigende) Welt. In ihr herrschen Gewalttätigkeit sowohl struktureller wie individueller Art. „Die Liebe wird in vielen erkalten" (sagt Jesus in der Apokalypse des Mt 24,12). Die Solidarität und Gastfreundschaft fällt den verschiedensten Gruppenegoismen zum Opfer.

3. Die Ideologisierung wird alle Köpfe okkupieren und wer nüchtern bleibt und in Opposition geht, wird gehasst und verfolgt werden. Die Zahl der religiösen oder politischen Märtyrer („um der Gerechtigkeit willen Verfolgte") steigt. Der Genozid ganzer Völker häuft sich. Kollektivneurosen hetzen Klassen und Rassen gegeneinander auf.

4. Religiöser Fundamentalismus und Terrorismus einerseits, Rückfall in Aberglauben und Rückzug in Esoterik andererseits sind die Kehrseite eines epidemischen Glaubensabfalles. Die Dämonisierung des Lebens, d.h. die strukturellen Zwanghaftigkeiten und die innerpsychischen Automatismen, führen zu Hoffnungslosigkeit und Resignation. Das Böse und Satanische fasziniert und wird bewusst kultiviert.

5. Eine virtuelle Welt entsteht. Virtuell heißt: nur scheinbar real. Die gewaltige Medienmacht der Television und Telekommunikation ist eigentlich nur ein Scheinkontakt mit der realen Welt. Vor 25 Fernsehprogrammen zappend im Sessel sitzend oder auf der Straße nicht mit dem Begleiter, sondern mit einem Abwesenden per Handy sprechend – das ist ein Stück der virtuellen Alltagswelt.
   Im Grunde ist auch schon ein Geldschein nur ein „Schein", ist Papier. Erst recht sind die 1470 Spekulations-Milliarden US-Dollar, die täglich über den Globus schwappen, eigentlich nur virtuell gegenüber den wenigen 30 Mrd. US-Dollar, die notwendig sind, um alle Waren und Dienstleistungen zu bezahlen. Wegen dieser Scheinstabilität können die von niemandem kontrollierten Finanzmärkte jederzeit zusammenbrechen. Es hängt ja alles nur davon ab, wie die Börsenanalysten die psychologische Lage der spekulierenden Aktionäre einschätzen. Wir haben eine Vorahnung von Börsenkrach bereits auf dem übersteigerten „Neuen Markt" erlebt. Psychologisch gesprochen bedeutet die Virtualisierung der Welt eine Verdrängung der Realität der Welt. Theologisch gesprochen ist das „Scheinbare" ein Kennzei-

chen des Diabolos, der keine eigene Realität hat, sondern nur Vortäuschungen von Realität ("*phantasmata*„) liefert. Er „existiert" nur als Lügner und als Zerstörer (Joh 8,44), nicht als Kreator. Dennoch ist er für Jesus „der Fürst dieser Welt", der die Macht hat, „alle Reiche der Welt und ihre Herrlichkeit" zu verleihen (Mt 4,8).

6. Apokalyptische Zustände entstehen schleichend und halten sich verschleiert. Sie betäuben, sie sind für den kleinen Mann undurchschaubar. Der Apokalyptiker ist der Enthüller des maskierten Bösen und der Offenbarer des verborgenen Rettergottes.
   Wie scheinbar harmlos sich die neuen virtuellen Zustände geschichtlich einschleichen, kann man aus den weisen Worten des berühmten englischen Ökonomen John Meynard Keynes heraushören: „Spekulanten richten keinen Schaden an, solange sie nur eine Schaumblase auf einem stetigen Strom von Unternehmertum sind. Die Lage wird ernst, wenn Unternehmertum zu einer Schaumblase in einem Strudel von Spekulation wird." Keynes ist der Vater des nach dem 2. Weltkrieg etablierten „Keynesianischen Weltwirtschaftssystems", welches durch Einrichtung einer überstaatlichen Weltzentralbank (IWF) eine möglichst gleichmäßige Entwicklung der Völkerwelt eröffnen sollte. Dieses regulierte liberale Weltwirtschaftskonzept von Bretton Wood/ USA vom Jahre 1944 wurde dann gegen Ende der Siebzigerjahre vom neoliberalen monetaristischen Turbokapitalismus abgelöst. In der BRD geschah das ab 1982. Damals hat das so genannte „Lambsdorffpapier" die Schwenkung der FDP aus der Helmut-Schmid-Regierung in eine CDU/FDP-Koalition unter Helmut Kohl geführt und die wirtschaftspolitische Wende eingeleitet. Kohl hat sie immer als eine „geistig moralische Wende" bezeichnet. Ich als verdutzter Normalwähler habe damals erst allmählich begriffen, was mit „geistig-moralisch" gemeint war: Das Individuum soll mehr Selbstverantwortung übernehmen; der Staat soll sich aus seiner regulierenden sozialpolitischen Fürsorgepflicht zurückziehen; die Sozialpflichtigkeit des Eigentums, obwohl im Grundgesetz festgeschrieben, soll übergangen werden; anstelle von Solidarität soll die bis dahin verpönte Ungleichheit der Bürger jetzt gewollt auf den Schild gehoben werden; Ellenbogen und Konkurrenz eines „gesunden Egoismus" sollen das Marktgeschehen bestimmen dürfen. Auch die rot-grüne Regierung Gerhard Schröders wollte oder musste (wie jede andere Koalition auch!) diesem neuen Paradigma des Kapitalismus folgen. Konsequen-

terweise führte das rasch zum Rücktritt des neuen Finanzministers Oskar Lafontaine, der aufgrund seiner linkskatholischen und linkssozialdemokratischen Prägung die unbeschränkte Herrschaft der Kapitalmärkte kontrolliert wissen wollte. Nicht zufällig mag die „geistig moralische Wende“ am Anfang der Ära Kohl mit einer an der Verführungsmacht des Geldes moralisch und politisch gestrauchelten CDU geendet haben. Entscheidend ist immer, mit Helmut Kohls Worten, „was schlussendlich hinten ’raus kommt.“
So hat sich am Ende eine gut gemeinte, aber im Grunde apokalyptische Welt auf die Bühne des Globus geschlichen.

Wer diese grobe Gesamtanalyse zuspitzen und zugleich ins Hoffnungsvolle und Positive wenden will, der lese das viel diskutierte Buch „Empire. Die neue Weltordnung“, verfasst von dem Amerikaner Michael Hardt und dem Italiener Antonio Negri. Mit dem Begriff „Empire“ wollen die Autoren sagen, dass die Phase des Imperialismus vorbei ist. Sie wird abgelöst vom Empire, einem Weltreich ohne Zentrum und ohne Grenzen, mit rastloser Ausdehnung. Durch das Ende der Erwerbsarbeits-Gesellschaft und durch die informationstechnologische *New Economy* wird aber ein „neues Proletariat“ geschaffen, von den Autoren genannt „die Menge“ (*multitude*). Dieses zu seinem Bewusstsein erwachende Proletariat wächst ebenso grenzüberschreitend mit seinen Sehnsüchten und seinen neuen Formen des Wirtschaftens. Das Buch beschreibt, wie der globale Kapitalismus Widersprüche erzeugt, die schließlich zu seinem Ende führen. Hardt und Negri pflegen aber keinen Kulturpessimismus. Vielmehr versuchen sie, gegen die „neoliberale Depression“ eine Art kommunistisches Manifest für unsere Zeit neu zu erzählen. Sie verstehen sich als Antihumanisten, weil sie die Herrscherstellung des Menschen über die Natur leugnen. Es gibt nur Materie, Natur, kosmische Immanenz. Deswegen können wir über einen transzendenten Gott außerhalb nichts wissen. Mit diesem posthumanistischen Denken wird gewiss keine neue Spiritualität gewollt. Aber es wird doch eine selbstkritische Bescheidenheit und eine humane Hoffnung für die Zeit nach dem Ende des überheblichen Empire-Kapitalismus gewagt.
Was hat hier das in einer apokalyptischen Empirezeit entstandene Neue Testament zu sagen?

Kapitel VII Jesus von Nazaret

Der „Menschensohn“ im Konflikt mit „Mammon“, dem Gott der Welt

1. Sozialgeschichtlicher Horizont

Im Jahre 86 v. Chr. erobern die Römer die einstige Bildungshauptstadt Athen. Im Jahre 64 macht Pompeius den hellenistisch-syrischen Reststaat und damit auch Palästina zur römischen Provinz Syria. Im folgenden Jahr erstürmt Pompeius den Tempel in Jerusalem und beendet das makkabäische Königtum. Im Jahre 6/7 n. Chr. erhebt der Chef der römischen Kolonial-, Militär- und Finanzverwaltung Quirinius einen Zensus. Sein Vorgänger war der berühmte P. Q. Varus. Von ihm sagten seine Zeitgenossen: „Er betrat als armer Mann eine reiche Provinz und verließ als reicher Mann eine arme Provinz.“ (Er hatte sich z. B. in Palästina ein kostbares Tafelsilber angeschafft und mit nach Germanien genommen. Daraus hat dann nach der Vernichtungsschlacht im Teutoburger Wald der Germanenheld Armin gespeist – heute liegt der Silberschatz aus Judäa in Berlin im Museum.) Die ausbeuterische Volkszählung des Quirinius ist eine Erfassung aller Besitztümer im Lande, um, wie üblich, die dem Imperium unterworfene Bevölkerung zur Besteuerung heranzuziehen, also tributpflichtig zu machen. In den Turbulenzen dieser „Schätzung“ soll Jesus armselig in einer Notunterkunft geboren worden sein. (Lukas schreibt sein Evangelium für Gebildete und Wohlhabende und vermittelt ihnen deswegen durchgehend den Blickwinkel der Armen und Ausgegrenzten, denn das ist der messianische Standort Jesu.) Wir werden noch sehen, wie auch Steuerfragen und Umgang mit Steuerpächtern („Zöllnern“) Jesus von Nazaret in seinen zentralen Konflikt ziehen.

Der römische Günstling und jüdische König von Roms Gnaden, Herodes der Große, musste aus innen- und außenpolitischen Gründen jegliche messianische Bewegung ausmerzen. Der Vater Jesu, ein Nachkomme Davids und wie alle Davididen von Römern und Herodianern politisch verfolgt, ist wahrscheinlich bald nach der Bar Mizwa (Konfirmation) des zwölfjährigen Jesus wie viele andere religiöse Steuerverweigerer untergetaucht und wohl umgekommen. So wird der Junge frühzeitig zum Ernährer seiner Mutter und seiner jüngeren Geschwister.

Das monarchistische System des Hellenismus hatte sich in Gestalt der römischen Weltherrschaft verschärft. Der Kaiser in Rom galt als göttlicher Abstammung, ihm stand nach seinem Ableben die Vergottung zu. Sein Bildnis prangte auf den Steuermünzen. Das war für das jüdische Empfinden unerträglich. Das Sinaigebot der gekoppelten Gottes- und Bruderliebe erlaubte dem gläubigen Juden nicht, sich an Bildverehrung, Menschenkult und Ausbeutung zu beteiligen. Über tausend Jahre lang hatte das Gottesvolk versucht, die Realutopie „Gott ist König geworden in Israel und aller Welt“ als Alternative zur gesamten Umwelt der jeweiligen Menschen verachtenden Götter- und Machtsysteme durchzuhalten. Israel ist von innen und von außen her daran zerbrochen. Dennoch blieb die Hoffnung auf eine kommende Königsherrschaft Gottes, eine *malkuth*, eine *basileia theou*, immer virulent. Wenn Gottes Reich kommt und endlich sein missachteter Name geheiligt wird und sein Wille auf Erden so geschieht, wie er schon im Himmel geschieht, dann vergeben die Menschen und Nationen einander ihre Schuld, teilen Reich und Arm das tägliche Brot, kehren die Verführten und der Versuchung Erlegenen um, werden die Kranken und Dämonisierten vom Bösen erlöst. Auch die etablierte und bürgerlich gewordene Kirche hat das Vater unser gebetet, bisweilen bis zur Besinnungslosigkeit und ohne zu wissen, wie revolutionär sie da betet.

Die Botschaft Jesu vom Reich Gottes gärt wie Sauerteig in der Mehlschüssel der Welt an vielen Orten und zu allen Zeiten weiter.

Ursache dafür ist die Wirkungsgeschichte der Kreuzigung Jesu. Zunächst ist sein Scheitern als Messias/Christus (ein vorbelasteter Titel, den Jesus mit der Selbstbezeichnung „Menschensohn“ = Mensch Gottes vermied) kurz und bündig so zu erklären: Jesus hatte schlussendlich sowohl seine Anhänger wie seine religiösen Gegner enttäuscht, weil er ihren Vorstellungen vom „Messias“ nicht entsprechen wollte. Für die Römer aber war die Anklage Messias, also jüdischer König sein zu wollen, politisch Grund genug zur Liquidierung. Erst durch die Ostererfahrungen seiner Anhänger (das leere Grab und vor allem die Einzel- und Gruppenvisionen mit der Erscheinung des drei Tage zuvor Gekreuzigten) entstand eine Deutung des Scheiterns als Transformation der Geschichte. Die Urkirche entwickelte immer klarer das Mysterium von Tod und Auferstehung und feierte es eucharistisch und subversiv als Gestaltungskraft des Reiches Gottes im Untergrund des römischen Weltreiches.

2. Biblisches Fenster: Seht, welch ein Mensch!

1

Die drei Hauptversuchungen des Menschen (nach Mt 4)

Jesus, der Dreißigjährige, hat seine Familie verlassen.

Er muss seine innere Unruhe, sein Bestimmung klären. In der Wüste. Wo sonst.

Wie seinen eigenen Hunger und den der Tausende in seinem Volk stillen?

Viel Steine gibt's und wenig Brot. „Mach alles zu Brot, mach alles zu Geld! Du musst es nur wollen, dann kannst du es." So spricht in ihm Gott Mammon.

Jesus entscheidet sich gegen diese Möglichkeit.

„Wichtiger als Brot und Geld ist das gute Wort. Das gute Wort, von dem wir leben, das ist Gott. Ohne das Wort ist alles nichts."

„Aber Gottesbeweise, Effektivität, das ist doch entscheidend für das Volk! Steig auf die Tempelzinne und spring, den Verheißungen nach von Engeln getragen, in die Arme des Volkes!"

Jesus entscheidet sich gegen diese Möglichkeit, gegen die werbewirksame Show, gegen die Sensation, gegen die Spekulation, gegen das tollkühne Risiko. „Gott auf die Probe stellen? Nein."

Da wird der werdende Meister vom Gott der Welt auf einen hohen Gipfel gestellt.

„Schau die Welt liegt dir zu Füßen! Welche Kraft und Herrlichkeit! Alles ist dein.

Nimm sie aus meiner Hand zu Lehen, eine christliche Welt wird entstehen. Zu diesem Zweck und Ziel sind alle Mittel geheiligt!"

Jesus entscheidet sich (anders als später die Großkirchen) auch gegen diese letzte Möglichkeit.

„Verschwinde, Versucher, ein für allemal aus meinen Gedanken!

Ich diene keiner anderen Macht und keinem anderen Ziel als nur Gott allein."

Dreimal hat Jesus materiellen, seelischen und geistigen Verzicht geleistet um der höheren Qualitäten willen, die allein eine Kultur des Lebens begründen. Dreimal hat er sich für den Weg des Kreuzes entschieden als dem Weg zum Leben.

Später wird er 5000 in der Wüste speisen, aber erst, nachdem er sie mit dem Wort Gottes ernährt hat. Später wird er zwar nicht herabsteigen vom Kreuz, damit sie ihm glauben, aber er wird auferstehen. Später wird er von einem andern Gipfel aus seine Boten senden in alle Reiche der

Welt, aber nicht imperialistisch, sondern als mittellose Zeugen (und Märtyrer).
Nun sucht der ehemalige Handwerker und künftige Laienprediger (Rabbi) aus der Unterschicht der „Stillen im Lande“ seinen Platz in der Öffentlichkeit.

2
Alle fragen sich (bis heute): Wer ist dieser Mensch?
Der Zimmermannssohn und Laienprediger aus dem verarmten Landadel – wartet nicht wie die „Stillen im Lande“ still auf das Kommen des Gottesreiches; meldet sich nicht bei den Gotteskriegern, den Anti-Rom-Zeloten; propagiert nicht am herodianischen Königshof die staatstreue Systemanpassung; dient nicht dem korrupten Priesteradel der Sadduzäer mit ihrem teuren Tempelkult; emigriert nicht mit der esoterischen Opposition nach Qumran; gründet auch keine orthodox-schriftgelehrte Pharisäerschule für fromme Laien (das hätte ihm noch am ehesten gelegen, aber von formalistischer Thorafrömmigkeit war der neue spirituelle Meister meilenweit entfernt).
Was für ein Stuhl bleibt da noch für ihn übrig? Keiner. Mit nichts identifiziert. Frei.
Reichsunmittelbar zu Gott, den er ganz familiär Abba, mein Vater, nennt. Bewusst sitzt er zwischen sämtlichen Stühlen der zerrissenen Gesellschaft. Nicht isoliert, mit allen in Kontakt. In seinem Freundeskreis gibt es alles: stille Fischer aus dem Galil und dolchführende Befreiungskämpfer, mit Roms Zollwesen kollaborierende Geldmenschen und arme Prostituierte. Er spricht mit Kranken und Dämonisierten, mit Pharisäern und Sadduzäern, mit einem römischen Besatzungsoffizier und mit einem hohen Ratsherrn. Ein Männerfreund. Ein Frauenfreund. Ein Kinderfreund.

3
Und was ist seine Botschaft?
Seine Antrittspredigt in seiner Heimatsynagoge stellt er selbstbewusst und zielsicher unter *das* Thema des alten Gottesvolkes: Befreiung, Amnestie, Erlassjahr (Lk 4,14ff):
Der Geist des Herrn ist auf mir, damit ich den Armen endlich gute Nachricht bringe, dass die Zahlungsunfähigen schuldfrei, die Blinden und Verblendeten sehend werden, die asozial, depressiv und süchtig Gewordenen frei und ledig werden, auszurufen ein Erlassjahr Gottes. Heute erfüllt es sich vor euren Ohren und Augen.

Seine Feldrede an ein Heer von Entwurzelten aus der ganzen Region beginnt er mit überraschenden Glückwünschen (und aufrüttelnden Warnrufen) (Lk 6,20ff):
Selig seid ihr Armen (und alle, die im Geist wissen, dass sie arm sind), denn euch gehört schon jetzt die kommende Welt.
Selig ihr Hungrigen, ihr sollt satt werden.
Weh euch Reichen, ihr habt euren Trost schon gehabt.
Weh euch Satten, ihr werdet hungern.
Treffsichere, inspirierte Kurzworte fand er im Streitgespräch, z.B. über die gemeinsame Fangfrage von romfreundlichen Herodianern und romfeindlichen Pharisäern: Soll man dem Kaiser in Rom die Besatzungssteuer zahlen oder nicht? (Mt 22,15ff)
Als nun Jesus ihre böse Absicht merkte, sprach er:
Ihr Heuchler, ihr tut so, als hättet ihr eine echte Gewissensfrage, was stellt ihr mich auf die Probe, die ihr eure Antworten ja schon habt?
Zeigt mir die römische Steuermünze, damit ich sie mir einmal ansehen kann!

Und siehe da, sie haben ihn (im Unterschied zu Jesus, der nie Geld bei sich trug) in der Tasche, den vorgeschriebenen reichseinheitlichen Steuerdenar, die einen als Profiteure Roms, die anderen als schamhaft angepasste Fromme. Jetzt sind die Frager gefragt:
Was für ein Bild ist darauf, was für eine Umschrift?
Sie müssen laut lesen, was alle wissen:
Das Bildnis des Kaisers mit der Umschrift TI. CAESAR DIVI AUG. F. AUGUSTUS – Kaiser Tiberius, der anbetungswürdige Sohn des anbetungswürdigen Gottes.
Und auf der Rückseite noch: PONTIF(EX) MAXIM(US) – Hoherpriester, dazu die Kaiserinmutter Livia mit den Attributen der himmlischen Friedensgöttin.
Jetzt die geniale Doppelantwort des Meisters.
„So gebt dem Kaiser zurück, was dem Kaiser gehör! Und vor allem: Gebt Gott zurück, was Gott gehört!“
Im Klartext: Der Kaiser ist heidnischer Kultgott, sein Geld Staatskultsymbol, sein Geist mammonitisch, also beherrscht vom natürlichen und gewalttätigen Egoismus.
Zurück damit, werft ihm alles vor die Füße und also distanziert ihr euch!
Wer aber dennoch klammheimlich gerne profitiert von Straßenbau, Wasserversorgung, Polizeiwesen, Marktordnung der pax romana, warum soll der nicht auch dafür Steuern bezahlen?

Und vor allem! Fortsetzung des Klartextes: Gott ist euer Schöpfer, ihr seid sein Bild auf Erden, ihr sollt ihn repräsentieren und er ist euer Vater, Ernährer, Erlöser. Werft euch an sein Herz!
Gebt ihm euer Herz zurück. Ihr könnt nicht Gott dienen und *dem Mammon!*

Da lassen sie von ihm ab und gehen davon. Weder Herodianern noch Pharisäern hat er Recht gegeben noch ihnen widersprochen. Ein Meister der Weisheit!
Aber er verliert auch mögliche Anhängerschaft.
Es wird einsamer um ihn hier in Jerusalem, kurz vor seinem Tod.
Ganz anders und doch ähnlich bei der Frage der Tempelsteuer (Mt 17,27ff):
Pflegt euer Meister nicht den jährlichen Halbschekel zu zahlen?

(Eigentlich waren nur Juden in Judäa, nicht in Samarien tempelsteuerpflichtig. Ursprünglich gab es in Israel überhaupt keine Steuern, nur freiwillige Spenden. Inzwischen aber wurde gepfändet, wer zahlungsunfähig war. Die Tempelhierarchie und der Opferkult waren teuer und geldversessen. Die Tempeltheologie sagte: Die Tempelsteuer verbindet alle Juden in Israel und in der weltweiten Diaspora auf mystische Weise mit dem Tempel, dem Symbol der Einheit. Die Tempelsteuer gilt als „Lösegeld für das Leben“ – ein Ausdruck, den Jesus für die Hingabe seines Lebens für das Leben der Schuldverfallenen verwendet.)
Jesu Gegenfrage: Von wem nehmen die Könige der Erde Zoll oder Steuern? Von ihren Landeskindern oder von ihren unterworfenen Völkern?
Wir Gotteskinder sind frei. Aber so sind wir auch frei, aus freien Stücken einen Halbschekel zu stiften. Gebt um des lieben Friedens willen, aber ungezwungen! Was, ihr habt kein Geld mehr in der Kasse?
Dann fischt euch eins aus dem See.
Alles, was dieser freie Mensch Gottes sagt, woher kommt es?
Aus der vertrauensvollen Sorglosigkeit der Geborgenheit in Gott.
Sorget nicht für den morgigen Tag, nur für heute. Morgen ist ein neues Heute.
Im Hier und jetzt gibt es keine Angst. Angst ist immer Heidenangst.
Leichter geht ein Kamel durchs Nadelöhr als ein Reicher in Gottes Bereich.
Er braucht Gott ja nicht, er scheint ja alles zu haben, der Arme.
Lernt von den Lilien; hat Gott sie nicht schöner als den König Salomo gekleidet? Lernt von den Spatzen, horten sie Vorräte?

Sie picken aus Gottes Hand.
Und wenn einer tot vom Himmel fällt?
Es geht alles nach Gottes Zeit, die ist die allerbeste Zeit.
Ich sende euch, meine Freunde, wie Schafe unter die Wölfe.
Ihr braucht keine Waffe, keine Prügel, keine Börse. Ihr werdet Hilfe finden.
Am Ende, in der Abschiedsstunde, fragt er sie: Habt ihr je Mangel bei mir gehabt?
Sie müssen bekennen: Niemals Herr, keinen!

4
Und was tut dieser freie Gottesmensch, der eine so klärende elementare Sprache spricht? Was sind seine Taten?
Aus der Fülle von überlieferten Heilungen, Wundern und Symbolhandlungen wähle ich aus, was am deutlichsten den überpersönlichen, systemischen Charakter der Befreiungstaten Jesu veranschaulicht.

Die Heilung des besessenen Geraseners (nach Mk 5,1ff)
Die spirituell Unreinen, die von einem zwanghaften Geist besetzten Patienten erkennen als Allererste, wer Jesus ist:
Der messianische Befreier mit der Macht des Allerhöchsten.
Einer von ihnen, von einem aggressiven und selbstzerstörerischen Geist gequält, jenseits des Sees in Gräbern hausend, am anderen, am heidnischen Ufer, jenseits unserer aufgeklärten Welt, fern vom Land der Gottesoffenbarung – genau dorthin hat es Jesus gezogen! – rennt Jesus entgegen.
Der, zielsicher, spricht zuerst nicht den Kranken an, sondern den Geist der Krankheit. (Hat nicht jede Krankheit ihren verborgenen guten oder bösen Geist?)
„Fahre aus, du unreiner Geist, aus diesem Menschen!"
Ein spiritueller Machtkampf von GEIST zu „Geist".
Und wie der andere brüllt: „Quäle mich nicht, Sohn Gottes!", fordert Jesus souverän die Preisgabe des Namens des Ungeistes und erfährt:
„LEGION, denn wir sind viele."
Legion? Dies Wort gibt es nur als militärischen Begriff der römischen Armee.
Der Mann ist besetzt, okkupiert von einer riesigen Besatzungsmacht.
Die Traumatisierung eines ganzen Landstriches durch militärischen Terror manifestiert sich in diesem Mann, vielleicht einst ein Widerständler, dann ein Gefolterter, dann ein umso mehr Hassender, Gewalttäter.
„Fahre aus!" ist ein spiritueller Angriff auf das Imperium, auf das Mili-

tär-, Wirtschafts- und Finanzsystem einer kolonialen Weltmacht, deren Vollzugsorgane sich „wie die Säue" benehmen und als Säue ersaufen – Erinnerung des Gottesvolkes an den Untergang der Ägypter im Schilfmeer.
Und der Geheilte wird in seiner Region zum ersten „Ausrufer" einer neuen Ära.

Die Befreiung des Hauptzollpächters Zachäus (nach Lk 19,1ff)
Der kleine Dicke, der Betrüger und Geldschneider am Hauptzoll von Jericho, sitzt jetzt im Blätterwerk des Maulbeerbaumes.
Er begehrt, den Einen zu sehen, von dem es heißt:
Der hat Leute wie dich nicht abgeschrieben, der „Freund der Sünder und Zöllner", wie das böse, für ihn aber gute Gerücht sagt.
Aber hier, wo alle am Straßenrand den Durchzug des Meisters begaffen wollen, zeigt man ihm die kalte Schulter, lässt den kleinen Dicken, Unbeliebten nicht durch.
Oh heilsamer Schreck! Der Meister entdeckt ihn, ruft ihn herunter, will bei ihm speisen!
Bei Tisch wird die ganze Not hinter dem üblen System aufgedeckt:
Sicherlich dieses:
Arbeitslosigkeit, letzter Ausweg: in römische Dienste getreten. Der Preis dafür:
Volksverräter geworden, aus der Synagogengemeinde exkommuniziert worden, und: ein verwundetes und bald verdrängtes Gewissen.
Gleich groß eingestiegen (kleine Leute müssen groß auftrumpfen):
Ohne einen Groschen Geld das Hauptzollamt der Grenzstadt Jericho gepachtet.
Die Jahressumme der Zolleinnahmen ist vorgeschrieben. Die Tarife auch.
Aber Spielraum für Willkür, Schmiergeld, Profitaufschläge gehört zum System.
Wie sonst überleben, wie sonst die riesige Pachtsumme an Rom abliefern?
Aber Zachäus entschuldigt sich nicht mit dem System.
Er bekennt seine Mitschuld am System. Nur die Mitmacher erhalten das System.
Er aber will jetzt aussteigen. Will wieder gutmachen. Letzteres ist schier unmöglich.
Wie die vielen Geschröpften am Brückenzoll je wieder erreichen?
Er verspricht schon wieder zu Großes. Aber Jesus sieht die Reue des Herzens.
Jesus sieht in dem Exkommunizierten Abrahams Sohn.

Er sieht in dem Geldmenschen die verlorene Silbermünze, welche die „Hausfrau“ Gott im himmlischen Haushalt lange gesucht und nun mit Freuden gefunden und ihrem Brautschmuck wieder eingegliedert hat.

Bei Tisch wird mit vielen anderen gefeiert. Sie wähnen das Gottesreich ganz nahe.
Jesus klärt mit einem seiner berühmten Reich-Gottes-Vergleiche:
Ich auf dem Weg in die Königsstadt mache es wie der Fürst Herodes Agrippa.
Der zog nach Rom, um sich das judäische Königtum verleihen zu lassen.
Zuvor überträgt er die Prokura über seine Finanzen an zehn Mitarbeiter.
Nach langer Zeit zurückgekehrt, verlangt er die Bilanzen.
Alle haben ihr Kapital, Rendite abwerfend, arbeiten lassen. Bis auf einen.
Der hat seinen Kapitalanteil einfach stillgelegt, nicht in Umlauf gebracht.
Aus Risikoscheu, Angst, Trägheit. Sein Chef ist erbost:
„Warum hast du mein Geld nicht wenigstens zur Bank gebracht?
Dann könnte ich es jetzt mit Zinsen zurückholen.“
Dem einen wird die Prokura entzogen, sein Anteil dem Erfolgreichsten zugesprochen.
„Denn wer da hat, dem wird gegeben; von dem aber, der nicht hat, wird auch das genommen, was er hat.“ Jesus bei Zachäus ein Kapitalist des Geistes!
Alle verstehen: Jeder von uns hat heute Anteile am Reich Gottes bekommen.
Unser Herr wird bald abwesend sein. Wir verwalten seine Gnadengaben.
Wenn wir unsere Charismen nicht einsetzen und arbeiten lassen, erzielen wir keine Früchte und das Reich Gottes leidet Schaden.

5
Eigentlich sind alle Werke Jesu „Zeichen“. Heilszeichen. Am Anfang die Wunder. Am Lebensende statt Wundern die reinen Symbolhandlungen, nämlich: Einzug in die Königsstadt, Tempelsturm und letztes Abendmahl.

Der glanzvoll inszenierte Einzug in Jerusalem (Mt 21)
Die mitziehende Volksmenge wähnt einen politische Messias zu umjubeln.
Erst nach seinem Tod und seiner Auferstehung begreifen sie ernüchtert:
Das war geschehen, damit erfüllt würde das Prophetenwort:
„Sieh, dein König kommt zu dir gewaltlos und arm!“ Ein König der Armen.

Er bringt Gerechtigkeit, nicht mit revolutionärer Gewalt durchgesetzt, sondern mit subversiver Liebe und Solidarität entwickelt.

Schnurstracks nach dem Einzug geht es auf den Tempelberg. In den Vorhöfen trifft er auf den religiösen Großmarkt. Geplant oder spontan: Er findet einen Strick und dreht rasch eine Geißel draus und jagt die Opfertiere, Ochsen und Schafe davon. Er bringt das Bankwesen durcheinander, indem er die Tische der Geldwechsler umstößt. Nur Tempelschekel galten als kultisch rein und mussten eingetauscht werden. Alle Sorten zahlloser Währungen aber aus dem Lande und aus den Ländern der Touristen und Festpilger, ungeheure Summen, wurden in den riesigen, immer wieder vergrößerten Schatzkammern des Tempels gehortet.
Er schleudert den Geldwechslern das alte Prophetenwort ins Gesicht: „Mein Haus soll ein Bethaus heißen für alle Völker; ihr aber macht euch eine Räuberhöhle daraus."
Und zu denen, die für die Minderbemittelten nur Tauben zum Opfern anboten, sagt er: „Tragt das weg und macht nicht meines Vaters Haus zum Kaufhaus!"
Das war ein massiver Angriff nicht nur auf den tief religiösen Opferbetrieb, sondern auch auf die Hauptschlagader der innerjüdischen Steuerzuflüsse und Finanzströme.
Aber es war „nur" eine augenblickliche Symbolhandlung, die ihm allerdings das Leben kostete. Ein für alle mal wissen wir: Religion darf nicht auf Geld beruhen. Geld überwuchert auf die Dauer den Geist. Und Geld darf nicht zur Religion werden. Die Geldreligion des totalen Weltmarktes bringt auf der einen Seite Riesengewinne und kostet auf der Kehrseite Hekatomben von Opfern an Ausbeutung von Mensch und Tier und Boden.
Ein nicht im Neuen Testament, aber Dutzende Mal bei den vorkonstantinischen Kirchenvätern überliefertes apokryphes Jesuswort lautet:

Werdet kundige Geldwechsler!

Geldwechsler (griechisch: *trapezitos,* von *trapeza* = Tisch) könnte man modern mit „Bankier" wiedergeben.
„Werdet gute Banker!" Was musste ein Geldwechsler damals können? Währungen kennen, Falschgeld mit Scharfblick sichten, abgegriffene oder nicht mehr kursfähige Münzen ausscheiden – keine Kleinigkeit im Münzwirrnis der antiken orientalischen Basare. Der geistliche „Banker"

soll also „alles prüfen". Es kann ja alles verfälscht werden. Es gibt echte und falsche Frömmigkeit, natürliche und devote Demut, echte und symbiotische Liebe, echten und neurotischen Stolz, echten Glauben und Aberglauben, einen dreifachen Umgang mit Geld: sachgemäß, geistlich und ideologisch.

Das Wort vom „guten Geldprüfer" verschwindet aus dem christlichen Sprachgebrauch, nachdem die Kirche im 4. Jahrhundert Staatskirche geworden war. Offenbar erlischt jetzt die Fähigkeit zur Unterscheidung der Geister. Die Gewissenschärfe im Umgang mit Geld nahm ab, Kirche und Staat, Weltweisheit und geistliche Weisheit unterscheiden sich nicht mehr. Die Kirche wird ein Staat und der Staat wird ein Idol. Die Kirchenleute werden, unbildlich gesprochen, tatsächlich „gute", d.h. auf ihren Vorteil erpichte Bankiers. Der Klerus wird reich, die Pfründen werden fett, die Ablassgeldströme immer stärker. Die wahren „Geschäftsleute des vollen Evangeliums" verschwinden.

Aber es gibt die vielen Ausnahmen. Z.B. die Heilige Elisabeth von Thüringen. Als Landgräfin auf der Wartburg fragt sie beim Auftischen der Speisen oft: Ist das den Bauern angemessen bezahlt worden? Ist die Fronabgabe angemessen? In der Hungersnot von 1226 entfaltete sie große Wohltätigkeit. Wenn man im Schatzgewölbe ihrer Ronneburg zu Weißensee/Thüringen einen Reiterbrakteat (einseitig geprägte Münze aus dünnem Silberblech) ihres Gemahls Landgraf Ludwig IV. betrachtet, kann man daran denken, was für eine „gute Geldprüferin" die Heilige war.

Eine kleine Szene einen Tag nach der Tempelreinigung macht der Kirche für alle Zeiten klar: Es geht um die Herzensqualität des Spenders, nicht um die Quantität der Gabe:

Das Scherflein der Witwe (nach Lk 21,1ff)

Ungeniert setzt sich der Meister vor der Schatzkammer nieder.
Dort befinden sich die 13 trompetenförmigen Opferstöcke.
Wo geopfert wird, ist Jesus als Herzenskenner engagiert und als einer, der sich anschickt, geopfert zu werden.
Und viele Reiche legen unverschämt viel ein.
Er sieht auch eine arme Witwe, die legt verschämt zwei Kupfermünzen ein, die geringstwertige aller Münzen.
Und er spricht zu seinen Schülern prophetisch:
Wahrlich, ich sage euch, die Frau hat mehr als alle gegeben, ihren letzten Lebensunterhalt, ihr ganzes Leben.
Die andern alle haben von ihrem Überfluss gegeben.

Sie warf ihr Vertrauen in Gott.
(Sieht sich Jesus, der bereit ist, demnächst geopfert zu werden, in der armen reichen Frau abgebildet?)

6
Schließlich geht es um den Sinn des Lebens Jesu. Er ist zugleich der Sinn seines Todes. Es geht ums „Bezahlen" der Fremdschulden.
Nach den messianischen Zeichensetzungen des Einzugs in Jerusalem und der Tempelreinigung folgt die (neben der Fußwaschung) letzte Symbolhandlung: das Abschiedsmahl. Es hat wesentlich mit der Alternative „Geld oder Leben" zu tun. Denn Jesus wird in dem Moment, in dem er die Hingabe seines Lebens im einem Ritual, vermutlich im Rahmen eines Pesach-Seder-Abends, veranschaulicht und verewigt, von Judas, dem Kassenwart der Schülergruppe, für 30 Silberschekel seinen Gegnern in die Hände gespielt. Das ist (nach 2. Mose 21,32) genau die zu entrichtende Summe für einen vom Nachbarstier getöteten Sklaven. Ein Hohn auf Jesus, den freien Herrn! Und doch entspricht es seinem Wollen, Sklave aller zu werden und getötet zu werden als „Lösegeld für die vielen". (Die Vielheit ist im Aramäischen die Gesamtheit.) Aber es geht Judas nicht ums Geld. Vermutlich will er Jesus nur zwingen, endlich seine volle Power zu zeigen in dem Moment, da seine Gegner Hand an ihn legen. Insofern vollzieht Judas keinen Verrat (*traditio/paradosis*), sondern eine *Überstellung* (das ist die andere Bedeutung von *traditio/paradosis*). Vermutlich hat ihn Jesus dazu beauftragt und gestärkt, als er ihm den Bissen Brot reichte. Offenbar war Judas in den Augen Jesu stärker als der schwache Petrus. Jesus will tatsächlich in die Hände der Sünder kommen, Judas freilich will es nur zum Schein. Weil sein paradoxer Verzweiflungsplan misslingt, nimmt er sich das Leben. Er versteht nicht – und wer versteht das schon so einfach –, dass Jesus sein Leben als Lösegeld für die schuldige Menschheit hingeben will. Er könnte formuliert haben: „Ich bin das Geld für die Welt; du, Judas, bist der Übermittler des Geldes an die Welt."
Damit gibt Jesus im letzten Abendmahl eine Deutung seines Todes, die zugleich die Deutung seines gesamten Lebens ist. Sie ist konzentriert in den beiden kleinen Wörtchen „für euch". Zu Beginn und am Ende des Rituals, also aus pädagogischer Liebe zu seinen verständnislosen Jüngern zweimal, in einer Art Doppelgleichnis beim Brotbrechen und beim Weinschenken identifiziert er sich mit dem Brechen und dem Verschenken (mit dem Vorgang, nicht einfach mit den Substanzen) und meint da-

mit seine Lebenshingabe an die Welt. Sein Leben ist Leben für die anderen, in erster Linie für die unter die Räder eines imperialen Gewalt- und Wirtschaftskomplexes geratenen Opfer. Sein Tod am Kreuz ist ein Tod der Schuldübernahme für die nicht wieder gutzumachenden Sündenschulden der Herrschenden und der Unterdrücker. Irgendjemand muss ja für die große Amnestie der Frohbotschaft auch „bezahlen". Sündenvergebung ist nicht „billig". Pardon gewähren ist nicht (wie im aufgeklärten Deismus) das selbstverständliche Metier eines lieben Gottes; sie „kostet" Gott viel. Gott zahlt mit seinem Liebsten, mit seinem einzig geborenen Sohn. „So wie Jesus gewusst hat, dass Gott liebt, muss er auch gewusst haben, dass Gott leidet … Keine Vergebung ohne schöpferische Verarbeitung einer Betrübnis!", sagt Thomas Bonhoeffer in seinem Buch über „Ursprung und Wesen der christlichen Seelsorge" (S. 22). Damit betreten wir bereits einen wichtigen Steg.

3. Brücke zum Heute: Das Ende von kirchlicher Opferideologie und Reichgottesvergessenheit

Zuerst mute ich hier dem Leser bewusst so genannte dogmatische Aussagen zu, weil ich es für verheerend halte, wenn das Mysterium des Abendmahles und entsprechend das Mysterium des Kreuzes Jesu als Opfer „für Gott" missverstanden wird. Vielmehr bedeutet die Aussage Jesu „gegeben und vergossen für euch und für die Vielheit", dass hier in Jesus Gott selbst der Opfernde ist, damit ein für allemal die Menschen aufhören, Opfer zu bringen. Ende aller Religion! Umkehrung allen religiösen Empfindens! Nicht mehr sollen die Menschen ihrem Gott opfern, sondern Gott opfert sich der Menschheit, damit sie begreift und „glaubt", dass das Weltgericht bereits ergangen ist und nicht mehr stattfindet. Gott ist bereits von vornherein und von Ewigkeit her der in sich Versöhnte. Vorbei das heidnische archetypische Gottesbild einer erzürnten Gottheit, die Blut sehen will, damit sie gnädig gestimmt wird. Die Wirkung des Opfertodes zielt nicht auf Gott, Gott opfert sich ja selbst in Jesus; sie zielt auf den Menschen. Wir sollen sehen, wie viel wir Gott wert sind: so viel wie der Gottmensch Jesus. Durch den Verlust des rechten Verständnisses für das christologische Mysteriums ist das Wertgefühl des modernen Menschen von höchster Unsicherheit bedroht. Ersatzweise müssen dafür herhalten: Lebensleistung, sexuelle Erfolge, standardisierter Vorzeigebesitz und Anhäufung von Geldvermögen. Das Riesenloch in der Seele, die unbewusst nach absoluter Tröstung sucht, muss gestopft werden durch Mammonwerte. Beim Schreiben dieser Zeilen merke ich zu meiner eigenen Überraschung, dass ich hier offenbar an den geheimen Zentralnerv einer Kultur des Lebens in der totalen Marktgesellschaft rühre.

Weiterhin: Man kann an der Passion Jesu staunend ablesen, was es heißt, leiden zu können, ohne beleidigt zu sein; sich verwundbar zu machen, ohne verletzt zu sein; geschmerzt zu sein, ohne gekränkt zu sein; entehrt zu sein, ohne die Würde zu verlieren. *Ecce Homo,* sehet welch ein Mensch! Nicht mit allen Geldopfern der Welt kann man diesen Erlösungszustand, diesen *Schalom* (= Heil, Friede, Unversehrtheit, Ganzheit) bezahlen. Es ist aber psychologisch möglich, sich durch die geistliche Verbindung mit diesem Christus in diese menschliche Reife zu entwickeln. Außerhalb dieses Bereiches des Schalom aber bringen die Menschen weiterhin ihrem Gott Mammon sinnlose Opfer, auf den Schnellstraßen und in den Kriegen um die Wirtschaftsressourcen, verlangen Opfer an Gesundheit und sozialer Gerechtigkeit von anderen, verursachen mit ihren Macht- und Profitsystemen globales Hinterhofselend, das sie durch ihre glänzenden Luxuskulissen vor sich verbergen, und werden dabei doch selbst nicht glücklich, solange sie nicht ergriffen sind vom Anblick eines entehrten, mittellosen und doch hoheitlichen Menschen wie Jesus. In Millionen von Armen verbirgt sich sein Bild.

Zum Dritten: Das christliche Abendmahl bekommt in der Geldgesellschaft eine zusätzliche Bedeutung. Die Eucharistie ist die Vergegenwärtigung des gekreuzigten und auferstandenen Jesus als Christus. In der heiligen Kommunion mit ihm unter den Gestalten von Brot und Wein lernen wir das Kommunizieren mit dem Leben; wir lernen miteinander in der jetzt klassenlosen Gemeinschaft das Brechen und Teilen des täglichen Brotes. Jeder und jede bekommt denselben Anteil: klein, arm, weiß und rund wie das Manna Israels, wie ein Symbol der Unschuld und der Ganzheit. Wir kennen Jesus nicht mehr als den historischen Nazarener. Aber die Überlieferungen über ihn, insbesondere seine Stellungnahme zum Gott Mammon, verwandeln sich durch das freie Wehen des messianischen Pfingstgeistes in immer neue aktuelle, alternative oder subversive Stellungnahmen im Heute.

Schließlich: Es kommt darauf an, dass wir wieder einen wirksamen Begriff vom „Reich Gottes", dem Zentralwort der Proklamation Jesu, bekommen. Nur die Wiederentdeckung der von der Kirche ins Jenseits verschobenen „Königsherrschaft Gottes" wird zu einer „Botschaft mit

Biss“ führen, um die totale Marktgesellschaft zu entlarven, zu zähmen, zu verändern. Die Reichgottesvergessenheit der Kirche ist in großen Abständen immer wieder von einem Aufwachen unterbrochen worden. Der Vulkan unter der Kirche, ja, der Welt überhaupt, wird immer wieder tätig. Ein Beispiel: Mitten im Fortschrittsglauben des industriellen Umbruchs des späten 19. Jahrhunderts, mitten in der gutbürgerlich-protestantischen Staatskirche brechen dem schwäbischen Dorfpfarrer Johann Christoph Blumhardt († 1880) die Kulissen der Oberfläche zusammen. Er entdeckt in der Seelsorge die Tiefen des Dämonischen und die Dynamik des Gottesherrschaft. Sein Sohn Christoph († 1919) weitet die Seelsorge ins Politische aus. Aus seiner engagierten Jesusliebe heraus wollte der weit bekannte Seelsorger und Redner nicht mehr Pfarrer sein, auch nicht als viel besuchter Krankenheiler zu egoistischen Bedürfnissen missbraucht werden; vielmehr widmete er sich der brennenden Arbeiterfrage, wurde sozialdemokratischer Abgeordneter im Stuttgarter Parlament (die marxistische Bewegung verstand sich damals noch als antikirchlich und a-religiös), gleichzeitig warnte er vor dem wilhelminischen Militär-, Großkapital- und Industrie-Rüstungskomplex. Blumhardt d.J. sah, dass die kaiserliche Politik zu einem Völkerkrieg mit apokalyptischen Ausmaßen führen würde. Der alte Prophet aber saß an seinem Lebensende nur noch still im Sessel und betete um das baldige Kommen des Gottesreiches. Weitere Beispiele für die Wiederentdeckung der Reichsbotschaft Jesu ist die Spiritualität der lateinamerikanische Befreiungsbewegung in den Basisgemeinden oder in Europa der Prozess der Konziliaren Bewegung mit ihren vielfältigen Nachfolgegruppen und deren Kooperation mit den Nichtregierungsorganisationen. Allerdings habe ich immer wieder gespürt, dass sich die Akteure all dieser Engagements unter der Hand unter enormen Leistungsdruck setzen, als müssten und könnten wir das Reich Gottes auf Erden durchsetzen. „Construendo el reigno“, das Reich Gottes bauen, ist ein Lieblingswort in den lateinamerikanischen Basisgemeinden. Oft überfordern sie sich mit diesem Anspruch. Aber das Reich Gottes setzt sich selbst durch. Zum Glück verbindet sich inzwischen die politische Theologie mit Mystik und Kontemplation. Das Ruhen im Sein ist vielleicht eine wirksamere Alternative zur hektischen Geldgesellschaft als agitatorischer Aktivismus. In jedem Fall aber wandelt sich zur Zeit die in einer schwerfälligen Institution verharrende Kirche Christ wieder in das, was sie einmal war: eine Bewegung, und zwar eine facettenreiche Bewegung des Reiches Gottes anstelle einer „sich selbst mahlenden Mühle“, wie Novalis in seinem Essay „Die Christenheit oder Europa“ sagt. Die christlichen und säkularen Bewegungen für das Leben und gegen die Vorherrschaft des Geldes verdanken sich, so glaube ich, dem Grundmysterium „Jesus lebt!“

Kapitel VIII Die urchistlichen Hauskirchen
Ein Netzwerk des Lebens in einem morbiden Imperium

1. Sozialgeschichtlicher Horizont

Gerne sagt man in der historisch-kritischen Forschung: Jesus hat das Reich Gottes angekündigt – und es kam die Kirche. Der historische Jesus, alles andere als ein neuer Religionsstifter (schlecht hätte er für die Organisation seiner „Gründung" vorgesorgt), lebte ganz in der frohen Naherwartung der Königsherrschaft Gottes – und hat sich darin sicher getäuscht. In einer Randprovinz des kaiserlichen Imperiums setzte er wunderbare Vorzeichen der Erfüllung aller Verheißungen der Propheten seines Volkes: Frieden, Gerechtigkeit, geschwisterliche Liebe, Solidarität, Heilung der Leiber und Seelen, Völkerversöhnung. Aber die Völkerwallfahrt zum Zionsberg von Ost und West, Nord und Süd fand nicht statt, dafür die Hinrichtung eines von Gott und den Menschen verlassenen Gerechten durch die Kreuzigung, jene tausendfach vollstreckte römische Strafe für politische Befreiungskämpfer.
Und doch, durch die immer neu zu deutenden Ereignisse seines Todes und seiner wie auch immer zu verstehenden Erscheinungen als Auferstandener setzt sich die von ihm angestiftete Freiheitsbewegung des Reiches Gottes neu und siegreich fort. Freilich in einer bestimmten Brechung: nicht triumphal, sondern, soziologisch gesprochen, vorwiegend in der Unterschicht des Imperiums, in kleinen Nischen des Systems, gewaltlos, als Minorität, als Netzwerk einer alternativen Kontrastgesellschaft, nicht als Bildungselite, sondern als bestaunte ethisch stabile Solidargemeinschaft. Bald nannten sie sich auf Griechisch *„ekklesia"*, das bedeutet so viel wie: Vollversammlung der zur Mündigkeit erwählten BürgerInnen des Gottesreiches.
Einige wesentliche Eigenschaften der Urkirche (an denen sich die heutige Kirche immer messen lassen muss!) lauten:

Unhierarchisch-charismatisch
Es gibt keine heiligen Ämter, keine Priesterkaste, es gibt nur eine Fülle von „Diensten" (Diakonien, das sind verdichtete Laiencharismen). Die altisraelitische Uridee vom Sinai: ein Volk von lauter Priestern und Königen (2. Mose 19,6) ist erfüllt (1. Petr 2,9). Weder die Gesamtkirche

noch die Ortsgemeinde ist eine hierarchische Pyramide mit einer monarchischen Spitze, etwa einem sichtbareren „Stellvertreter Christi auf Erden". Vielmehr ist sie ein Kreis von lauter Charismenträgern um das Zentrum des unsichtbaren Herrn. Christus als Inhaber sämtlicher denkbarer Charismen teilt seine Geistesgaben aus, „wann und wo und wie er will". Ein „Charisma" war im Römerreich eine finanzielle Gratisgabe, etwa an Kaisers Geburtstag. Anstelle dieser Gelder ist die Ekklesia reich ausgestattet mit so genannten „geistlichen Gaben" wie Prophetie (Durchblick und Ansage, was ist), Weisheit, Erkenntnis, Lehre (Auslegung der Heiligen Schriften), Krankenheilung, Kybernese (Leitungsgaben), mit dem Berge versetzenden Spezialglauben, der Kassenverwaltung, auch der Gnadengabe des Martyrium und vielen anderen „Begabungen" mehr. Man könnte soziologisch dieses dynamische Gebilde eine sich durch die Einfühlungssensibilität („Liebe") selbst regulierende heilige „An-Archie" nennen. An-Archie heißt einfach: eine herrschaftsfreie Ordnung (Näheres in meinem Buch „Heilige Anarchie"). Die Ekklesia ist also geistgeleitet, nicht amtsgeleitet, auch nicht demokratisch verfasst, denn Demokratie ist die Herrschaft der Mehrheit und die Majorisierung der Minderheit, ein außerchristliches Phänomen. In der Ekklesia weiß man, dass die Wahrheit oft bei wenigen und besonders bei den geringsten, untersten Gliedern versteckt ist. Das Ganze ist ein spannendes Abenteuer, das höchstens zweieinhalb Jahrhunderte durchgehalten wurde, aber immer wieder neu virulent wird.

Gesetzesfrei-agapegeleitet

Nach schwierigen internen Auseinandersetzungen, die zum ersten ökumenischen Konzil in Jerusalem i. J. 50 n. Chr. führte, löste sich die entstehende Völkerkirche aus den Verbindlichkeiten des jüdischen Ritualgesetzes. Selbst die Ethik des Sinai-Dekaloges (Zehnergebot) wird nicht mehr kasuistisch gehandhabt; vielmehr gilt die immer neu aktuelle Liebe als Erfüllung des Gesetzes. Augustin formuliert es später so: *ama et fac quod vis*, habe Liebe, und dann handele fantasievoll, wie du willst, es wird immer richtig sein. Insofern sind die alltagsnahen Weisheitsworte der Bergpredigt Jesu eine neue Thora auf einem neuen Berg Sinai eines neuen charismatischen zweiten Mose. Man darf die Bergpredigt ruhig eine „Ordnung des kirchlichen Lebens" (OKL) der syrischen Kirche des Matthäus ums Jahr 100 n. Chr. nennen. Niemand wäre damals auf die Idee gekommen, die Lebensregeln der Bergpredigt seien utopisch, würden erst im vollendeten Reich Gottes gelten, seien nur für Ordensleute verbindlich oder dienten nur als Sündenspiegel, würden nur für das Privatleben gelten, nicht aber für den Markt und das Rathaus.

Kommunitär-diakonisch

Lukas entwirft im ersten Teil seiner Apostelgeschichte ein Urbild, eine Realutopie der christlichen Gemeinde. Es herrschte eine freiwillige Gütergemeinschaft. Es wurden Immobilien und Mobiliar verkauft oder verteilt. Erstaunlich der Satz über die vieltausendköpfige kommunitäre Bewegung: „Auch nicht einer sagte von seinen Gütern, dass sie sein wären, sondern es war ihnen alles gemeinsam … es war auch keiner unter ihnen, der Mangel hatte; denn wer von ihnen Äcker oder Häuser besaß, verkaufte sie und brachte das Geld für das Verkaufte" (Apg 4,22.24) Die Hausbesitzer öffneten ihre Wohnungen für die täglichen Mahlfeiern, bei denen das Brot gebrochen, d.h. verteilt wurde. Das waren sowohl Sättigungsmahlzeiten als auch kultartige Fortsetzung der berühmten Gastmähler des Jesus von Nazaret mit Gebet, apostolischer Unterweisung und Lobpreisliedern. Man sah begeistert die messianische Prophetie erfüllt, dass es im Gottesvolk keine Armen geben wird. Offenbar war die Urgemeinde in Jerusalem eine vielgliedrige ordensähnliche Stadtkommunität, aber ohne Klausur und ohne asketische Gelübde. Die Anziehungskraft war so groß, dass die Gemeinde völlig ohne missionarische Werbefeldzüge ständig wuchs. Natürlich entstehen nun organisatorische Probleme bei der Versorgung. Man lebt ja in keiner Wohlstandswelt. Die palästinensische Gesellschaft ist zerrüttet, zersplittert, neurotisiert, sowohl in den Dörfern als auch in der Hauptstadt. Ein Heer von zerlumpten Bettlern, unversorgten Kranken, völlig mittellosen Witwen, deren Männer durch Krieg, Krankheit, als Opfer von Kriminalität umgekommen waren, wird zur Herausforderung der Kirche. Als Problemgruppe zeigt sich z.B. die offenbar große Zahl der hellenistischen, also anderssprachigen Witwen. Die Gemeindeleitung richtet daraufhin einen neuen Dienst ein und beruft sechs qualifizierte Männer zu „Diakonen" (Apg 6). Die Diakonie ist ursprünglich Tischdienst. An den Tischen der Gemeinde soll es solidarisch zugehen. Die Erinnerung an Jesus, der im Abendmahlssaal Sklavendienst mit umgebundener Schürze geübt hatte, wird wach. Er wollte, dass alle seine Jünger – nicht nur Frauen und Sklaven – diakonisch handeln. Diakonisch sein ist eine christliche Grundhaltung, nicht nur eine karitative Fürsorge von oben nach unten. Im Gegenteil, ihre Wirkung geht von unten nach oben, von ganz innen nach ganz außen bis ins Gesellschaftspolitische hinein. Die Kirche versteht sich ja als das neue multikulturelle und klassenlose Gottesvolk und erscheint als solidarische Kontrastgesellschaft in einer Welt von Ausbeutung, Gier, Hass, Gewalt und Gegengewalt.

Gewaltfrei-subversiv

Die Gewaltfreiheit war von Jesus klar vorgegeben. Sowohl im nationalen Befreiungskampf als auch im sozialen Bürgerkrieg gilt: „Wer das Schwert nimmt, wird durch das Schwert umkommen." Die Christen verstehen sich als „Schafe mitten unter den Wölfen." Sie vertrauen auf die jesuanische Verheißung: Den Sanften wird das Land der Zukunft gehören. „sanft", „niedrig", „demütig" sind die Umschreibungen der Gewaltlosigkeit. Die Demut ist aber eine hochgemute Demut. Es gehört innere Autorität, Kraft und Selbstgewissheit dazu, Leiden, das nicht geändert werden kann, getrost zu ertragen. Wer sich dem Bösen widersetzt, wird selbst böse. Böses wird aufgelöst durch aktives Erleiden. Diese Christen sind eine Minorität in der Gesellschaft, aber sie haben die Wirkung von Salz, welches das Leben würzt und gegen Fäulnis schützt. Sie haben die Wirkung von ein bisschen Sauerteig in der großen Mehlschüssel der Welt. Salz und Sauerteig, das sind keine Bilder für eine herrschende Elite, sondern für die subversive Kraft der gewaltfreien Liebe. Darum wird beispielsweise die Sklavenbefreiung nicht gewaltsam durchgesetzt, sondern vorbereitet dadurch, dass die Sklaven in der Gemeinde ihre Würde als gleichberechtigte Brüder und Schwestern finden. In der Gewalt der Gewaltlosigkeit entspricht das Christentum der taoistischen Weisheit, „dass (wie B. Brecht formuliert) das weiche Wasser in Bewegung mit der Zeit den mächtigen Stein besiegt. Du verstehst, das Harte unterliegt."

Missionarisch-einladend

Dafür stehen weitere Bilder Jesu, in denen sich die Urkirche wieder findet: Wie ein Licht nicht unter den Scheffel, sondern auf den Leuchter gestellt wird, damit der ganze Raum der Finsternis erleuchtet wird, so soll Anhängerschaft Christi sichtbar sein und sich nicht in tiefer Innerlichkeit fromm verbergen. Wie eine Stadt auf dem Berg schon von weitem rundum sichtbar ist, so ist die Kirche als neues Jerusalem für ihre Ausstrahlung verantwortlich. Der nachösterliche, also kirchliche „Missionsbefehl", mit dem das Matthäusevangelium endet, wurde später oftmals imperialistisch missverstanden: „Geht hin in alle Welt und macht zu Jüngern alle Völker, indem ihr sie in den Namen der göttlichen Drei-Einheit hineintauft und sie lehrt, wie man festhält an allem, was ich euch gesagt habe“ (Mt 28). Aber die Völkertaufe ist so gedacht, dass an allen Orten des römischen Weltreiches, zuerst in den Verwaltungsstädten, kleine „Urgemeinden“ in der Gestalt von Hauskirchen mit einem großen Familientisch in der Mitte gegründet werden. Diese messianischen Zellen werden von selbst wirken und wachsen durch ihre Ausstrahlung. Sie werden zu Orientierungs- und Sammelpunkten, zu einem Asyl für die seelisch oder sozial Entwurzelten. Es bedarf keiner religiösen Indoktrinierung von Einzelseelen. Es geht um anschauliche „Lehre für die Völker“. Die Schlussbotschaft des Matthäusevangeliums formuliert: „Lehrt die Völker festhalten („*kat-echein*“) an allem, was ich euch aufgetragen habe!“ Damit meint der matthäische Christus entsprechend dem Aufbau des ersten Evangeliums, dass gerade die erste große Rede Jesu, die Bergpredigt, zur „Katechese“, Lebenspraxis und Kirchenordnung der Völkerkirche gemacht werden soll. Ebenso soll der letzte Auftrag Jesu beim heiligen Mahl: „Tut dies (Brechen und Teilen des Brotes) zu meiner Vergegenwärtigung!“ an allen Zentraltischen der Gemeinde gelten.

Mystisch-sakramental

Man kann das schlichte, aber inmitten einer egoistischen Gesellschaft doch faszinierende Ereignis von solidarischer Brüderlichkeit und Schwesterlichkeit durchaus auch ein Mysterium nennen. Den Friedensgruß und das Brot mit einem kulturell andersartigen Tischnachbarn zu teilen, in ihm einen Bruder oder eine Schwester zu sehen, ist revolutionär und geheimnisvoll zugleich. Die Bruder-Schwester-Anrede galt allen in den multikulturellen Gemeinden, nicht wie später nur zwischen Kleriker und Kleriker oder Ordensleuten gegenüber. Dass die sozialpolitisch bedeutsamen Mahlfeiern der Hauskirchen immer mehr Mysterienkultcharakter erhielten, erklärt sich so:

Das Christentum ist aus der judäischen Kleinwelt in die hellenistische Großwelt hinausgewachsen. Die hellenistischen Mysterienreligionen des Stirb und Werde der Naturgottheiten, z.B. die Stieropferreligion des Mithraskultes, waren die großen Erlösungsreligionen einer vom sozialen Diesseits frustrierten Reichsbevölkerung. Die christliche Kirche trat mit ihrer ganz andersartigen Erfahrung des Geheimnisses von Tod und Auferstehung in diese hochreligiöse und morbide Umwelt. Sie trat in Konkurrenz und übernahm zugleich eine sakramentale Initiationstheologie. Sie drohte sogar, selber zu einer Erlösungsreligion zu werden, die das Jammertal des Diesseits sich selbst überlässt und sich nur mit einer jenseitigen oder esoterischen Welt tröstet. Immerhin entsteht erst jetzt das

Christentum als großartige Synthese von prophetischer Religion und Mysterienreligion.
Religionsgeschichtlich gesehen ist das Christentum ein Synkretismus, eine Mischung aus jüdisch-prophetischer Ethik-Religion und griechisch-gnostischer Mysterien-Religion. Im Untergrund haben sich der persische Dualismus von Gut und Böse, von Gott und Teufel, und die griechische Seinsphilosophie von Tod und Leben verbunden. Eintritt in die Nachfolge Jesu und Initiation in das österliche Paschamysterium von Tod und Auferstehung prägen die Tauftheologie. Eine Entscheidungsreligion und eine Wiedergeburtsreligion durchdringen sich. Die soziale Kommunikation der brüderlich-schwesterlichen Sättigungs-Mahlfeier geht ein in die mystische Kommunion mit der sterbenden und auferstehenden Gottheit.
Bis zum heutigen Tag ist die zitternde Spannung zwischen „katholischer" und „protestantischer" Spiritualität spürbar. Auch innerhalb jeder Konfessionskirche gibt es die eingeschworenen Vertreter einer befreiungspolitischen oder entscheidungspietistischen Christlichkeit – und andererseits einer liturgischen oder auch kontemplativen Form der Christlichkeit. Es kommt für die Zukunft sehr darauf an, dass es möglichst viele Gruppen oder Individuen gibt, die eine integrierte, ganzheitliche Spiritualität der einen Kirche praktizieren. Das Prophetische und das Priesterliche, Wort und Sakrament wollen einander ergänzen.

Zusammenfassung

Mit obigen sechs Eigenschaftspaaren habe ich versucht, das gesellschaftlich wirksame Phänomen der Ekklesia zu skizzieren. Die so beschriebene christliche Kirche ist gepflanzt in den Boden des weltweiten Herrschaftssystems des römischen Imperiums.
Rom war zwar militärisch und finanzwirtschaftlich rigoros, aber religionspolitisch liberal. Die obskursten Götterkulte wurden geduldet – bis auf den springenden Punkt: Oberster Kultgottheit war der göttliche Caesar-Imperator in Rom. Dem Kaiserkult musste sich alles unterwerfen, und sei es nur mit ein paar Weihrauchkörnern. Juden und Christen verweigerten sich hier bis zum Martyrium.
Hinter der Kaiseranbetung aber verbirgt sich nicht eigentlich ein religiöser, sondern ein machtpolitischer Geist. Jesuanisch gesprochen ist es der Gott Mammon. Gegen ihn hat die christliche Kirche in den spirituellen Krieg zu gehen. Er ist der entscheidende Gegner der christlichen Kirche. Falls der Begriff Mammon mit *mamma*, Mutterbrust, zusammenhinge, dann wäre Rom die große, wilde, alles verschlingende Urmutter, die per-

vertierte Mutter Erde, die Wölfin, an deren Zitzen die Menschen hängen. Sie macht süchtig nach Reichtum, Luxus, Waffen, Macht, sexueller Ausbeutung, nach Brot und Spielen; sie ist andererseits Inbegriff von Todesangst und Lebensangst, von Sorge und Gier. Das alles ist das mammonitische Totalsystem, von dem viele profitieren und das viele vernichtet und das alle in Abhängigkeit verstrickt. Wir kennen diese globalisierte Paradoxie von Liberalität und Totalität.
Demgegenüber versteht sich die christliche Kirche als nicht-matriarchalische Mutter. Sie will Geborgenheit schenken und zur Mündigkeit erziehen. Oft genug verdunkelt sich ihr Bild, sie nimmt selbst imperialistische Züge an, bis sie sich immer neu transformiert in ihr marianisches Urbild der reinen, sanften Magd. Vor ihrem inneren, ja, sogar äußeren Auge lässt Gott die Throne wackeln, die Gewaltigen stürzen, die Armen sich erheben, die Reichen leer ausgehen. Das besingt sie in ihrem messianischen Magnifikat (Lk 1,46ff). Noch mehr:
Die machtlose Ekklesia soll den Mächten und Gewalten in Natur und Geschichte die Weisheit des göttlichen Erlösungsplanes kund tun (Eph 3,10)! Unter den Mächten und Gewalten sind beispielsweise zu verstehen: die Politik, die Wissenschaft, die Kunst, die Psychologie, die Musik, die Technik, die Waffen, aber auch die Gewalten der Natur, die Sterne, die Wetter, der Tod, das Schicksal. Es sind alles Engelsmächte, die sich verselbständigen können und dadurch dämonisch werden oder die durch den Dienst der Ekklesia entmachtet und zum Dienst am Menschen befreit werden. Das gilt ganz speziell auch in Bezug auf die todbringende oder Leben schaffende Macht des Geldes. So kühn denkt Paulus über die Aufgabe der Kirche Christi!

2. Biblische Fenster zum Kirchenmaler Lukas, zu Paulus als Staatsanwalt Gottes und zum Visionär Johannes

1

Die Urgemeinde in Jerusalem: Lukas war nicht dabei. Ich auch nicht. Was er erzählt bekommen hat, wie er das Wesen der Gemeinde für alle Zeiten schaut und malt, erzähle und male ich frei nach (Apg 2–5):

Maria, die Mutter des Markus, hat ein Haus in Jerusalem.
Eine Wand zwischen zwei Räumen im Oberstock ist herausgebrochen, ein Saal entstanden.

*In der Mitte ein großer runder Tisch. Alle haben Platz. Gleichberechtigt.
Männer und Frauen. Alte und Kinder. Wohlhabende und Verarmte.
Gebildete und Analphabeten. Herren und Knechte.
Es herrscht Ausgelassenheit beim Essen und Trinken, beim Singen und Reden.
Jeder spricht seine eigene Sprache. Alle verstehen alle. Ein „Dolmetscher" ist dabei:
Der Geist Jesu, sagen sie, ist ausgegossen auf alles „Fleisch".
Jeder und jede Einzelne hat seinen/ihren Anteil bekommen.
Die Liebe ist wie Flammenzungen eines großen Feuers jedem Haupt zugeteilt.
Jeder und jede hat ein bestimmtes Bündel von Charismen erhalten.
Schon von Geburt an schlummerte es verschüttet und unentwickelt im Herzensgrund.
Jetzt und hier, in der Gemeinde, ist es hervorgebrochen, wird es ausgeübt.
Jeder, jede hat auch Brot und Wein, Kleider und Schuhe, Bett und Dach bekommen.
Die Liebe teilt, durch Teilen haben alle genug. So bei Jesus gelernt!
Wunderbare Brotvermehrung, Geldvermehrung – es steht im Dienst, nicht im Raub.
Hier gibt es keinen Leistungsdruck, weder Konkurrenz noch Resignation noch Sorge.
Wo keine Schätze gesammelt werden, gibt es auch keine Diebe und Einbrecher. Geldvermehrungswirtschaft wäre gewalttätig und erzeugte Gewalttätigkeit.
Aber es gibt Angeberei und Eitelkeiten. Wie schon am Tisch Jesu.
Törichte Frage: Wer ist der Größte, Tüchtigste, Rechtgläubigste? Oh, arme Kirche!
Die Ackerbürgersleute Ananias und Saphira tun so, als hätten sie alles verkauft.
In frommem Fremd- und Selbstbetrug legen sie glitzerndes Geld auf den Tisch.
Das Geld, Symbol der Geltung der Persönlichkeit.
Einer mit der Gabe der Herzensschau entzaubert die Show. Folge:
Der geistliche Schock führt zum Herzstillstand. Das große Ego ist tot.
Hier herinnen kann es nicht existieren, es wird hinausgetragen.
Damit das wahre Selbst leben kann. Ananias und Saphira werden verwandelt.*

2

„Draußen“, im weltweiten Bereich der *pax romana*, im militärisch erzwungenen „Friedensreich“ der unterworfenen tributpflichtigen Völker, wandert der Völkerapostel Paulus von Metropole zu Metropole, um „Jerusalem“ zu vervielfältigen, also um solche Gemeinden zu gründen wie die Urgemeinde. Freilich unter nichtjüdischen Bedingungen, aber doch als Erfüllung der Hoffnungen Altisraels. Im 1. Kapitel seines Briefes an die Christengemeinde in Rom spricht er quasi als Staatsanwalt Gottes ein vernichtendes Urteil über die doch so glanzvolle griechisch-römische Kulturwelt. Einige seiner ungeheuren Stichworte lauten:

Gottloses Wesen. Ungerechtigkeit. Niedergehaltene Wahrheit.
Dem Nichtigen verfallen. Verfinsterte Herzen. Narren, die sich für Weise halten.
Götzendienst. Anbetung des Menschengemachten. Unreinheit. Schändung der Leiber.
Begierde. Sexuelle Verirrung. Habgier. Neid. Mord. Niedertracht. Hochmut. Ungehorsam gegenüber den Eltern. Treulos. Lieblos. Eiskalt.

Homosexualität kennt er nur als Missbrauchpraxis, nicht als würdige Kultur parallel zur so genannten Normalität. Das ist eine von so manchen Grenzen des Apostels. Aber das ganze mammonitische System ist scharf belichtet. Die Totalität dieser abgöttischen Welt wird deutlich, wenn Paulus sie als Ganze „dahin gegeben“ sieht. D. h.: sie ist sich selbst ausgeliefert, geht an sich selbst zugrunde, stirbt an dem Wahn, sie sei alternativlos. Genau dies ist bereits das Zorngericht Gottes: dass eine sucht- und wahnhafte Kultur sich selbst ausgeliefert bleibt. Und nun wird der Ankläger zum Verkünder des Freispruchs und zum Eröffner einer Alternative. Er befreit aus dieser morbiden Spätkultur durch seine Christusbotschaft von der Generalamnestie Gottes.

Gnade – das ist Befreiung vom schicksalhaften Zwang, zu sündigen.
Freispruch – das ist Aufhebung des Todes als Zorngericht.
Glaube – das ist die persönliche Ergreifung der neuen Lebensmöglichkeit und ihre Realisierung in der Gemeinschaft der Ekklesia.
Hoffnung – das ist die Gewissheit, dass sich die kleinen Neuanfänge der Kirche gesellschaftlich und kosmisch zusammen mit der seufzenden Schöpfung vollenden werden.

Liebe – das ist weit mehr als ein Gefühl. Sie ist die höchste Macht im Universum.
Liebe versteht alles, erträgt alles, verzeiht alles. Liebe ist freie Erfüllung der Thora.
Diakonie – das ist Solidarität der Volksgemeinschaft inmitten einer Sklavenhaltergesellschaft.

So entstehen durch die Pflanzungen des Apostels kleine gesunde Zellen von Gemeinden. Es spukt in ihnen immer wieder der Geist der „Welt", z.B. in Korinth: Kontorbesitzer warten beim heiligen Mahl nicht auf die Hafenarbeiter und sind schon angeheitert, bis die Sklaven frei bekommen haben und nur noch wenig Brot vorfinden – furchtbare, sogar krankmachende Versündigung „am Leib Christi"! Ein Christ lebt in intimer Beziehung mit seiner Mutter – unmöglich seines Bleibens in der Gemeinschaft, solange sein Gewissen nicht aufwacht.
Die von außen und innen angefochtenen Gemeinden sind miteinander durch rege Kommunikation gestärkt und durch das Band der Liebe vernetzt. Alle zusammen bindet sie Paulus an die Urgemeinde in Jerusalem an, ohne diese als Zentrale anzuerkennen. Zentralgehirn und Haupt der Kirche ist Christus im Himmel.
Das äußere Band ist eine Kollekte, eine freiwillige Armensteuer für „die Heiligen in Jerusalem". Paulus sammelt sie in seinen Gemeinden selbst ein und bringt sie zur Urgemeinde.
Einige Kostproben einer überraschend spirituellen Sprache beim Umgang mit dem Geld (nach 2. Kor 8 und 9 in Übersetzung von U. Wilckens):

Wir möchten euch, Brüder, von dem Gnadenwerk berichten, das durch Gottes Güte in den Gemeinden Mazedoniens zustande gekommen ist: Inmitten vieler Bewährungsproben im Leiden ist der überschwängliche Reichtum ihrer Freude und ihre abgrundtiefe Armut in einen Reichtum an Güte übergeströmt. Nach dem Vermögen, ja – ich bezeuge es – weit über ihr Vermögen hinaus, haben sie gegeben und aus eigenem Antrieb uns inständig zugeredet und gebeten, sich an dem Gnadenwerk und dem Dienst für die Heiligen beteiligen zu dürfen. Und sie haben nicht nur gespendet, wie wir es erhofft hatten, sondern geradezu sich selbst gegeben, in erster Linie dem Herrn und dann nach Gottes Willen auch uns …
So beteiligt euch denn nun reichlich an diesem Gnadenwerk! Seid ihr doch in jeder Hinsicht reich: im Glauben, im Wort, in der Erkenntnis, in aller Einsatzfreudigkeit und in der Liebe, die von uns zu euch strömt. Ich

sage das nicht als Befehl, sondern weil ich auch eure Liebe als echt erproben möchte. Denn ihr kennt ja die Gnade unseres Herrn Jesus Christus: Um euretwillen ist er arm geworden, obwohl er reich war, um euch durch seine Armut reich zu machen …
So soll es zu einem Ausgleich kommen, wie es in der Schrift (vom Mannasammeln) *heißt: Wer viel hatte, bekam doch keinen Überfluss, und wer wenig hatte, litt doch keinen Mangel …*
(Ein Bruder ist) *von den Gemeinden in ordentlicher Wahl zu meinem Begleiter in Sachen dieses Gnadenwerkes, das von uns verwaltet wird, bestimmt worden … Denn wir haben Befürchtung, es könnte uns sonst jemand verdächtigen angesichts dieser großen Summe, die von uns verwaltet wird. Und wir sind sehr darauf bedacht, dass alles mit rechten Dingen zugehe, nicht nur vor dem Herrn, sondern auch vor den Menschen …*
(Es ist) *eine Segensgabe und nicht dem Geiz abgerungen. So ist es: Wer kärglich sät, wird auch kärglich ernten; und wer auf Segen hin sät, wird auch in Segensfülle ernten. Jeder Einzelne soll so geben, wie er es sich in seinem Herzen vorgenommen hat, nicht missmutig oder aus Zwang. Denn einen fröhlichen Geber hat Gott lieb.*

Kirche von heute, sprichst du diese überströmende Sprache in einer Zeit der Verbitterung über „Sparzwänge“ und „leere Kassen“?
Paulus, Jude mit römischer Staatsbürgerschaft, übergeht aus diplomatischen Gründen im 13. Kapitel des Römerbriefes die Brisanz des Kaiserkultes. Er wünscht, dass die Christen das berühmte römische Staats- und Zivilrecht anerkennen. Er mit seiner römischen Staatsbürgerschaft in der Tasche profitiert freilich davon. Dennoch wird er nach diesem Recht in Rom zum Tode durch Enthauptung verurteilt. Warum? Vermutlich aus den gleichen Gründen, aus denen Jesus gekreuzigt wurde: als Propagandist einer nicht ins System passenden antikaiserkultischen messianischen Religion.

3
Der Seher Johannes, durch Kaiser Domitian auf die Insel Patmos verbannt, schaut im Geist vier „apokalyptische Reiter“. Ihr Heranstürmen wird vom kosmischen Lamm zugelassen. Das Gotteslamm hat im Kern schon alle endzeitlichen Leiden erlitten und überwunden. Darum kann nur das ermordete und lebendige Christuslamm mit der Eröffnung der versiegelten Zukunft beginnen (Apk 6):

Die vier apokalyptischen Reiter

Jemand ruft: Komm! Und es kommt – ein weißes Ross! Der Reiter mit einem Bogen.
Ein gekrönter Sieger, der alles besiegt.
(Leser, du weißt, wer das ist:
der gottgleiche römische Imperator. Ihm widerstehen ist sinnlos.
Es gibt keine Alternative als Unterwerfung und Mitmachen – so scheint es!)

Jemand ruft: Komm! Und es kommt – ein feuerrotes Ross! Der Reiter mit einem riesigen Schwert.
Er nimmt den Frieden von der Erde, sie bringen einander um.
(Leser, du weißt, wer das ist: die riesige militärische Rüstungsmaschinerie.
Der ganze Globus ist bedroht, Weltkriege, Wirtschaftskriege, Bürgerkriege, Religionskriege, ethnische Kriege. Allüberall Waffen im illegalen Schmuggelhandel.)

Jemand ruft: Komm! Und es kommt – ein schwarzes Ross! Der Reiter hat eine Waage in der Hand.
Jemand ruft dazu:
Ein Maß Weizen – Tagesration eines Tagelöhners – für ein Silberstück!
Doch für Öl- und Wein – Lebensmittel der Wohlhabenden – keine Preiserhöhung! (Leser, du ahnst, wer das ist: die Weltwirtschaft. Die Verteuerung der Grundnahrungsmittel, das bedeutet Hunger für eine mehrköpfige Tagelöhnerfamilie. Die Preise der Luxusartikel der Reichen sinken.)

Jemand ruft: Komm! Und es kommt – ein fahles Ross! Der Reiter heißt kurz und bündig: Tod. Und das Totenreich folgt ihm.
Er hat Vollmacht über ein Viertel der Menschheit, zu töten durch Krieg und Hunger und Krankheit, und durch „wilde Tiere".
(Leser, du erkennst die tödliche Gewalttätigkeit in deiner Gegenwart; du kennst die „großen Tiere": die nationalistischen Despoten, die vom Imperium lancierten Putschpräsidenten.)

Ist das ein Trost für die christlichen Gemeinden? Es ist eine Analyse des herrschenden Weltsystems. Es ist eine Demaskierung der globalen Machtstrukturen. Es ist eine Aufklärung über die Verführung durch kurzzeitige und vordergründig schillernde Profite.
Und ein Trost für die Gemeinden ist es, gegen Ende der Schauungen des Johannes zu vernehmen, worauf alles hinausläuft, auf die Herabkunft

eines „Neuen Jerusalem“ und zuvor auf den Untergang „Babylons“ (Apk 18ff).
Johannes schaut die Großstadt im Bilde einer verführerischen Prostituierten. Alles in ihr ist käuflich. Nichts wird geschenkt. Nun ist ihre Zeit zu Ende. Sie stürzt (wie Aktien im freien Fall) ins Bodenlose.

Ein Engel mit großer Vollmacht, mit einem Glanz, der die Erde global erleuchtet, schreit mit gewaltiger Stimme: Sie ist gefallen, sie ist gefallen, Babylon, die Große!
Von dem Zornwein ihrer Hurerei haben alle Völker trinken müssen und die Könige auf Erden haben mit ihr Hurerei getrieben und die Kaufleute auf Erden sind reich geworden von ihrer großen Üppigkeit.
Und eine leisere Himmelsstimme sagt: geht hinaus aus ihr, mein Volk, damit ihr nicht teilhabt an ihren Sünden und nicht mit getroffen werdet von ihren Plagen.
Ihre Plagen werden an einem einzigen Tag kommen: Tod, Leid und Hunger und mit Feuer wird sie verbrannt werden, denn stark ist Gott der Herr, der sie richtet.
Und es beweinen und beklagen sie die Könige auf Erden.
Und die Schiffsherren und Kapitäne von Hochseeschiffen schreien und klagen.
Und die Kaufleute auf Erden weinen und tragen Leid um sie, weil ihre Waren niemand mehr kaufen wird:
Gold und Silber und Edelsteine und Perlen und feines Leinen und Purpur und Seide und Scharlach und allerlei wohlriechende Hölzer und Gerät aus Elfenbein und Erz und Marmor und Zimt und Balsam und Räucherwerk und Myrrhe und Weihrauch und Wein und Öl und feinstes Mehl und Weizen und Vieh und Schafe und Pferde und Wagen und Leiber und Seelen von Menschen.
In einer Stunde ist verwüstet solcher Luxus.
Und das Blut der Propheten und der Heiligen und aller Ermordeten auf Erden ist in ihr sichtbar geworden.

Die neue Großstadt
Johannes schaut sie im Bild einer geschmückten Braut. Sie steigt feierlich vom Himmel auf die Erde herab. Und so ist das Leben in der Stadt:

Die Stadt ist Inbegriff der Menschlichkeit:

Gott wohnt als leuchtender Mitmensch in seiner Menschheit. Nicht in einem Tempel.
Nicht auf einem goldenen Thron. Einfach in einer „Hütte".
Er geht von Haus zu Haus, von Mensch zu Mensch.
Er wischt die aus der Vergangenheit mitgebrachten Tränen ab wie eine Mutter.
Er heilt die Wunden der Geschichte. Er therapiert die Traumatisierungen.
Er löscht die schmerzende Erinnerung an erlittenes Unrecht.
Er tilgt für immer die Spuren des Todes und der Verwesung.
Die Stadt ist Inbegriff der Vollkommenheit. Ein universaler Kubus.
24 Kilometer lang, 24 Kilometer breit, 24 Kilometer hoch.
Die Stadt ist Inbegriff der Schönheit. Alles ist aus Gold, transparent wie Glas.
Sie ist Inbegriff aller Werte. Die vier mal drei Tore sind aus Edelgestein: Jaspis, Saphir, Chalzedon, Smaragd, Sardonyx, Sarder, Chrysolith, Beryll, Topas, Chrysopras, Hyazinth und Amethyst.
Aber der Reichtum der Stadt ist nicht kalt und unfruchtbar. Sie ist Gartenstadt.
Sie ist bewässert von den Armen eines Lebensstromes mit gesundem Wasser.
Überall gibt es Lebensbäume, die ohne Unterbrechung Frucht tragen.
Die immergrünen Blätter dienen zur Heilung der Völker.
Es ist eine internationale, multikulturelle Stadt. Vertreter aller Völker gehen umher.
Die Häupter der Nationen, ihre Künstler, Wissenschaftler und Weisheitslehrer bringen kapitale Schätze in die immer offene Stadt.
Es gibt auch ein Draußen: für die, die Böses taten und weiterhin tun wollen, Zauberer und Unzüchtige, Mörder und Geldanbeter und alle, die die Lüge lieben und tun. Und die Feiglinge!

3. Brücke zum Heute: Wir leben in „Babylon" und in „Jerusalem" – und in „New York"

Für unsere natürlichen Augen liegen die beiden globalisierten Stadtkulturen, die babylonisch-römische und die jerusalemisch-spirituelle, die unmenschliche, ja, dämonische und die humane, ja, gotterfüllte Stadt noch ineinander vermischt und verwoben. Wir leben in beiden.
Ihre Gleichzeitigkeit verwischt uns die Polarität von „Geld" und „Leben". Aber im Herzen wissen wir, wo wir wohnen wollen und wohin die

Entwicklung gehen will. Wir wissen, mit welcher Perspektive wir unserer Zukunft kreativ zuarbeiten können.
Noch ist „Babylon“ Welthauptstadt, ein globales Wirtschaftssystem, außerhalb dessen man scheinbar nicht leben, kaufen oder verkaufen kann. Aber schon sahen wir mit Entsetzen, dass die Zwillingstürme der Welthandelsorganisation WTO, zugleich die Symboltürme unseres westlichen Lebensstandards, die Wolkenkratzer des World-Trade-Centers in New York auf den Nullpunkt von Ground Zero stürzten. Und gleichzeitig brannte in Washington die zum Welthandelssystem dazugehörende militärische Weltmacht an einem Ende ihres fünfzackigen Pentagonsternes.
Hat hier „das Böse“ gehandelt? Oder haben hier einfach böse gewordene Menschen der entwürdigten und kolonisierten Erdteile gehandelt? Oder gar – wer wagt es zu denken? – hat hier der allmächtige Herr der Geschichte mit seinem umstürzenden Wort gehandelt, ohne welches nichts geschieht von dem, was geschieht? Also eine göttliche Erstursache, eine dämonische Zweitursache und eine menschliche Drittursache zusammen in einem schrecklichen Vorspiel der Apokalypse? Wenn ja, dann heißt das noch lange nicht, dass mörderisch-selbstmörderische Menschen im Namen eines Gottes so etwas tun dürften. Am 11. September 2001 *weinten und klagten die Könige auf Erden und die Schiffsherren und die Handelsherren und die Kaufleute auf Erden.* Und wir klagten mit. Auch wir waren schockiert. Da war keinerlei Schadenfreude unter Christen. Jedoch gegen ein Menetekel an der Wand lehnen sich Christen nicht auf, ziehen vernunftbegabte Politiker nicht in einen Rachekrieg, sondern werden still und nachdenklich und forschen nach den tieferen Ursachen und „denken um“. Und schon gibt es eine außer Greenpeace bisher wenig beachtete, jetzt aber sich rasant vernetzende ökumenische und ökologische Kontrastgesellschaft. Nichtregierungsorganisationen, spirituelle Bewegungen, christliche Gemeinden, Basisgruppen aller Art rings um den Globus verbünden sich. Hier kann man sich dem Großen partiell verweigern und im Kleinen lebenswerte Alternativen entwickeln. Ja, noch mehr, hier globalisieren sich die vielen kleinen, sachkundig vor Ort handelnden Gruppen der Zivilgesellschaft und wirken ebenfalls weltweit wie das Großkapital. „Nennt uns nicht Globalisierungsgegner!“, rufen die Akteure des von Frankreich ausgehenden zivilgesellschaftlichen Sammelbeckens mit dem bewusst offensiven Namen „Attac“ (Abkürzung für „Association pour la taxation des transactions finanzières pour l’aide aux citoyens“, also: Bündnis für eine Besteuerung der Spekulationsgewinne zugunsten der Staatsbürger; Näheres im Schlusskapitel auf S. 282).

Wir leben nicht in der Endzeit, wie es sich das Urchristentum vorstellte. Unsere aktuelle Endzeit ist das immer neu akute Hier und Heute. Aber wir ahnen, es könnte sehr rasch einen Kollaps des euroamerikanischen Imperiums geben, nachdem es sich über den ganzen Globus ausgebreitet hat. Aber dieses Imperium bringt Freiheit *und* Unterdrückung, Segen *und* Fluch, Reichtum *und* Armut, Frieden *und* Krieg, Demokratie *und* Zwang, Menschenrechte *und* Menschenausbeutung. Wenn dieses zweigesichtige System sich selber ehrlich ins Auge schaut und seines Schattens wie seines Lichtes bewusst wird, kann es sich verändern und reformieren. Wenn es sich für absolut alternativlos einschätzt und als Endziel der Geschichte versteht, geht es an seiner Blindheit und seinem Hochmut rasch zu Grunde. Wenn es auf die oppositionellen Alternativen und Innovationen hört, statt sie als vorpolitisch, nostalgisch, irrational und weltfremd abzutun, reguliert sich das System mit dem Geist der Weisheit. Wir sind nicht Opfer einer naturnotwendigen Entwicklung. Wir können gestalten. Wir können mit Karl Marx/Friedrich Engels (in: „Die heilige Familie", zitiert nach: Erich Fromm, Haben oder Sein, S. 98) sagen:
„Die Geschichte tut nichts, sie ‚besitzt keinen ungeheuren Reichtum', sie ‚kämpft keine Kämpfe'! Es ist vielmehr der Mensch, der wirkliche, lebendige Mensch, der alles tut, besitzt und kämpft; es ist nicht etwa die ‚Geschichte', die den Menschen zum Mittel braucht, um ihre – als ob sie eine aparte Person wäre – Zwecke durchzuarbeiten, sondern sie ist nichts als die Tätigkeit des seine Zwecke verfolgenden Menschen."
Dies Wort macht Mut und Hoffnung!

CETERUM CENSEO

Ninives Glückskultur geht an sich selbst zugrunde,
so wie ein Suchtkranker sich langsam selbst zerstört.
Jeder sieht es, nicht er selber, bis zur letzten Stunde.
Keine vierzig Jahre – und die Selbstsucht hat sich selbst verzehrt.

Bis dahin: Mit der Schlinge um den Hals der Menschheit gehen?
Der Rausch nimmt zu, es sinkt die Lebensqualität -
es sei denn, es wird ein Wunder in der Galgenfrist geschehen:
aus einer todesnahen Nüchternheit kommt Spiritualität.

Die subversive Liebe, in vielen schon erwacht, sie wird global.
Der Geist der Achtsamkeit für das Verdrängte, Unterdrückte,

für die Kinder, für die Frauen, für die Verarmten ohne Zahl,
für die Natur, die Seele und das Heilige, das uns einst berückte.

Gewahrsamkeit – das ist der Heute-Schlüssel für die nächste Zeit.
Zeitgenosse, merke auf und fürchte dich!
Fürchte nicht den Anruf der Gewaltfreiheit:
„Geld oder Leben! Wer soll wen regieren? Entscheide dich!"

ZWEITER HAUPTTEIL

Geld oder Leben als Thema der spirituellen Traditionen

Verschiedene Einblicke mit Übungen und Kommentaren

In diesem Buchteil sind aus einer riesigen Weisheitstradition der Menschheit einige Schätze ausgewählt, die den spirituellen Umgang mit der Macht des Geldes betreffen. Das Folgende kann wie ein kaleidoskopartiges Lesebuch, ein Schöpfen aus alten Quellen verstanden werden. Zum Teil biete ich dazu meditative Imaginationsübungen an, zum Teil kommentiere ich.

Kapitel I Aus der Weisheit von Mythen und Märchen

1. König Midas: Entreiß mich dem gleißenden Unheil

König Midas von Lydien hatte sich bei den Göttern verdient gemacht. Da hat er einen Wunsch frei beim Gotte Bacchus (auch „Liber" genannt). Und Midas, ein Sohn der Fruchtbarkeitsgöttin Kybele, welcher der phrygische Berg Berencyntus geweiht war – der „berecyntische Held" also – wünscht sich Folgendes: (Ovid, Metamorphosen, 11. Buch)

„Mache, dass alles, was ich mit dem Körper berühre, in gelbes Gold sich verwandle!", so sagt er, unfähig, die Gabe zu nutzen. Liber nickt mit dem Haupte Gewährung und spendet die schadenbringende Gabe, bedauernd, dass er nicht besser gewählt hat. Der berecyntische Held entfernt sich, vergnügt ob dem Unheil; dieses berührt er und das und erprobt des Versprechens Erfüllung. Darf er es glauben? Er hat einen niedrig hängenden grünen Zweig einer Eiche gebrochen: der Zweig ist golden geworden. Siehe, er hebt einen Stein: Auch der wird Gold und verfärbt sich. Auch eine Scholle berührt er: Die wunderstarke Berührung lässt einen Klumpen entstehen; der Ceres trockene Ähren pflückt er: Die Ernte ist golden; er bricht und hält einen Apfel: wahrlich, ein Hesperidengeschenk!

Zwischenbemerkung
Bäume sind Goldes wert. Der brasilianische Regenwald auch, die Lungen der Erde; wir verwandeln sie in Sintfluten von Computerpapier und Werbeillustrierten …
Steine sind goldwert. Vor allem im Uranbergbau, auch wenn die Bergleute dabei todkrank werden …
Die Scholle ist goldwert, besonders wenn sie Bauland geworden und halb zubetoniert worden ist: „wunderstarke Berührung" …
Ein chilenischer Apfel ist für den einheimischen Pflücker und seine Familie zu teuer. Aber als Exportware ins Apfelland (!) Thüringen vergoldet er sich dem Plantagenpadron und bringt dem Staat Devisen …
Die kapitalistische Verwandlung der Welt ergreift aber noch tiefere Schichten. Scharfsinnig formulierte Karl Marx im Kommunistischen Manifest von 1848:

Die Bourgeoisie, wo sie zur Herrschaft gekommen, … hat kein anderes Band zwischen Mensch und Mensch übrig gelassen als das nackte Interesse, als die gefühllose „bare Zahlung“ … Sie hat die persönliche Würde in den Tauschwert aufgelöst … Sie hat den Arzt, den Juristen, den Pfaffen, den Poeten, den Mann der Wissenschaft in ihre bezahlten Lohnarbeiter verwandelt. Die Bourgeoise hat dem Familienverhältnis seinen rührend-sentimentalen Schleier abgerissen und es auf ein reines Geldverhältnis zurückgeführt.

Wie geht es nun weiter mit dem lydischen König Midas? Bevor Ovids Metamorphose weiter zitiert wird, sei noch bemerkt, dass genau im lydischen Königreich zwischen 620 und 600 v. Chr. der Übergang von der Barrenform des Goldes zur geprägten Münzform des Tauschmittels Geld erfolgte. Als Metall wurde Elektron, eine Mischung aus Gold und Silber verwendet. Mit der Münzform setzte nachweislich ein unerhörter Wandel des Wertbewusstseins und Sicherheitswahnes des Ego ein. Metall fing an, den Geist zu besiegen.

Oh, wie kann er die Hoffnungen fassen! Nur goldene Berge stellt er sich vor! Da decken die Diener dem Frohen die Tafel; hoch auf türmt man das Mahl; auch geröstete Frucht ist zur Stelle. Aber, oh weh … Wenn er mit gierigen Zähnen die Speisen zu kauen sich anschickt, sind sie, vom Zahne berührt, von gelblichem Blech überzogen. Eben mischt er die Gabe des Spenders mit lauterem Wasser: Flüssiges Gold rinnt ihm durch die Kehle – oh schauet das Wunder! Gänzlich betäubt von der Not, die ihm neu, der Reiche, der Arme, will er den Schätzen entfliehn und hasst, was er eben gewünscht hat! Keinerlei Fülle befriedigt den Hunger, es brennt in der Kehle trockener Durst: Den Schuldigen quält das Gold, das verhasste.

Zwischenbetrachtung
Gänzlich betäubt von der Not, die ihm neu, dem Reichen, dem armen Neu-Reichen – klassische Beschreibung des Menschen der überentwickelten kapitalistischen Gesellschaft. Da gibt es kein zurück mehr. Schon Stillstand wäre Rückschritt und Progression „muss“ sein. Das monetaristische Denken bringt zwar Gewinne, schafft aber keine Werte. „Keinerlei Fülle befriedigt den (seelischen) Hunger“.
Was aber tut Midas? Er ähnelt jetzt dem verlorenen Sohn im Gleichnis Jesu:

Und da hebt er zum Himmel die Hände, die schillernden Arme, betend: „Vergib mir, lenäischer Vater! Ich habe gesündigt. Aber erbarme dich, bitte! Entreiß mich dem gleißenden Unheil!" Mild ist göttliches Wesen: Es heilt den reuigen Sünder Bacchus und löst das Geschenk von der bindenden Pflicht des Vertrages. „Geh", so spricht er, „damit dich das Gold nicht länger umstrickt hält, das du so übel gewünscht, zum Strom, der nahe dem großen Sardes fließt! Dann schreite den gleitenden Wellen entgegen über die Höhe des Ufers, bis dass du zum Ursprung gelangest! Wo der schäumende Quell am kräftigsten sprudelt, da halte unter das Haupt und wasche den Leib und tilge den Frevel!"

Der Gott Bacchus, der griechische Gott der ekstatischen Lebens- und Sinnenfreude (im Gegensatz zum unterirdischen Pluto, dem Gott des Reichtums und der Todeswelt) ist ein barmherziger Gott. Er zeigt dem umkehrwilligen Frevler den Weg zu einer Art Reinigungstaufe. Die „bindende Pflicht des Vertrages", die angebliche objektive Gesetzmäßigkeit unserer Geldwirtschaft, ist aufhebbar, wenn wir es, nach zunehmendem Leidensdruck, nur wollen. Aber noch sind wir nicht so weit wie König Midas. Die Kings bei uns haben von ihrem System noch so viel Gewinn, dass sie den Schaden noch nicht spüren.

Übung: Stell dir vor, du hättest (wie König Midas) einen Wunsch frei … Was kommt dir spontan als Erstes in den Sinn?
Was ist dein tiefster Wunsch, dein Herzenswunsch?
Bedenke: Jeder Herzenswunsch geht irgendwann einmal in irgendeiner Form in Erfüllung. Denn Gott „wird dir geben, was dein Herz wünscht", heißt es im 37. Psalm, wobei Herz hier nicht das empirische Ego ist, sondern das höhere Selbst und Wunsch nicht Anspruch ist, sondern Sehnsucht.
Versuche jetzt, deinen Herzenswunsch zu klären und dann als Gebet zur Sprache zu bringen.

Die Gegenfigur zum lydischen König Midas ist der biblische König Salomo (1. Kön 3):

Der Herr erschien Salomo im Traum des Nachts und Gott sprach: Bitte, was ich dir geben soll! Salomo sprach: „Nun Herr, mein Gott, du hast mich zum König gemacht an meines Vaters David statt. Ich bin aber noch

jung, weiß weder aus noch ein … So wollest du deinem Knecht ein gehorsames Herz geben, damit er dein Volk richten könne und verstehen, was gut und böse ist."
Und Gott sprach zu ihm: Weil du darum bittest und bittest weder um langes Leben noch um Reichtum noch um deiner Feinde Tod, sondern um Verstand, zu hören und recht zu richten, siehe, so tue ich nach deinen Worten … Und dazu gebe ich dir, worum du nicht gebeten hast, nämlich Reichtum und Ehre, sodass deinesgleichen keiner unter den Königen ist zu deinen Zeiten."

So sah man in König Salomo (dem Schalom-Reichen, „Fried-rich") sowohl den Besitzer von sagenhaften Schätzen der Weisheit wie auch von märchenhaften Schätzen an Gold und Silber.
Nur in Krisenzeiten wie der unsrigen ist Geld oder Leben ein Entweder-Oder. Normalerweise aber besteht Kultur in der gegenseitigen Befruchtung von Geld und Geist.
König Salomo war bei aller Sinnenfreude ein spiritueller Mensch. König Midas erscheint demgegenüber als platter Materialist. Er war kein Weiser. Wegen seiner Fehlurteile lässt ihm Apollo zwei lange Eselsohren wachsen. Er verbirgt sie zwar unter einer ständig getragenen purpurnen Tiara, aber der Frisör weiß um das schreckliche Geheimnis unter der goldenen Krone. So wird Ovids Generalthema „Metamorphosen" (Verwandlungen aller Götter, Menschen und Dinge) hier besonders ironisch deutlich: Der alles in Gold Verwandelnde wird zum Eselartigen verwandelt.

2. Gyges und sein Ring: Die Unsichtbarkeit der Ungerechtigkeit

Dieser Mythos (mit historischem Kern, wie wir noch sehen werden) findet sich zuerst beim Philosophen Plato (427–347 v. Chr.) in seiner Schrift „Politeia" („Staat"). Plato spricht (im Zweiten Buch unter 359 und 360) von der „Macht des Mehrhabenwollens", die beide, den gerechten wie den ungerechten Menschen, innerlich überwältigt (zitiert nach: Platon, Sämtliche Werke, Bd. III, S. 98).

Die Macht aber, die ich meine, kann am ehesten eine solche sein … die einst Gyges, der Ahnherr der Lydier, gehabt haben soll. Dieser nämlich soll ein Hirt gewesen sein, der bei dem damaligen Beherrscher von Lydien

diente. Als nun einst großes Ungewitter gewesen und Erdbeben, sei die Erde gespalten und eine Kluft entstanden in der Gegend, wo er hütete. Wie er nun dieses mit Verwunderung gesehen und hineingestiegen sei, habe er dort … ein hohles ehernes, mit Fenstern versehenes Pferd gefunden, durch die er hineingeschaut und darin einen Leichnam gesehen … Dieser nun habe nichts anderes an sich gehabt als an der Hand einen goldenen Ring, welchen jener ihm dann abgezogen habe und wieder herausgestiegen sei … Wie er nun unter den andern gesessen, habe es sich getroffen, dass er den Kasten des Ringes nach der inneren Seite der Hand zu umgedreht, und als dieses geschehen, sei er den Dabeisitzenden unsichtbar geworden, sodass sie von ihm geredet als von einem Abwesenden; darüber habe er sich gewundert, den Ring wieder angefasst und den Kasten nach außen gedreht und sobald er ihn umgekehrt, sei er sichtbar gewesen … Als er dessen inne geworden, hab er sogleich bewirkt, unter die Boten des Königs aufgenommen zu werden, und so sei er gekommen, habe dessen Weib zum Ehebruch verleitet, dann mit ihr dem Könige nachgestellt, ihn getötet und die Herrschaft an sich gerissen.
Wenn es nun zwei solche Ringe gäbe und den einen der Gerechte anlegte, den andern aber der Ungerechte: So würde doch wohl keiner … so stahlhart sein, dass er bei der Gerechtigkeit bliebe und es über sich gewänne, sich fremden Gutes zu enthalten und es nicht anzurühren.

Es wäre hier erst einmal einer ehrlichen Übung wert, zu prüfen, welchen Versuchungen ich ausgesetzt wäre, falls ich den Ring der Unsichtbarmachung hätte, wenn also die Sozialkontrolle im Kaufhaus oder Nachbarhaus oder wo auch immer entfiele … (Hebbels Tragödie „Gyges und sein Ring“ veranschaulicht das.)
Nun zur Interpretation des Mythos: Zunächst hat er einen historischen Kern. Ein Schäfer namens Gyges habe auf den lydischen Hochebenen Kleinasiens, dort, wo es Goldsand führende Flüsse gibt, den König Kandaules ermordet, die Küstenstädte erobert und einen blühenden Handelsstaat errichtet, indem er ein neues Zahlungsmittel aus geprägtem Metall einführte.
Wofür steht nun das Bild des Ringes? Der runde Ring mit seinem goldenen „Kasten“ obenauf könnte ein Symbol für das neue Münzgeld sein. Er ist aus der Unterwelt geholt, aus dem Reich der Toten, von der Hand eines Leichnams. Die unterirdische Welt ist im griechischen Mythos der Bereich des Reichtumsgottes Pluto bzw. des Schmiedes Häphaistos; im germanischen Mythos hausen hier die Zwerge, die die ma-

teriellen Schätze hüten und Glück und Unglück der Menschen schmieden. Gold hat also einen Bezug zum Himmel (siehe Sterntaler) und einen Bezug zur Erde. Es ist ambivalent und kann Liebe oder Gewalttätigkeit bringen. Dass der Ring aus einem bewohnten Pferdeleib stammt, veranschaulicht die animalische, triebhafte Leidenschaft, ja, quasi sexuelle Macht des Geldes. Das Pferd galt auch im kleinasiatischen Troja als heiliges Tier. Deswegen fielen ja die Trojaner auf des Odysseus List mit dem trojanischen Holzpferd herein. Sie holten es nichts ahnend in ihren Tempel, und seinem Leib entsprangen die griechischen Eroberer.
Wofür steht die Unsichtbarkeit? Das ungerechte Handeln entzieht sich oft der Sichtbarkeit. Es scheint sich zumal bei der Geldwirtschaft um unkontrollierbare Eigengesetzlichkeiten zu handeln, gegen die man wehrlos ist, weil man sie nicht durchschaut und weil sie den Schein des Notwendigen und Gerechten an sich haben.
Der Ring des Gyges ist also ein Symbol für die unbegrenzte Machbarkeit im Dienst der Begehrlichkeit. Das Individuum ist dieser Macht ausgeliefert, solange ein Mensch nicht nach Platons Vorstellung von Gerechtigkeit ein „Ganzer“ geworden ist, einer, der seine Zentren, Begehrlichkeit des Bauches, Beherztheit des Seelenmutes und Reinheit der Vernunft nicht integriert und geeint hat. Dies ist vor allem Aufgabe der staatlichen Erziehung, meint Plato; denn der ideale Staat ist der „Große Mensch“, der die drei wichtigsten Schichten, die Begehrlichkeit des Volkes, den Mut der Soldaten und den Verstand der Philosophen in sich zur Einheit und Ganzheit bringt.

3. Das Wasser des Lebens: „... und sah die goldene Straße gar nicht“

(Gebr. Grimm, Kinder- und Hausmärchen II, Nr. 97)

Die meisten deutschen Märchen gipfeln in einer königlichen Hochzeit. Diese ist das Symbol für den Abschluss eines gefahrvollen und mühseligen Individuationsprozesses auf dem Weg zum integrierten Mann- oder Frausein. Dies „Wasser des Lebens“ zu finden, mit dem die Söhne den todkranken Vaterkönig (die todkranken Strukturen des herrschenden Systems) heilen können, ist nicht leicht. Die beiden älteren Söhne des Märchens stehen für Besitzgier und Hochmut. Sie geraten durch die Verwünschung eines von ihnen schlecht behandelten Zwerges (das bedeutet: durch die Missachtung der heimlichen Weisheit) in die Klemme eines Bergschachtes. Sie sind eben nur egohaft-materialistisch eingestellt. Der jüngere Sohn aber findet den hermetischen Lebenswasserbrunnen durch Demut und Tapferkeit, verbunden mit solidarischem Teilen von Schwert und Brot. Durch seine Fürsprache werden seine Brüder aus der Gewalt des Berges befreit. Aber sie stehlen ihm den Becher mit dem Wasser des Lebens. Er kommt lebensbedroht im tiefen Wald, also in einer tiefen Lebenskrise, zur königlichen Lebensreife, indem er das bittere Unrecht geduldig erleidet. Das verlorene Lebenswasser wird nicht ohne eine Prüfungs- und Leidenszeit endgültig erworben.

Die Königstochter aber ließ eine Straße vor ihrem Schloss machen, die war ganz golden und glänzend, und sagte ihren Leuten, wer darauf geradeswegs zu ihr geritten käme, das wäre der Rechte und den sollten sie einlassen, wer aber daneben käme, der wäre der Rechte nicht.

Von den Brüdern denkt jeder, es wäre jammerschade, wenn man mit dem Pferd darauf träte und das Gold beschädigte. So vereiteln sie durch ihre falsche Rücksichtnahme auf das Gold, dass ihnen das Tor zur Liebe und zum Lebensbrunnen geöffnet wird.

Als nun das Jahr ganz herum war, wollte der Dritte aus dem Wald fort zu seiner Liebsten reiten und bei ihr sein Leid vergessen. Also machte er sich auf und dachte immer an sie und wäre gerne schon bei ihr gewesen und sah die goldene Straße gar nicht. Da ritt sein Pferd mitten darüber hin und als er vor das Tor kam, ward aufgetan und die Königstochter empfing ihn mit Freuden und sagte, er wäre ihr Erlöser und der Herr des Königreiches, und ward die Hochzeit gehalten mit großer Glückseligkeit.

Die Weisheit des Märchens vom Wasser des Lebens weiß um die letzte Alternative: Geld oder Leben!

Übung: Prüfe nach, ob es bei dir ähnlich ist: Zwei Drittel Anteile deiner Persönlichkeit gleichen den zwei Brüdern, ein Drittel gleicht dem jüngsten Bruder, der erst durch eine Prüfungszeit „im tiefen Walde“ befähigt wird, das Wasser des Lebens zu finden und ein ganzer Mensch, ein König, zu werden.

4. Sterntaler: „... Da fielen auf einmal die Sterne vom Himmel“

In diesem Grimmschen Märchen (Nr. 153) begegnet uns der „himmlische“ Aspekt des Geldes auf folgende Weise:

Ein kleines verwaistes, verarmtes, obdachloses Mädchen, weil es von aller Welt verlassen war, ging im Vertrauen auf den lieben Gott hinaus ins Feld.

Unterwegs wird es von immer wieder von anderen armen Kindern angebettelt. Es schenkt ihnen nacheinander sein Stückchen Brot, seine Mütze, sein Leibchen, sein Röcklein, schließlich nachts im Walde auch noch sein Hemdlein.
Das ist ein ergreifendes Bild der reinen Anima, der nackten, heiligen Seele selbst, des „gelassenen“ Wesens im Nullpunkt der vollständigen Hingabe an das Hier und Jetzt. Es ist ein Prozess des Armwerdens, zuerst im Elternhaus, dann auf freiem Felde, dann im dunklen Walde, schließlich unter dem nächtlich-klaren Sternenhimmel. Auf diesem Weg der völligen Entäußerung und nur so vollzieht sich der Umschwung von der Armut in die Fülle. Dem puren Sein wird ein lebenslanges Haben zuteil, so gewiss wie das Haben ohne Sein nur kurze Dauer hat. Denn

wie es so stand und gar nichts mehr hatte, fielen auf einmal die Sterne vom Himmel und waren lauter harte blanke Taler; und ob es gleich sein Hemdlein weggegeben, so hatte es ein neues an, und war vom allerfeinsten Linnen. Da sammelte es sich die Taler hinein und war reich für sein Lebtag.

Die Weisheit des armen Volkes weiß, dass hinter der irdischen Währung eine himmlische Währung vorhanden ist. „Denn Seine Güte währet ewiglich“ – so drückt es der Glaube der hebräischen Psalmenpoesie aus. Das Mädchen war *gut und fromm*, sagt das Märchen. Wenn die Seele des Volkes gut ist, nicht hartherzig, gierig, angstbesetzt, dann verdirbt der Volkskörper nicht, ja, er empfängt kosmische Segenskräfte. Das ist offenbar eine altdeutsche Lebenserfahrung, an die wir heute wieder anknüpfen können, wenn wir an sie zu glauben wagen.
In der Stunde der Entblößung bis zur nackten Existenz im Wald, in dunkler Nacht, im Tiefpunkt der solidarischen Entäußerung, fallen wie in der apokalyptischen Weltkrise *auf einmal die Sterne vom Himmel, und waren lauter harte blanke Taler.*

(In dem Bechsteinmärchen „Der Wunschring" fallen diese harten Taler durch den für einen unreifen Menschen gefährlichen Wunschring in solcher Menge vom Himmel ins Haus, dass der Zimmerboden bricht und der Gierige vom Geld begraben wird.)

Übung: Wenn du einmal in einer sternklaren Nacht im Garten bist oder in einem Park oder an einem Waldrand, dann stehe eine Weile still. Blicke zum Firmament empor. Strecke deine leeren Hände aus. Spüre deine letzte Machtlosigkeit und Armut. Fühle dich wie ein kleines Kind. Imaginiere, dass alles, was du bei dir hast, von dir abfällt: Schuhe, Uhr, Börse, Kleider. Lass den Gedanken zu: Die Sterne sind Millionen Lichtjahre weit weg, Milliarden Jahre alt, du kennst sie nicht, sie kennen dich nicht, sie sind absolut unpersönlich. Lass jetzt den gegenteiligen Gedanken zu: Die Sterne blinken dir zu, sie kennen dich mit Namen, sie grüßen dich von ihrem und deinem Schöpfer. Fange ihre Strahlen auf. Versuche schweigend oder mit Worten zu beten, etwa im Sinne von Psalm 8 (frei übertragen):

Wenn ich sehe die Himmel, Deiner Finger Werk, den Mond und die Sterne, die Du bereitet hast: Was ist der Mensch, dass Du seiner gedenkst, und des Menschen Kind, dass Du Dich seiner annimmst? Kindermündern und Säuglingsschreien hast Du mehr Macht gegeben als dem Gehabe von Gottesleugnern und Menschenverächtern. Bei Dir ist das Große nicht groß und das Kleine nicht klein, das Viele nicht viel, das Wenige nicht wenig, der Reiche nicht reich und der Arme nicht arm … Ich verliere mich vertrauensvoll in Deine anderen Maßstäbe …

Kapitel II Aus der Weisheit der frühchristlichen Väter

1. Den Sparsamen mit seinem Geld begraben

In den gesammelten Aussprüchen der frühchristlichen Wüstenväter und -mütter (Weisung der Väter, Bd. 6) heißt es unter Nr. 952:

Ein Bruder aus Nitria, der mehr sparsam als geizig war und nicht bedachte, dass der Herr Jesus um dreißig Silberlinge verkauft wurde, hinterließ bei seinem Tode hundert Goldstücke, die er durch Leinenweberei gesammelt hatte. Die Mönche (von denen es damals an diesem Ort an die fünftausend gab, die in „Kellien" genannten Zellen verstreut lebten) berieten auf einer Versammlung, was hier zu tun sei. Einige meinten, man soll das Geld unter die Armen verteilen, andere, man müsse es der Kirche geben, wieder andere, man müsse es seinen Verwandten zurücksenden. Makarios, Pambo, Isidor und andere Altväter jedoch beschlossen auf Eingebung des Heiligen Geistes, das Geld solle mit seinem Eigentümer begraben werden, indem sie sprachen: Dein Geld fahre mit dir ins Verderben (Apg 8,20). Jedoch, dass niemand dieses Verfahren etwa für zu grausam halte: Alle Mönche in ganz Ägypten ergriff Furcht und Schrecken; denn sie hielten es für ein großes Verbrechen, auch nur eine Goldmünze zu hinterlassen.

Absurd? Sehen wir einmal, was sich hinter dem Vorgang verbirgt:
Zuerst: Ein fleißiger Wüstenmönch, dessen Askese offenbar im harten Arbeiten bestand, spart eine Menge Geld an. Nicht Geiz oder Geldgier steht am Beginn der Kapitalbildung, sondern die Tugend der Sparsamkeit. Offenbar muss der Bruder doch eine gewisse Befriedigung oder Stolz empfunden haben über die sichtbaren Früchte seines bis zum Lebensende währenden spirituellen Engagements. Kann er da nicht dankbar die Augen schließen?
Jedoch: In der ägyptisch-syrischen Massenbewegung von Kulturflüchtlingen, die sich als Asketen in Einzelzellen oder Gemeinschaftsklöstern über vier Jahrhunderte hinweg in die Wüste begaben, war es nicht üblich, nicht nötig, ja, verpönt, Geld zu etwas anderem als zum Tauschhandel zu benutzen. Hatte der Herr nicht „Fünftausend" in der Wüste mit seinem Wort und seinem Brot gespeist?
Wohin nun mit dem Geld? Der erste christlicher Reflex ist ein sozialer:

unter die Armen verteilen! (Davon gibt es übergenug in den ägyptischen Klein- und Großstädten.) Der zweite ist ein kirchlich-institutioneller: die Diözesankirche! Für Messen, Glocken, Orgeln, Türme, Glasfenster wird bis heute gern gespendet. Der dritte Reflex: ein juristisch-bürgerlicher: Die Angehörigen sind die Erben!

Aber damals wie erst recht heute kann man ethisch anzweifeln, ob die Erben von drei erfolgreichen Wohlstandsgeneration ohne eigenen Verdienst noch reicher werden dürfen.

Der vierte Reflex ist kein Reflex, sondern eine „Eingebung des Heiligen Geistes": Drei berühmte Altväter besinnen sich auf die Heilige Schrift, auf den Apostel Petrus. Von ihm berichtet die Apostelgeschichte, er habe zu dem christlichen Magier Simon gesagt: Dass du verdammt werdest mitsamt deinem Geld, weil du meinst, Gottes Vollmacht, den Heiligen Geist zu vermitteln, könne durch Geld erlangt werden. Da wird nun freilich dem entschlafenen Mönch ein sehr unchristliches Motiv unterschoben und ihm wird gar noch die Seligkeit abgesprochen. Aber offenbar sehen die „inspirierten" Väter auch hier einen verborgenen Zusammenhang zwischen Geldsucht und Geltungssucht. Die Vorstellung, mit Geld sei alles zu erwerben, sogar Geist, ja, Heiliger Geist oder gar die ewige Seligkeit, ist zutiefst „magisch" und „simonitisch", kurz: „unselig".

So bleibt nichts anderes übrig, als das in unlauterer Spiritualität ersparte Geld mit dem Leichnam zusammen zu begraben. Geld kann stinken. Positiv gesehen: Die hundert Goldstücke kehren wieder zurück in die Erde, aus der sie gewonnen wurden.

2. Asterius von Amasea: Gebrauchen, nicht besitzen

Aus einer Predigt über den „ungerechten Haushalter" (Lk 16), eine von den schwungvollen und kulturgeschichtlich bedeutsamen Homilien des berühmten Predigers und Bischofs in Pontus (um 450) (zitiert nach: Weisheit der Väter, S. 187):

Angenommen, du besäßest ein Grundstück, du magst es von den Vätern ererbt oder durch einen Kaufvertrag dir zu eigen gemacht haben. Nun erinnere dich und zähle, wenn du kannst, alle auf, die es vor dir schon besessen haben:

– – –

Sodann richte dein Denken auch auf die Zukunft und bedenke, wie viel Herren es nach dir haben wird:

– – –

So sage mir doch, wer nun eigentlich der Herr ist und wem die Herrschaft in erster Linie zukommt, den früheren, den gegenwärtigen oder den künftigen Besitzern?

– – –

Wenn einer wie aus der Versenkung alle versammeln könnte, so fände man mehr Eigentümer als Erdschollen.

– – –

Dabei war doch, was sie alle besessen haben, allein des einzigen HERRN Eigentum.
So erquicken und ernähren die Güter unseres irdischen Wandels viele; doch ist ihr Herr Gott allein, der das unvergängliche und unverderbliche Leben besitzt.

Übung: Imaginiere bei den angegebenen Pausezeichen das Grundstück, auf dem du dich zur Zeit befindest. Gehe mit deinen Vermutungen ruhig Jahrhundert um Jahrhundert zurück und vor. Setze dich und das Stück Erde in die Gottesbeziehung des Hier und Jetzt. Nimm dabei deine verschiedenen Gedanken und Gefühle wahr.

Diese Meditation steht übrigens in enger Beziehung zu der juristischen Unterscheidung zwischen Eigentümer und Besitzer. In den vorbürgerlichen Gesellschaften gab es nur Besitz, aber kein Eigentum, so z.B. bei den vorkolumbianischen „Indianern". Eigentum an Boden, Wasser und Luft war sowieso unvorstellbar. Aber auch die gemeinschaftlich gebauten Häuser waren nur im Besitzrecht, nicht im Eigentumsrecht. In unserer postbürgerlichen Gesellschaft sind die großen Eigentümer oft gar keine menschlichen Individuen mehr, sondern riesige bürokratische Konzerne. An deren Aktien sind freilich viele Klein- und Großaktionäre Miteigentümer. Aber was haben sie wirklich in der Hand? Sie sind in der Hand von berühmten juristischen Personen mit den Namen Siemens und Daimler und Toyota. Was wir heute brauchen, ist eine „Eigentumsordnung von unten". Es muss wieder mehr Grund und Boden in kommunales Eigentum übergehen, damit eine Stadt ihr Eigentum an die Bürger für konkretes Wohnen und Wirtschaften überlassen oder als Erbpacht anbieten kann. Eine Neuorientierung am Gemeinwohl ist dringend nötig! Auch dies könnte das Ergebnis einer sehr persönlichen Meditation „Gebrauchen oder Besitzen“ sein!

3. Johannes Kolobos: Heilige Vergesslichkeit

Ein Bruder kam, um bei Abbas Johannes (vor 450) *Körbe zu holen. Dieser trat heraus und fragte: ‚Was willst du Bruder?‘ Der antwortete: ‚Körbe, Abbas.‘*
Johannes ging hinein, um sie zu holen, vergaß (die Sache) aber, setzte sich hin und flocht weiter. Der Bruder klopfte wieder und sagte, als Johannes heraus kam: ‚Bring die Körbe, Abbas!‘
Dieser ging hinein und setzte sich wieder zum Flechten hin. Und nochmals klopfte der Bruder. Wieder kam Johannes und fragte: ‚Was willst du Bruder?‘ ‚Die Körbe, Abbas.‘
Da nahm er ihn bei der Hand, führte ihn hinein (ins Kellion) und sagte: ‚Wenn du Körbe willst, nimm und geh. Ich habe nämlich keine Zeit.‘“
(Nach Franz Dodel, S. 120)

Time is money? Time is God!
Körbeflechten war die hauptsächlichste Handarbeit und Verdienstquelle der Wüstenväter. Der Väterspruch zeigt, dass die Mönche dennoch nicht um des Geldes willen, sondern einfach um der Handarbeit willen arbeiteten. Arbeit war eine andere Form des Gebetes, war eine Art Meditation der Materie, eine ständige Heimkehr der zerstreuten Gedanken und Gefühle ins göttliche Hier und Jetzt. Durch die Aufmerksamkeit der Augen und der Hände wird nicht nur Rohmaterial in gestaltete Ware transformiert und diese dann in Geld, sondern gleichzeitig wird Natur in Geist transformiert. Abbas Johannes war offenbar bereits so desinteressiert an der Absicht von Produktion, Verkauf und Erwerb, dass der sonst so allmächtige Trieb des Gewinnstrebens völlig in einer Art heiliger Vergessenheit versunken war.
Übrigens wurden gerade auch die abendländischen Zisterzienserklöster zur Wiege der modernen rationalen, maschinellen, arbeitsteiligen Arbeitsweise. Aber die ursprüngliche Motivation war nicht (wie in den Glanz- und zugleich Verfallszeiten der Ordensgeschichte) Profitmaximierung, sondern bestand darin, Zeit zu gewinnen für „das Eigentliche“. So entstanden nüchterne Sachlichkeit, schmuckloser (und darum schöner) Baustil, zeitökonomische Askese und Lebensvereinfachung. Aller Erfindungsreichtum und Zweckrationalismus hatte nur einen Grund:

mehr Zeit für das liturgische Beten zu gewinnen und die Arbeit als „Gottesdienst“ außerhalb der Kirche zu „zelebrieren“. Beten und Arbeiten waren die beiden Seiten derselben spirituellen Münze.

Übung: Versuche einmal, deine Arbeit in Haus, Hof oder Garten, am Arbeitsplatz, sei es im Büro, auf der Baustelle, im Betrieb, Geschäft, im sozialen oder Lehrberufsdienst usw., nicht als Menschendienst, nicht als Mammonsdienst, sondern um seiner selbst willen, ja, als Gottesdienst aufzufassen.
Erkenne deine Motivationen, Gebundenheiten, Ängste, Begehrlichkeiten, Anerkennungserwartungen, Leidenschaften, Leiden, Selbstgefälligkeiten, deine Langeweile oder deine Hektik; schaue dir zu, wie du arbeitest.

4. Evagrios Pontikos: Frei wie ein hoch fliegender Adler oder gefesselt wie ein Hund an der Kette

Die Geldgier ist die Wurzel aller Übel und nährt die übrigen Leidenschaften. Ein Besitzloser ist ein hoch fliegender Adler, der nur dann auf Beute herabstößt, wenn die Not ihn dazu zwingt. Er hat einen leichten Flügel, der von Sorgen nicht beschwert wird. Eine Bedrängnis naht und ohne Trauer verlässt er den Ort.
Ein besitzloser Mensch ist ein Athlet, den man nicht um die Taille fassen kann.
Der Vielbegüterte ist von Sorgen gefesselt und wie ein Hund an die Kette gebunden. Selbst wenn er gezwungen ist auszuwandern, trägt er die Erinnerung an seine Güter als eine schwere Last und eine nutzlose Belästigung mit sich herum.
Das Begehren des Geldmenschen wird durch Besitztümer nicht gestillt. Er verdoppelt den vorhandenen Besitz und verlangt ihn dann noch einmal zu verdoppeln. Und nie hört er auf mit dem Verdoppeln, bis der Tod diesem fruchtlosen Eifer ein Ende setzt.
(Anselm Grün, S. 66)

Zwischenübung: Schau nach, ob du Ketten hast und wie sie heißen. Schau nach, wie viel von deiner augenblicklichen Last und Belästigung nur in der Erinnerung an Verluste, in unerledigter Vergangenheitsbewältigung liegt.

Die obigen Zitate stammen aus dem 3. Kapitel „Über die Geldgier" aus dem Werk des Evagrios Pontikos „Über die acht Gedanken". Der 399 verstorbene Wüstenvater hat ein interessantes Seelsorgemodell, eine neunfache Typenlehre („Enneagramm") über die Leidenschaften der Seele entworfen. Nach dem platonisch-paulinischen Menschenbild hat er drei Hauptbereiche des Menschen und seiner Verführbarkeit geschaut: auf der Ebene des Denkens, des Fühlens und des vitalen Begehrens. Auf jeder Ebene sieht Evagrios je drei Leidenschaften, also neun Eingravierungen verortet.
Hier interessiert uns jetzt unter den acht „Gedanken" bzw. später neun „dämonischen" (d. h. übermächtigen, automatischen, zwanghaften) Leidenschaften nur der Besitztrieb.
Er gehört zusammen mit der Nahrungsaufnahme und der Sexualität zu den drei körperlichen Grundtrieben des vitalen Begehrens (*epithymia*). Er kann zur Sucht werden, zur Habsucht, so wie der Ess- und Trinktrieb zur Völlerei und der Sexualtrieb zur Zwanghaftigkeit werden kann.
Als natürliche Triebe aber haben sie auch eine spirituelle Finalität, nämlich Gott zu genießen, sich mit Gott liebend zu vereinen und von Gott besitzend von ihm besessen zu sein. Diese dreifache Ekstase der geistlichen Kommunion steckt im noch nicht transformierten Kern der miteinander verwandten Wurzelsünden Habgier, Essgier und Unkeuschheit.
Evagrios weiß, dass unser Begehren nach Geld und Gut nie nur materielle Dinge meint; diese sind im Grunde nur Symbole für die spirituellen Güter, nach denen unsere Seele unbewusst dürstet. Die kostbare Perle, die wir suchen, der Schatz im Acker, den wir finden, ist das Gottesreich. Die Transformierung und Transzendierung von der körperlich-psychischen Ebene in die spirituelle Bewusstseinswelt kann nicht geschehen ohne die zerstörerische und umwandelnde Kraft des Sterbens, des schmerzhaften Abschiedes, des freiwilligen oder unfreiwilligen (einwilligenden) Loslassens, ja, des Todes selbst. Darum empfiehlt sich eine weitere Übung zur Verwandlung des „Kettenhundes" in uns selbst zu einem frei schwebenden Adler:

Übung: Stelle dir vor dem Einschlafen vor, das Bett sei jetzt dein Sterbelager.
Beginne nun mit dem Abschiednehmen von Hab und Gut und Vermögen, von lieben und wertvollen Dingen (Vorsicht: bei dieser Übung: nicht von *Menschen* Abschied nehmen!).
Nimm die Unterschiede wahr, was leicht fällt, was schwer fällt. Stelle dir vor, deine Seele schwebt „wie ein hoch fliegender Adler" über deinen irdischen Dingen und du siehst alles aus der Distanz.
Versuche die Übung mit einem Dankgebet zu beenden.

5. Clemens Alexandrinus: Eigentum verpflichtet

Gott hat unser Geschlecht zur Gemeinschaft geschaffen … nachdem er alles für alle geschaffen hatte. Daher sei alles gemeinsam, und die Reichen dürfen nicht geizig sein.
Es ist menschenunwürdig und unsozial, zu sagen: ‚Es ist mir erlaubt und ich habe es im Überfluss; was soll ich es nicht genießen?'
Lieblicher klingt dagegen: ‚Es ist mir erlaubt; warum sollte ich nicht den Bedürftigen davon mitteilen?'
Vollkommen ist der Mensch, der das Gebot erfüllt: ‚Du sollst deinen Nächsten lieben wie dich selbst.' Das ist wahrer Genuss und ein köstlicher Schatz.
Aber Aufwand, den man für eitle Begehren treibt, ist als Verschwendung und nichts als Verschwendung zu buchen.
Gott gab uns gewiss Vollmacht zum Gebrauch, aber im Rahmen des Notwendigen und er wollte, dass der Gebrauch gemeinsam *geschehe.*
Es ist widersinnig, dass einer in Überfluss leben soll und viele in Not. So viel rühmlicher ist es, vielen wohl zu tun, als prunkvoll zu wohnen. So viel verständiger ist es, sein Geld auf Menschen zu verwenden als auf Gold und Edelsteine. So viel nützlicher ist es, Freunde zu erwerben, die uns zum Schmuck gereichen, als toten Schmuck. Wem könnten Äcker so viel nützen wie das Schenken?
(Weisheit der Väter, S. 165)

Übung: Verstehe diesen Text des Clemens Alexandrinus (um 200) nicht moralistisch, als wollte er dir ein schlechtes Gewissen über dein Eigentum machen, sondern kreativ, als wollte er dir helfen, das lebendige Beziehungsgeflecht zu sehen, in welches du mit Geben und Nehmen eingebettet bist, und zwar:

Lokal: Welcher Art ist der Austausch mit meinen Nachbarn? Mit den soziologischen Schichten meines Wohnortes? Wie ist meine Gastfreundschaft entwickelt?
regional: Welcher Art ist mein Lebensstandard im Vergleich mit dem Durchschnitt meines Landes? West- und Osteuropas? Gibt es Kontakte, Austausch von Waren und Ideen?

Global: Wie nehme ich am Weltgeschehen teil, wie informiere ich mich (z.B. durch Einkauf im Weltladen, durch Daueraufträge für Brot für die Welt, Misereor, Welthungerhilfe, durch örtliche Betreuung von Asylbewerbern, nicht rein touristische Auslandsreisen, internationale Korrespondenz, einschlägige Fernsehsendungen usw.)?

Kapitel III Aus der Welt der abendländischen Väter

1. Benedikt von Nursia: Maßstäbe einer Kultur des Lebens

Der abendländische Mönchsvater Benedikt von Nursia (um 480–547) gilt als (unbeabsichtigter!) Vater der christlich abendländischen Kulturspiritualität. „Beten und Arbeiten" – diese Paarung und in dieser Reihenfolge (denn „nichts soll dem Gottesdienst vorgezogen werden!") –, dies war der griechisch-römischen Kulturwelt völlig fremd.
Die berühmte *regula benedicti* (zitiert nach der lateinisch-deutschen Ausgabe von Beuron 1992) wollte keineswegs nur eine spezielle Mönchsordensregel sein. Sie verstand sich überhaupt als entschiedene Alternative zur dahinsterbenden Spätantike als eine Schule der Weisheit zum maßvollen glücklichen menschlichen Leben. So konnte sie mit ihrer Spiritualität Wesentliches und Bleibendes zur Grundlage der abendländischen Kultur beitragen.
Der Prolog beginnt mit einem Signalruf zum Erwachen aus der Trägheit des Mitschwimmens in einer morbiden, triebhaften, städtischen Spätkultur und benutzt dazu die Sprachtradition der biblischen Weisheitsliteratur:

Höre, mein Sohn, auf die Weisung des Meisters, neige das Ohr deines Herzens …
Stehen wir also endlich einmal auf!
Die Schrift rüttelt uns wach und ruft:
„Die Stunde ist da, vom Schlaf aufzustehen."

Es geht bei der *regula* durchaus um das Glück des Lebens, wie es echte Weisheit anbietet.

Wer ist der Mensch, der das Leben liebt und gute Tage zu sehen wünscht?
Wenn du das hörst und antwortest: „Ich", … Seht, in seiner Güte zeigt uns der Herr den Weg des Lebens …
Wir wollen also eine Schule für den Dienst des Herrn einrichten.
Bei dieser Gründung hoffen wir, nichts Hartes und nichts Schweres festzulegen …
Wer … im Glauben fortschreitet, dem wird das Herz weit und er läuft im unsagbaren Glück der Liebe den Weg der Gebote Gottes.

Die erste von zwölf Stufen der Demut ist die grundlegende: Die Wahrnehmung der eigenen automatischen Wünsche und Begierden. Das ist der Beginn der Kehre. Darum heißt es lapidar – und diese ungeheuerlichen Sätze bilden bereits die Grundlegung einer neuen Kultur des Lebens:

Wende dich ab von deinen Wünschen!
Lauf deinen Begierden nicht nach!

In Kap. 31 heißt es vom Cellerar des Klosters:

Er mache die Brüder nicht traurig. Falls ein Bruder unvernünftig etwas fordert, kränke er ihn nicht durch Verachtung, sondern schlage ihm die unangemessenen Bitte vernünftig und mit Demut ab.

Hier wird weise unterschieden zwischen Wunsch und Anspruch. Und dem Anspruch wird mit Vernunft und Demut geantwortet!
Weiter wird dem Cellerar, dem Verwalter, gesagt:

Alle Geräte und den ganzen Besitz des Klosters betrachte er als heiliges Altargerät … Er sei weder der Habgier noch der Verschwendung ergeben … Kann er einem Bruder nichts geben, dann schenke er ihm wenigstens ein gutes Wort.
Es steht ja geschrieben: „Ein gutes Wort geht über die beste Gabe."

Man ahnt, wie reich eine Kultur des Herzens sein kann jenseits aller materiellen Werte. Und die quasi religiöse Ehrfurcht vor den Dingen und Geräten ist der genaue Gegensatz zur heutigen, von unserer Produktionsweise gewünschten Wegwerfmentalität.
Im Kap. 33 über den Eigenbesitz der Mönche heißt es nun:

Vor allem dieses Laster muss mit der Wurzel aus dem Kloster ausgerottet werden … Keiner habe etwas als Eigentum, überhaupt nichts … Alles Notwendige dürfen sie aber vom Vater des Klosters erwarten … „Allen sei alles gemeinsam", wie es in der Schrift heißt.

Hier wird deutlich, dass das benediktinische Kloster nicht eine Spezialform des Christentums sein will, sondern eine neue Realisierung der Jerusalemer Urgemeinde.

So sind die Benediktiner auch nie arm gewesen, sondern wohlhabend. Nicht einem Armutsideal haben sie sich versprochen, sondern der Gütergemeinschaft. Die auszurottende Wurzel allen Übels ist nicht der Besitz an sich, sondern der Privatbesitz für sich. Unser Grundgesetz versucht wenigstens, die schrankenlose Willkür des Privatbesitzes zu zähmen mit dem Hinweis auf die Sozialpflichtigkeit des Eigentums. Aber unsere Wirklichkeit entspricht dem nicht mehr.
Im Zusammenhang unseres Themas interessieren zum Schluss noch einige Sätze aus Kap. 57: Mönche als Handwerker.

Wird einer von ihnen überheblich, weil er sich auf sein berufliches Können etwas einbildet und meint, er bringe dem Kloster etwas ein, werde ihm seine Arbeit genommen.

Sehr interessant! Natürlich bringt ein tüchtiger Handwerker dem Kloster etwas ein. Aber vor Gott ist das eine Selbsttäuschung. Unsere Frage „Was bringt's? Rechnet es sich?" wird als gottlos entlarvt. Und weiter sehr überraschend:

Bei der Festlegung der Preise darf sich das Übel der Habgier nicht einschleichen. Man verkaufe sogar immer etwas billiger, als es sonst außerhalb des Klosters möglich ist, damit in allem Gott verherrlicht werde.

Das Unterbieten ist keine Taktik im Konkurrenzkampf und kann im Kontext einer Armutsgesellschaft auch nicht die Preise verderben. Es ist vielmehr ein Zeichen der Selbstlosigkeit und des Vertrauens in die göttliche Fürsorge. Wieso könnte diese Geisteshaltung nicht auch die Grundlage modernen Wirtschaftens sein?

2. Franz von Assisi: Vermählung mit Frau Armut – im Angesicht des Frühkapitalismus

Die wenigen hier ausgewählten Stücke aus der großen Franztradition wollen nicht als religiöse Erbaulichkeiten eines exotischen Originals betrachtet werden. Die Franziskusforschung ist sich heute weitgehend einig, dass sich mit der franziskanischen Volksbewegung auf der Schwelle des europäischen Frühkapitalismus noch einmal eine leuchtende und liebenswerte Alternative zu dem verheißungs- und verhängnisvollen Weg

in die Geldwirtschaft aufgetan hat. Zwar ist Franz (1182–1223) mit seinem Uranliegen innerhalb der römischen Kirche, ja, schon innerhalb seines eigenen Ordens und erst recht innerhalb der bürgerlichen Gesellschaft gescheitert. Nicht zuletzt dieser tiefe Christusschmerz hat ihn seelisch und körperlich stigmatisiert.
Die folgenden Stücke wollen nicht einladen, das kritische Verhalten des heiligen Franz dem Privatbesitz und speziell dem Geldgebrauch gegenüber nachzuahmen. Franz ist kein Vorbild zur Imitation. Er ist mehr. Er ist ein Christussymbol für eine neue innere und auch äußere Grundeinstellung dem Leben gegenüber. Statt der totalen Nutzen-Kosten-Berechnung einer pseudoreligiösen fetischartigen Geldgläubigkeit zu verfallen, zeigt uns Franz einen mystagogischen Zugang zu den Grundenergien Wasser, Feuer, Luft und Erde. Er weiht uns ein in die Geschwisterlichkeit gegenüber der Tier- und Pflanzenwelt, er lebt uns ein zutiefst erotisches Verlöbnis mit der weiblichen Seite Christi vor, nämlich mit der schönsten Frau namens Armut. Bewegt hat Giotto in der Vierung der Unterkirche von San Francesco diese Vermählungsszene gemalt. Franzens innige Liebe zur heiligen Klara ist wiederum nur ein reales Symbol für diese große Alternative. Franz ist der Mensch der Liebe. Bonaventura sagt von ihm: „Nie ist ein Mensch so auf das Geld erpicht gewesen wie er auf die Armut." Als er einmal weinend über die Felder lief, fragte ihn ein Bauer: „Franz, warum weinst du so?" Der Poverello antwortete: „Weil die Liebe nicht geliebt wird." Dante, der politisch und theologisch franziskanisch geprägt war, dichtet in der göttlichen Komödie von der heiligen Frau Armut, sie war „elfhundert Jahr und länger ganz verachtet und nie umworben bis auf diesen" (auf Franz). Es kommt einem tatsächlich vor, als würde nach 1200 Jahren kirchengeschichtlicher Fehlentwicklung ein einzelner Mann um die Kirche als „arm-selige" Braut Christi werben; sie aber entschied sich, der großen reichen Dame zu gleichen, wie sie der Seher Johannes in Apokalypse 17 beschreibt, „bekleidet mit Purpur und Scharlach und geschmückt mit Gold und Edelsteinen und Perlen und hatte einen goldenen Kelch in der Hand … und auf ihrer Stirn war geschrieben ein Name, ein Geheimnis: das große Babylon, die Mutter aller Gräuel auf Erden." Aber noch und immer wieder bis heute wird um die Gestalt dieser Frau geworben.
Am Anfang seiner Wandlung vom Kaufmannsohn zum Poverello, vom Kriegsglücksritter zum Liebenden steht folgendes Ereignis:
Spät an einem Abend hatten ihn die jugendlichen Klubgenossen von Assisi zu ihrem Tafelmajor gewählt. Sie dachten, er werde sich's etwas

kosten lassen. Er ließ ein verschwenderisches Mahl bereiten wie schon oft. Dann zogen sie singend durch die Stadt, er mit dem Tambourstab des Führers.

Auf einmal blieb Franz ein wenig hinter den andern zurück. Er sang nicht mehr, er war in tiefes Sinnen versunken. Denn plötzlich hatte ihn der Herr berührt. Und eine solche Süße erfüllte sein Herz, dass er weder reden noch sich bewegen konnte … Er erzählte es später selbst … Er war wie in einen andern Menschen verwandelt. „Was hast du denn in deinen Gedanken?", fragte ihn einer … „Wohl eine Donna, die du dir erobern willst?" Lebhaft gab er zur Antwort: „Ja, wirklich! Und die Braut, an die ich dachte und die ich heimführen möchte, ist edler, reicher und schöner, als ihr jemals eine gesehen!"
… Von der Stunde an begann er … das zu verachten, was zuvor seine Neigung besessen … (Karrer, S. 37)

Seine vorige „Besessenheit" bestand in Plänen von Kriegszügen zu Erwerbung von Ruhm, Ehre, Glück und Reichtum. Auf solch einem Feldzug geriet er in Gefangenschaft, wurde schwer krank und lernte, seine Träume anders zu verstehen.
Auch die Transformation vom Kaufmannsohn zum Poverello erfolgte nun durch eine heftige Krise, nämlich mit seinem Vater, dem Tuchhändler Pietro Bernardone. Sofort, nachdem das Kreuz von San Damianio zu ihm gesprochen hatte, er solle die verfallene Kirche wieder aufbauen, nahm er diesen Auftrag wörtlich.

Er bestieg das Pferd, nahm einen Ballen bunten Tuches mit und ritt nach Foligno. Dort verkaufte er das Pferd mitsamt allem, was er mitgebracht, um sogleich nach der Kirche S. Damiano zurückzukehren. Er traf daselbst den armen Priester und … bot ihm die ganze Summe, die er bei sich hatte … Der Priester …, weil er meinte, man treibe mit ihm ein loses Spiel, weigerte er sich, das Geld zu behalten … aus Furcht vor den Eltern. Da warf es Franz auf das Fenstersims.

Nun muss sich Franz vor dem wütenden Vater verstecken, der seinen verschwundenen Sohn samt dem verschwundenen Geld sucht. Schließlich stellen sich beide dem weisen Urteil des Bischofs Guido von Assisi.

Der Bischof sprach zu ihm: „Dein Vater ist aufs Äußerste wider dich aufgebracht und gar sehr erzürnt. Willst du also Gott dienen, so gib ihm das Geld, das du hast, heraus! Vielleicht gehört es ohnehin zu Unrecht Erworbenem und so wäre es nicht nach Gottes Wohlgefallen, wolltest du es um der Sünden deines Vaters willen zum Bau der Kirche verwenden. Und hat er einmal das Geld zurückerhalten, so wird sich sein Zorn besänftigen …" Da … brachte er das Geld herbei und sprach: „Herr, nicht nur das Geld, das ihm gehört, will ich ihm freudigen Herzens wiedergeben, sondern auch die Kleider." Rasch begab er sich in ein Gemach des Bischofs und nachdem er sich aller seiner Kleider entledigt hatte, kam er nackt zurück, legte Kleider und Geld vor dem Bischof und vor seinem Vater in Gegenwart aller andern nieder und sprach: „Hört, ihr alle, und versteht es wohl: Bis jetzt nannte ich Pietro Bernardone meinen Vater; aber da ich nun den Vorsatz habe, dem Herrn zu dienen, gebe ich ihm das Geld zurück, um das er sich aufgeregt hat, nebst allen Kleidern, die ich aus seinem Eigentum besitze – und von nun an will ich sagen: ‚Vater unser, der du bist im Himmel', nicht mehr: ‚Vater Pietro Bernardone'". (Karrer, S. 47)

Diese offenbar nicht nur charismatische Spontanhandlung, sondern auch nach römischem Recht vollzogene juridische Entlassung aus dem Familienverband samt Verzicht auf Erbrecht und Waffenschutz macht den jugendlichen Franz wie in einer rituellen Initiationshandlung „nackt" und frei, unabhängig von den irdischen Mächten und neu eingegliedert in die Gottunmittelbarkeit. Ohne eine ähnliche geartete Initiation kann auch ein heutiger Mensch nicht wirklich mündig, autonom und frei leben. Zumal in einer Gesellschaft von Erben reich gewordener Eltern scheint das Rücklagenkapital samt Häusern und Grundstücken Unabhängigkeit zu garantieren. Aber wird diese verwöhnte und un-initiierte, nicht in das Geheimnis der Liebe eingeweihte Generation auch wahrhaft glücklich werden können? Franzens Glücklichsein bestand bis zur Todesstunde immer im Nacktsein.
Später erzählen Bruder Leo und Gefährten, wie Franz *alle Dinge, die nach dem Weltgeist schmecken*, und vor allem das Geld verwarf.

Seine Brüder wies er durch Wort und Beispiel an, es wie den Teufel zu fliehen. Er hatte ihnen den Leitsatz gegeben, Geld und Mist solle für sie das Gleiche sein – für die Liebe wiege es gleich viel.
Eines Tages hatte ein Weltmann beim Besuch der Kirche S. Maria di Portiuncula Geld als Opfergabe neben das Kreuz gelegt. Als er die Kirche

verließ, kam ein Bruder und warf das Geld, bloß mit der Hand es berührend, auf ein Fenstersims ... Der Heilige schalt den Bruder sehr scharf, weil er das Geld angerührt hatte; und er befahl ihm, das Geld mit seinem Munde vom Fenstersims aufzuheben, es vor die Mauer hinauszutragen und dort – noch immer mit dem Munde – auf den Misthaufen des Esels zu legen. Der Bruder vollzog den Befehl bereitwillig ... (Karrer, S. 170)

Es handelt sich hier nicht um eine spezielle mönchische Maßnahme. Es geht Franz überhaupt nicht um asketisches Mönchtum. Es geht ihm um Solidarität, Genossenschaft und Bruderschaft mit allen Menschen und Geschöpfen. Darum heißt es prinzipiell in der vom Papst genehmigten zweiten Fassung der Franz-Regel (1223):

Allen Genossen befehle ich, niemals Münzgeld in irgendeiner Form anzunehmen, auch nicht durch Mittelspersonen.

Geld ist wie Staub zu achten, den man mit Füßen tritt. Es ist den Kieselsteinen gleichzusetzen. Die Psychoanalytiker vermuten, dass in Franz unbewusst noch ein uraltes Scham- und Schuldgefühl dem Geld gegenüber herumgespukt haben mag, als wisse der archaische Mensch darum, dass mit der Erfindung des Geldes nicht nur eine neue Rationalität, sondern auch eine neue Magie in die Seele des Menschen eingezogen sei. Der antike Mensch weiß, dass mit der Einrichtung des Geldwesens ein enormer wirtschaftlicher Fortschritt durch einen ebenso enormen Verrat an der Natur und an der Gleichheit aller Menschen „erkauft" worden ist. Von Sophokles über Plato, Aristoteles, Jesus, Thomas von Aquin noch bis zu Karl Marx, der den Geldfetisch ein „die Augen blendendes Rätsel" genannt hat, besteht ein gebrochenes Verhältnis zu der großen Erfindung. Bei Franz liegt eine ganz reine, kompromisslose und voll bewusste „Ethik ohne Geld" vor. Und zwar deswegen, weil er radikal in der Freundschaft mit den Armen und mit der Natur, den beiden untersten Ausbeutungsebenen der Geldwirtschaft zu leben sich entschieden hatte. Für uns Wohlstandsbürger handelt es sich um Utopie, für einen brasilianischen Plantagenarbeiter aber um die Not wendende Alternative. Nur ganz von unten her, bei den Ernüchterten, erscheint die Herrschaft des Geldes nicht mehr gleißend viel versprechend (*pecunia non olet,* Geld stinkt nicht), sondern gerade stinkend wie Fäkalien, wie Eselsscheiße.
Sigmund Freud hat bei seinen Klienten die Erfahrung gemacht, dass sich durch Thematisierung des Geldbesitztriebes „die hartnäckigsten und

langdauerndsten so genannten habituellen Stuhlverstopfungen Nervöser beseitigen lassen." Er schreibt in „Charakter und Analerotik": „In Wahrheit ist überall, wo die archaische Denkweise herrschend war oder geblieben ist, in den alten Kulturen, im Mythos, Märchen, Aberglauben, im unbewussten Denken, im Traume und in der Neurose das Geld in innigste Beziehung zum Drecke gebracht. Es ist bekannt, dass das Gold, welches der Teufel seinen Buhlen schenkt, sich nach seinem Weggehen in Dreck verwandelt, und der Teufel ist doch gewiss nichts anderes als die Personifikation des verdrängten unbewussten Trieblebens." Und doch wünschen wir uns zum Tischleindeckdich einen Dukaten scheißenden Goldesel und vor allem die Wunderwaffe eines Knüppels aus dem Sack. Diesen drei Gelüsten hat Franz um des Lebens willen programmatisch, ja, schier gesellschaftspolitisch und keineswegs archaisch schärfsten Widerstand entgegengesetzt.
Und speziell die Kirche?

Als der Vicarius des Heiligen, Bruder Pietro di Cattaneo, einmal die große Schar sah, die von auswärts nach S. Maria di Portiuncula gekommen waren … sprach er zum Heiligen: „Bruder, ich weiß mir nicht zu helfen, gestatte doch bitte, dass man vom Vermögen der Eintretenden etwas behalten dürfe, um damit die Auslagen zu decken."
Da sprach der Heilige: „Liebster Bruder, solche Frömmigkeit sei ferne von uns! Wir wollen um keines Menschen willen der Regel zuwiderhandeln."
„Aber was soll ich denn beginnen?", erwiderte jener:
„Nimm vom Altar der seligsten Jungfrau die Decke und allen Zierrat zum Verkaufen, wenn du sonst nichts hast, um dem Bedürfnis abzuhelfen. Glaube mir, der heiligen Mutter ist es viel lieber, wir bewahren das Evangelium ihres Sohnes auf Kosten ihres Altares, als wenn wir ihren Altar schmücken, aber den Sohn zurückstellen. Gott wird schon wieder jemand schicken, der seiner Mutter zurückgibt, was uns dienen musste."

Dreierlei wird hier deutlich:
Erstens: Wer Gott vertraut, kann loslassen. *Gott wird schon wieder jemanden schicken.*
Zweitens: Kultgegenstände sind auch für den Liebhaber des Schönen kein unveräußerlicher Selbstzweck. Alles muss dem bedürftigen Menschen dienen.
Drittens: Franz kennt keine Ausnahmen von der Regel, denn die Regel

ist direkt aus dem Evangelium geflossen. In seinem Testament aus dem Todesjahr schreibt er:

Als dann der Herr mir Brüder gab, war niemand, der mir zeigte, was ich tun solle, sondern der Allerhöchste selbst offenbarte mir, dass ich nach der Form des heiligen Evangeliums leben solle ... Die dann kamen, um unser Leben mit uns zu teilen, gaben alles, was sie besaßen, den Armen; sie waren zufrieden mit einem Habit ... sowie mit einem Strick und Beinkleidern; und mehr wollten wir nicht haben ...
Ich arbeitete mit meinen Händen ... und ich verlange entschieden, dass alle andern Brüder Handarbeit verrichten ..., nicht um aus der Arbeit Gewinn zu ziehen, sondern um des guten Beispiels willen und um den Müßiggang zu vertreiben. Wenn aber der Lohn für die Arbeit ausbliebe, so lasst uns zur Tafel Gottes unsere Zuflucht nehmen, indem wir uns an den Türen Brotalmosen erbitten. (Karrer, S. 569)

Die fast dreijährige Ratlosigkeit der Anfangszeit, in der er regelmäßig betete *„Höchster und glorreicher Gott, erleuchte die Finsternis meines Herzens“*, wurde beendet, als er eines Tages in der Messe die Worte des Evangeliums vernahm, wie Christus seine Jünger aussandte.

Und er verstand, die Jünger Christi sollten weder Gold noch Silber noch sonstige Münze bei sich haben, weder Beutel noch Brot noch Stab mitnehmen, weder Schuhe noch zwei Gewänder besitzen, sondern das Reich Gottes und die neue Gesinnung verkünden. Da brach er, vom Geist Gottes ergriffen, in Jubel aus und rief: „Das ist's, was ich will; das suche ich, das will ich aus ganzem Herzen tun!“ Und überströmend von Freude, geht der Gottesmann sogleich an die Ausführung des Heiligen, das er vernommen. (Thomas Celano, Karrer, S. 90)

Dieses Berufungserlebnis hat nichts von psychoanalytischer Schuldverdrängung an sich. Es zeigt die tiefe freudige Korrespondenz einer gewandelten Seele mit dem Geist der Frohbotschaft Christi. Solange dieser Geist des Evangeliums nicht in die Kirche einzieht, wird auch unsere gesellschafts- und wirtschaftspolitische Wirklichkeit in Fäulnis übergehen, weil ihr das würzige und konservierende Salz vorenthalten wird.
Das Vorwort der Drei-Gefährten-Legende des Giovanni von Ceprano beschreibt das Lichtphänomen Franz in einer Zeit, da der Kapitalismus zum ersten Mal sein modernes Janusgesicht erhob, mit dem Ausruf:

Beim Aufgang dieser Sonne lag die Welt gewissermaßen im winterlichen Frost erstarrt, in Finsternis und bar des Lebens … Welch staunenswerte Fruchtbarkeit! Es war wie der Einzug des Frühlings in die Welt. (Karrer, S. 31)

3. Meister Eckhart: Haben oder Sein

Erich Fromm meint in seinem grundlegenden Buch „Haben oder Sein. Die seelischen Grundlagen einer neuen Gesellschaft", Eckhart (1260–1327), der radikalste deutsche Denker und Mystiker, habe „den Unterschied zwischen Haben und Sein mit einer Eindringlichkeit und Klarheit beschrieben und analysiert, wie sie von niemandem je wieder erreicht worden ist." Mit Fromm finden wir Eckharts Ansichten über den Haben-Modus am klarsten in seiner deutschen Predigt über die erste Seligpreisung (Mt 5,3) ausgedrückt (zitiert nach: Meister Eckhart, Predigten und Schriften, S. 191 ff):

Die Seligkeit tat ihren weisheitsvollen Mund auf und sprach: „Selig sind die Armen am Geiste, das Himmelreich ist ihr." …
Etliche Leute haben mich gefragt, was denn „Armut" eigentlich sei und was „ein armer Mensch" bedeute. Darauf wollen wir antworten …
Das ist ein armer Mensch, der nichts will, nichts weiß, nichts hat.
Zum Ersten sagen wir, dass der ein armer Mensch sei, welcher nichts will. Diesen Sinn verstehen etliche Leute falsch – jene Leute nämlich, die mit Pönitenz (Buße) und äußerlicher Übung doch nur ihr Eigenwesen (so übersetzt F. Heer das mittelhochdeutsche Wort „eigen-schaft" im Sinne von Ego-Eigenwilligkeit) *beibehalten … Diese Menschen heißen heilig wegen der Figur, die sie nach außen machen, aber von innen her sind sie Esel …, als müsse der Mensch derart leben, dass er nimmer und in gar nichts mehr seinen eigenen Willen erfülle, sondern dass er den allerliebsten Willen Gottes erfülle …*
Solange der Mensch noch in der Verfassung steht, dass er den Willen hat, Gottes allerliebsten Willen erfüllen zu wollen, solange hat er nicht die Armut, von der wir sprechen wollen; denn dieser Mensch hat (!) *ja noch einen Willen … Denn nur das ist ein armer Mensch, der nichts will und nichts begehrt … so wenig …, wie er wollte und begehrte, als er noch nicht war.*

Eckhart kritisiert also die asketische Haltung, weil sie aus einem selbstsüchtigen religiösen Ego kommt. Erst der wirklich nichts mehr wollende

Mensch ist frei und ledig von den mächtigen Ansprüchen eines feinen Hochmutes. Was für eine Entlastung, ja, eben Seligkeit, dieses falschen Gottes- und Selbstbildes quitt und ledig geworden zu sein!

Zum zweiten
ist das ein armer Mensch, der nichts weiß … Ja, er soll so ledig sein alles Wissens, dass er überhaupt nichts davon weiß, nichts davon erkennt, nichts davon fühlt, dass Gott in ihm lebt … Wir aber sagen …, dass es ein Etwas in der Seele gibt, aus dem Erkenntnis und Minne entspringt, es selber erkennt und minnt nicht – das tun nur die Kräfte der Seele (sind nur psychische Gedanken und Gefühle). *Wer dieses Etwas inne wird, der hat erfasst, worauf Seligkeit beruht.*

Eckhart unterscheidet klar zwischen inhaltlichen Gedanken und Gefühlen einerseits und dem inhaltsleeren Denkprozess, mit welchem wir ohne Lob und Tadel wahrnehmen, was in uns vor sich geht. Eckhart nennt diesen inneren Beobachter ein „Etwas“ und meint damit eine höchste Bewusstheit, die keine Identifizierungen mit seelischen Egoinhalten mehr aufrechterhält. Dieses „Etwas“

hat weder Vorher noch Nachher, es wartet auf nichts, das noch hinzukommen könnte, denn es kann weder gewinnen noch verlieren. Darum ist es auch dessen beraubt: irgendetwas davon zu wissen, dass Gott in ihm wirkt; sondern es ist dasselbe, das sich selbst genießt wie Gott. In diesem Sinne, sage ich, soll der Mensch Gottes quitt und ledig stehen, damit er nicht wisse noch erkenne, dass Gott in ihm wirke. So nur kann der Mensch Armut besitzen.

Wir üben diese Entleerung und Ent-Identifizierung von automatischen Gedanken und Gefühlen heute sowohl in der Zen-Meditation wie in der Gestaltpsychologie. Diese Übungen sind eine im Grunde revolutionäre Einübung in ein neues gesellschaftspolitisches Verhalten, nämlich frei von Egoansprüchen, Kreuzzugsideen, Fundamentalismen, Meinungskämpfen und Konkurrenzkriegen. Nichts mehr wissen von „Heiligen Kriegen“ gegen „das Böse“! Ich brauche nicht zu vergessen, was ich weiß, sondern nur, dass ich weiß. Mein Wissen darf kein Besitz im Habensmodus sein, es darf mir nicht Identität verleihen, es darf mich nicht, wie Paulus kritisch über gewisse Charismatiker sagt, „aufblasen.“ (Das deutsche Wort „böse“ kommt sprachlich von „blasen“!)

Zum Dritten ist das ein armer Mensch, der nichts hat … Nun gebt scharf acht! … Gott zielt mit seinem Wirken nicht darauf, dass der Mensch in sich eine Stätte habe (sozusagen einen Besitzspeicher), *darin Gott wirken könnte; sondern das nur ist Armut des Geistes, wenn der Mensch so ledig steht Gottes und aller seiner Werke, dass, wollte Gott in der Seele wirken, er dann selber die Stätte sein müsste, darin er wirken möchte – und das täte er gewiss gerne. Denn fände Gott den Menschen in solcher Weise arm …, wäre Gott selber die Stätte seines Wirkens, eben darum, weil er ja ein Wirker in sich selber ist. Allhier, in dieser Armut, erlangt der Mensch das ewige Sein wieder, das er gewesen ist, das er nunmehr ist und als das er ewiglich bleiben wird.*
… Allhier findet Gott keine „Stätte" mehr im Menschen (und also keinen *Unterschied* mehr zwischen Gott und Seele) *… Allhier ist Gott mit dem Geiste eins und das ist die innerlichste Armut, die man finden kann.*
Wer diese Rede nicht versteht, der bekümmere sein Herz nicht damit. Solange nämlich der Mensch nicht selber dieser Wahrheit gleicht, solange wird er diese Rede nicht verstehen. Denn es ist eine unbedeckte Wahrheit, die da kommen ist aus dem Herzen Gottes, unmittelbar. So leben zu dürfen, dass wir es ewiglich erfahren, dazu helfe uns Gott! Amen.

Eckhart sorgt sich nicht um ein Verstehen, das nur eine Wissensbereicherung wäre. Wahrhaftes Verstehen kommt aus dem Sein, nicht dem Haben. Psychologisch gesprochen könnte man sogar sagen: Die Entwicklung der „Seele" vom Habensmodus zum Seinsmodus erfolgt auf ganz natürliche Weise in dem Maße, wie Leid verursachende Leidenschaften die Egostruktur in biografischen oder gesellschaftlichen Krisen abbauen. Es kommt alles zur rechten Zeit! Dennoch ist es ein gewaltiges Geburtswunder, wenn es innerpsychisch zum Durchbruch der ewigen Seinsstruktur durch die bisher so allmächtige Habensstruktur kommt – wiederum biografisch *und* kulturgeschichtlich gesehen! In dieser fruchtbaren Krise stehen wir zur Zeit. Es ist die radikalste Form der Ent-Eignung, wenn es zur Enteignung der Aneignungsstruktur der Psyche kommt. Erich Fromm erinnert hier an die Formulierung von Karl Marx: die „Expropriation der Expropriateure".
Der potenziell neue Mensch des Seins ist übrigens keineswegs ein untätiger Mensch, im Gegenteil, statt des destruktiven und hektischen Aktivismus der Habgier ist nun Platz für eine unerschöpfliche Fruchtbarkeit. Eine kreative Produktivität aus dem Sein, eine Hingabe aus dem Göttlichen heraus trägt zur Erneuerung der Gesellschaft und der Produktiv-

verhältnisse bei. Die vielen heutigen Alternativen zum herrschenden Finanz- und Wirtschaftsgebaren zeigen es.

Hier eine meditative *Einübung* (nach Karin Johne) in die selige Armut des Seins – in Anlehnung an Meister Eckharts Wort: *Gott ist ein Gott der Gegenwart. Wie Gott dich findet, so nimmt und empfängt er dich, nicht als das, was du gewesen, sondern als das, was du jetzt bist.*
Sitze ruhig und aufrecht und nimm dir vor, dich auf die willkürlichen Gedanken und Gefühle nicht weiter einzulassen. Beschränke dich auf die Körperwahrnehmung mithilfe der Wahrnehmung des Bodenkontaktes und der Atmung …
Lasse folgenden Satz auf dich wirken: Es gibt keine bessere Zeit als jetzt, um mich von dir, Gott, finden zu lassen.
(Verbinde jede Ausatmung mit der Silbe „jetzt").
Lasse nach einer Weile folgenden Satz auf dich wirken: Es gibt keinen besseren Ort als hier, um mich von dir, Gott, finden zu lassen.
(Verbinde jede Ausatmung mit der Silbe „hier").
Lasse folgen Satz auf dich wirken: Es gibt keinen besseren Zustand als so, um mich von dir, Gott, finden zu lassen.
(Verbinde jede Ausatmung mit der Silbe „so").

Variation: Versammle dein Bewusstsein vor dem Brustbein und stelle dir vor, dass sich dort ein „Nadelöhr" befindet, welches den Eingang darstellt in die leere innere Kammer, in der es still ist, wo Friede ist, wo die Liebe wohnt, die Liebe ohne Objekte, die Liebe an sich. Versuche, alle Gedanken und Gefühle draußen zu verabschieden und nicht einzulassen.

Meister Eckhart lehrt:
„Arm im Geiste" – d. h.: So wie das Auge arm und bloß ist an Farbe und empfänglich für alle Farben, so ist der, der arm im Geiste ist, empfänglich für allen Geist, und aller Geister Geist ist Gott. Frucht des Geistes ist Liebe, Freude und Friede.
Und er lehrt:
Das Auge, in welchem ich Gott sehe, ist dasselbe Auge, in welchem mich Gott sieht; mein Auge und Gottes Auge, das ist ein *Auge und* eine *Sehkraft und* ein *Erkennen und* ein *Leben. Der Mensch, der solcherart steht in Gottes Liebe, der soll sich selber und allen geschaffenen Dingen gegen-*

über tot sein, sodass er seiner selbst so wenig achte wie eines Menschen, der über tausend Meilen weit weg wäre. (Meister Eckhart, S. 90)

Der so von sich und seinen Besetztheiten *abgeschieden ist* (Eckhart spricht von der *Abgeschiedenheit* oder *Ge-lassenheit*), ist keineswegs isoliert, sondern hat ganz im Gegenteil jetzt erst realen Kontakt mit sich, der Umwelt und dem Übergreifenden (Gott). Paradoxerweise kann Eckhart darum vom Habensmodus im Seinsmodus sprechen:

Wer Gott im Sein hat, dem leuchtet er in allen Dingen. Wenn du Gott hast, so hast du mit Gott alle Dinge.

In diesem Zustand wäre der Mensch frei von Süchten, Ansprüchen und illusionären Erwartungen.
In einer Predigt über Hebr 11,37 (den Tod der Märtyrer) denkt Eckhart nach über die Frage, *warum das Sein so edel ist*:

Sein ist der oberste Begriff. Alles, was einen Mangel hat, das ist ein Abfall vom Sein. Unser ganzes Leben sollte ein Sein werden. Soweit unser Leben ein Sein ist, soweit ist es in Gott ... Seht, dies sollte der Mensch wie in rasender Inbrunst begehren, dass sein ganzes Leben ein Sein würde ..., in dem sogar der Tod ein Leben wird! (F. Heer, S. 123)

Aus einer Predigt über 1. Joh 4,9: „Darin ist erschienen die Liebe Gottes unter uns, dass er seinen eingeborenen Sohn gesandt hat in die Welt, damit wir durch ihn leben sollen“:

Dies sollt ihr nicht verstehen in Bezug auf die äußere Welt, da er mit uns aß und trank; ihr sollt es verstehen in Bezug auf die innere Welt ... Hier ist Gottes Grund mein Grund und mein Grund Gottes Grund ... Wer immer in diesen Grund (da Gott seinen Sohn in mir gebiert) *geschaut hat einen einzigen Augenblick, dem Menschen sind tausend Mark roten geprägten Goldes wie ein falscher Heller.* (F. Heer, S. 109)

Umgekehrt könnte man sagen: Solange ich nichts weiß von der Gottesgeburt im Herzensgrund, solange erscheint mir die Welt des Geldes als die eigentliche Wertewelt. Hier liegt für die kapitalistische Kulturwelt die Grundentscheidung: Was von beidem ist nun illusionär und was ist wirklich? Ganz klar wird dies in der Predigt über die Tempelreinigung:

Wer waren die Leute, die da kauften und verkauften, und wer sind sie noch heute? So gebt nun recht auf mich Acht! Ich werde jetzt nämlich nur von guten Menschen sprechen … Seht, dies sind nun alles Kaufleute, die sich hüten vor groben Sünden und gern gute Menschen wären und Gott zu ehren ihre verdienstlichen Werke tun – und sie doch nur darum tun, dass ihnen unser Herr etwas für gäbe …, denn sie wollen … auf diese Weise mit unserm Herrn einen Kaufhandel treiben. Bei diesem Handel sind sie betrogen … Wann immer nun Gott in diesen Tempel hineinkommt, so treibt er die Unkenntnis, das ist die Finsternis, hinaus und offenbart sich selbst mit seinem Licht und seiner Wahrheit. Dann sind die Kaufleute fort, sobald die Wahrheit erkannt wird; und die Wahrheit begehrt kein Käufertum … So sollte der Mensch sich verhalten, der des allerhöchsten Wahrseins teilhaftig werden und darin leben möchte: ohne Vor und ohne Nach … ledig und frei in diesem Nu die göttlichen Gaben neu empfangend … Auf diese Weise wären die Tauben beseitigt, nämlich das Behindernde und Eigentümliche aller jener Werke, die an sich freilich gut sind. Darum sagt ja unser Herr fast gütig: „Lasst dies sein, schafft dies beiseite!", als hätte er sagen wollen: Es ist gut, jedoch gereicht es zum Hindernis. (F. Heer, S. 173 ff)

Diese Analyse des Menschen als Kaufmann ist scharf und doch milde zugleich. Scharf, weil wir, wenn wir zuinnerst Krämerseelen sind, geistig Behinderte sind; mild, weil wir, wenn wir mit Gott und der Welt um unseren Vorteil feilschen, deswegen doch nicht als unmoralisch abqualifiziert werden.
Es wird die Aufgabe einer wesentlichen christlichen Seelsorge und Verkündigung in der kapitalistischen Gesellschaft sein, ein barmherziges Verstehen der inneren Konflikte der Menschen der Habenswelt zu entwickeln. Die christlichen Seelsorger müssten wieder kompetent werden, den geplagten Managern, Kaufleuten und Bankern zu ihrem puren Sein zu verhelfen. In vielen dieser „Geldmenschen" ist der spirituelle Hunger erwacht. Meistens suchen sie den Seinsfrieden eher im Buddhismus als in der Kirche, weil und solange sich diese finanziell um sich selber sorgt und ihren wahren Auftrag nur in lauter geistigen Belanglosigkeiten verpredigt. Der wahre Goldschatz der Kirche ist eine großes Erbe der Seinserfahrung und der Seinsvermittlung. Die Zeit ist gekommen, da wir aus der Seinsvergessenheit und Habensbesessenheit aufbrechen.

4. Martin Luther: Christliche Bruderschaft statt Zinsherrschaft

Die im Beichtstuhl beginnende Reformation war von Haus aus eine Seelsorgebewegung des Evangeliums. Aber sie hat von Anfang an nicht nur mit der Rechtfertigungslehre, also mit der Befreiung des geängstigten Gewissens durch die totale Schuldübernahme Christi zu tun; diese befreiungstheologische Bewegung hat auch sofort und gleichzeitig zu tun mit dem Finanzgebaren der römischen Kurie und dem damit verzahnten Kreditwesen der neuen internationalen Handelshäuser – Stichwort „Ablasshandel". Die Ablassgelder gingen nicht nur nach Rom zum Bau der riesigen Peterskirche. Sie gingen auch an den Kardinal und Kurfürsten Albrecht, der seine vielen Ämter und Pfründen mit hoch verzinstem Leihkapital der Fugger erworben hatte und nun (ebenso wie der 1519 durch Bestechung gewählte neue Kaiser Karl V.) die enormen Schulden an die Fugger zurückzahlen musste. So standen denn auch die Fuggerschen Bankleute „dezent" gleich hinter dem Ablassprediger Tetzel. Die 95 Thesen gegen den Ablass sind vorerst „rein religiös" begrenzt. Aber sie tragen in ihrem Schoß die schon 1519 hervorbrechende theologische Fundamentalkritik an der neuen Zinswirtschaft. Luther hat von Anfang an bis zu seinem Ende mindestens so viel gegen den „Wucher" geschrieben und gepredigt, wie über die Rechtfertigung. Hier springt er dem von der Gottesangst bedrängten Gewissen befreiend bei, dort steht er der von den „Zinsjunkern" ausgepowerten deutsche Nation bei. Die kleine Schrift „Ein Sermon von dem Wucher" von 1519 erscheint in mächtig erweiterter Form 1524 unter dem Titel „Von Kaufhandlung und Wucher". Dazwischen liegt die reformatorische Hauptschrift von 1520 „An den christlichen Adel deutscher Nation". In ihr eröffnet Luther einen konkreten Generalangriff auf die neue Finanzwirtschaft. Diese hatte sich soeben im ökonomischen Übergang vom Feudalismus zum Kapitalismus herausgebildet. Es bildete sich das Handelskapital der Fugger und Welser (auch durch Ausbeutung der ab 1492 entdeckten indianischen Welt) und es kumulierte sich sofort das galoppierende Zinseszinskapital. Luther hat noch nicht den späteren Industriekapitalismus und erst recht nicht das globale Spekulationskapital der internationalen Finanzmärkte vor Augen. Aber so analytisch, prophetisch, konkretistisch und zutiefst theologisch, wie er den Kapitalismus seiner Zeit um der Ehre Gottes, der Würde des Menschen und der kommunalen Gesundung willen angeht, sollte auch die heutige Theologie den heutigen neoliberalistischen Kapitalismus theologisch entlarven. Noch 1540 schreibt der alte Luther eine Schrift, von deren Geist die Sonntagspredigten heute weit entfernt sind: „Vermahnung an die Pfarrherrn, wider den Wucher zu predigen."

Uns Predigern gebühret hie nicht zu feiern. Hie lasst uns Bischöfe sein, das ist, wohl zusehen und wachen. Denn es gilt uns unsre Seligkeit. Erstlich, dass wir den Wucher auf der Kanzel getrost schelten und verdammen, den Text fleißig und dürre sagen, nämlich: Wer etwas verleihet und drüber oder mehr nimmt, der ist ein Wucherer und verdammt als ein Dieb … wenn du einen solchen gewiss kennst, dass du ihm nicht reichst das Sacrament, noch die Absolution, solange er nicht büßet; sonst machst du dich seines Wuchers und Sünden theilhaftig. (Concordanz der Ansichten und Urteile des Reformators, Bd. 4, S. 796)

Wer nun jetzt zu Leipzig hundert Floren hat, der nimmt jährlich vierzig; d. h. einen Bauer oder Bürger in einem Jahr gefressen. Hat er tausend Floren, so nimmt er jährlich vierhundert; d. h. einen Ritter oder reichen Edelmann in einem Jahr gefressen … Hat er hunderttausend, wie es sein muss bei den großen Händlern, so nimmt er jährlich vierzigtausend; d. h. einen großen reichen Fürsten in einem Jahr gefressen. Hat er zehn Hunderttausend, so nimmt er jährlich vier Hunderttausend; und leidet darüber keine Gefahr, weder am Leibe noch an der Ware, arbeitet nichts, sitzt hinter dem Ofen und brät Äpfel. Also möchte ein Stuhlräuber sitzen zu Hause und eine ganze Welt in zehn Jahren fressen. Hier sollte man sein ein Nehemias, Solon, Alexander (große Gesetzgeber) … *Aber ihr Pfarrherrn und Prediger, prediget solches euren Fürsten und Herrn!* (S. 794)

Die Wucherer zu Leipzig und der Adel mergeln uns ganz aus, nehmen 20 Gülden von 100 … die Obrigkeit nimmt ja noch so viel nicht; aber die Privatbuben, die nicht im Amte sind, nehmen mit ihrem Wucher schier mit Gewalt den fünften Teil. (S. 800)

Anno 1542 auf den 15. Juli kam Dominus Jacob Präpositus, Pfarrherr zu Bremen, gen Wittenberg …, auf dass er seinen Vater (ehemaligen Klostermitbruder) *noch einmal sehe. Da redeten sie miteinander, und erstlich ward des Wuchers gedacht, darinnen Flandern und das Niederland ersoffen wäre. Darauf sprach D. M. Luther: Es ist schier die ganze Welt im Wucher ersoffen und überschwemmet … Dass man fünf oder sechs vom*

Hundert nähme, das wäre man wohl zufrieden, wenn nur ein Unterpfand da ist, das es ertragen kann. Und wenn solcher Prozess gehalten würde, dass der die Hauptsumme nicht hätte wieder zu fordern, der es verliehen hat, sondern der es geborget hat …, so ließen wirs geschehen, dass man wohl auch sechs vom Hundert nähme. Der Käufer aber, der das Geld ausgeliehen hat, soll auch mit die Gefahr bestehen, wenn das Haus verbrennete oder der Acker abgewaschen würde oder verfiele oder sonst einen merklichen Schaden nähme, dass er den Zins nicht könnte ertragen noch geben. Und solche Gefahr des Unterpfandes macht, dass dieser Contract recht ist, nicht der Wiederkauf oder die Wiederlösung. (S. 799)

In diesen und ähnlichen Texten wird deutlich, dass Luther nicht nur mit dem biblischen Zinsverbot argumentiert, das wir, wie er den Christen vorhält, den Juden verdanken; nein, er argumentiert auch mit der natürlichen Vernunft, die er bei den „Heiden" wie Solon oder Alexander am Werke weiß; und er argumentiert mit der Goldenen Regel der Bergpredigt als eines ganz natürlichen Egoverhaltens: „Was du willst, dass dir die Menschen tun und lassen sollen, das tu und lass du ihnen auch!" (Lk 6,31) Schließlich argumentiert Luther auch mit der praktischen Lebenserfahrung, wenn er sagt:

Die Erfahrung lehrt, dass große Güter, so mit Wuchern zusammengetrieben werden, von Gott verflucht werden und nicht lange beieinander bleiben. (S. 801)

Wenn man die Börsenkursstürze in den Jahren 2001 und 2002 nach dem Zusammenbruch der *New Economy* auf den Hochtechnologiemärkten in Asien, Amerika und Europa sieht, möchte man sagen: Wie wahr!
Nach den ersten kräftigen Kostproben aus Luthers Denken soll nun genauer betrachtet werden, wie er seine Ablehnung des Zinswesens theologisch begründet:
Eine erste Argumentationsweise schöpft Luther aus der Bergpredigt. In der Frühschrift „Ein Sermon von dem Wucher" aus dem Jahr 1519 (zitiert nach M. Luther, Ausgewählte Schriften, hrsg. von Bornkamm/Ebeling, Bd. 4, S. 10 ff) heißt es gleich zu Beginn:

Erstens ist zu wissen, dass unser Herr Jesus Christus Matth. 5,40–42, wo er sein Volk lehrt, wie sie sich sollen verhalten gegeneinander beim Geben und Leihen von zeitlichen Gütern, drei verschiedene Grade setzt. Der erste ist:

Wenn jemand uns etwas mit Gewalt nimmt, sollen wir's fahren lassen … du sollst nicht widerstreben noch ihm wehren, auch den Mantel zum Rock zu lassen. Dies ist der höchste Grad.
Der zweite Grad ist, dass man ihn geben soll jedermann, der ihn bedarf und begehrt. Davon sagt er (Christus) *so: „Wer von dir bittet, dem gib."*
Der dritte Grad ist, dass man willig und gern leiht oder borgt ohne jeden Zins … Dieser dritte, letzte Grad ist der geringste, sogar so gering, dass er im Alten Testament geboten ist dem einfachen Volk der Juden. Ja, auch der zweite Grad ist ihm geboten … dass ein jeder für des andern Bruder geachtet werde und dass man niemanden unter ihnen soll betteln oder darben lassen, wie er spricht 5. Mose 15,4ff … Etliche meinen, der erste Grad sei ein Rat, kein Gebot. Sonst *würde den Böswilligen Erlaubnis gegeben, zu nehmen und zu stehlen … Diese Ausrede hilft nicht: Es ist schlicht ein Gebot, das um böser Menschen willen als Gebot nicht aufzugeben ist. Doch hat Gott dazu das weltliche Schwert eingesetzt und der Obrigkeit befohlen, dass sie diese Bösen strafe und ihnen wehre.*

Zum Zweiten argumentiert Luther auch gerne mit der natürlichen Vernunft. Er sieht sie in der „Goldenen Regel" Jesu ausgedrückt: „Was du willst, dass dir die Leute tun und lassen sollen, das tu und lass du auch ihnen." Luther sieht darin nicht nur ein Stück des *heiligen Evangeliums Christi,* sondern auch ein Stück *natürliches Gesetz und Recht,* also ein Stück Naturrecht und Vernunftweisheit.

Sprichst du dann: Steht's so um das Leihen und Borgen, so will ich niemandem leihen, denn auf diese Weise verlöre ich meinen Vorteil – so antworte ich: Du kannst tun, wie du willst, so wirst du das Gebot Christi nicht umstoßen … Tust du es nicht, so bist du kein Christenmensch und wirst deinen Himmel hier auf Erden (statt deines Anteiles am kommenden Reich Gottes) *empfangen haben.*

Luthers christliche Radikalität wird im Grundsatz beibehalten, wenn er in der Praxis folgende natürliche Konzessionen macht:

Unter diesen drei Graden sind nun andere Grade, die zeitlichen Güter in den Besitz anderer zu überführen: mit Kaufen, Erben, testamentarischem Vermachen und dergleichen Übertragungen, die in Gesetze gefasst sind, in welchen niemand besser oder schlimmer wird vor Gott.

Zwar lehnt Luther einen Zinskauf ab, *in welchem der Wucher auch ein gewaltiger Herr ist …, etwa dann, wenn man von denen Zins abkauft, die es ohne Zweifel nötig haben, dass man ihnen umsonst leiht oder gibt.*

Aber eine bestimmte Form des Zinskaufes lässt er gelten (er nannte es einmal „ein Wücherlein" und meinte damit eine kleine Leihgebühr),

wenn beide, Käufer und Verkäufer, des Ihren bedürfen. Deshalb weder zu leihen noch zu geben vermögen, sondern sich mit dem Wechsel des Kaufs behelfen müssen. Wenn nun das geschieht …, dass man aufs Hundert vier, fünf sechs Gulden gibt, lässt sich's ertragen Doch soll allezeit die Gottesfurcht besorgt sein, dass sie mehr fürchte, sie nehme zu viel als zu wenig, damit der Geiz (gemeint ist: die Habsucht) *nicht neben der Sicherheit des angemessenen Kaufs einbreche.*

Eindrücklich, wie bei Luther das Alte Testament nicht als veraltetes, sondern als erstes göttliches Vermächtnis Hand in Hand geht mit der Bergpredigt und mit der allgemeinen Nächstenliebe und mit der natürlichen Vernunft sowie mit der uralten Lebenserfahrung „Unrecht Gut gedeiht nicht gut." Alles zusammen ergibt eine Wirtschaftsethik, die dem System eines profitorientierten, übervorteilenden Wettbewerbs diametral entgegengesetzt ist.

Denn wenn du an deinem Nächsten den Vorteil suchst, den du nicht auch ihm wolltest an dir lassen, da ist die Liebe aus und das natürliche Gesetz zerrissen … Denn das ist eines jeden Kaufs Natur und Art, dass der Käufer mit der Ware soll in Gefahr stehen und nicht der Verkäufer, der seine Ware losgeworden ist. Wenn aber das dazukommt, dass der Käufer seinen Zins will voll haben, unangesehen, ob der Verkäufer auf dem Grundstück oder Unterpfand Schaden erlitten, wie das oft geschieht ohne sein Verschulden, so ist der Käufer ein Räuber vor Gott und der Welt und nimmt jenem seinen Schweiß und sein Blut. Denn des Grundstücks Risiko soll auch stehen auf Seiten des Käufers, damit er seines Zinses so unsicher sei wie jener seines Kapitals und beide in Gottes Hand seien ihrer Güter wegen.

Fünf Jahre nach diesem „Sermon vom Wucher" hat Luther die Schrift stark erweitert unter dem Titel „Von Kaufhandlung und Wucher". Der Schlussgedanke dieser Schrift von 1524 lautet:

Ich achte, weil dieser Handel so unordig (so ordnungs- und sittenwidrig) *geht, könnte man kein besseres Vorbild und Gesetze hernehmen als Gottes Gesetze, mit denen er sein Volk versehen und regiert hat. Er ist wohl so weise wie Menschenvernunft sein kann, und bräuchten uns nicht schämen, wenn man der Juden Gesetze hierin einhielte und folgte, weil es nützlich und gut ist.*

Hier hat Luther sein realistisches Vertrauen in den Lebenssinn der biblischen Gebote und in die Grundeinsichten der menschlichen Vernunft klassisch ausgedrückt. Hinter allem sieht er den lebendigen Gott, den Herrn der Weltgeschichte. Alles sieht er gesteuert von Verheißung und Erfüllung, von Warnung und Gericht.
Zum Dritten sehen wir, dass und wie Luthers politische Theologie nicht nur die einzelnen Gewissen angeht, sondern darüber hinaus überhaupt die objektiven Fehlstrukturen einer System gewordenen Ungerechtigkeit aufdeckt. Er ermahnt nicht nur zur persönlichen Freigiebigkeit. Darin war er selbst – oft zum Kummer seiner haushälterischen Ehefrau – ein großherziges Vorbild, wenn er zu seiner Geldbörse sagte: „Sankt Georg, komm heraus (gemeint ist der Georgstaler), der Herr Christus steht vor der Tür (gemeint ist der Bettler an der Haustür)!" Nein, Luther spricht auch und vor allem die neuen übernationalen Kapitalgesellschaften an und ruft sogar zum Widerstand gegen sie auf (zitiert nach: Luthers Werke, hrsg. von Otto Clemen, Bd. 3, sprachlich modernisiert):

Von den Gesellschaften müsste ich wohl viel sagen. Aber es ist alles grundlos und bodenlos mit eitel Geiz und Unrecht, sodass nichts daran zu finden ist, was mit gutem Gewissen zu handeln wäre. Denn wer ist so grob, der nicht sieht, wie die Gesellschaften nichts anderes sind als durch und durch richtige Monopolia? Was doch auch die weltlichen heidnischen Rechte verbieten als ein offensichtlich schädliches Ding aller Welt, vom göttlichen Recht und christlichen Gesetz ganz zu schweigen! Denn sie haben alle Ware unter ihren Händen und machen damit, was sie wollen, und treiben ohne alle Scheu die oben erwähnten Stücke, dass sie die Preise steigern oder erniedrigen nach ihrem Gefallen und drücken und verderben alle geringen Kaufleute gleich wie der Hecht die kleinen Fische im Wasser, gerade als wären sie Herren über Gottes Geschöpfe und frei von allen Gesetzen des Glaubens und der Liebe. (S. 19)

Hier wird sichtbar, dass Luther ganz anders als seine „kulturprotestantischen“ Nachfolger die Zwei-Reiche-Lehre nicht so anwendet, als gelte das Liebesgebot nur für das christliche Privatleben, in der „Welt“ aber dürfe und müsse die Eigengesetzlichkeit der Dinge ihren freien Lauf nehmen. Ganz im Gegenteil: Der Anspruch Christi, also der Anspruch der göttlichen Liebe und Gerechtigkeit, zielt auf die gesamte gesellschaftliche Welt.

Darum darf niemand fragen, wie er mit gutem Gewissen in den Gesellschaften sein könne. Kein anderer Rat ist als: Lass ab! Da gibt es nichts anderes. Sollen die Gesellschaften bleiben, so muss Recht und Redlichkeit untergehen. Soll Recht und Redlichkeit bleiben, so müssen die Gesellschaften untergehen. (S. 20)

Im Klartext heißt das: Ein Mensch mit Gewissen, erst recht aber ein Christenmensch, muss aus solchen Kapitalgesellschaften austreten. Luther ruft zum ethischen Widerstand auf! Er verlangt von der Kirche, dass sie sich nicht am Finanzgebaren der monopolistischen Handelsgesellschaften beteiligt. Scharf entgegnet er dem Einwand, die Kirchen und Geistlichen beteiligen sich doch auch am Zinssystem der Gesellschaften, ihr so gewonnenes Geld diene doch zu Gottes Dienst:

Der Wucher will die unschuldige Kirche und Geistlichkeit mit sich zum Teufel führen und in die Sünde ziehen. Tue den Namen „Kirche“ ab (wenn du, Kirche, Zins nimmst)*!* (S. 43)

Eben solchen Widerstand verlangt Luther von den Regierungen. Sie sollen mit gesetzlichen Regulierungen einschreiten und dem installierten Unrecht „wehren“. Aber er sieht, dass auch die Städte und Fürsten Gefangene und Nutznießer des Systems geworden sind:

Wie soll das immer mögen göttlich und rechtlich zugehen, dass ein Mann in so kurzer Zeit so reich werde, dass er Könige und Kaiser auskaufen kann? … Und sollte es noch ein Wunder sein, dass sie zu Königen und wir zu Bettlern werden? Könige und Fürsten sollten hier eigentlich drein sehen und nach gestrengem Recht solchem wehren. Aber ich höre, sie haben selber Kopf und Anteil daran. Und so geht es nach dem Spruch (Jesaia 1): Deine Fürsten sind der Diebe Gesellen geworden. Dieweil lassen sie Diebe hängen, die einen Gulden oder einen halben gestohlen haben, und hantieren mit denen, die alle Welt berauben, nach dem Sprichwort: Große Diebe hängen die kleinen Diebe. (S. 19f)

Zur politischen Argumentationsebene Luthers gehört schließlich auch, was wir in den beiden Katechismen finden (zitiert nach: Bekenntnisschriften der evangelisch-lutherischen Kirche). Es ist interessant, dass bei der Auslegung des 7. Gebotes „Du sollst nicht stehlen!" Luther mit diesem „Du" nicht nur das persönliche Privat-Ich mit seinen kleinen Alltagsdiebereien meint, sondern ganz im Sinne des hebräischen Urtextes das kollektive Ich des Volkes und damit auch das Handelsgebaren anspricht.
Schon in der Auslegung des doch „nur" für Kinder und Hausväter bestimmten Kleinen Katechismus verschafft Luther dem Volk ökonomische Durchblicke:

Wir sollen Gott fürchten und lieben, dass wir unsers Nähisten (Nächsten) *Geld oder Gut nicht nehmen noch mit falscher War*(e) *oder Handel an uns bringen, sondern ihm sein Gut und Nahrung* (sein Einkommen und Vermögen) *helfen bessern und behüten.* (S. 509)

Noch deutlicher spricht der große Katechismus die strukturelle Gewalt an:

Also auch auf dem Markt und gewöhnlichen Geschäften geht es mit voller Macht und Gewalt, da einer den andern öffentlich mit falscher Ware, Maß, Gewicht, Münze betrügt und mit Behändigkeit und seltsamen Finanzen und geschwinden Erfindungen übervorteilt und nach seinem Mutwillen beschweret, schindet und plagt … Summa: das ist das allgemeinste Handwerk und die große Zunft auf Erden und, wenn man die Welt jetzt durch alle Stände ansiehet, so ist sie nichts anders denn ein großer, weiter Stall voll großer Diebe. Darum heißen sie auch Stuhlräuber (Wucherer), *nicht Kastenräuber, die aus der Barschaft zwacken, sondern die auf dem Stuhl* (Börsenbüro) *sitzen und heißen große Junkern und ehrsame, fromme Bürger und mit gutem Schein rauben und stehlen.* (S. 617f)

Die vierte und tiefste, auch zeitlich früheste Argumentationsebene aber finden wir in Luthers Verständnis des Abendmahles und der Kommunikanten als Leib Christi. Inwiefern das?
Im „Sermon von dem hochwürdigsten Sakrament des heiligen Leichnams (Leibes) Christi und von den Bruderschaften" – im selben Jahr

1519 geschrieben wie der Sermon vom Wucher – geht es dem jungen Luther um den *communio*-Charakter des Abendmahles, also um die solidarische Liebeseinheit der Kommunikanten mit Christus und allen seinen ärmsten Brüdern und Schwestern auf Erden und allen Heiligen und Märtyrern im Himmel. Wir würden heute sagen: In diesem „kosmischen Leib" vollzieht sich ein permanenter Austausch im Geben und Nehmen. Der Augustinusschüler unterscheidet drei klassische Aspekte: äußeres Zeichen, innere Bedeutung und wahrnehmender Glaube. In unserem Zusammenhang sind die beiden ersten Aspekte besonders wichtig:
Erstens das *äußere Zeichen* des Sakramentes: Das gemeinsame Essen des Brotes und das gemeinsame (nicht nur dem Priester vorbehaltene!) Trinken des Kelches

… um der Ganzheit und Vollkommenheit des Zeichens willen. Denn dieses Sakrament bedeutet eine gänzliche Vereinigung und unzerteilte Gemeinschaft der Heiligen (im Folgenden zitiert nach: M. Luther, Ausgewählte Schriften, hrsg. von Bornkamm/Ebeling, Bd. 2, S. 53ff).

Damit ist schon der zweite Aspekt gegeben: Die *innere Bedeutung* des Sakramentes. Luther betont,

dass Christus mit allen Heiligen ein Körper ist, ebenso wie das Volk einer Stadt eine Gemeinde und ein Körper ist … ein jeglicher Bürger ein Gliedmaß des andern und der ganzen Stadt. So sind alle Heiligen Glieder Christi und der Kirche, die eine geistliche, ewige Gottesstadt ist … So sagt St. Paulus 1. Kor. 10,17: „Wir sind alle ein Brot und ein Körper, die wir an einem Brot und einem Kelch Anteil haben".
Diese Gemeinschaft besteht darin, dass alle geistlichen Güter Christi und seiner Heiligen dem mitgeteilt und zu Miteigentum gegeben werden, der dieses Sakrament empfängt. Umgekehrt werden auch die Leiden und Sünden allen gemeinsam und so wird Liebe gegen Liebe entzündet und vereinigt … wer mitgenießen will, muss auch mitbezahlen und Liebe mit Liebe entgelten … Da muss nun dein Herz sich in Liebe ergeben und lernen, wie dieses Sakrament ein Sakrament der Liebe ist und wie dir Liebe und Beistand zuteil werden, wie umgekehrt du Liebe und Beistand erzeigen sollst Christus in seinen notleidenden Gliedern … All dies Leid zusammen findest du in überschwänglichem Maß an allen Orten der Welt. Hier musst du wehren (in Widerstand gehen)*, arbeiten, bitten und, wenn du nicht mehr* (tun) *kannst, herzliches Mitleid haben.*

Was Luther an der damaligen „Winkelmesspraxis" kritisiert, gilt insofern auch für heutige Abendmahlspraxis, wenn sie zum religiösen Privatgenuss lauter isolierter Individuen ohne soziale Konsequenzen verkommt.

Doch in früheren Zeiten übte man dieses Sakrament so gut und lehrte das Volk diese Gemeinschaft so gut verstehen, dass sie auch äußerliche Speisen und Güter in der Kirche zusammentrugen und dort denen austeilten, die bedürftig waren … Von daher ist das Wörtlein „Kollekte" in der Messe noch übrig geblieben, d. h. eine allgemeine Sammlung, ebenso wie man gemeinsam Geld sammelt, um es den Armen zu geben … So soll die eigennützige Liebe zu sich selbst ausgerottet werden durch dieses Sakrament.

Zwei konkrete Konsequenzen hat Luther aus diesem Sakramentsverständnis gezogen. Zum Ersten: Im Anhang der zitierten Schrift nimmt er sich die damaligen zahlreichen religiösen Bruderschaften vor. Unter dem Patronat eines Heiligen verpflichteten sich diese Vereinigungen zu regelmäßigen Messfeiern und Liebeswerken. Gut und schön. Die Praxis sah aber so aus,

dass man ein Fressen und Saufen ausrichtet, eine oder mehrerer Messen halten lässt … Wenn man eine Bruderschaft haben will, soll man zusammenlegen und an ein oder zwei Tischen arme Leute speisen, den Tag zuvor fasten und an dem betreffenden Feiertag nüchtern bleiben … man soll das Geld, das man versaufen will, zusammenlegen und einen Gemeinschaftsschatz sammeln, ein jedes Handwerk für sich, damit man in der Not einem bedürftigen Handwerksgenossen zulegen, helfen und leihen oder einem jungen Paar aus dem Volk dieses Handwerks aus diesem Gemeinschaftsschatz mit Ehren eine Aussteuer aussetzen könnte.

Die zweite Konsequenz zieht Luther, wenn er in den späteren Kirchenordnungen der neu entstehenden reformatorischen Gemeinden die Lösung der Armutsfrage verankert und in den so genannten „Kastenordnungen" das gesamte Geldwesen der Kirchengemeinde sozialverantwortlich regelt.
Die Kirchengemeinde erscheint als der Leib Christi in, mit und unter der Bürgergemeinde. Sie ist mehr als eine Körperschaft des öffentlichen Rechtes, sie ist ein Mysterium der göttlichen Liebe.

... das ist ein großes Sakrament, sagt St. Paulus, dass Christus und die Kirche ein Fleisch und Gebein sind.

Offenbar wurzelt hier Luthers gesamte politische Theologie bis hin zu seiner zinskritschen, zum Widerstand rufenden Ethik des Geldes. Alle vier aufgeführten Argumentationsebenen – die Bergpredigt Jesu, die natürliche Vernunft, die politische Strukturanalyse, die sakramentale Urquelle des Leibes Christi –, alles holt Luther aus dem großen Liebeswillen, welcher die Gottheit Gottes zur Menschheit treibt.

Kapitel IV Aus der Welt der außerchristlichen Mystik

1. Chassidismus: Wie man in der materiellen Welt ein Geistiger wird

Diejenige geistliche Volksbewegung, die (neben den franziskanischen Kreisen der „Spiritualen") der jesuanischen Spiritualität der Evangelien am nächsten kommt, ist der Chassidismus. Es handelt sich um eine neue, von der litauischen Talmud-Orthodoxie bekämpfte jüdische Frömmigkeit gleichsam charismatisch-pietistischer Art. Sie geht zurück auf Rabbi Israel ben Elieser, genannt Baal Schem Tov (zu Deutsch: „Meister des guten Gottesnamens"). Er lebte genau zeitgleich mit dem lutherisch-pietistischen Grafen Zinzendorf von 1700 bis 1760. Ob sie von einander wussten? Kaum, wenngleich der global denkende Zinzendorf sehr an der Judenheit interessiert war. Beiden ist gemeinsam die Überwindung des orthodoxen Buchstabenglaubens ihrer Religionen durch eine neue, freie, mystische Herzensfrömmigkeit.
Der Baal Schem Tov nahm von der Volksseele die Last der Depression, die aus der orthodoxen Gesetzlichkeit, aus dem Druck der enormen sozialen Verelendung im jiddischen Schtetl und aus der antisemitischen Feindseligkeit der polnischen Umwelt herrührte. Fortan beherrscht das Gemüt die Frohbotschaft von der Zärtlichkeit des mitleidenden Gottes. Charismatische Begeisterung, Tanz, Sabbatfreude, schier magische Gegenwärtigsetzung der Heilsgeschichte durch machtvolles Erzählen verhindern das, was als die größte Sünde gilt: die Schwermut. Denn das Schlimmste ist, wenn der Mensch vor lauter Elend oder Wohlstand „vergisst, dass er ein Königssohn ist".
Hier interessiert uns speziell die Einstellung der chassidischen Meister (Zaddikim) zur materiellen Welt mit ihrem enormen Reichtum und ihrer himmelschreienden Armut (zitiert nach: Martin Buber, Die Erzählungen der Chassidim). Es klingt wie eine grundsätzliche Geisteshaltung, wenn Rabbi Baruch von Mesbiz ausruft:

Was für eine gute und lichte Welt ist das doch, wenn man sich nicht an sie verliert, und was für eine finstere Welt ist das doch, wenn man sich an sie verliert!" (S. 192)

Dahinter steckt die Erfahrung: Was für ein guter lichter Gott ist es doch, wenn man sich an ihn verliert, und was für ein unverständlicher, finsterer Gott, wenn man sich nicht an ihn verliert! Darum rät Rabbi Mosche von Kobryn:

Wenn der Mensch leidet, soll er nicht sagen: „Es ist schlimm, es ist schlimm!" Nichts ist schlimm, was Gott dem Menschen tut. Aber man darf sagen: „Es ist bitter!" Denn es gibt bittre Gifte unter den Arzneien. (S. 634)

Die Kumulation von Reichtum und die Zunahme von Armut gelten beide als Zeichen für die Geburtswehen der kommenden messianischen Welt. Vom Baalschem stammen die prophetischen Worte, die heute besonders aktuell sind:

Vor dem Kommen des Messias wird eine gewaltige Fülle in der Welt sein. Die Juden werden reich werden. Sie werden sich gewöhnen, ihr Haus mit großem Aufwand zu führen, und werden die Genügsamkeit von sich werfen. Dann werden die bösen Jahre kommen, Mangel und karger Erwerb; es wird die Armut über die Welt kommen. Die Juden werden ihr unmäßig gewachsenes Bedürfnis nicht stillen können. So werden die Wehen des Messias beginnen. (S. 171)

Dazu muss man wissen, dass die messianische Welt nicht um des allgemeinen Wohlstandes willen als Ziel der Geschichte ersehnt wird. Soziale Gerechtigkeit und biblischer Sozialismus werden vielmehr um des Eigentlichen willen erhofft: dass sich jedermann frei und ungestört dem Studium der Weisheit und der Gotteserkenntnis widmen kann. Denn dies gilt als die höchsten Würde des Menschen und als das tiefste Verlangen der Seele. So wird im „Codex" des jüdischen Religionsphilosophen und Arztes Maimonides (gest. 1204) vom messianischen Zeitalter gesagt:

„Die Weisen und Propheten sehnten sich nicht nach den Tagen des Messias, damit Israel die Welt beherrsche … oder damit das Volk esse, trinke und jubiliere. Sie hofften vielmehr darauf, dass Israel dann frei sein werde und sich dem Gesetz und seiner Weisheit widmen könne, ohne von jemandem unterdrückt oder gestört zu werden … Irdische Güter werden in Fülle vorhanden, ein angenehmes Leben für jedermann erreichbar sein. Die ganze Welt wird nur von dem einen Wunsch beseelt sein: Gott zu erkennen …, denn es steht geschrieben: Die Erde wird so voll des Wissens um den

Herrn sein wie die Ozeane voll des Wassers (Jesaja 11,9)“ (zitiert nach: Erich Fromm, Haben oder Sein, S. 151).

Ob der große Ökonom John Meynard Keynes in seinem Essay von 1930 „Ökonomische Möglichkeiten unsrer Enkel“ diese Vision gekannt und dann ent-messianisiert hat? Er schrieb nämlich: „Zum ersten Mal seit seiner Erschaffung wird der Mensch“ – nach der Lösung der wirtschaftlichen Probleme, wenn Wirtschaft zur bloßen Nebensache eines guten Lebens geworden ist – „vor seine wirkliche, seine beständige Aufgabe gestellt sein, wie seine Freiheit von drückenden wirtschaftlichen Sorgen zu verwenden, wie seine Freiheit auszufüllen ist, die Wissenschaft und Zinseszins für ihn gewonnen haben, damit er weise, angenehm und gut leben kann“.
Es kommt dem Chassidismus darauf an, „ein Geistiger zu werden.“ Wie wird man das? Ein wohlhabender Kaufmann wendet sich unter der Ausstrahlung des Großen Maggid von Mesritsch, des Rabbi Dow Bär, dem chassidischen Weg zu und verweilt jeden Tag im Lehrhaus. In dieser Zeit erlebt er in seinen Handelsgeschäften besondere Missgeschicke, bis hin zur Verarmung. Der Maggid sagt zu ihm:

„Du weißt doch, was unsre Weisen sagen: Wer weise werden will, ziehe nach Süden, wer reich werden will, ziehe nach Norden. Was soll nun der tun, der beides werden will?“ Der Mann wusste nicht, was er erwidern sollte. Der Maggid fuhr fort: „Wer sich für nichts achtet, wird geistig und ein Geistiger nimmt keinen Raum ein, der kann in Norden und Süden zugleich sein.“ Das Wort traf den Kaufmann ins Herz und er rief: „So ist denn mein Schicksal besiegelt!“ „Nicht doch“, beschied ihm der Maggid, „du hast ja schon begonnen.“ (Martin Buber, Die Erzählungen der Chassidim, S. 207)

Durch harte Lebenskrisen muss man durch, wenn man ein „Geistiger“ werden will, einer der zugleich arm und reich sein kann, weil er kein „Materieller“ mehr ist.
Rabbi David von Lelow sagte einmal nachts in der Backstube zu einem verdüsterten Bäcker:

„In Wahrheit hat ja jedermann in Israel eine Innerlichkeit, die er selber nicht kennt. Was er in seiner Innerlichkeit will, ist, für seine Mitmenschen zu arbeiten. Dass ein Handwerker, sei er Schuster, Schneider oder Bäcker,

für sein Werk Geld annimmt, das ist nur, um das Leben zu fristen und weiter für seine Mitmenschen arbeiten zu können." Während Rabbi David sprach, sah ich (berichtet der Erzähler), *wie das Gesicht des Bäckers sich mehr und mehr erhellte."* (S. 662)

Rabbi Jizchak von Worki lobte einmal einen Wirt wegen seiner besonderen Gastfreundschaft:

„Wie sehr ist dieser Mann bemüht, das Gebot der Gastfreundlichkeit zu erfüllen!" „Aber er lässt sich doch dafür bezahlen", wandte man ein. „Geld nimmt er", antwortete der Zaddik, „damit es ihm möglich werde, das Gebot zu erfüllen." (S. 810)

Jerachmiel war Uhrmacher, bevor er Rabbi wurde. Er erzählte im Lehrhaus der versammelten Gemeinde, dass er als junger Mensch einmal unbedingt zu einem großen Zaddik fahren wollte, aber kein Geld für die Reise hatte. Darum habe er seinen Schwiegervater um zehn Gulden gebeten; er wolle ihm dafür dessen seit langem verdorbene und von ihm vergeblich behandelte Taschenuhr reparieren.

„So nahm ich die Taschenuhr ganz und gar auseinander, um zu sehen, was ihr fehle. Und da sah ich, nichts fehlte ihr, nur eine haardünne Feder war leicht verbogen. Die bog ich zurecht und die Uhr war so gut und redlich, wie sie aus den Händen des Machers gekommen war." Als Rabbi Jerachmiel dies erzählt hatte, brach die ganze Gemeinde in Tränen aus. (S. 726)

Warum wohl? Die Gemeinde hatte offenbar begriffen, dass ein Wunder geschehen war – nicht um des Uhrenbesitzers willen, sondern um der Lernbegierigkeit des jungen Jerachmiel willen, den es auf die Reise zum Zaddik getrieben hatte. In diesem Geist hatte schon Rabbi Jesus von Nazaret gelehrt: „Trachtet zuerst nach dem Reich Gottes und seiner Gerechtigkeit, so wird euch alles andere (das Materielle) von selbst zufallen."
Als in der Gegend von Kozk eine große Teuerung war, sagte Menachem Mendel zu seiner Frau in der Küche:

Warum ist das Essen teuer? Weil alle immerzu essen wollen. Wenn alle immerzu lernen wollten, würde das Lernen teuer und das Essen billig werden." (S. 756)

Hinter diesen naiven Äußerung steckt das tiefe Wissen um den Konflikt zwischen Bauch und Geist. Darum bestieg der Berditschewer Rabbi eines Tages das Dach seines Hauses, von wo er auf das Menschengewimmel des großen Marktes sehen konnte und wo er aus Sorge wegen der Besessenheit von der Erwerbssucht eines jeden Händlers und Käufers hinunter schrie:

Ihr Leute, ihr vergesst, Gott zu fürchten!" (S. 365)

Ein anderer Aspekt vieler chassidischer Erzählungen ist die Fürsorge und Freigebigkeit für die Verarmten:

Nie blieb im Haus des Baalschem Geld über Nacht. Kam er von einer Fahrt zurück, so beglich er die aufgelaufenen Schulden und den Rest teilte er unter die Bedürftigen aus. Einmal brachte er von einer Fahrt viel Geld mit, bezahlte die Schulden und teilte aus. Dazwischen aber hatte seine Frau ein weniges an sich genommen, damit sie einige Tage nicht auf Borg kaufen müsste. Am Abend verspürte der Baalschem beim Beten eine Hemmung. Er kam (vom Bethaus) *nach Hause und fragte: „Wer hat von dem Geld genommen?"* (S. 133)

Er ließ sich das Geld von seiner Frau wieder geben und ließ es noch am selben Abend austeilen. Auch darin steht er dem Meister von Nazaret nahe, der gelehrt hat, nur um das tägliche Brot für heute zu bitten und jeden Tag für sich selber sorgen zu lassen.

Einem Armen, der an Rabbi Schmelkes Tür kam, als kein Geld im Hause war, gab er einen Ring. Einen Augenblick darauf erfuhr es seine Frau und überstürzte ihn mit heftigen Vorwürfen, dass er ein so kostbares Schmuckstück, das einen so großen und edlen Stein trug, einem unbekannten Bettler hingeworfen habe. Rabbi Schmelke hieß den Armen zurückrufen und sagte ihm: „Ich habe soeben erfahren, dass der Ring, den ich dir gab, einen hohen Wert hat; achte darauf, ihn nicht allzu wohlfeil zu verkaufen." (S. 313)

In einer Zeit der Teuerung sah Rabbi Mendel, dass die vielen Bedürftigen, die in seinem Haus zu Gast waren, kleinere Brote als sonst bekamen. Er ordnete an, man solle sie größer machen, als sie vorher waren; denn die Brote hätten dem Hunger und nicht dem Preise gerecht zu sein. (S. 588)

Rabbi Mendel folgte dem Maßstab: Der menschlicher Hunger, nicht das Preisgefüge ist bestimmend. Sein Gottvertrauen war derart, dass er überzeugt war: Wo Not ist, ist auch Hilfe. Es wird von ihm erzählt, dass einmal sein Sohn weinend zu ihm gelaufen kam und klagte,

sein Hunger sei so groß, dass er ihn nicht mehr ertragen könne. „So groß ist dein Hunger nicht", sagte der Vater, „denn sonst hätte ich etwas, um ihn dir zu stillen." Der Knabe schlich sich schweigend fort. Ehe er noch aber an der Tür war, sah der Rabbi eine kleine Münze, einen Dreier, auf dem Tisch liegen. „Ich habe dir unrecht getan", rief er, „du bist in Wahrheit sehr hungrig." (S. 583)

Uns klingen all diese Geschichten wie einfältige Abnormitäten. Der gläubige Jude aber ist überzeugt: Wer seine Sinnerfüllung in der Übernahme der Thora, also im Lebensstil des „Gottes-Dienstes", in der stets neu vergegenwärtigten Gottesbeziehung gefunden hat, wer also das mit der Liebe immer verknüpfte Leiden angenommen hat, der allein wahrt die menschliche Norm. Der säkulare aber, der materielle Mensch, der ist die schreckliche Abnormität, an der die Welt zugrunde geht.
Martin Buber, inspiriert vom Chassidismus, spricht in seinem Werk „Das dialogische Prinzip" (S. 107f) vom DU der ewigen Gegenwart (Gottes): Dieses göttliche DU blicke uns aus den Augen eines geliebten Weibes an; es verberge sich sogar in der liebenden Hingabe an den Dienst für das eigene Volk, dem man sich aufopfert; wer aber die Frau oder die Nation zum Götzen vergöttere, der habe kein Du mehr, sondern nur das eigene süchtige Ich. „Und was soll es gar heißen, dass einer das Geld, das leibhaftige Un-Wesen, behandle, ‚als wäre es Gott'? Was hat die Wollust des Erraffens und Schatzhütens mit der Freude an der Gegenwart des Gegenwärtigen gemein? Kann der Mammonsknecht zum Geld Du sagen ? Und was soll er mit Gott anfangen, wenn er nicht Du zu sagen versteht? Er kann nicht zwei Herren dienen – auch nicht einem nach dem andern; er muss erst *anders* dienen lernen."

2. Aus dem Buch Tao-Te-King: Der Hohlraum ist die Brauchbarkeit des Kruges

Wenden wir uns nun von der liebreichen chassidischen Mystik der Armen im jiddischen Schtetl zu der über zwei Jahrtausende älteren taoistischen Mystik der Regierenden im chinesischen Staat.

Wer immer sich unter dem etwa 600 v. Chr. geborenen Namen Lao-tse (Lau-dse = der greise Meister) verbirgt, sein Buch Tao-Te-King überliefert uns eine bleibende Weisheit philosophisch-politischer Spiritualität. Tao bedeutet Weg, gemeint ist der universale Weg zum Leben in Dauer. Te bedeutet Tugend, gemeint ist die wirksame Kraft des Verzichtes auf Aktivismus und Begehrlichkeit. King bedeutet das Buch. Im heiligen Buch vom lebendigen Weg kraft des Nichttuns geht es darum, dem Verfall der staatlichen und gesellschaftlichen Ordnung zu wehren. Das will auch der zeitgenössische Konfuzius, doch dieser hat nicht die metaphysische, mystische und genial einfache Spiritualität des Lao-tse. Der Taoismus wendet sich an die Herrscher und zugleich an das Volk, denn jedermann muss lernen, den Weg zum wahren Leben und zu seinem wahren Selbst zu gehen (zitiert nach der Übersetzung von Günther Debon):

Heimkehren zum Wurzelgrund heißt: Stille finden.
Und dieses nennt man: sich zum Schicksal kehren.
Sich zum Schicksal kehren heißt: ewig sein.
Das Ewige kennen heißt: erleuchtet sein.
Wer nicht das Ewige kennt, schafft sinnlos Unheil; wer das Ewige kennt, ist duldsam.
Duldsam ist aber: allumfassend; allumfassend ist aber: himmlisch; himmlisch ist aber: der Weg; der (Mensch) *mit dem Weg aber dauert.* (aus Kap. 16)

Sinnlos Unheil schaffen, das tun (meist unbeabsichtigt) die rastlosen Aktivisten, die hektischen Macher und Manager, die Manipulateure und die Weltverbesserer, die Begehrlichkeiten wecken und befriedigen wollen. Die überlasteten Bosse, die rund um die Uhr für uns (wirklich für uns?) arbeiten, die übergeschäftigen Politiker, die nur unser Bestes wollen und nicht verstehen, wenn wir es ihnen nicht geben wollen, die dem Volk mindestens so viele Probleme erzeugen, wie sie lösen, die gegen den Dauerstress ihre Zen-Übungen machen, um wieder besser funktionieren zu können, die muss es schon im alten China gegeben haben. Den Methoden des Glücklichmachens steht entgegen der „himmlische“ oder „ewige“ Weg des Lebens, das sich selbst seinen von der Himmelsmacht gesteuerten Weg bahnt. Dieser Weg ist nicht kurzfristig, sondern nachhaltig und dauerhaft. Das Werk des Gehens ist nicht das Tun, sondern das Nicht-Tun – endlich einmal Ruhe geben! Das Entscheidende am Leben ist sowieso nicht machbar. Selbst ein so europäischer, durchaus spiritueller Dichter wie der geistige Bekämpfer Napoleons III., Victor Hugo

(1802–1885), konnte sagen: „Die zum Gebet gekreuzten Arme arbeiten; die betenden Hände tun etwas; der Blick zum Himmel ist ein Werk."

Der Speichen zehn auf einer Nabe stehn.
Eben dort, wo sie nicht sind, ist des Wagens Brauchbarkeit.

Man knetet Ton zurecht zum Trinkgerät:
Eben dort, wo keiner ist, ist des Gerätes Brauchbarkeit.

Man meißelt Tür und Fenster aus zur Wohnung.
Eben dort, wo nichts ist, ist der Wohnung Brauchbarkeit.

Wahrlich: Erkennst du das Da-Sein als einen Gewinn,
Erkenne: Das Nicht-Sein macht brauchbar. (Kap. 11)

Durch Nicht-Tun in der Welt wirken, dieser taoistische Glaube erinnert an das Wahrheitsmoment des An-Archismus (herrschaftsfreie Gesellschaft) und des Quietismus (Lebensstil des gelassenen Vertrauens). Da, wo der *homo faber* „Lücken" gelassen hat, da kann das Eigentliche zu wirken beginnen. Die Brauchbarkeit des Gerätes – gemeint ist: des Menschen! – besteht in seinem inneren, gereinigten Vakuum. Politische Weisheit besteht darin, zu unterscheiden, wann sich die Dinge durch Kanzler Kohls „Aussitzgesäß" und Kanzler Schröders „ruhige Hand" lösen und wann beherztes, wohl überlegtes Eingreifen vonnöten ist. Beispielsweise könnte ein Moratorium, ein Stopp in der Entwicklungshilfe, für die langsame Selbstentwicklung eines Staates förderlicher sein als eine forcierte, in Überschuldung, Überfremdung, Abhängigkeit und Verwöhnung führende Infusion einer Entwicklungshilfe von außen.
Wie in allen spirituellen Traditionen der Hochkulturen gilt die suchtartige Begierde als die größte Zerstörerin des Lebens. Erstes Kennzeichen dafür ist die zunehmende Kluft zwischen dem Prunk des Palastes und dem Mangel der Bauernscheune:

Ist der Palast voll Prunk gebaut, doch die Felder voll von Kraut;
Sind die Scheunen völlig leer, doch die Kleider farbig-fein,
Gürtet man ein scharfes Schwert, ist man satt der Schwelgerein;
Hat man Überfluss an Geld und Gut –
Nenn ich das Banditenübermut. Solches kann der Weg nicht sein! (Aus Kap. 53)

Kein Frevel größer, als seinen Wünschen nachzugeben.
Kein Übel größer, als nicht Genügen kennen.
Kein Makel größer, als nach Gewinn zu streben.
Wahrlich:
Wer genügen kennt am Genügenden,
Wird ständig genug haben. (Aus Kap. 46)

Den Becher halten und füllen zugleich – besser, du ließest es sein!
Voll Erz und Juwelen die Halle – niemand kann sie bewahren.
Stolz auf Reichtum und Ehre schafft selber sich Unheil.
Sein Werk vollbringen und sich zurückziehn:
Also des Himmels Weg. (Aus Kap. 9)

Der andere Vater des Taoismus, Dschung-dse, formuliert noch revolutionärer als Lao-tse, wenn er die Privilegierten in Religion, Wissenschaft, Staat und Wirtschaft auffordert:

Brich ab die Heiligkeit, verwirf die Klugheit!
So kommt zum Stehn der große Raub.
Wirf fort den Jadeschmuck, zertrümmere die Perlen!
Und auch das kleine Rauben kommt nicht auf.
Verbrenn die Pässe, brich entzwei dein Siegel!
So kehrt das Volk zu schlichtem Brauch.
Zerspell die Scheffel und reiß ein die Waagen!
Dann wird das Volk sich ohne Streit vertragen. (S. 8)

Im Taoismus stehen nämlich die Herrscher zwischen der ewigen Wahrheit des Himmels und dem Wohl des Volkes. Alle drei Ebenen – Himmel, Herrscher und Volk – sind in steter mystischer Wirkung und Gegenwirkung miteinander verbunden. Der Volksmund sagt bei uns: „Wie der Herr, so's G'scherr." Wie die oben, so die unten. Die „Oberen" haben die Aufgabe, das universale Himmelsgesetz über ihnen nach „unten" zu vermitteln und zu repräsentieren.

Schonend das Volk, dein Land regierend, kannst ohne Tun du bleiben.
Erzeugen, doch nicht besitzen; Tun, doch nicht drauf baun;
Leiten, doch nicht beherrschen –
Dies nennt man „Mystische Tugend". (Aus Kap. 10)

Wer regieren will, muss zuvor gelernt haben, sich selbst zu regieren. Er muss ein Geübter sein in der Disziplin der „Tugend", der Himmelskraft „Te":

Um die Menschen zu regieren und dem Himmel zu dienen,
Ist nichts so gut wie Geizen. Wohl! Dieses Geizen bedeutet:
Sich frühzeitig unterziehen. Sich frühzeitig unterziehen heißt:
Die gespeicherte Tugend verdoppeln.
Wenn einer die gespeicherte Tugend verdoppelt, ist nichts, das er nicht zwingt.
Wenn nichts ist, das einer nicht zwingt, so kennt niemand seinen First.
Wes höchsten First niemand kennt, der darf das Land haben. (Aus Kap. 59)

Deswegen wird der Regierende öfters bezeichnet als „der Heilige Mensch":

Wer nicht die Tüchtigen ehrt,
Bewirkt, dass das Volk sich nicht streitet.
Wer nicht die Güter schätzt, die schwer zu erlangen,
Bewirkt, dass das Volk nicht zu Räubern wird.
Wer nicht vorzeigt, was man begehren kann,
Bewirkt, dass des Volkes Sinn nicht aufsässig wird.
Deshalb des Heiligen Menschen Regierung:
Er leert den Sinn und füllt den Bauch;
Er schwächt ihren Willen und stärkt ihre Knochen.
Ewig lässt er das Volk ohne Wissen, ohne Begehren
Und wirkt, dass die Klugen nicht wagen zu tun.
Tut er das Ohne-Tun, ist nichts, das nicht regiert würde. (Kap. 3)

Man muss sehen, dass im Taoismus das Volk in gewisser Weise uninformiert gelassen werden soll, damit seine Begehrlichkeit nicht unnötig geweckt wird. Wie anders in der totalen Mediengesellschaft heute! Welche Überflutung und Überreizung der Sinne mit Sex, Gewalt und Glitzerware! Und es gehört bekanntlich zur Antriebskraft der totalen Marktgesellschaft, dass eine raffinierte, brutale, immer aufreizendere Werbung für die ununterbrochene Bedarfsweckung sorgt. Nicht der Markt will es, nicht der Mensch will es, sondern das Kapital. Es wurde dazu verdammt, wachsen zu müssen.

Darum sagt der Heilige Mensch:
„Ich bin ohne Tun und Volk wird von selbst sich entfalten.
Ich liebe die Stille und das Volk kommt von selbst in Ordnung.
Ich bin ohne Geschäftigkeit und das Volk wird von selber reich.
Ich bin ohne Begehren und das Volk wird von selber schlicht.“ (aus Kap. 57)

„Die Botschaft des Tao-Te-King heißt: Dauer“, meint Günther Debon (S. 21). Und er stellt sich die Frage (S. 13), „in welchem Grade Lau-dses Forderung, die Dinge nicht weit zu treiben ... das Reich der Mitte vor Katastrophen bewahrt und ihm verholfen hat, als einziges Staatswesen, als einzige Kultur der Antike zu überdauern.“ Das römische, das hellenistische, das assyrisch-babylonische, das ägyptische Imperium sind untergegangen. Das euro-amerikanische „Reich der unbegrenzten Möglichkeiten“ ist wie kein Imperium zuvor entschlossen, die Dinge so weit wie möglich zu treiben. Wie lange wird es dauern?

Kapitel V Aus der Weltliteratur

1. Goethe, Faust II: „Es fehlt an Geld, nun gut, so schaff es denn“

Das tiefsinnige Weltspectaculum „Faust, der Tragödie zweiter Teil“ hat Goethe im Schrank seines Weimarer Arbeitszimmers bis zu seinem Tode versiegelt. Hat er damit ausgedrückt, dass dieses Werk zur hermetischen, esoterischen Literatur gehört und gefährlichen Sprengstoff enthält? Jedenfalls scheint mir im innersten Kern von Faust II ein kreativer Generalangriff auf die kirchlich und staatlich verfasste, real existierende abendländische Kultur vorzuliegen. In deren Gesamtinstitution galt: „Natur ist Sünde, Geist ist Teufel“ (4901). Zwei Säulen trugen das System: „Sie stützen würdig seinen Thron: Die Heiligen sind es und die Ritter; sie stehen jedem Ungewitter und nehmen Kirch und Staat zum Lohn.“ (4905) Da hat die griechische Antike schon wesentlich freier geatmet, denkt die Weimarer Klassik. Goethe entdeckt das Teuflische als kreatives Prinzip, als „Geist, der stets das Böse will und stets das Gute schafft.“ Ich verstehe Faust und Mephisto als Doppelseele nicht des Menschen an sich, sondern speziell des Mannes: ewiges Streben und ewiges Genießen des Genies der Selbstverwirklichung. Die „zwei Seelen, ach in meiner Brust“ bringen Faust in seine unselige Zerrissenheit. Erst „das Unbeschreibliche“, „das Ewig-Weibliche“ bringt die Erlösung. Obwohl der ewige Aktivist viel erreicht, sogar (wie Goethe als Staatsrat) schließlich hohe Ämter bekleidet, scheitert er doch. Faust „im höchsten Alter“ und von dem „grauen Weib“ namens Sorge so angehaucht, dass er erblindet, plant noch in der Todesstunde an seinem Projekt der Landgewinnung durch Kanal- und Deichbau, um eines Tages „auf freiem Grund mit freiem Volk“ zu stehen. Alles Selbsttäuschung! Der altersblinde Faust vernimmt zwar das Klappern der rührigen Schaufeln und Spaten, wähnt aber, es gehe um die Trockenlegung und Nutzbarmachung des letzten unberührten Sumpfmoores der Erde, wo doch in Wahrheit bereits sein Grab geschaufelt wird. Der „Graben“ wird ihm zum „Grab“.

Das ist der Weisheit letzter Schluss:
Nur der verdient sich Freiheit wie das Leben,
der täglich sie erobern muss …
Es kann die Spur von meinen Erdentagen

nicht in Äonen untergehn –
Im Vorgefühl von solchem Glück
genieß ich jetzt den höchsten Augenblick. (11574)

Das sind Faustens letzte Worte, Worte der Einbildung; und hier bricht er zusammen. Sicher versteht der Dichter diese Sätze einer goetheschen Tätigkeits-Theologie („Am Anfang war die Tat!") als Resümee seiner eigenen Lebensweisheit. Aber klingen sie nicht doch nach ungewollter Ironie? Der ewig strebende Macher hat sich eigentlich nicht geläutert. Auch Mephisto scheitert mit seinen Manipulationen, denn es ist dem betrogenen Betrüger am Ende nicht gelungen, Faustens Seele für die andere Seite der aktivistischen Scheinwelt, für die flüchtige Genusswelt zu gewinnen.

Mir ist ein einziger Schatz entwendet:
die hohe Seele, die sich mir verpfändet.
… Ein großer Aufwand, schmählich! ist vertan." (11829)

Zu dem „großen Aufwand" gehört nun unter anderem auch die Erfindung des Papiergeldes und die Anleihe auf die Zukunft der aus dem Boden zu hebenden Erdschätze.
Im ersten Teil des ersten Aktes wendet sich vor Beginn des Karnevalsabends in der Kaiserpfalz der Kanzler an den Kaiser mit der Frage nach der Gerechtigkeit.

Die höchste Tugend, wie ein Heiligenschein,
umgibt des Kaisers Haupt, nur er allein
vermag sie gültig auszuüben:
Gerechtigkeit! Was alle Menschen lieben,
was alle fordern, wünschen, schwer entbehren,
es liegt an ihm, dem Volk sie zu gewähren. (4772ff)

Doch der Schatzmeister klagt:

Subsidien, die man uns versprochen,
wie Röhrenwasser bleiben aus.
Auch, Herr, in deinen weiten Staaten
an wen ist der Besitz geraten? …
Auch auf Parteien, wie sie heißen,

ist heutzutage kein Verlass …
Wer jetzt will seinem Nachbar *helfen?*
Ein jeder hat für sich zu tun.
Die Goldespforten sind verrammelt.
Ein jeder kratzt und scharrt und sammelt,
und unsre Kassen bleiben leer. (4832ff)

Diesen Vorgang kennen wir: Die öffentliche Hand ist leer, das Kapital wurde in riesigen Mengen in die Hand von Privatgesellschaften abgezogen. Mephistophelischer Geist aber ist nicht verlegen:

Wo fehlt's nicht irgendwo auf dieser Welt?
Dem dies. Dem das. Hier aber fehlt das Geld.
Vom Estrich zwar ist es nicht aufzuraffen;
doch Weisheit weiß das Tiefste herzuschaffen.
In Bergesadern, Mauergründen
ist Gold gemünzt und ungemünzt zu finden,
und fragt ihr mich, wer es zutage schafft:
begabten Manns Natur- und Geisteskraft. (4889ff)

Wie wir bereits wissen, regt sich hier der Kanzler über das unchristlich heidnische Begriffspaar „Natur und Geist" auf. Der Kaiser aber, begierig und ungeduldig geworden, ruft:

Ich habe satt das ewige Wie und Wenn;
es fehlt an Geld, nun gut, so schaff es denn.
Mephistopheles: Ich schaffe, was ihr wollt, und schaffe mehr. (4925ff)

Was er nun vorschlägt, ist – modern ausgedrückt – Bodenspekulation. Er rechnet mit vergrabenen Schätzen seit der Römerzeit bis heute. Er gaukelt vor, dass in der Tiefe unermessliche Reichtümer schlummern, die nur gehoben werden müssen, wenn der Kaiser sich aller Bodenrechte bemächtigt hat.

Das alles liegt im Boden still begraben,
der Boden ist des Kaisers, der soll's haben. (4937f)

Nun kann der Karneval im großen Saal beginnen. Im aufgeputzten Mummenschanz, einem mythologischen Abbild des Lebens, erscheint

auf einmal auf seinem Prunkwagen Pluto, der Gott des Reichtums und Beherrscher der Unterwelt. Interessanterweise entpuppt sich sein jugendlicher Wagenlenker als Personifizierung der Poesie. Und Pluto bestätigt (wie Jesus von seinem himmlischen Vater bestätigt wurde): „Bist Geist von meinem Geiste. Mein lieber Sohn, an dir hab ich Gefallen."
Welcher Art ist die Geistesverwandtschaft zwischen materiellen und verbalen Schätzen? Zum einen ist der gemeinsame Nenner die „Verschwendung", sagt der Knabe. Zum anderen sind sich pures Gold und pure Worte gleich, weil sie beide schnell gemacht und schnell verloren sind. Sie sind wie Windhauch. Die Poesie ist unermesslich reich und verteilt ihr Charisma nach Lust und Laune. Folgende Zeilen möchte Goethe doppelt verstanden wissen, als Beschreibung des Geldbesitzes wie des Besitzes der Dichtkunst: Beides ist unberechenbar, zufällig, flüchtig, ein Kopfglühen, das bald ausgebrannt ist:

Die größten Gaben meiner Hand,
seht, hab ich ringsumher gesandt.
Auf dem und jenem Kopfe glüht
ein Flämmchen, das ich ausgesprüht,
von einem zu dem andern hüpft's,
an diesem hält sich's, dem entschlüpft's,
gar selten aber flammt's empor,
und leuchtet rasch in kurzem Flor;
doch vielen, eh man's noch erkannt,
verlischt es, traurig ausgebrannt. (5630)

Tatsächlich sieht man nun zweimal die Menge der Karnevalisten in hektischer Weise haschen und grapschen und raffen, um sich am Ende geprellt zu sehen. Bei der Ausgießung der Poesie heißt es:

Wie greift und hascht die liebe Menge!
Fast kommt der Geber ins Gedränge …
Die Gabe flattert ihm davon.
Es löst sich auf das Perlenband,
ihm krabbeln Käfer in der Hand …
Die andern statt solider Dinge
erhaschen frevle Schmetterlinge.
Wie doch der Schelm so viel verheißt
und nur verleiht, was golden gleißt. (5590 ff)

Zur Ausschüttung der plutonischen Gaben heißt es:

Pluto: Nun ist es Zeit, die Schätze zu entfesseln!
Die Schlösser treff ich mit des Herolds Rute.
Es tut sich auf! schaut her! In ehrnen Kesseln
entwickelt sich's und wallt von goldnem Blute …
Wechselgeschrei der Menge:
Seht hier, o hin! wie's reichlich quillt,
die Kiste bis zum Rande füllt.
Gefäße, goldne, schmelzen sich,
gemünzte Rollen wälzen sich.
Wie mir das den Busen regt.
Wie schau ich alle mein Begehr!
Da kollern sie am Boden her …
Wir andern, rüstig wie der Blitz,
wir nehmen den Koffer in Besitz. (5715)

Das Maskenvolk glaubt, wirkliche Werte zu erhaschen, und kann (wie der Herold feststellt) nicht mehr unterscheiden zwischen Wahn und Wahrheit. Auf seinen Wink hin verjagt Pluto die Menge mit glühend heißem Funkenflug, der aus dem kochenden Sud sprüht.
Natürlich will Goethe sagen, dass unsere so genannte reale Geldwelt im Grunde eine Wahnwelt ist; vornehmer und moderner gesagt: eine virtuelle, eine vorgestellte Welt, eine „Geld-Schein-Welt", um die sich eine Maskerade dreht.
Übrigens dürfte Goethe das Bild von den glühenden Flämmchen auf den Köpfen nicht ganz unbewusst aus der Pfingstgeschichte entliehen haben. Dort verteilte sich der Heilige Geist auf die Glieder der Urgemeinde wie Feuerflammen. Dann wären beide, die poetische Welt der virtuellen Worte und die Finanzwelt der virtuellen Werte, eine Gegentypologie zur wahren Welt der Ausgießung des Heiligen Geistes, dem Inbegriff der feurigen Glut der göttlichen Liebe und des inspirierten Wortes.
Im Folgenden wird nun der Kaiser in Gestalt des großen Pan von Zwergen an die glühende Feuerstelle herangeführt. Voll Begeisterung bückt er sich, um den sprühenden „Perlenschaum" im Kessel zu betrachten. Da fängt sein Bart Feuer und sein ganzes „Maskenklump" verbrennt.

Ein Aschenhaufen einer Nacht
liegt morgen reiche Kaiserpracht. (5969f)

Am nächsten Morgen im Lustgarten erinnert sich der Kaiser:

Auf einmal sah ich mich in glühnder Sphäre,
es schien mir fast, als ob ich Pluto wäre.
Aus Nacht und Kohlen lag ein Felsengrund,
von Flämmchen glühend. Dem und jenem Schlund
aufwirbelten viel tausend wilde Flammen
und flackerten in ein Gewölb zusammen.
Zum höchsten Dome züngelt es empor,
der immer ward und immer sich verlor ...
Von meinem Hof erkannt ich ein und andern,
ich schien ein Fürst von tausend Salamandern. (5988 ff)

Der faszinierende Vorgang der Edelmetallschmelze wird hier in mystischer Weise geschildert. Es wird verglichen mit einem immer werdenden und vergehenden Dom, einer Religion der Unbeständigkeit.
Inzwischen aber kommt die neue Faszination: das vorhin angekündigte Papiergeld und das Bodenkreditzertifikat. Der Marschalk, der Heermeister und der Schatzmeister des verschuldeten Kaisers treten eilig und freudig erregt nacheinander auf.

Rechnung für Rechnung ist berichtigt,
die Wucherklauen sind beschwichtigt ...
Abschläglich ist der Sold entrichtet,
das ganze Heer aufs neu verpflichtet ...
Und Wirt und Dirnen haben's gut. (6041 ff)

Der Kanzler stellt amtlich fest:

Zu wissen sei es jedem, der's begehrt:
Der Zettel hier ist tausend Kronen wert.
Ihm liegt gesichert, als gewisses Pfand,
Unzahl vergrabnen Guts im Kaiserland. (6057 ff)

Der Kaiser ahnt Betrug und Frevel, aber Mephisto sagt:

Ein solch Papier, an Gold und Perlen Statt,
ist so bequem, nicht erst zu markten und zu tauschen,
kann sich nach Lust in Lieb und Wein berauschen;

will man Metall, ein Wechsler ist bereit,
und fehlt es da, so gräbt man eine Zeit.
Pokal und Kette wird verauktioniert,
und das Papier, sogleich amortisiert,
beschämt den Zweifler, der uns frech verhöhnt.
Man will nichts anders, ist daran gewöhnt.
So bleibt von nun an allen Kaiserlanden
an Kleinod, Gold, Papier genug vorhanden. (6119ff)

Darauf überträgt der Kaiser seinen Beamten die Prokura:

Vertraut sei euch des Reiches innrer Boden,
ihr seid der Schätze würdigste Kustoden …
Wo mit der obern sich die Unterwelt
in Einigkeit beglückt, zusammenstellt. (6133ff)

Nun beschenkt der Kaiser seine übrigen Hofschranzen Mann für Mann mit Papiergeld, fragt jeden, was er damit vorhat, und stellt enttäuscht fest: Niemand hat neue Pläne, alle wollen in ihrem alten Stil, nur luxuriöser, weiterwursteln:

Ich hoffte Lust und Mut zu neuen Taten,
doch wer euch kennt, der wird euch leicht erraten.
Ich merk es wohl, bei aller Schätze Flor,
wie ihr gewesen, bleibt ihr nach wie vor. (6152ff)

Der ganze Karneval endet also in einer deutlichen Ernüchterung. Die Szene wechselt mit der zweiten Hälfte des ersten Aktes total. Faust wird von Mephisto fort vom Hofgedränge in die „düsteren Gänge" einer „finsteren Galerie" gezogen – dorthin, wo es „ein Mittel" gibt gegen die „eigene Hölle", in der „ein jeder haust". Nur ungern verrät Mephisto das geheimnisvolle Mittel: „Die Mütter sind es!" (6210ff). Mit den „Müttern" erscheint eine stille unterirdische Gegenwelt zur hektischen Männerwelt dort oben. Es ist die Welt voll unbekannter Göttinnen, in deren Einsamkeit und Öde es gilt, „die Leere lernen, Leeres lehren". Diese Einsamkeit ist ein Mysterium. Faust bekommt dazu den mystagogischen Schlüssel, um Helena zu finden, den Inbegriff der Schönheit. Helena steht aber für mehr: für die unerreichbar ersehnte Anima des Mannes, die weibliche, ergänzende, erlösende Geistseele des Mannes.

Nur sie heilt seine Gespaltenheit in faustischen Tätigkeitsdrang und mephistophelische Genusssucht. Hier darf man vielleicht eine indirekte Beziehung zum Schluss des ganzen Weltdramas sehen. Faust wird erlöst durch die Macht der Frau aller Frauen. Es ist die Jungfrau und Mutter, die „Ohnegleiche und Gnadenreiche". Zu ihr flehen fürbittend für die Seele des toten Faust die vier großen Büßerinnen: Maria Magdalena, die samaritanische Männerfreundin, Maria Ägyptika (eine asketische Amma der frühchristlichen Wüstenväterzeit) und – Gretchen. Sie sind zusammen der Inbegriff der erlösenden Liebe.

Das Unbeschreibliche,
hier ist's getan;
das Ewig-Weibliche
zieht uns hinan. (12108)

Mit diesen berühmten (leider meist aus dem Zusammenhang gerissenen und damit missverstanden zitierten) Zeilen endet Faust II. Meine Interpretation geht wohl nicht fehl, wenn ich sage: Diese „feministische" Problemlösung Goethes ist nicht nur ein bewusster Affront gegen den kirchlichen Herrgott und Herrengott seiner Zeit, der Erlösung nur gegen Bezahlung mit dem Blut seines Sohnes gewährt; diese „weibliche" Problemlösung ist auch die stille Alternative zu der politischen, von Männern beherrschten Welt, deren tatendurstiger und verschwenderischer Umgang mit der Lustmacht „Geld" höchst erlösungsbedürftig ist. Schier prophetisch schildert Goethe das Auftreten einer patriarchalischen Plutokratie. Sicher zeichnet er ein überhöhtes, idealistisches, einseitiges Bild von der Frau. Aber es geht ja um die Integration von tätig strebendem Animus und still duldender Anima sowohl in der Brust des heil gewordenen Mannes wie der heil gewordenen Frau. Dies wäre die Grundlage einer intakten Kultur. In der dunklen Vorahnung des Dichters hat Goethe in einer Art vormarxistischer Kapitalismuskritik in Faust II die Erfindung des Papiergeldes in den Bereich der Magie gelegt. Er sieht, dass die Erde als Spekulationsobjekt zur Deckung des Papierwertes der Ausbeutung preisgegeben ist.
Er ahnt, dass damit Hand in Hand die Verblendung (Erblindung!) des sich selbst zerstörenden faustischen Menschen vor sich geht. Seine magische Verbindung mit der „Erde" wird erst gelöst durch die „unterirdische" (mütterliche!) und zugleich spirituell-überirdische Macht der Frau.

2. Shakespeare, Der Kaufmann von Venedig. „Nicht Geld sei deine Buße, sondern ein volles Pfund von deinem edlen Fleisch“

So lautet die makabre Abmachung am Ende des ersten Aktes der so genannten „Komödie“ zwischen dem jüdischen Kaufmann Shylock und dem christlichen Kaufmann Antonio. *Der* Kaufmann von Venedig ist also eine Doppelgestalt. Müsste das Stück nicht heißen: Die beiden Kaufleute von Venedig? Wieso ist Antonio die Hauptfigur? Geht es nicht beiden gleichermaßen um „Geld oder Leben“?

Gewiss geht es dem vom Christen Antonio tief gedemütigten Juden Shylock plötzlich gar nicht ums Geld. Er will als „Buße“ für sein Dreitausend-Dukaten-Darlehen im Falle der Rückzahlungsunfähigkeit „scherzweise“ und „aus Laune“ „nur“ ein Pfund Fleisch vom Körper seines Schuldners. Vor allem dieses furchtbare und lachhaft groteske Zentralsymbol der Tragikomödie will ich untersuchen. Eine Gesamtinterpretation des vielschichtigen Stückes ist hier nicht am Platz.

Die beiden Kaufleute sind finanzwirtschaftliche Konkurrenten auf dem Weltfinanzplatz Venedig. Sie müssen sich zwangsläufig hassen. Diesmal hat Shylock die Gelegenheit, seinen ebenso reichen Kontrahenten in die Schuldnerabhängigkeit zu bringen. Es geht um 3000 Dukaten, die Antonio für seinen Freund Bassanio braucht, aber nicht flüssig hat, da er zur Zeit alle seine Ware und Gelder auf Schiffen im internationalen Handel riskiert. Aber auch Shylock ist nicht liquide und leiht sich die Summe bei seinem jüdischen Mitgenossen Tubal. Ein Witz, dass der verschuldete Prasser und Lebemann Bassanio das (also um zwei Ecken geliehene) Geld nur braucht, damit er mit den vielen Freiern (aus Marokko, Arragon, Sachsen-Coburg) mithalten und um das Erbe der reichen und schönen Porzia buhlen kann (zitiert nach der Übersetzung von Hans Rothe):

Ach, mein Antonio, hätte ich das Geld.
Neben einem dieser Freier zu bestehn,
mein Herz sagt mir so Günstiges voraus,
dass ich bestimmt vom Glück begleitet wär!

Das spekulativ erhoffte Glück – es geht um kühle ökonomische und um heiße Herzensunternehmungen, beide voller Risiko. Um einer schönen, jungen, reichen Frau willen, Porzia, die im imaginären Belmont wohnt –

um eines solchen Glückspieles willen verpfändet Antonio dem befreundeten Bankrotteur Bassanio zuliebe ein volles Pfund von seinem realen Körper. Aber Shylock weiß über Antonio:

Sein Reichtum ist eitel Hoffnung, er hat eine Fregatte auf der Reise nach Tripolis, eine andere nach Indien; ich höre weiter auf dem Rialto, er hat eine dritte in Mexiko, eine vierte segelt nach England, und noch andere Frachten hat er verstreut über das Meer. Aber ein Schiff ist ein Brett, Seeleute sind Menschen, es gibt Ratten auf dem Lande und auf dem Wasser, Diebe auf dem Wasser und auf dem Lande, ich meine Piraten, und weiter, es kommt Gefahr von den Wassern, den Stürmen und Klippen.

Hier sehen wir einen der internationalen Handelskonzerne der Kolonialmacht. Venedig war zu Shakespeares Zeiten noch keine Stadt des romantischen Tourismus. Und wir sehen mit Shylocks erfahrenen Augen, wie gewagt, wie riskant, wie spekulativ, wie unberechenbar finanzielle Unternehmungen sind. Und genau damit rechnet Shylock, wenn er nun jenen schockierenden Schuldschein durchsetzt: statt 3000 Dukaten plus Zinsen nur 1 Pfund Menschenfleisch:

Geh zum Notar mit mir, unterzeichne dort
den kleinen Schuldschein – und dann, es ist nur Laune:
wenn du mir am bestimmten Tag und Ort
die Summe nicht bezahlst, die der Vertrag
festlegt, sei Geld nicht deine Buße, sondern
ein volles Pfund von deinem edlen Fleisch,
das ich mir nehmen oder schneiden kann,
aus welchem Teil von deinem Leib mirs passt.

Im Shakespeare-Englisch war dem elisabethanischen Publikum sofort klar, was mit abschneiden (cut off) und was für ein delikater Körperteil gemeint war: Antonio willigt (zunächst theoretisch) ein, sich entmannen zu lassen. Er ist sowieso ein merkwürdig melancholischer, schier todesverliebter, vager Typ, unbeweibt, emotional labil und ständig schwankend zwischen Gutmütigkeit und Verächtlichkeit. Sicher steckt hinter der Anspielung auf eine Kastration auch ein Bezug auf den jüdischen Beschneidungsritus. Später, in der Verhandlung vor dem Dogen, sucht Shylock sich als Körperteil die Herzgegend aus und ruft, Messer und Fleischwaage in der Hand:

Ja, ja, die Brust, so sagt der Schein, nicht wahr, mein edler Richter
und dicht am Herzen, so ists abgefasst.

Damit dürfte an die prophetische und neutestamentliche Formulierung von der „Beschneidung des Herzens, nicht des Fleisches" erinnert sein. Der Jude erinnert den Christen daran, dass Beschneidung eigentlich meint: die Entmachtung des Egoismus zugunsten der Liebe als dem eigentlichen Bundeszeichen. Das Abschneiden ist freilich vor allem eine blutige Metapher für das „geldschneiderische" Zinswesen.
„Zins" heißt auf hebräisch *näschäch* („Abbiss", von *naschach* = beißen); damit ist ausgedrückt, dass das Zinswesen aus der Sicht des Opfers die Lebenssubstanz auffrisst. Ein anderer, der Sicht des Täters entsprechender Begriff für Zins heißt *tarbith* („Mehrung", von *rabah* = anwachsen).
Soll das Publikum im englischen Puritanismus nun lachen oder entsetzt sein, wenn es den Juden mit dem gewetzten Messer und der vorsorglich mitgebrachten Waage auf den Christen zugehen sieht, der schon seine Brust entblößt? Soll zumal der heutige Zuschauer antisemitische Instinkte in sich wecken lassen? Shakespeare kennt keinen Antisemitismus. Er offenbart mit psychologischem Witz das Zwielichtige des Geldmenschen, sei er nun jüdisch, sei er christlich gewandet. Der Unternehmer Antonio ist nur scheinbar ein duldsamer, selbstloser Philanthrop. In Wahrheit ist er Inbegriff eines schwermütigen und hochmütigen Menschen: schwermütig als ein Puritaner, der weder am Geld hängt noch am Weibe noch an seinem eigenen Leben; hochmütig als ein Christ, der sich dem Juden gegenüber moralisch überlegen fühlt, ihn mit verächtlichen Fußtritten demütigt, ja, schließlich aus blanker Rache vor Gericht der finanziellen Vernichtung Shylocks zustimmt (das Vermögen des Juden soll je zur Hälfte an Antonio und an den Staat fallen) – und obendrein noch eine Zusatzstrafe verlangt:

Wenn Euer Gnaden und das Gericht entscheiden,
die Hälfte seines Guts ihm zu belassen,
mir ist es recht, wofern er sich drein fügt,
dass ich den Teil, den man mir zuerkennt
für ihn auf Zinsen lege und dass später
ihn der beerbt, der ihm sein Kind geraubt.

(Einer seiner Freunde hatte Jessica, Shylocks Tochter, samt dem Juwelenschatz ihres Vaters entführt).
Noch eins: er muss geloben, Christ zu werden.

Shylock seinerseits denkt schon am Anfang über Antonio so:

Wie sich der Pharisäer aus ihm spiegelt!
Ich hasse ihn, weil er ein Christ, und mehr,
weil er sinnlos und bieder unbedarft
umsonst Geld ausleiht und dadurch den Zinsfuß
der in Venedig üblich ist, herabdrückt.
Kann ich ihn jemals bei der Gurgel packen,
dann mäst ich meinen alten Groll an ihm!
Er hasst mein heilig Volk, er hetzt und stachelt
im Angesicht der ganzen Kaufmannschaft
gegen mich und meinen redlichen Gewinn,
den er Wucher nennt: sei verflucht mein Stamm,
wenn ich ihm je vergebe.

Und als Antonio um das Darlehen von 3000 Dukaten für Bassanios Liebesabenteuer bittet, sagt Shylock ihm ins Gesicht:

Signor Antonio, zu mancher guten Stunde
hast du auf dem Rialto mich geschmäht
um meine Gelder und um meine Zinsen:
mit einem stillen Zucken hab ichs getragen,
denn Dulden ist das Erbteil meines Stammes.
Du nennst mich ungläubig, Halsabschneider, Hund,
hast auf mein jüdisches Gewand gespien,
nur weil ich ausnutze, was mir gehört …
der du auf meinen Bart gespuckt hast; mich
getreten hast, wie man einen fremden Hund
von der Schwelle stößt – Geld brauchst du jetzt.
Was müsste ich dir sagen? Müsst ich nicht sagen:
haben Hunde Geld?

Von daher erklärt sich der Sadismus des Vertrages über das Pfund Menschenfleisch, das Antonio sich abschneiden lassen muss, falls er in drei Monaten die Rückzahlung der Dukaten nicht leisten kann. Hinter der ganzen Welt des Geldes schildert Shakespeare die psychische Welt von Konkurrenzangst und Hass, von Kränkung und Rache, in einer belustigenden Weise, die nicht mehr lustig ist. Beiden Kaufleuten geht es letztlich gar nicht ums Geld. Antonio geht es um den Schein einer selbstlosen Philanthropie; Shylock aber um den „Schein“ seines Vertrages, mit dessen strikter Erfüllung seine Entehrung „bezahlt“ werden muss. Denn als ihm von Bassanio 6000, ja 9000 Dukaten aus dem erheirateten Reichtum Porzias angeboten werden, beharrt er Antonio gegenüber:

Ich will den Schein, ich will nichts von dir hören,
ich will den Schein, und deshalb höre auf.
Ich will kein sanfter stiller Dulder sein,
mich wiegen und verzichten, seufzen und
mich fügen, weil ein Christ einen Wunsch ausspricht.
Komm mir nicht nah, ich will nichts hören,
ich will den Schein.

In der „Komödie“ zwischen Antonio und Shylock geht es also nur vordergründig um „Geld“, hintergründig aber um „Leben“. Nicht die rationale Eigengesetzlichkeit der materiellen Welt, sondern das Irrationale der psychischen Welt wird von Shakespeare meisterhaft geschildert. Ähnlich ist es auch bei der zweiten Story, die sich mit der eben geschilderten verwebt: der Komödie des Eros zwischen Mann und Frau. Der eiskalten kapitalistischen Geschäftswelt „Venedig“ steht die paradiesische Welt „Belmont“ („Schönberg“) gegenüber. Aber auch hier, in Porzias Reich der Erotik, treibt ein grausames Liebesspiel seine Possen. Es geht, als sei es eine Spiegelung der Geldwelt, um alles oder nichts. Das hohe spekulative Risiko der Brautwerbung ist symbolisiert in den drei Kästchen aus den Materialien, aus denen man Geld macht: Gold, Silber und Blei. Nur wer das Kästchen wählt, in dem sich das Bildnis der schönen Porzia befindet, darf ihr Gemahl werden. Wer sich verwählt, muss dem vorherigen Schwur nach für immer ehelos bleiben. Nun beginnt eine wahrhaft barocke Enthüllungszeremonie:

Porzia: Jetzt zieht den Vorhang weg, und die drei Kästchen
enthüllt vor diesem edlen Prinzen: triff deine Wahl!
Prinz von Marokko: Das erste ist von Gold und trägt die Inschrift:
Wer mich erwählt, gewinnt, was mancher Mann begehrt.
Das zweite ist von Silber und verheißt:
Wer mich erwählt, wird ausbezahlt nach seinem Wert.
Das dritte, stumpfes Blei, mit stumpfer Warnung:
Wer mich erwählt, gibt und wagt alles, was er hat.

Gold steht hier für das sinnliche Begehren und wird von dem lüsternen Mann des Bauches gewählt. Der schwarze Marokko öffnet – und erschrickt:

Hölle! Was ist das?
Ein Totenkopf? In dessen Augenhöhle
ein beschriebener Zettel liegt; ich will ihn lesen.
Alles ist nicht Gold was gleißt,
wie das schöne Sprichwort heißt.
Mancher ist zur Höll gereist,
weil er allzu laut mich preist.
Goldhaut nicht Goldkern beweist.

Silber steht für die seelische Eitelkeit und wird von dem eingebildeten Laffen Arragon gewählt. Seine Selbstwertüberschätzung lässt ihn das Silberkästchen öffnen:

Was soll das sein? Bild eines grinsenden Narren,
reicht einen Zettel dar, – ich will ihn lesen.
...
Wer mich erwählt, wird ausbezahlt nach seinem Wert!
Bin ich nicht mehr wert als ein Narrenhaupt?
Gelt ich nicht mehr? Hab ich nicht mehr verdient?

Nach dem plumpen Körpermenschen und dem hohlen Psychomenschen tritt der schlaue Kopfmensch Bassanio auf und wählt:

... *flimmernd Gold,*
das den König Midas übersatt gemacht,
ich will dich nicht und will auch nichts von dir,
du bleicher allbenutzter Botenknecht
von Mann zu Mann: doch du, armselig Blei,
das mich ehr furchtsam macht, als hoffen lässt,
dein stilles Antlitz redet zu mir laut –
dich wähle ich, alles auf dich gebaut!

Er findet das Bildnis der Porzia und verguckt sich schier mehr in das Konterfei statt in die ihn bereits begehrende leibhaftige Porzia. Er wird ihr Gemahl, was bedeutet: Herr über die finanziellen, erotischen und musischen Schätze der Traumwelt Belmont.

Wenn ich recht sehe, dann hat Shakespeare zu jedem dieser drei Schätze Belmonts, Geld, Liebe und Musik, ein besonders Verhältnis. Die Welt der Finanzen ist voll List und Schläue, voll Grausamkeit und Zynismus, voll Leid und Gier, voll Unrecht und Betrug. Demgegenüber ist die Verstrickung der Psyche in die Gegenwelt des Eros eher komisch als tragisch. Auch hier spielen Begehr und Betrug, List und Ironie eine große Rolle. Aber der dritte Schatz im Leben, die Muse, genauer: die Musik, gehört für Shakespeare offenbar in die reinen, nicht ironisierbaren, höheren, ja, spirituellen Sphären. In der sanften belmontinischen Mondnacht des fünften Aktes lässt Stephano für sich und seine Geliebte Jessica die Musikanten aufspielen:

Hier soll uns Musik das Ohr beschleichen …
Setz dich zu mir, sieh, wie die Flur des Himmels
von Kreisen lichten Golds durchdrungen ist;
sogar die kleinste Welt, die du dort siehst,
erklingt, da sie dahinfährt wie ein Engel
im Chor der ewig jungen Cherubim:
das sind die Klänge der Unsterblichkeit,
doch während wir von diesem Staubgewand
noch grob umhüllt sind, hören wir sie nicht.

Hier huldigt Shakespeare der uralten Vorstellung, dass das Universum mit seinen *Kreisen lichten Goldes* (!) von himmlischer Sphärenmusik erfüllt ist. (Ähnlich Psalm 19: *Die Himmel erzählen die Ehre Gottes, eine Nacht tut's kund der anderen, ohne Sprache, unhörbar ist ihre Stimme, ihr Schall geht aus bis an die Enden der Erde.*) Erst wenn wir nicht mehr *grob umhüllt sind* von den materiellen Befangenheiten, können wir die absolute Musik hören. Den Musikanten ruft Lorenzo zu:

Kommt näher, weckt den Mond mit Melodien,
naht eurem Schutzherrn mit den stillsten Tönen,
spielt ihm zum Heimweg auf.

Und zu Jessika gewandt:

Ein Mensch, der nicht Musik im Herzen trägt,
den keine süße Harmonie erschüttert,
taugt zu Verrat, zu Bosheit, Räuberei.

Musik ist mehr als Romantik. Musik hat einen kosmischen, ja, spirituellen Hintergrund. Und vor allem: Sie hat bei Shakespeare eine ethische Wirkung: Sie bewahrt vor *Bosheit* und befreit von der Welt der *Räuberei.*

Höchst eindrücklich war mir, wie der Hallenser Schauspieler Peter Sodann auf dem Erfurter Rathausplatz anlässlich einer Bürgerdemo gegen die Schließung des Stadttheaters diese obigen drei Zeilen zitierte. Er machte vor allem den zahlreich erschienenen Schülerinnen und Schülern des Gutenberggymnasiums, die den mörderischen Amoklauf eines Mitschülers überlebt hatten, sowie dem Stadtrat deutlich, dass eine Sparpolitik, die als Erstes die Theaterkultur abschafft, der Barbarei und Gewalttätigkeit Tür und Tor öffnet. Wenn in einer Stadt Mozarts Musik oder Shakespeares Sprache nicht mehr zu hören sind, dann werden bald nur noch das Geld und die „Räuberei" regieren, meinte der Schauspieler unter heftigem Applaus.

Vielleicht darf ich hier im Kontext dieses Buches, dem es um die spirituellen Grundlagen der Kultur des Lebens geht, wagen, von „shakespearischer Spiritualität" zu sprechen. Wer immer sich hinter dem Namen Shakespeare verbirgt – wir wissen ja nicht viel über den genialen Autor, der sich in seinen fünf, sechs letzten Lebensjahren nach Stratford upon Avon zurückzieht, sich mit Geldverleih, Pachteintreibungen und Immobilienhandel beschäftigt, Prozesse wegen geschuldetem Kleingeld führt und sich weigert, die 41 Schillinge zurückzuzahlen, die seine Frau während seiner jahrelangen Abwesenheit in London zu leihen gezwungen war – wer also immer „Shakespeare" gewesen sein mag, er hat seinen Anteil am Geist des gleichfalls unbekannten „Prediger Salomos": „Alles ist eitel und Haschen nach Wind." Todernst ist alles für den Betroffenen auf der Bühne des Lebens, ungemein heiter aber für den Zuschauer. Dem belustigten Beobachter aber wird es verwehrt, sich mit irgendeiner der Rollenfiguren zu identifizieren, es sei denn mit allen. Es gibt keine Idealgestalten und keine absoluten Bösewichter. Der Autor vermeidet Moral, Lob und Tadel. Er wirft die Welt, wie sie ist, auf die Bretter, und wenn man will, kann man sich selbst entlarvt im Spiegel sehen. Es ist zwar ein unbestechlicher, aber kein unbarmherziger Spiegel. „Es ist Unsinn, sagt die Vernunft. Es ist, was es ist, sagt die Liebe" (Erich Fried). Diese Spiritualität der mit nichts identifizierten Betrachtung der Welt, die vom Geld und seinem Pendant, dem Eros, regiert wird, ist grimmiger Humor und göttliche Freude am Dasein an sich. Es ist hohe Kunst und Weisheit, alles gleichsam mit den Augen eines alles sehenden, alles verstehenden, alles akzeptierenden, ja, alles verzeihenden Himmels zu sehen. Ohne Shakespeare verchristlichen zu wollen, fühle ich mich doch erinnert an das Wort des Jesus von Nazaret über seinen himmlischen Vater: „Er lässt seine Sonne aufgehen über (von uns so genannte) Böse und über (von uns so genannte) Gute und lässt regnen über (von uns so genannte) Gerechte und über (von uns so genannte) Ungerechte." Und Jesus meint, wir sollten diese göttliche Vollkommenheit nachahmen, also den Humor unserer inneren Sonne und die Weisheit unserer inneren Wolken einfach sich überall hin auswirken lassen.

3. Victor Hugo: „Ich kaufe Ihnen hiermit Ihre Seele ab"

So spricht der Armenbischof Myriel zu dem frisch entlassenen Sträfling Jean Valjean in dem gewaltigen sozialkritischen Roman „Die Elenden" (*Les Misérables*) mit dem Untertitel: „Mensch unter Menschen".
Jean Valjean ist ein ehemaliger Galeerensträfling, im Jahre 1795 zu fünf Jahren Zwangsarbeit verurteilt wegen eines nächtlichen Einbruchs in ein Bäckereifenster mit Diebstahl eines Brotes für seine kleinen halb verhungerten Neffen. Wegen viermaligen Fluchtversuches wurden aus den fünf Jahren neunzehn Jahre Haft (zitiert nach der Übersetzung von Ernst Richard Eckert).

Jean Valjean hatte das Gefängnis schluchzend und Verzweiflung im Herzen betreten; als er es verließ, war er ein harter, finsterer Mann geworden … Der Ausgangs- und Anfangspunkt aller seiner Gedanken war der Hass gegen das von Menschen gemachte Gesetz …, gegen die Menschheit überhaupt …: ein sehr gefährlicher Mensch.

Die Wandlung dieses Menschhassers in einen christusartigen Menschen der bedingungslosen Liebe wurzelt in der Begegnung mit dem Bischof Myriel. Dieser Gottesmann hatte, ähnlich wie heute lateinamerikanische Bischöfe der Befreiungstheologie, sein Palais verlassen und bewohnte ein einfaches, immer unverschlossenes Haus. Dort fand Jean Valjean nach seiner Entlassung das erste Nachtquartier, das man ihm sonst überall verweigert hatte. Obwohl erstmals als Mensch und Ehrengast behandelt, erliegt er auf seinem weichen Bett doch nach einem langen nächtlichen Gedankenkampf der Versuchung, das Silberbesteck des Bischofs, das dieser seiner haushaltenden Schwester zuliebe beibehalten hatte, zu stehlen. Am nächsten Tag von den Gendarmen ergriffen, wird er dem Bischof vorgeführt, der schützend für seinen Gastfreund eintritt und ihm auch noch die zwei Silberleuchter dazu schenkt. (Dieses Motiv findet sich auch bei Tolstoi in der Volkserzählung „Der Bischof und der Räuber – eine wahre Geschichte“, nachzulesen in Kapitel VI dieses Buches.)

„Und nun gehen Sie in Frieden!“, sagte der Bischof. „Noch eins: Wenn Sie wiederkommen, lieber Freund, brauchen Sie nicht durch das Fenster zu gehen. Die Straßentür ist Tag und Nacht nur zugeklinkt.“ ... Jean Valjean stand da, als wäre er im Begriff, ohnmächtig zu werden. Der Bischof trat nahe an ihn heran und sprach leise: „Vergessen Sie nicht, vergessen Sie niemals, dass Sie mir versprochen haben, Sie wollten das Geld dazu gebrauchen, ein ehrlicher Mann zu werden.“
Jean Valjean, der sich nicht entsann, irgendein Versprechen gegeben zu haben, fand kein Wort der Erwiderung. Der Bischof hatte mit Nachdruck gesprochen. Er fuhr jetzt in feierlichem Tone fort:
„Lieber Bruder Jean Valjean, Sie gehören nicht mehr dem Geist des Bösen, sondern des Guten. Ich kaufe Ihnen hiermit Ihre Seele ab, entziehe sie den schlimmen Gedanken und weihe sie Gott.“

Ohne angeben zu können, „ob er gerührt sei oder sich gedemütigt fühle“, irrt Valjean über die Felder und lässt sich hinter einem Strauch nieder. Seine „finstere Entschlossenheit zum Bösen“ war erstmals erschüttert. Da kommt ein zerlumpter Junge mit Leierkasten und Murmeltier einher und spielt vergnügt mit einigen Geldstücken, die er in die Luft wirft und geschickt auffängt. Als ihm ein Zweifrankenstück entwischt, setzt der versteckte Valjean wie automatisch den Fuß darauf. Mit der „Vertrauensseligkeit der Kindheit“ spricht der Knabe:

„Bitte um mein Zweifrankenstück.“ „Wie heißt du?“, fragte Jean Valjean. „Der kleine Gervais.“ „Mach’, dass du fortkommst!“ „Geben Sie mir mein Zweifrankenstück wieder.“ Jean Valjean senkte den Kopf und antwortete nicht ... „Ich will mein Geld wiederhaben!“ Der Kleine weinte ... Jetzt geriet der kleine Kerl in Wut und drohte beinahe ...: „Vorwärts! Den Fuß weg!“ „Was!“, schrie jetzt Jean Valjean und stand plötzlich auf ... Erschrocken sah der Knabe ihn an, fing am ganzen Leib zu zittern an und rannte dann, nachdem er einige Sekunden wie starr dagestanden hatte, aus Leibeskräften davon.

Stundenlang blieb Jean Valjean starr sitzen ... wahrscheinlich hatte er Fieber ... Als er sich nach seinem Stock bückte, sah er das Zweifrankenstück im Sande glänzen.

Nun folgt eine eindrückliche Beschreibung der magischen Wirkung eines Geldstückes auf die verletzte Psyche eines entwürdigten, deklassierten Menschen:

Der Anblick wirkte auf ihn wie ein elektrischer Schlag. – „Was ist denn das?", stieß er zwischen den Zähnen hervor, fuhr drei Schritte zurück, blieb dann stehen und konnte seinen Blick nicht losmachen von jenem Punkte, auf dem sein Fuß soeben geruht hatte, als wenn das Ding, das da in der Dunkelheit glänzte, ein auf ihn geheftetes Auge gewesen wäre. Nach einigen Minuten stürzte er sich konvulsivisch auf das Geldstück, raffte es auf, richtete sich rasch empor und schaute sich nach allen Seiten in der Ebene um, mit wilden Blicken, wie ein geängstetes Reh, das einen Zufluchtsort sucht.

Wie aus einem zwanghaften Wahn erwacht, bricht nun in Valjean die von Bischof Myriel erstmals erweckte innere Wahrheit hervor. Jean ruft „mit furchtbarer, angstvoller Stimme" in den weiten leeren Raum nach dem Knaben Gervais und durchtrabt die ganze Öde der Landschaft, bis er einem Priester begegnet. Der verneint die Frage, ob er einen kleinen Jungen mit Leierkasten gesehen habe.
Valjean langt zwei Fünffrankenstücke aus seiner Geldtasche, in der sich die 109 Franken und 5 Sous befanden, die ihm nach seiner Entlassung als Lohn für neunzehn Jahre Zwangsarbeit ausgezahlt worden waren.

„Herr Pfarrer, nehmen Sie dies für Ihre Armen." Jean Valjean griff heftig nach zwei weiteren Fünffrankenstücken und gab sie dem Priester. „Für Ihre Armen!" Dann schrie er wie ein Irrsinniger: „Herr Abt, lassen Sie mich arretieren. Ich bin ein Dieb." Der Priester gab seinem Pferde die Sporen und ritt aufs Höchste erschrocken davon.

Im Mondenlicht sinkt Valjean erschöpft auf einen Stein nieder und ruft: „Ich bin ein Elender!" Victor Hugo (1802–1885) beschreibt nun die furchtbaren Wehen einer inneren Neugeburt, wie sie sich vollzieht durch die allmählich zunehmenden Wehen einer kreativen Reue.

Er musste an die letzten Worte des Bischofs denken und er setzte dieser himmlischen Nachricht den Stolz entgegen, der gleichsam ein Bollwerk des Bösen in unserem Herzen ist. Er hatte eine gewisse Ahnung, dass die Verzeihung dieses Priesters der gefährlichste Angriff sei, den seine bösen Grundsätze bis jetzt auszuhalten hatten. Er glaubte, dass er dieses Mal siegen oder besiegt werden müsse und dass der Kampf zwischen seiner Bosheit und der Güte des Mannes ein gewaltiger und entscheidender sein würde. So viel ist sicher – obschon er selbst dessen nicht inne wurde –, dass er schon nicht mehr derselbe Mensch, dass alles in ihm verändert war, dass er den empfangenen Eindruck nicht mehr aus seinem Geiste verwischen konnte. In dieser Gemütsverfassung war er dem kleinen Gervais begegnet und hatte ihm zwei Franken geraubt. Das „Warum" hätte er sicherlich selber nicht angeben können. War es die letzte Nachwirkung, die letzte Gegenwehr der schlechten Grundsätze, die er aus dem Zuchthaus mitgebracht, was man in der Statik „die erworbene Kraft" nennt?
... Einfach ausgedrückt, nicht er hatte das Geldstück geraubt, nicht der Mensch, sondern die Bestie in ihm hatte aus Gewohnheit und Instinkt den Fuß darauf gesetzt, während sein klügeres Ich mit den neuen Ideen qualvoll rang ... Wie dem auch sei – diese letzte schlechte Handlung übte auf ihn eine entscheidende Wirkung aus. Sie fuhr plötzlich durch das Chaos, das in seinem Geiste herrschte, hindurch und fegte es weg, sonderte das Dunkel und das Licht. Er betrachtete sich, sozusagen, von Angesicht zu Angesicht ... Als er dieses Licht aufmerksamer ansah, nahm es Menschengestalt an und er erkannte den Bischof. Diese beiden, so nebeneinander gestellten Menschen, den Bischof und Jean Valjean, verglich nun sein Gewissen und allmählich, vermöge einer Eigentümlichkeit derartiger Ekstasen, wuchs die Gestalt des Bischofs und erstrahlte in herrlicherem Glanze, während der ehemalige Jean Valjean abnahm, verblich und endlich ganz verschwand. Während er weinte, wurde es heller und heller in seinem Gehirn ... ihn dünkte, er sehe Satan überstrahlt von dem Glanz des Paradieses.

Hier wird deutlich, dass Victor Hugo letztlich nicht die psychologische, sondern die spirituelle Sprache spricht. Was er bis jetzt auf den ersten 55 Seiten seines Romans erzählt hat, ist nur die Initialzündung, das Exposé, die Schlüsselgeschichte für die weiteren 500 Seiten, in denen ein starker, stiller, liebender, Verfolgung erleidender Valjean wie eine Christusgestalt durch die Pariser Gesellschaft geht. Er solidarisiert sich als Gewalt- und Waffenloser mit den Aufständischen der Pariser Kommune von 1830, steht auf den Barrikaden und kriecht durch die unterirdischen Pariser Kloaken, vom Dichter viel sagend „Leviathan" genannt. Valjean hatte einige Jahre zuvor bei seinen vielen Versuchen, incognito zu bleiben, unter dem Pseudonym „Herr Madelaine" als technologischer Erfinder, Fabrikant und Bürgermeister einer Kleinstadt riesige Geldsummen erwirtschaftet. Obwohl er den Großteil seiner Gewinne in das Sozial- und Bildungswesen der Kleinstadt steckt, muss er doch nach seiner Enttarnung als ehemaliger „Raubmörder" wieder gedemütigt und demütig auf die Landstraße gehen. Aber fortan hat er genügend Ersparnisse in einem Waldstück versteckt, um bis an sein Lebensende von dieser geheimnisvollen Segensquelle unablässig zu schöpfen – nicht für sich, er lebt einen selbstlosen, bescheidenen Lebensstil der Bergpredigt und der bedingungslos schenkenden Liebe. Besonders aber liegt ihm das Waisenkind Cosette am Herzen. Er kauft es aus schlechten Pflegehänden frei und begleitet es väterlich liebend und entsagend bis ins Erwachsenenalter. „Die Verkleinerung des Weltalls zu einem einzigen Wesen, die Erhöhung eines einzigen Wesens zum Range der Gottheit ist Liebe." „Gott steckt hinter allem, aber alles versteckt Gott. Die Dinge sind dunkel, die Geschöpfe undurchsichtig. Ein Wesen lieben heißt, es durchsichtig machen." Das sind Sätze der Spiritualität Victor Hugos, die uns helfen, am globalen Elend der Menschheit nicht ratlos und tatenlos zu verzweifeln, sondern zu glauben, dass wir mit der konkreten Liebe zum Einzelnen der gesamten Welt Gutes tun.

Der Roman – ein Krimi, ein Roman der Liebe, ein spirituelles Buch, ein wehmütiges und idealistisches, ein sozialkritisches und hoch psychologisches Werk – hat im Hintergrund immer das janusköpfige Phänomen „Geld" zum Thema. Geld als Symbol des menschlichen Verbrechens und als Symbol der göttlichen Liebe. Sicher hat Victor Hugo mit seinem psychologischen Tiefblick und seinem spirituellen Anliegen nicht nur den Zerbruch und die Neugeburt des Ichs beschreiben wollen. Vielmehr will er mit seinem ganzen schriftstellerischen Werk das Elend einer sozial und moralisch verelendeten Gesellschaft darstellen und ihre spirituelle Erneuerung avisieren.

Für mich ist Victor Hugo nicht nur der meist gelesene französische Autor des 19. Jahrhunderts. Er gilt mir als ein früher postchristlicher, bewusst nichtkirchlicher, spiritueller Dichter für das 21. Jahrhundert. Er hatte sich als „Freidenker" bezeichnet und so wurde er 1885 im Pantheon bestattet, neben Rousseau und Voltaire. Der fromme, aus biblischen Tiefen schöpfende Schriftsteller hatte es sich ausdrücklich verbeten, mit

dem Segen einer bürgerlich-reaktionären Klerikerkirche begraben zu werden. 2 Mio. Menschen waren an seinem Sarg vorbeigezogen, Leser und Leserinnen, die aus seinen Werken Trost und Liebe und Hoffnung geschöpft hatten.
Seine Überzeugung war: „Eine Gesellschaft, die das Elend zulässt, eine Religion, die die Hölle zulässt, eine Menschheit, die den Krieg zulässt: all dies scheint mir sehr minderwertig zu sein."
Victor Hugo lässt seinen bis zum Schluss von der Gesellschaft als „Raubmörder" etikettierten Helden Valjean als alten Mann sterben mit dem Kruzifix in den Händen: „Der hier ist der Größte aller Märtyrer."
Die Portierfrau fragt den Sterbenden:

Wollen Sie, dass ich einen Geistlichen hole?"
„Es ist schon einer da!" antwortete Jean Valjean und wies mit dem Finger auf einen Punkt über seinem Kopfe, wo wohl jemand über ihm schwebte, der Bischof.

Mit seiner Cosette und ihrem Ehemann spricht Valjean noch zuletzt über seine heimliche Hinterlassenschaft, sein ehrlich verdientes Geld. Er selber aber will ein namenloses Armengrab. Denn: „Es gibt nur eines auf der Welt, einander zu lieben."

4. Heinrich Heine, Bert Brecht, Erich Kästner: Der Geldblick der Satiriker

Heinrich Heine (1797–1856) hat als Göttinger Jurastudent eine Harzreise gemacht und beschrieben. Er besuchte auch die Silberbergwerke und schreibt darüber eine witzige und auch metaphysische Besinnung als armer Poet:

In der Münze
Nach Tische machte ich mich auf den Weg, die Gruben, die Silberhütten und die Münze zu besuchen.
In den Silberhütten habe ich, wie oft im Leben, den Silberblick verfehlt. In der Münze traf ich es schon besser und konnte zusehen, wie das Geld gemacht wird. Freilich, weiter habe ich es auch nie bringen können. Ich hatte bei solcher Gelegenheit immer das Zusehen und ich glaube, wenn mal die Taler vom Himmel heruntergingen, so bekäme ich davon nur Löcher in den Kopf, während die Kinder Israel die silberne Manna mit lustigem

Mute einsammeln würden. Mit einem Gefühle, worin gar komische Ehrfurcht und Rührung gemischt waren, betrachtete ich die neugeborenen, blanken Taler, nahm einen, der eben vom Prägstocke kam, in die Hand und sprach zu ihm: Junger Taler! Welche Schicksale erwarten dich! Wie viel Gutes und wie viel Böses wirst du stiften! Wie wirst du das Laster beschützen und die Tugend flicken, wie wirst du geliebt und dann wieder verwünscht werden! Wie wirst du schwelgen, kuppeln, lügen und morden helfen! Wie wirst du rastlos umherirren, durch reine und schmutzige Hände, jahrhundertelang, bis du endlich schuldbeladen und sündenmüd versammelt wirst zu den Deinigen im Schoße Abrahams, der dich einschmelzt und läutert und umbildet zu einem neuen, besseren Sein, vielleicht gar zu einem unschuldigen Teelöffelchen, womit einst mein eignes Ururenkelchen sein liebes Breisüppchen zurechtmatscht. (Die Harzreise, S. 21 f)

In dem Silbertaler sieht Heine offenbar den jüdischen Wanderer selbst, jedenfalls den pilgernden Geldmenschen überhaupt, der endlich „schuldbeladen und sündenmüd" in den Schoß Abrahams heimkommt. Dort aber findet wie im Purgatorium eine Läuterung und Umschmelzung statt, ja, gar der Beginn einer Seelenwanderung in die unschuldige Welt eines Kindes, das mit silbernem Löffelchen seinen Brei „zurechtmatscht."

Man kann sich hier seine eigene Meditation machen, einen nagelneuen Euroschein mit dem Silberstreifen in die Hand nehmen, sich und sein Leben damit gleichnishaft identifizieren und zulassen, was da alles in einem aufsteigt …

Bertolt Brecht (1898–1956), der von Marx und Bibel geprägte Dichter des humanistischen Sozialismus, hat natürlich viele Schauspiele, Lieder und Gedichte über das Geld geschrieben. Am prägnantesten findet man seine Kapitalismuskritik in zwei „Geschichten vom Herrn Keuner" (zitiert nach: Kalendergeschichten, S. 136 ff). Die eine heißt:

Der natürliche Eigentumstrieb

Als jemand in einer Gesellschaft den Eigentumstrieb natürlich nannte, erzählte Herr K. die folgende Geschichte von den alteingesessenen Fischern: An der Südküste von Island gibt es Fischer, die das dortige Meer vermittels fest verankerter Bojen in einzelne Stücke zerlegt und unter sich aufgeteilt haben. An diesen Wasserfeldern hängen sie mit großer Liebe als an ihrem Eigentum. Sie fühlen sich mit ihnen verwachsen, würden sie, auch wenn keine Fische mehr darin zu finden wären, niemals aufgeben und verachten die Bewohner der Hafenstädte, an die sie, was sie fischen, verkaufen, da diese ihnen als ein oberflächliches, der Natur entwöhntes Geschlecht vorkommen. Sie selbst nennen sich wasserständig. Wenn sie größere Fische fangen, behalten sie dieselben bei sich in Bottichen, geben ihnen Namen und hängen sehr an ihnen als ihrem Eigentum. Seit einiger Zeit soll es ihnen wirtschaftlich schlecht gehen, jedoch weisen sie alle Reformbestrebungen mit Entschiedenheit zurück, sodass schon mehrere Regierungen, die ihre Gewohnheiten missachteten, von ihnen gestürzt wurden. Solche Fischer beweisen unwiderleglich die Macht des Eigentumstriebes, dem der Mensch von Natur aus unterworfen ist.

Herr K. ironisiert die Behauptung von der Natürlichkeit des Eigentumstriebes, indem er sie scheinbar bejaht, übertreibt und so ad absurdum führt. Brecht liebt die Methode der Verfremdung durch eine metaphorische Sprache. So entsteht ein entlarvender Über- und Durchblick und unsere gewohnte Alltagswelt erscheint im Fernblick aus einer anderen Seinsebene her plötzlich als unsinnig. Wir „Bodenständigen" können unseren Nonsens im Bild der „Wasserständigen" erkennen.
Dieselbe Methode wendet Brecht in der folgenden (etwas gekürzt wiedergegebenen) Keunergeschichte an, in der er die großen Konzerne im brechtschen Symbol des Haifisches und die kapitalistische Welt als Haifischkultur ironisiert:

„Wenn die Haifische Menschen wären", fragte Herrn K. die kleine Tochter seiner Wirtin, „wären sie dann netter zu den kleinen Fischen?" „Sicher", sagte er. „Wenn die Haifische Menschen wären, würden sie im Meer für die kleinen Fische gewaltige Kästen bauen lassen, mit allerhand Nahrung drin ... wenn z. B. ein Fischlein sich die Flosse verletzen würde, dann würde ihm sogleich ein Verband gemacht, damit es den Haifischen nicht wegstürbe vor der Zeit. Damit die Fischlein nicht trübsinnig würden, gäbe es ab und zu große Wasserfeste; denn lustige Fischlein schmecken besser als trübsinnige. Es gäbe natürlich auch Schulen in den großen Kästen. In diesen Schulen würden die Fischlein lernen, wie man in den Rachen der Haifische schwimmt. Sie würden z. B. Geographie brauchen, damit sie die großen Haifische, die faul irgendwo liegen, finden könnten. Die Hauptsache wäre natürlich die moralische Ausbildung der Fischlein. Sie würden unterrichtet werden, dass es das Größte und Schönste sei, wenn ein Fischlein sich freudig aufopfert, und dass sie alle an die Haifische glauben

müssten, vor allem, wenn sie sagten, sie würden für eine schöne Zukunft sorgen. Man würde den Fischlein beibringen, dass diese Zukunft nur gesichert sei, wenn sie Gehorsam lernten. Vor allen niedrigen, materialistischen, egoistischen und marxistischen Neigungen müssten sich die Fischlein hüten und es sofort den Haifischen melden, wenn eines von ihnen solche Neigungen verriete. Wenn die Haifische Menschen wären, würden sie natürlich auch untereinander Kriege führen, um fremde Fischkästen und fremde Fischlein zu erobern. Die Kriege würden sie von ihren eigenen Fischlein führen lassen. Sie würden die Fischlein lehren, dass zwischen ihnen und den Fischlein der anderen Haifische ein riesiger Unterschied bestehe … Wenn Haifische Menschen wären, gäbe es bei ihnen natürlich auch eine Kunst. Es gäbe schöne Bilder, auf denen die Zähne der Haifische in prächtigen Farben, ihre Rachen als reine Lustgärten, in denen es sich prächtig tummeln lässt, dargestellt wären … Auch eine Religion gäbe es ja, wenn die Haifische Menschen wären. Sie würde lehren, dass die Fischlein erst im Bauch der Haifische richtig zu leben begännen. Übrigens würde es auch aufhören, wenn die Haifische Menschen wären, dass alle Fischlein, wie es jetzt ist, gleich sind. Einige von ihnen würden Ämter bekommen und über die anderen gesetzt werden. Die ein wenig größeren dürften sogar die kleineren auffressen. Das wäre für die Haifische nur angenehm, da sie dann selber öfter größere Brocken zu fressen bekämen … Kurz, es gäbe überhaupt erst Kultur im Meer, wenn die Haifische Menschen wären.“

Zu den säkularen Propheten im Stile der ätzenden Sozialkritik der altisraelitischen Propheten zähle ich auch *Erich Kästner* (1899–1974) mit seinem „Hymnus“ aus dem 1. Bd. der Gesammelten Schriften:

Hymnus auf die Bankiers
Der kann sich freuen, der die nicht kennt!
Ihr fragt noch immer: Wen?
Sie borgen sich Geld für fünf Prozent
und leihen es weiter für zehn.

Sie haben noch nie mit der Wimper gezuckt.
Ihr Herz stand noch niemals still.
Die Differenzen sind ihr Produkt.
(Das kann man verstehn, wie man will.)

Ihr Appetit ist bodenlos.
Sie fressen Gott und die Welt.
Sie säen nicht. Sie ernten bloß.
Sie schwängern ihr eignes Geld.

Sie sind die Hexer in Person
und zaubern aus hohler Hand.
Sie machen Gold am Telephon
und Petroleum aus Sand.

Das Geld wird flüssig. Das Geld wird knapp.
Sie machen das ganz nach Bedarf.
Und schneiden den andern die Hälse ab.
Papier ist manchmal scharf.

Sie glauben den Regeln der Regeldetrie
und glauben nicht recht an Gott.
Sie haben nur eine Sympathie.
Sie lieben das Geld und das Geld liebt sie.
(Doch einmal macht jeder Bankrott!)

In dieser letzten, plötzlich fünfzeiligen Strophe fällt Kästner bewusst aus den Regeln der poetischen „Regeldetrie". Der Bankrott fällt aus dem Rahmen des Geplanten.
Und noch eine Bemerkung fügt Kästner klein gedruckt seinem Gedicht bei, um selbstkritisch uns alle als Mitnutzer des gesellschaftlichen Lotteriespiels zu sehen:

Anmerkung: Die Konsumenten sind die linke Hand des gesellschaftlichen Organismus, die Produzenten sind die rechte Hand. Die Bankiers sind die Heimlichkeiten zwischen den beiden.

Kapitel VI Spirituelle Meister der Neuzeit

1. Tolstoi: „Ich glaube, dass die Lehre Christi der ganzen Menschheit Glückseligkeit gibt"

So schreibt im Todesjahr von Karl Marx (1883) der russische Sozialphilosoph Leo Tolstoi (1828–1910) in seinem Buch „Was ich glaube". Der Autor proklamiert die volle soziale und seelische Diesseitigkeit des von Christus verkündeten Heiles und gilt fortan der russisch-orthodoxen Kirche als Irrlehrer. „Ich glaube, dass mein Leben nach der Lehre der Welt qualvoll war. Ich glaube, dass mich die Lehre Christi vom unvermeidlichen Untergang errettet und mir hienieden die höchste Glückseligkeit verleiht."

Der gewaltige russische Schriftsteller, der sozialreformerische Graf des Gutshofes Jasnaja Poljana, der Volkspädagoge und Bauernfreund, der Exkirchenchrist und Bergpredigtjünger, der ständig bespitzelte Sozialrevolutionär, geliebt vom Volk und gefürchtet von Staat und Kirche, aber in allen Gesellschaftsschichten vom Zaren bis zum Muschnik hoch verehrte Leo Tolstoi erscheint mir als schmerzhafte Inkarnation des Problems, spirituell in der materiellen Welt zu leben. Deutlicher als bei anderen Gestalten, die in diesem Buch zitiert sind, zeigt das Leben und Denken Tolstois: Das Problem ist unlösbar. Aber der Torso zeigt die Absicht des Entwurfes. Die Tragik, *in* der Welt des Mammon, aber nicht *von* dieser Welt zu sein, führt unvermeidbar zum Schuldigwerden an der Welt, an Gott und an der eigenen Seele. Nun ist aber gerade die Radikalität der russischen Seelenwelt geprägt vom Wissen um „Schuld und Sühne". Auch Tolstoi huldigte als junger Mensch dem Nihilismus und dem exzessiven Sinnenrausch und wusste um seine tiefe Sündhaftigkeit, die alle Menschen miteinander verstrickt – und wusste um die alles erlösende Macht des Verzeihens, ein Wissen, das ein besonderes Kennzeichen der russisch-orthodoxen Kultur war.

Ich möchte Tolstoi vergleichen mit einem wuchtigen Eichbaum, der von einem göttlichen Blitzstrahl erleuchtet und gespalten wurde. Gebrandmarkt in einem zutiefst unruhigem Gewissen ist dieser große Geist hin- und hergerissen zwischen höchster intellektueller Verzweiflung und tiefstem kindlichen Glauben, zwischen schier masochistischen Selbstanalysen und zornwütiger Überheblichkeit, zwischen fleischlicher Sinnlichkeit und keuscher Askese. Aber wir sehen, dass Tolstoi die bis heute

richtigen Fragen stellt. Er gibt aber die Antworten nicht theoretisch, sondern mit einem Lebensexperiment. Er ist nämlich überzeugt, dass materieller Fortschritt nur zum moralischen Verfall führt.
Hier nur ein paar reale Symbolhandlungen: 1881 pilgert er als Muschnik, also als Bauer im Arbeiterzwillich verkleidet, ins Kloster Optima Pustyn. 1884 macht er eine Schusterlehre. 1891 verzichtet er auf die Urheberschaft an seinen Werken. 1892 überträgt er sein gesamtes Vermögen an seine Familie. 1900 wird er nach einer achtjährigen Kampagne aus der orthodoxen Kirche ausgeschlossen. 1901 lehnt er den Literaturnobelpreis ab. 1910 flieht er inkognito aus Hof, Ehe und Familie und stirbt unterwegs an Lungenentzündung auf dem Bahnhof Astapowo.
Sein ganzes Leben lang suchte er nach Wahrheit und entwarf schon als junger Mensch eine undogmatische Religion der Liebe und der Gewaltlosigkeit. Der junge Gandhi hat mit ihm korrespondiert und war so von Tolstoi fasziniert, dass er schon in seiner südafrikanischen Zeit eine „Tolstoifarm" gründete. Tolstoi befreite das Christentum von aller dogmatischen Metaphysik und verkündete die Glückseligkeit des Reiches Gottes auf Erden. Er hatte das Neue Testament im Original studiert, um die Lehre Jesu genauer zu verstehen: nämlich den Verzicht, auf das Böse in der Welt mit Gegengewalt zu reagieren. Die gesamte christliche Zivilisation sei aus diesem Missverständnis erwachsen, schrieb er an Gandhi. Wenn man das Gesetz der Liebe auch nur partiell außer Kraft setze, arbeite man an der Selbstvernichtung der Welt mit.
Es folgen nur Texte aus den „Volkserzählungen". Schon 1872 hatte der Graf auf seinem Gutshof eine Volksschule gegründet (und dann 14 Schulen im Umkreis). Er stellte für die Kinder einfache und spirituell prägende Erzählungen in einem Lesebuch zusammen. Der hoch gebildete Intellektuelle benutzte dazu nicht das Russisch der Gebildeten, sondern das ganz andere Russisch der Bauern. Zahlreiche dieser Kurzgeschichten hat ihm in echter Bauernkunst ein russischer Pilger erzählt, der auf seinen Wanderungen viele Legenden vernommen hatte. Nach seinen beiden großen Welterfolgsromanen „Krieg und Frieden" und „Anna Karenina" war Tolstoi in eine schwere geistig-seelische Krise geraten, aus der ihm erst der Geist der „Volkserzählungen" Erlösung brachte.
Die Legende „Die beiden Brüder und das Gold", hier leicht gekürzt, erzählt von zwei Brüdern, Johannes und Athanasius, die in einer Höhle bei Jerusalem hausen und die ganze Woche über Kranken, Waisen oder Witwen in ihrer Not zu Hilfe eilen, ohne Geld anzunehmen. Sie ernähren

sich nur von dem, was man ihnen anbietet. Nur den Sonntag verbringen sie gemeinsam in ihrer Höhle in Gebet und Gesprächen und der Engel Gottes ist bei ihnen und segnet sie.

Eines Montags gingen beide Brüder wieder zur Arbeit und schon hatten sie voneinander Abschied genommen, als Athanasius, der ältere, stehen blieb … und sah, wie Johannes mit gesenktem Haupt seines Weges ging und sich nicht umschaute. Plötzlich hemmte er jedoch seinen Schritt, beschattete mit der Hand seine Augen und blickte aufmerksam zur Erde … Langsam näherte er sich dem, was auf dem Boden vor ihm lag, dann aber sprang er mit einem Satz zur Seite und lief den ganzen Abhang hinab, ohne auch nur einen Blick zurückzuwerfen. Athanasius wunderte das sehr und … ging er dorthin, wo sein Bruder gestanden, um zu sehen, was ihn so erschreckt hatte. Wie er näher kam, sah er etwas in der Sonne glitzern, er trat heran: ein Haufen Gold lag auf dem Gras, als sei hier ein Sack ausgeleert worden. Athanasius wunderte sich über das Gold, mehr aber noch über die kopflose Flucht seines Bruders. „Was hat ihn so geschreckt, dass er sinnlos davongelaufen ist?“, fragte er sich. „Am Golde selbst hängt doch keine Sünde, die Sünde ist im Menschen. Mit dem Gold kann ich Böses tun, ich kann damit aber auch viel Segen stiften. Wie viel Waisen und Witwen können davon satt werden, wie viel Nackte gekleidet, wie viel Kranke geheilt werden. Mein Bruder und ich, wir beide dienen den Menschen, doch ist unsere Hilfe jetzt gering, weil unsere Kräfte schwach sind. Mit diesem Gold hier könnten wir den Menschen weit mehr dienen.“

Athanasius denkt also quantitativ und solcher Fortschritt gilt bei Tolstoi als Versuchung, ähnlich der Versuchung Jesu, aus Steinen Brot zu machen. Freilich denkt er noch ganz diakonisch, aber er merkt nicht, dass er in eine Teufelsfalle gerät, welche die französische Sozialistin und Mystikerin Simone Weil die „soziale Falle“ nennt. Zwei gleiche Brüder – plötzlich unterscheiden sie sich und entscheiden sie sich verschieden: an der Einstellung zum Geld.

Da legte Athanasius seine Kleider ab und schaufelte das Gold hinein. Soviel er tragen konnte, lud er sich auf den Rücken und brachte es zur Stadt … erstand Grund und Boden in der Stadt, kaufte Steine, Holz, dingte Arbeiter und begann zu bauen. Drei Monate blieb Athanasius in der Stadt und errichtete dort drei Häuser: ein Haus als Heim für Witwen und Waisen, ein anderes als Krankenhaus und das dritte als Herberge für Pilger und Bettler. Er fand auch drei gottesfürchtige alte Männer und setzte den einen als Vorsteher des Waisenhauses ein, dem anderen übergab er das Krankenhaus, dem dritten die Herberge. Und da ihm immer noch dreitausend Goldstücke geblieben waren, gab er einem jeden dieser drei Männer tausend, damit sie das Gold an Arme und Kranke verteilten. Da begannen sich die drei Häuser mit Menschen zu füllen, und sie alle lobten und priesen Athanasius für das, was er an ihnen getan hatte ... doch liebte er seinen Bruder Johannes über alle Maßen und ging daher hinweg aus der Stadt, ohne sich auch nur ein einziges Goldstück genommen zu haben.

Athanasius ist also absolut unbestechlich und doch ist er vom spirituellen Denken ins materielle abgewichen. Als er unterwegs dachte, dass sein Bruder falsch gehandelt, er aber das Richtige getan habe,

... da sah er mitten auf dem Weg den Engel, der ihn und Johannes gesegnet hatte. Zornerfüllten Blickes schaute er jetzt den Athanasius an. Dieser erschrak sehr und sagte: „Warum, o Herr?" Der Engel aber öffnete seinen Mund und sprach: „Gehe hinweg von dieser Stätte! Du bist nicht wert, das Leben deines Bruders zu teilen. Ein Sprung von ihm wiegt mehr als alle Taten, die du mit dem Gold verübt hast."
Da begann Athanasius sich zu rechtfertigen und zählte auf, wie viel Arme und Pilger er speisen konnte, wie viel Waisen durch sein Gold ein Obdach erhielten.

Aha, die Statistik als Rechtfertigung! Die gilt schon zu Davids Zeiten als Werk des Versuchers (1. Chr 21,1), und Jesus zum Almosengeben: „Lass deine linke Hand nicht wissen, was die rechte tut!" (Mt 6,3)

Doch der Engel sagte ihm: „Jener Teufel, der das Gold auf den Weg gestreut hatte, um dich zu verführen, lehrte dich diese Worte." Und es erhob sich die Stimme des Gewissens und klagte den Athanasius an ... und er weinte sehr und bereute alles, was er getan hatte ... da er erkannt hatte, dass wir nicht mit Gold, sondern nur mit unserer Hände Arbeit Gott und den Menschen dienen können. Und von da an lebten die beiden Brüder, Johannes und Athanasius, wie zuvor.

Der Engel an der Fundstelle, das ist die Stimme des tieferen Wissens und Gewissens. Gerade das gut Gemeinte entpuppt sich als das Satanische (vgl. auch Jesu Wort an Petrus, Mt 16,22f). „Sie lebten von da an wie zuvor" (nämlich mit unmittelbaren Diensten an den Menschen) – hier kommt Tolstois fortschrittsfeindlicher, revolutionärer Wertekonservativismus zum Ausdruck. Wirklich helfen können wir nur direkt, konkret, persönlich, soweit unsere eigenen Arme reichen. Für mehr sind wir nicht verantwortlich. Die großen sozialen Institutionen müssen plötzlich fremden Eigengesetzlichkeiten folgen. Hast du das im Grunde nicht schon längst begriffen und erlitten, du große diakonische Kirche, du sorgenvolle, gut meinende teure, mächtige Kirche des armen Jesus?

Der Bischof und der Räuber – eine wahre Geschichte
Ein Räuber wurde schon lange Zeit gesucht. Einmal verkleidete er sich und ging in die Stadt. In der Stadt erkannten ihn die Polizisten und jagten ihm nach. Der Räuber floh vor ihnen und kam zum Haus des Bischofs; das Tor stand offen – er trat in den Hof.
Ein Novize fragte ihn nach seinem Begehr.
Der Räuber wusste nicht, was er antworten solle, und sagte auf gut Glück: „Ich will zum Bischof."
Der Bischof empfing den Räuber und fragte ihn, weswegen er zu ihm gekommen sei.
Der Räuber erwiderte: „Ich bin ein Räuber, man ist hinter mir her; versteck mich, oder ich bringe dich um."
Der Bischof sagte: „Ich bin ein alter Mann und fürchte den Tod nicht; aber du tust mir Leid. Geh in jene Stube, du bist müde, ruh dich aus, ich will dir etwas zu essen schicken."
Die Polizisten wagten nicht, das Haus des Bischofs zu betreten, und der Räuber blieb bei ihm zur Nacht.
Als der Räuber sich ausgeruht hatte, kam der Bischof zu ihm und sagte: „Du tust mir Leid, du frierst und hungerst und man jagt dich wie einen Wolf, am meisten aber tust du mir deswegen Leid, weil du viel Böses getan hast und deine Seele verwirkst. Lass die bösen Taten!"
Der Räuber sagte: „Nein, ich habe mich schon zu sehr an das Böse gewöhnt; als Räuber habe ich gelebt, als Räuber will ich auch sterben."
Der Bischof verließ ihn, machte alle Türen weit auf und legte sich schlafen.
In der Nacht stand der Räuber auf und streifte durch die Zimmer. Es kam ihm seltsam vor, dass der Bischof nichts verschlossen und alle Türen weit offen gelassen hatte.
Der Räuber sah sich um, was er wohl stehlen könnte, erblickte einen großen Silberleuchter und dachte:

Den will ich mitnehmen – er ist viel Geld wert – und fortgehen, den Alten aber werde ich nicht umbringen. Und so geschah es auch.
Doch die Polizisten waren nicht weggegangen und hatten dem Räuber die ganze Zeit vor dem Haus des Bischofs aufgelauert. Sobald er aus dem Haus trat, umringten sie ihn und fanden unter seinem Rockschoß den Leuchter.
Der Räuber leugnete alles ab, aber die Polizisten sagten: „Wenn du auch deine früheren Taten ableugnest, der Diebstahl des Leuchters bleibt auf dir sitzen. Komm mit zum Bischof, er wird dich überführen."
Sie brachten den Dieb zum Bischof, zeigten ihm den Leuchter und fragten: „Gehört das Euch?"
Er sagte: „Ja."
Die Polizisten sagten: „Das hat man Euch gestohlen und hier steht der Dieb."
Der Räuber schwieg und seine Augen flogen hin und her wie bei einem Wolf.
Der Bischof sagte nichts, ging zurück in seine Stube, nahm dort einen zweiten, ganz gleichen Leuchter, gab ihn dem Räuber und sagte: „Mein Bester, warum hast du nur den einen Leuchter genommen? Ich hatte dir doch beide geschenkt."
Der Räuber brach in Tränen aus und sagte zu den Polizisten: „Ich bin ein Dieb und Räuber. Führt mich ab!" Dann sagte er zu dem Bischof: „Vergib mir um Christi willen und bete für mich zu Gott."

Geist und Sprache dieser „wahren Geschichte" sind elementar, umwerfend, einfach. In der Zeit sozialer Kälte, in der das große Geld regiert, erweckt diese kleine Begebenheit Leidenschaft und Fantasie für eine Kultur, in der die große Seele regiert, die in jedem Bischof, Grenzpolizisten und illegalen „Wirtschaftsflüchtling" potenziell vorhanden ist.
In der Geschichte „Vom Roggenkorn, das so groß ist wie ein Ei" finden Bauernkinder in einer Schlucht etwas Seltsames, groß und rund wie ein Hühnerei, aber mit seiner Kerbe aussehend wie ein Getreidekorn. Ein Mann verkauft es an den Zaren. Der lässt weise und gelehrte Männer kommen, das Rätsel zu lösen. Erst ein Huhn, das auf der Fensterbank pickt, macht deutlich, dass es sich um ein Roggenkorn handelt. Der verwunderte Zar lässt nun im ganzen Land forschen, wann und wo ein solch seltsames Korn gewachsen war. Die dickleibigsten Bücher geben keine Auskunft. Da lässt der Zar bei den ganz alten Bauern nachfragen. Zuerst erscheint ein altes verhutzeltes Männlein auf zwei Krücken. Der

halb Erblindete ertastet zittrig den Gegenstand, lange braucht der halb Taube, bis er die Frage des Zaren versteht, ob er ein solches Korn schon einmal gesät, geerntet oder gekauft habe.

Dann aber zischelte er mit zahnlosem Mund: „Nein“, sagte er, „nein, großmächtiger Zar, mein Acker hat ein solches Getreide nicht getragen, auch habe ich nie ein solches Korn gekauft. Der Roggen, den wir um Geld erstanden, war nicht anders als der heutige auch. Wir sollten aber meinen Alten fragen, vielleicht hat der einmal gehört, wo solch ein Roggen gedieh.“

Wieder schickte der Zar seine Boten aus und sie brachten nun den Vater des zahnlosen Männchens vor den Zaren. Der uralte Greis aber kam rüstiger daher als sein Sohn, er brauchte auch keine Krücken … Der Alte war harthörig, doch fasste er bei weitem rascher auf als sein Sohn. „Nein“, gab er zur Antwort, „auf meinem Acker habe ich einen solchen Roggen weder ausgesät noch geerntet. Auch gekauft habe ich solches Korn nicht, denn zu meiner Zeit hat es noch gar kein Geld gegeben. Wir nährten uns von dem Brot, das auf unserem Acker gewachsen war, und wenn jemand in Not geriet, so teilten wir mit ihm … Gewiss war zu meiner Zeit das Korn größer, die Ernte ergiebiger, aber ein so großes Roggenkorn habe ich mein Lebtag nicht gesehen. Man sollte aber meinen Vater fragen, er meint, dass zu seiner Zeit der Roggen besser gedieh, und auch das einzelne Korn soll größer gewesen sein.“

Nun wurde der Vater des alten Bauern gerufen. Ohne Stock, ohne Krücke trat der uralte Greis vor den Zaren. Fest und sicher trat er auf, seine Augen waren klar, er hörte gut und sprach deutlich … und meinte dann: „Lang ist es her, dass ich unseren Roggen zum letzten Male gesehen habe.“ Und er biss auf das Korn. Kaute bedächtig und fuhr dann fort: „Ja, das ist es, das ist unser altes Brot, genauso ist es noch, wie es vor vielen, vielen Jahren gewesen ist.“

„Sag mir, Großväterchen“, hub nun der Zar von Neuem an, „sag mir, wo und wann kam ein solches Korn zur Welt? Hast du es auf deinem eigenen Acker ausgesät?“ Da sprach der Alte: „So ein Brot gab es zu meiner Zeit überall, nur von solchem Brot habe ich mich genährt und davon den anderen zu essen gegeben …“

Weiter fragte der Zar: „Sag mir, Großväterchen, gab es zu deiner Zeit solchen Roggen zu kaufen?“ Da lachte der Alte. „Zu meiner Zeit“, brummte er dann, „dachte noch kein Mensch an eine solche Sünde, Geld für unser täglich Brot zu verlangen oder zu geben.“ Von neuem begann der Zar:

„So sag mir denn, Großväterchen, wo hast du solches Getreide ausgesät? Wo war dein Acker?“ „Mein Acker war die Erde, die unserem Herrgott gehört“, antwortete der Alte, „wo ich meinen Pflug einschlug, dort war mein Acker. Die Erde war frei und niemand nannte ein Stück Erde sein Eigen, sein Eigen nannte man nur seine Arbeit.“

Nun stellt der beunruhigte Zar noch zwei Fragen: Warum war das Roggenkorn früher so groß und ist heute so klein geworden? Und warum musste er sich nicht so mühsam hereinschleppen wie Sohn und Enkel?

„Beides“, sagte er, „beides, dass unser Roggenkorn heute klein und das Alter beschwerlich ist, beides kommt daher, dass die Menschen aufgehört haben, von ihrer eigenen Hände Arbeit zu leben, und den Nachbar um den Ertrag seiner Arbeit beneiden. Zu meiner Zeit war das nicht so, wir trachteten danach, so zu leben, wie es Gottes Wille ist: Was uns gehörte, daran freuten wir uns, fremdes Gut aber begehrten wir nicht.“

Diese Erzählung selbst kommt mir vor wie der seltsame Fund einer versunkenen Welt. Heute, im Zeitalter der genbiologisch „verbesserten“ und monopolistisch verteuerten Getreidesorten können wir uns leicht über die Minderung der Lebensqualitäten hinwegtäuschen. Auch der medizinische Fortschritt ermöglicht uns allen ein jugendliches Greisenalter. Die paradiesischen Zustände scheinen nicht in der Vergangenheit, sondern bereits in der Gegenwart zu liegen. Aber der Schein trügt. Der aufgeschreckte Zar in mir fragt: Wie können wir als Glieder der Menschheitsfamilie zusammenleben ohne Konkurrenz, ohne Futterneid, ohne Besitzegoismus, ohne „die Sünde“, alles zu Geld zu machen, ohne am Ende menschlich, sozial und geistlich ganz dürr und mager und entwurzelt am guten „Willen Gottes“ und am eigentlichen Leben vorbeizuleben? Müssen wir nicht doch „die Alten“ fragen nach dem Geheimnis eines einfachen und natürlichen Lebens, wie es dieses Buch versucht? Oder ist der *point of no return* schon überschritten?

2. Mahatma Gandhi: „Europa betet den Mammon an"

In einem Aufsatz vom 8. September 1920 (zitiert nach: Die Lehre vom Schwert, S. 76f) schreibt Gandhi (1869–1948):

Es ist meine feste Überzeugung, dass das heutige Europa nicht den Geist Gottes oder das Evangelium verwirklicht, sondern den Geist Satans. Und Satan hat den größten Erfolg, wo er mit dem Namen Gottes auf den Lippen erscheint. Europa ist heute nur dem Namen nach christlich. In Wirklichkeit betet es den Mammon an. „Es ist leichter, dass ein Kamel durch ein Nadelöhr gehe, denn dass ein Reicher ins Reich Gottes komme." Das sind in Wirklichkeit die Worte Jesu Christi. Seine so genannten Anhänger bemessen ihren moralischen Fortschritt nach ihrem materiellen Besitz …

Gandhi ist zutiefst überzeugt,

… dass Europa durch den viel gerühmten Fortschritt der Wissenschaften in sittlicher Beziehung nicht um einen Zoll vorwärts gekommen ist. Und der letzte Krieg hat deutlicher als sonst die satanische Natur der Zivilisation erwiesen, von der sich Europa heute beherrschen lässt. Jedes Sittengesetz ist von den Siegern im Namen der Gerechtigkeit gebrochen worden. Keine Lüge war zu schlecht, um angewendet zu werden. Der Beweggrund dieser Verbrechen ist nicht etwa religiöser oder geistiger Art, er ist grob materiell.

Der eigentliche Hintergrund eines solch vernichtenden Urteils bereits im Jahre 1920 – und inzwischen hat sich ja Europa noch viel hemmungsloser der Gewalt und dem Materialismus preisgegeben – ist Gandhis große Entdeckung von „Satjagraha" als der wahrhaft menschlichen und zutiefst spirituellen Gestaltungskraft von Kultur. In einem Aufsatz vom 5. November 1919 schreibt er:

Ich erfand den Namen Satjagraha in Südafrika, um die Kraft zu bezeichnen, die … diese Bewegung von der des passiven Widerstandes … unterscheidet. Die eigentliche Bedeutung von Satjagraha ist: Festhalten an der Wahrheit, also Macht der Wahrheit. Ich habe sie auch mit Macht der Seele oder Macht der Liebe umschrieben … So verlangt die Lehre: Wahrheit nicht dadurch zu behaupten, dass ich dem Gegner Leiden zufüge, sondern dadurch, dass ich selbst Leiden erdulde ... Nach meiner Ansicht ist die Schönheit und Wirksamkeit von Satjagraha so groß und seine Lehre so einfach, dass es selbst Kindern verständlich gemacht werden kann.

In seiner 1930 geschrieben Autobiographie „Mein Leben" (S. 212ff) erzählt er von seinem gewaltlosen Einsatz für die Bauern von Khaira, die durch mehrjährige Missernte nicht mehr in der Lage waren, die Einkommensteuern an die Regierung abzuführen. Nur dieses „kleine" Engagement aus dem großen Leben des Mahatma wähle ich aus:

Als schließlich alle Gesuche und Bitten (um Steuererlass) *versagt hatten, riet ich ... den Bauern zur Anwendung von Satjagraha ... Das folgende Gelübde wurde von den Satjagrahis* (Satjagrahis sind Menschen, die Seelenkraft ausüben) *unterschrieben:*
„... Wir werden alle gesetzlichen Maßnahmen der Regierung ohne Widerstand hinnehmen, die sie für angemessen hält, und freudig die Folgen unserer Steuerverweigerung erdulden. Wir werden lieber unsere Ländereien verloren geben, als durch freiwillige Bezahlung unseren Standpunkt zu verleugnen und unsere Selbstachtung zu verwirken ... Unter diesen Umständen sind wir der Überzeugung, dass es um der Armen willen auch für diejenigen, die imstande wären, zu zahlen, Pflicht ist, die Steuer zu verweigern."

Gandhi erreichte wenigstens einen tragbaren Kompromiss. Den vollen Erfolg über die Steuerbehörde versagte er sich, um die erschöpften Bauern zu schonen. Obwohl alle Schichten der Bevölkerung an dem neuartigen Vorgehen der Bauern interessiert waren und viele sich erboten, ihr Vermögen an den Erfolg der Sache zu wenden, winkte Gandhi ab:

Sie wollten durchaus nicht einsehen, dass Satjagraha nicht nur mit Geld geführt werden könne. Geld ist etwas, das am wenigsten dazugehört. Trotz meinem Einspruch schickten die Kaufleute von Bombay uns mehr Geld, als wir brauchten, sodass wir zum Schluss noch einen Rest übrig hatten ... Vor allem aber kam es darauf an, die Ackerbauern von ihrer Furcht zu befreien, indem man ihnen klarmachte, dass die Beamten nicht die Herren, sondern die Diener des Volkes seien, da sie ihre Gehälter ja von den Steuerzahlern erhielten. Dann aber war es wiederum nahezu unmöglich, ihnen begreiflich zu machen, dass Furchtlosigkeit dennoch mit Höflichkeit zusammengehen müsse. Jetzt, wo sie die Furcht vor den Beamten glücklich abgelegt hatten, wollte man ihnen verwehren, diesen Grobianen Gleiches mit Gleichem zu vergelten? Sie sahen nicht, dass jedes Wort der Unhöflichkeit ihr Satjagraha vergiften musste, wie ein Tropfen Arsen die Milch … Die Erfahrung hat mich gelehrt, dass Höflichkeit der schwierigste Teil von Satjagraha ist. Höflichkeit bedeutet hier … den inneren Drang, dem Gegner Gutes zu tun.

Gandhi teilte den zu seiner Zeit gängigen sozialistischen oder kapitalistischen Fortschrittsglauben nicht.

Für wirtschaftliche Gleichheit zu arbeiten, heißt den ewigen Konflikt zwischen Kapital und Arbeit beseitigen.

Es ging Gandhi auch nicht um die Befriedigung materieller Bedürfnisse. Er wusste um die Unersättlichkeit des materiell eingestellten Menschen. Er war kein Marxist. Er war ein Mensch der östlichen Spiritualität und warb um Selbstbeherrschung und Einfachheit. Er war aber auch kein Maschinenstürmer.

Ich bin nicht gegen die Maschine als solche, sondern gegen die Verrücktheit nach der Maschine. Die Verrücktheit besteht in dem, was wir „arbeitssparende Maschinen“ nennen. Die Leute „sparen“ so lange Arbeit, bis Tausende arbeitslos sind und auf die Straße geworfen werden und vor Hunger sterben … Heute hilft die Maschine einigen wenigen, auf dem Rücken von Millionen zu reiten. Das treibende Motiv ist nicht Arbeitsersparnis, sondern Habsucht.

Diese ungeschminkte Analyse trifft auch für die computergesteuerte Rationalisierung, eine Hauptursache der heutigen Massenarbeitslosigkeit, zu. Es sind nicht technologische und ökonomische Sachzwänge, die uns beherrschen, sondern seelische Mächte wie die Habgier, scheinbar sachlich als „Gewinnmaximierung“ bemäntelt. Statt industrieller Massenproduktion wollte Gandhi die Produktion durch die Massen. Darum setzte er sich so für das Spinnrad ein. Es wurde zum Symbol der sanften Technik und der ökonomischen Unabhängigkeit von der britischen Kolonial- und Industriemacht.
Gandhis Spiritualität ist nicht politisch abgezweckt, sie ist geistig-seelisch gemeint und hat nur in dieser Reinheit eine gute politische Auswirkung. Es geht nicht um gewaltlosen Widerstand gegen die Ungerechtig-

keit. Es geht darum, das Böse nicht zu bekämpfen, da man dabei selbst böse wird. „Widersteht nicht dem Bösen“ ist für Gandhi der Kernsatz der Bergpredigt Jesu. Es geht darum, in Selbstachtung und Liebe zu leiden und so dem Gegner eine Chance zum Aufwachen und Umdenken zu vermitteln. Das Opfer wahrt seine Würde und gewährt sie dem Täter. Von daher verstehen sich Gandhis elf Gebote:

Gewaltlosigkeit, Wahrheit, Nichtstehlen, Keuschheit, Besitzlosigkeit, körperliche Arbeit, Herrschaft über den Gaumen, Furchtlosigkeit, Achtung aller Religionen, Swadeshi (Gebrauch der im Lande hergestellten Produkte), *Aufhebung der Unberührbarkeit. Dies sind die elf Gelübde, die man demütigen Geistes erfüllen soll.*

Wir wissen, dass Gandhi trotz seines Sieges über die britische Kolonialmacht der vordergründigen Geschichtsbetrachtung nach gescheitert ist, wie auch Tolstoi und Franz von Assisi und alle großen Meister. Aber ohne diese Geister wäre die Welt schon längst in Finsternis, Kälte und Fäulnis abgesunken. Sie sind, nach Jesu Worten, „das Licht der Welt“ und „das Salz der Erde“. Das gilt auch für die untergegangene und doch neu virulent gewordene indianische Spiritualität, aus der ich im Folgenden eine berühmte Kostprobe bringe.

3. Der Häuptling Seattle: „Wie kann man den Himmel verkaufen?“

Im Dezember 1854 hielt der Duwamish-Häuptling Seathl vor dem neuen Gouverneur der Washington-Territorien Isaac I. Stevens, der gekommen war, um die dortigen Stämme in Reservationen zu bringen, eine Rede in seiner Muttersprache Lushotseed. Der Anwesende Dr. Henry Smith machte ausführliche Notizen und sprach später über Jahre hinweg immer wieder mit Seathl (Seattle) über seine Rede. Die Veröffentlichung im Druck erfolgte erst 1887. Ihre eigentliche Wirkung begann erst im ausgehenden 20. Jahrhundert im Kontext des neuen ökologischen und kapitalismuskritischen Problembewusstseins des weißen Westens.
Es gibt mehrere Adaptionen der nicht mehr exakt rekonstruierbaren Rede, aber alle haben die naturmystische Spiritualität des „indianischen“ Geistes bewahrt (zitiert nach: Häuptling Seattles Rede: Wie kann man den Himmel verkaufen).

Wir werden euer Angebot bedenken. Was ist das, was der weiße Mann zu kaufen wünscht, fragt mich mein Volk. Die Vorstellung ist uns fremd. Wie kann man den Himmel kaufen oder verkaufen, die Wärme des Landes, die Schnelligkeit der Antilope? Wie können wir euch diese Dinge verkaufen und wie könnt ihr sie kaufen? Gehört die Erde euch und könnt ihr mit ihr machen, was ihr wollt, nur weil der rote Mann ein Stück Papier unterschreibt und dem weißen Mann gibt?

Der Schluss der Rede (in der Fassung von W. Arrowsmith, S. 127 ff) lautet:

… Wir werden über euer Angebot nachdenken. Wenn wir uns entschieden haben, werden wir es euch wissen lassen. Sollten wir es annehmen, stelle ich hier und jetzt diese Bedingung: dass uns nicht das Recht verwehrt wird, jederzeit die Gräber unserer Ahnen und Freunde zu besuchen. Jeder Teil dieser Erde ist meinem Volk heilig … Der Boden unter euren Füßen antwortet liebevoller auf unsere Schritte als auf eure, denn er ist die Asche unserer Vorväter. Unsere bloßen Füße fühlen die Vertrautheit. Die Erde ist erfüllt vom Leben der Unseren … von den unsichtbaren Toten meines Volkes … Nachts, wenn die Straßen eurer Städte und Dörfer still sind … dann drängen sich dort die wiederkehrenden Geister derer, die sie einst bevölkerten, und sie werden diese Orte immer noch lieben. Der weiße Mann wird nie allein sein. So möge er gerecht und freundlich mit meinem Volk umgehen. Auch Tote besitzen Macht.

Die Macht der Toten, und zwar die verzeihende Macht der Toten, habe ich in New Mexiko 1992, im 500. Jahr der so genannten „Entdeckung“ Amerikas, verspürt. Ich befand mich in einer Gruppe von amerikanischen weißen Katholiken, die zum ersten Mal ihre Familiengeschichte erforschten, um herauszufinden, wo und wie ihre Voreltern das indianische Land eingenommen und weitervererbt hatten. Wir standen im großen Kreis an der Stelle eines verschwundenen Indiodorfes, das die spanischen Eroberer im frühen 16. Jahrhundert, den Rio Grande heraufziehend, vernichtet hatten. Wir hörten die schlimme Geschichte der Region und mussten bald die da und dort aufgelesenen Tonscherben wieder der Erde zurückgeben. Dann folgten wir in der Gluthitze des Augusttages einem indianischen Ritual und verneigten uns, um Vergebung betend, in alle vier Himmelsrichtungen. Einige Stunden später zogen die seit Wochen ersehnten Regenwolken auf und ein strahlender

doppelter Regenbogen erschien am Abendhimmel unter einem unglaublich mächtig einsetzenden Platzregen. „Sie haben uns erhört und uns verziehen", sagte ein Kundiger unter uns.
Ist das große Verzeihen aus der anderen Welt so leicht zu bekommen? Mir hat sich eine Verpflichtung zur kulturellen und geistlichen Umkehr auferlegt.

4. Dorothy Day: „Hiermit geben wir die Zinsen für das Geld zurück"

Dorothy Day (1897–1980), areligiös aufgewachsen, als Sechzehnjährige in Chicago der sozialistischen Partei beitretend, für das Stimmrecht der Frauen und gegen die Misshandlung der eingesperrten Frauen demonstrierend, wird sie mehrmals verhaftet, entdeckt in der Zelle ihr religiöses Verlangen, lernt als Aktivistin und Agitatorin mühsam Gebet und Kontemplation, begehrt und empfängt als Dreißigjährige die Taufe, findet nach einem langen Leben als Gründerin und geistliche Mutter der „Catholic Workers" im hohen Alter Tröstung nur noch im ununterbrochenem geistlichen Weinen über die Unrechtsstrukturen des Kapitalismus, über das soziale Elend in den Slums und den kriegstreiberischen Rüstungskomplex. Die katholische Pazifistin gilt als „die amerikanische Heilige des 20. Jahrhunderts". Sie lebte in freiwilliger Besitzlosigkeit und teilte Zimmer, Zeit und Privatleben mit den Verelendeten: Obdachlosen, Hungrigen, Alkoholkranken, Prostituierten.
Dorothee Sölle, die ihre Namensschwester in New York kennen gelernt hatte, schreibt in ihrem Buch „Mystik und Widerstand" (S. 314f): „Die Stadt (New York) hatte das Grundstück, auf dem das Haus der Gemeinschaft (der Catholik Workers) stand, wegen eines Subway-Baus enteignet. Zwei Drittel der Entschädigungssumme wurden im Voraus bezahlt. Die endgültige Abrechnung ließ anderthalb Jahre auf sich warten. Auf die restlichen 68.700 Dollar hatte die Stadt die üblichen Zinsen im Wert von 3579,39 Dollar mit überwiesen."
Daraufhin hat Dorothy Day im Juli 1960 folgenden Brief an die Finanzbehörde geschrieben (Jim Forest, Das Maß der Liebe, zitiert nach: Dorothee Sölle, Mystik und Widerstand, S. 315):

Hiermit geben wir die Zinsen für das Geld zurück, das wir vor kurzem von Ihnen erhalten haben, weil wir nicht an Darlehen mit Zinsen glauben. Als Katholiken sind wir mit der frühen Lehre der Kirche vertraut. Alle frühen Konzilien haben Geldverleih verboten und es für verwerflich erklärt, durch zinspflichtige Darlehen Geld zu verdienen. Das kanonische Recht des Mittelalters hat es verboten und es ordnete durch verschiedene Dekrete an, dass Profit dieser Art zurückzuerstatten sei. Die christliche Betonung der Pflicht, Gutes zu tun, befiehlt uns, umsonst zu leihen, freizügig zu geben, selbst im Falle der Enteignung, wie in unserem Fall – nicht zu widerstehen, sondern es fröhlichen Herzens hinzunehmen.

Wir glauben nicht an das Profitsystem und deshalb können wir keinen Profit und keine Zinsen für unser Geld entgegennehmen. Menschen, die eine materialistische Sicht auf menschliche Fürsorge haben, sind darauf aus, Profit zu machen. Wir versuchen aber, unsere Pflicht zu erfüllen, indem wir unsere Dienste tun, ohne dafür von unseren Geschwistern Bezahlung zu verlangen, so wie es Jesus uns durch sein Evangelium befohlen hat (Mt 25). Ein verzinsbares Darlehen zu erteilen, wird von einem Franziskaner als die grundsätzliche Geißel der Kultur erachtet. Der englische Künstler und Schriftsteller Eric Gill bezeichnet Zins und Krieg als die beiden größten Probleme unserer Zeit.

Da wir uns mit diesen Problemen in jeder Ausgabe des „Catholic Worker“ seit 1933 beschäftigt haben – die Freiheit des Menschen, Krieg und Frieden, der Mensch und der Staat, der Mensch und seine Arbeit – und da die Heilige Schrift lehrt, dass Geld zu lieben die Wurzel alles Bösen sei, nutzen wir diese Gelegenheit, unseren Glauben praktisch zu leben, und setzen ein Zeichen zur Überwindung dieser Liebe zum Geld, indem wir Ihnen die Zinsen zurückgeben.“

Vom sagenhaften kleinasiatischen König Midas bis zur realen amerikanischen Arbeiterheiligen Dorothy Day haben wir einige mehr oder weniger zufällig ausgewählte Lichtpunkte einer sich über Jahrtausende spannenden und immer neu aktiven spirituellen Tradition im Umgang mit der Macht des Geldes betrachtet. Und immer dieselbe Grunderkenntnis: Der Besitztrieb ist die Quelle von Unterdrückung und Seelenzerstörung, von Krieg und Klassenhass. Diese aus Urängsten geborene Gier kann nur beherrscht werden durch eine höhere Macht, die sich in allen heiligen Schriften und inneren Liebesberührungen offenbart. Diese unzerstörbare Macht schlummert in allen Menschen, ist allen zugänglich. Christen nennen sie Christus, den menschgewordenen Logos des Universums. Seine weibliche Seite nennen wir die Hagia Sophia, die heilige Weisheit. Wenn sie nicht mehr mit dem Schöpfer in der Weltschöpfung und in der Weltgeschichte spielen würde und wenn der *homo faber*, der Mensch „Allesmacher“, nicht mehr in ihre Schule ginge, würde alles verderben.

CETERUM CENSEO

Ninives Glückskultur geht an sich selbst zugrunde
so wie ein Suchtkranker sich langsam selbst zerstört.
Jeder sieht es, nicht er selber, bis zur letzten Stunde.
Keine vierzig Jahre – und die Selbstsucht hat sich selbst verzehrt.

Bis dahin: Mit der Schlinge um den Hals der Menschheit gehen?
Der Rausch nimmt zu, es sinkt die Lebensqualität –
es sei denn, es wird ein Wunder in der Galgenfrist geschehen:
aus einer todesnahen Nüchternheit kommt Spiritualität.

Die subversive Liebe, in vielen schon erwacht, sie wird global.
Der Geist der Achtsamkeit für das Verdrängte, Unterdrückte,
für die Kinder, für die Frauen, für die Verarmten ohne Zahl,
für die Natur, die Seele und das Heilige, das uns einst berückte.

Gewahrsamkeit – das ist der Heute-Schlüssel für die nächste Zeit.
Zeitgenosse, merke auf und fürchte dich!
Fürchte nicht den Anruf der Gewaltfreiheit:
„Geld oder Leben! Wer soll wen regieren? Entscheide dich!“

SCHLUSSTEIL

Ausstiege in neue Möglichkeiten

In den vier letzten Kapiteln will ich von den zahlreichen Beispielen für eine alternative Geldwirtschaft nur drei seriöse Unternehmen zu Wort kommen lassen. Sodann skizziere ich die auf S. 158 schon kurz erwähnte Sammlungsbewegung „Attac“.
Zuvor aber möchte ich ein Beispiel für eine leicht obskure Spiritualität beim Umgang mit Geld erwähnen. Das Beispiel stammt aus der feministischen Esoterik Amerikas und fasst auch in Deutschland Fuß.
Es handelt sich um eine Bewegung, die sich „Frauen-Schenk-Kreis“ nennt. In die „circles“ aus jeweils acht Frauen tritt man ein durch eine Schenkung von 5000 Dollar an die in die Mitte des Kreises stehende Frau, die gerade die Rolle der Empfangenden erlangt hat. Die Mitglieder des esoterischen Kreises vertrauen auf die schenkende, segnende Kraft der Göttin, auf die guten, mehrenden Energien der Schöpfung. Es wird betont, dass es sich um keinerlei Art von Lotteriespiel handelt, sondern um die Überwindung von Habsucht, Schenkungsängsten, Geiz und Egoismus. Die Frauen tauschen auch geistige Gaben aus und beschenken sich mit Anteil-Nehmen und -Geben beim Lösen innerer Konflikte und Blockaden. In einer Selbstdarstellung des Frauen-Schenk-Kreises heißt es: „Geld steht für Macht und Hierarchie, für Konkurrenz und Wettbewerb und es geschieht sehr leicht, und von uns selbst meist unbemerkt, dass wir die Momente von Gier, des Habenwollens, des Nicht-Teilen-Wollens, der Ängstlichkeit, des Uns-Schämens und des Uns-schuldig-Fühlens (beim Beschenktwerden) auf andere projizieren, weil wir sie in uns selbst verurteilen, und glauben, dass wir eigentlich doch einen ganz gesunden Umgang mit Geld haben. Wir wollen in diesen Circles genau diese Gefühle … heilen, versöhnen, erleichtern. Wir wollen ehrlich sein.“ Es handelt sich offenbar um eine typisch amerikanische Glücks- und Segensspiritualität des weißen Mittelstandes. Warum die Kreise und ihre Rituale nur für (offensichtlich wohlhabende) *Frauen* zugänglich sind, wird nicht begründet. Offenbar wird der etablierte Kapitalismus unkritisch vorausgesetzt und mit einer quasireligiösen Praxis verschleiert.
Demgegenüber steht hinter den beiden nun darzustellenden Initiativen eine ganz andere Spiritualität, nämlich eine christliche, systemkritische und praktikable. Hier werden Wege eines weltweit solidarischen Umgangs mit dem Geld praktiziert.

Kapitel I Christen für gerechte Wirtschaftsordnung (CGW)

Ein Interview mit Dr. Christoph Körner/ Mitweida (Sachsen)

Vorbemerkung: CGW e.V. (Sitz in Rudeloffweg 12, D-14195 Berlin) ist eine der zahlreichen NRO (Nichtregierungsorganisationen), die zu einer kräftig wachsenden Gegenbewegung gegen die neoliberale Globalisierung des totalen Kapitalmarktes geworden sind. Sie gehören zwar zu den Hunderttausenden von Globalisierungsgegnern, welche Weltklimakonferenzen, Wirtschaftsgipfel der großen Sieben (G 7), Konferenzen der Weltbank und des Internationalen Währungsfonds etc. kritisch begleiten und sich in Gegenkonferenzen zusammenfinden. Sie lehnen aber Militanz und Ignoranz ab, arbeiten vielmehr seit Jahren an alternativen wissenschaftlichen Konzepten und praktischen Modellen eines dritten Weges. Dieses vielfältige Netzwerk besteht aus verschiedenen Dachorganisationen (in Europa z.B. „Kairos Europa" e.V. mit Sitz in Hegenichstr. 22, D-69124 Heidelberg, oder die aus Frankreich stammende Attac, Info: www.attac-netzwerk.de). Die Konturen der Auffangstellungen für die Zeit des zusammenbrechenden Weltmarktsystems werden hier vorstellbar.

CGW („Christen für eine gerechte Weltwirtschaftsordnung e.V."), deren Wurzeln bis ins Jahr 1950 zurückreichen, hat sich im Jahre 1989 konstituiert: ökumenisch, unabhängig und gemeinnützig. CGW versteht sich als ein Teil der „Konziliaren Bewegung für Gerechtigkeit, Frieden und Bewahrung der Schöpfung", betreibt Forschungs- und Bildungsarbeit, fördert Initiativen für fairen Handel, z.B. auch in Leihgemeinschaften und Tauschringen. Als Element einer „gerechten Wirtschaftsordnung" gilt z.B. ein Bodennutzungsrecht als Korrektur zu einem nur spekulativ verwendeten Privateigentum. Ein ganz wichtiges Element ist die Gesundung des Geldkreislaufes. Dieser wird gefährdet – so heißt es in einer Selbstdarstellung von CGW –, „wenn Geld sich leihend nur gegen Zins zur Verfügung stellt. Der Zins hat zwar berechtigte Bestandteile (Risiko, Vermittlungskosten, Inflationsausgleich, Knappheitspreis). Die darüber hinausgehende Belohnung für Liquiditätsverzicht subventioniert jedoch die Reichen, die diese leistungslosen Einkünfte wiederum nur gegen Zins weitergeben. Folglich müssen Wirtschaft und Verschuldung ständig

– und umweltbelastend – wachsen, um soziale Notstände einzudämmen. Aus diesem sich zuspitzenden und Arbeitsplatz vernichtenden Dilemma könnte umlaufgesichertes Geld heraushelfen."
Der Vorsitzende von CGW ist zur Zeit Prof. Dr. Roland Geitmann in D-77694 Kehl, sein Stellvertreter in Ostdeutschland Pfarrer Dr. Christoph Körner in D-09306 Mitweida-Erlau. Mit ihm führte ich folgendes Interview:

DK: Lieber Doktor Körner, ich beginne mit einer Frage, hinter der sich ein mulmiges Gefühl von vielen Bürgerinnen und Bürgern, besonders auch in Ostdeutschland, verbirgt: Sind wir wirtschaftswissenschaftlichen Laien, wir Normalverbraucher und scheinbaren Nutznießer des so genannten freien Marktes durch die Medien und Werbeträger genügend über die Kosten und Kehrseiten des neoliberalen Systems informiert?
CHK: Diese Frage wird immer wieder neu gestellt. In der DDR, in der wir durch eine gezielte Medienpolitik von Staat und Partei einseitig informiert wurden, haben wir Christen immer wieder gesagt: „Wo Information möglich ist, ist Nichtwissen Sünde." Und damit haben wir auf die Fernseh- und Hörfunkprogramme von ARD und ZDF aufmerksam machen wollen, die bei uns zu empfangen waren und eine Alternative zur Parteipresse darstellten. Zugleich haben wir damals über unser innerkirchliches Nachrichtennetz – teilweise nur hektographiert – kritische Informationen über Umweltvergehen, gesellschaftliche Militarisierung in Schule und Betrieben, Wirtschaftsengpässe und Protestbewegungen an der Basis verbreitet. So entstand der Konziliare Prozess in der DDR.
Heute nun, da wir in der Freien Marktwirtschaft angekommen sind, erleben wir, wie die Medien förmlich zur „vierten Gewalt" im Staat neben Regierung, Justiz und Parlament geworden sind, was sie aber nicht sein dürfen. (In Italien ist zur Zeit der größte Medienmogul zugleich Ministerpräsident.) Die Folge davon ist, dass sich zunehmend die Politik einer Medienrealität anpasst, die heute weitgehend den Gesetzen des Marktes folgt und Demokratie mit Einschalt- und Auflagenquoten verwechselt. So bringen die „schlechtesten" Nachrichten oft die größten Gewinne für die Medienkonzerne. Nur was sich gut verkaufen lässt, wird vermittelt. Deshalb werden wir auch über die scheinbaren Vorteile des totalen Marktes vielfach fehlinformiert. An ihm sind ja fast ausschließlich nur die Reichen der so genannten „Ersten Welt" Nutznießer. Deshalb muss man sich Alternativinformationen besorgen. Diese kommen heute vorwiegend von "*Non-government-organisations*" (NGO) wie Bürgerinitia-

tiven, Kirchen, Umweltverbänden und Friedensgruppen, die auf der ganzen Welt engagiert arbeiten. Sie sind Anwälte von Betroffenen und geben „Betroffenheitszeugnisse" weiter.

DK: Immer wieder hat man den Eindruck, dass die bürgerliche Kirche und ihre Theologie – „die Kinder des Lichts" – weniger sensibilisiert, weniger „klug" sind als „die Kinder der Welt".

CHK: Eigentlich müsste das Umgekehrte der Fall sein, weil die biblischen Geschichten im Grunde nichts anderes sind als große Befreiungsgeschichten von Betroffenen, die unter Sklaverei, Armut, wirtschaftlichen Abhängigkeiten und imperialistischen Gesellschaftsverhältnissen litten. So sind die biblischen Zeugnisse „Betroffenheitszeugnisse" von Menschen, die in ihrem Leben aus Unterdrückung und Besessenheit befreit wurden, wobei Besessenheit heute wohl besser mit Suchtverhalten wiedergegeben werden könnte. So hat auch die Botschaft der 2. Ökumenischen Versammlung in Graz 1997 ihre „Option für die Armen" eingelöst mit der Formulierung: „Die Kirchen verpflichten sich zur Bekämpfung wirtschaftlicher Systeme, die sich im Zuge der Globalisierung negativ auswirken."

Nun beobachten wir, dass gerade Basisgruppen und ökumenische Gruppierungen des Weltrates der Kirchen diese Sensibilität haben und ausstrahlen. Nationale Kirchenleitungen aber verdrängen vielfach dieses Problembewusstsein. Ihnen ist oftmals die eigene Existenzsicherung wichtiger als solidarisches Verhalten. Deshalb unterlassen sie es auch, auf die *soziale* Globalisierung als notwendige Seite der wirtschaftlichen Globalisierung hinzuweisen. Weil sie dies aber nicht tun, treten sie auf die Seite der Mächtigen, gehen dem Konflikt mit ihnen aus dem Weg oder schauen weg.

DK: Was könnten wir sehen, wenn wir wirklich wollten? Wer oder was hindert uns?

CHK: Ich denke, zunächst würde uns bewusst, wie lebensfeindlich unser normaler Alltagsvollzug ist. Wir würden sehen, wie selbstmörderisch unser Umgang mit der Schöpfung ist und wie sehr wir unseren Nachkommen alle Lebensressourcen nehmen. Wir sind blind geworden für unsere gegenwärtigen Wirtschaftsabläufe. Ich könnte auch sagen, wir leiden an einer Angst vor der Wirklichkeit.

DK: Woher kommt diese Angst? Aus der existenzialen Ungesichertheit des menschlichen Seins überhaupt?

CHK: Diese wird nur durch die spirituelle Geborgenheit in Gott aufgehoben. Nachdem wir den Gott des Lebens verlassen haben, fasziniert uns ein neuer Uhrmacher-Gott, dem wir den Namen „Markt" gegeben

Gleichnis v. d. Talenten?

haben, weil er angeblich alle Probleme selbst regelt. Die Technologie ist sein Prophet, der Handel die Wunderdroge für alle Leiden und die Globalisierung der Garten Eden, in dem es Wohlstand für alle geben wird, auch wenn man immer neue Durststrecken bis dahin überstehen muss und Millionen Menschen unterwegs als unvermeidliche „Kollateralschäden“ umkommen. Die Parole heißt: „Der Zweck heiligt die Mittel“. Obwohl der Faschismus und der Marxismus mit gleichen Parolen gesellschaftlich gescheitert sind, versucht es die Marktideologie noch einmal. Das Ende wird grauenvoll sein, weil es eben auch „globalisiert“ sein wird und der Rausch unseres Gotteskomplexes die Erde als Lebensgrundlage für alle zugrunde gerichtet haben wird.

DK: Mit welchen ökonomischen Sachargumenten könnten wir gegen den augenblicklichen Illusionismus kritische Position beziehen und Klartext reden?

CHK: Meine Hauptkritik am System richtet sich gegen die irrationale Voraussetzung und den logischen Widerspruch, dass es in einer begrenzten Welt grenzenloses Wachstum geben muss. Ohne das geglaubte *perpetuum mobile* eines stetigen Wirtschaftswachstums ist das ökonomische System, das auf Profit und Gewinnmaximierung angelegt ist, nicht vorstellbar. Die Wurzeln dieses falschen Denkens gründen sich auf die Eigentumsphilosophie des englischen Naturrechtsphilosophen John Locke († 1702). Er sieht das Eigentum als die grundlegende Bestimmung des Menschen an, damit er das Eigentum nach seinem Willen frei gebrauchen und verbrauchen kann. Die grenzenlose Versuchung dieses Eigentumsrechtes wird mit der Dynamik des Geldes begründet, das mit der Einführung des *Kreditgeldes* eine neue Marktphilosophie bekommen hat. Kam es beim *Kaufgeld* noch darauf an, was man dafür erhielt, kommt es nun beim *Leihgeld* darauf an, was man daraus macht. Damit aber werden die Kreditzinsen zum großen Ungerechtigkeitsfaktor des Wirtschaftssystems und bringen es mit sich, dass Raubbau an Natur und Mensch getrieben wird. Von daher wundert es nicht, wenn der Schweizer Wirtschaftswissenschaftler Hans-Christoph Binswanger in seinem Buch „Geld und Magie“ (1985, S. 85) feststellt: „Die moderne Wirtschaft ist eine Fortsetzung der Alchemie mit anderen Mitteln.“

DK: Wie kommt Binswanger zu diesem Vergleich mit dem abergläubischen Versuch der mittelalterlichen Chemie, alles zu Gold zu machen?

CHK: Für ihn liegt die Ursache in der Einführung des Papier- und Kreditgeldes. Denn die belebende Wirkung der Papiergeldschöpfung geht auf Imagination zurück – auf die Hoffnung, künftig gegen dieses Papiergeld Güter erwerben zu können, und auf die Garantie des Staates oder der Zentralbank, dass Geld auch gedeckt ist. Voraussetzung dieser Alchemie mit anderen Mitteln aber ist, dass die Produktion ständig wächst und morgen so viel Güter bereitstellt, wie „heute" Gegenwert in Papiergeld geschöpft worden ist. Somit ist unser modernes Kreditgeld ein Bemächtigungsmittel für zukünftige Güter.

DK: Wir wissen aber doch, dass eine solche Alchemie naturwissenschaftlich dem ersten Hauptsatz der Thermodynamik widerspricht, wonach die Macht des Menschen auf eine bloße Transformation der vorhandenen Natur beschränkt ist?

CHK: Dieser Hauptsatz gilt für die Wertschöpfung im ökonomischen Sinn nicht. Denn in der modernen Wirtschaft verfährt man nach dem Grundsatz: Die Wertschöpfung wird umso größer, je mehr Geld in die Wirtschaft einfließt und je mehr Dinge in Geldwert verwandelt werden. So aber wird die Wirtschaft zum Herrn über die Zeit und beschert uns den totalen Markt. Durch die Ausrichtung der Wirtschaft auf Geldwertgewinne geht aber Zukunft wieder verloren. Denn die Geldwerte können ja nur gesichert werden durch einen ständigen Mehrverbrauch von Geld und dieses Geld muss wieder durch reale Güter gedeckt werden, die dem Bergwerk der Welt entnommen werden. Die Zukunft der Welt wird dann in dem Maße bedroht, als das begrenzte „Bergwerk Welt" leer gebaggert ist.

DK: Sie kritisieren also, dass die Voraussetzung der freien Marktwirtschaft das Leitbild unbegrenzte *Freiheit* ist?

CHK: Wenn Wirtschaft die Aufgabe hat, die Grundbedürfnisse eines menschenwürdigen Lebens aller zu befriedigen, dann müsste sie dem Leitbild *Solidarität* folgen, indem sie Arbeit, Boden und Kapital in ein solidarisch-ausgeglichenes Beziehungsverhältnis bringt.

DK Sehen Sie als Christ gegenüber dem Wesen und Gebaren des totalen Marktes schon die „ethische" oder gar „religiöse Bekenntnisfrage" gestellt, ähnlich wie sie die bekennende Kirche dem totalen NS-Staat gegenüber gestellt hatte?

CHK: Das Bekenntnis zu Jesus Christus dem Befreier und Anwalt der Armen wird geleugnet, wenn man sich damit abfindet, dass sich die Weltwirtschaft nach der zynischen Wirtschaftsformel „20 zu 80" richtet, d.h. es werden nur noch 20 % der arbeitsfähigen Bevölkerung gebraucht, um die Wirtschaft in Gang zu halten. Die anderen 80 % der Bevölkerung werden nicht mehr gebraucht! Man spricht vom „Ende der Arbeit" (Jeremy Rifkin) und gibt als einziges Wirtschaftsprinzip aus *„to* *have lunch or to be lunch*", zu essen haben oder gefressen zu werden (Scott McNealy). Das ist der totale Markt, der einem Kriegsgeschehen gleichkommt. Nächstenliebe und Solidarität spielen dann höchstens noch für die Opfer eine karitative und dadurch kriegsverlängernde, aber keine kriegsverhindernde Rolle. Schon 1985 hat der katholische Theologe und Ökonom Franz Josef Hinkelammert mit seinem Buch „Die ideologischen Waffen des Todes. Zur Metaphysik des Kapitalismus" darauf hingewiesen, aber die Kirchen haben kaum Notiz davon genommen. Hinkelammert entlarvt den Kapitalismus als eine neue Pseudoreligion und macht damit die Kirchen auf die Bekenntnisfrage aufmerksam. Meines Wissens hat sich nur der evangelische Heidelberger Theologe Ulrich Duchrow diesem Problem gestellt in seinem Buch „Weltwirtschaft heute – ein Feld für bekennende Kirche?"

DK: Ist dann kritisch teilhabende Kooperation mit dem kapitalistischen System noch möglich, wenn man Duchrows Frage mit Ja beantwortet?

CHK: Kritische Kooperation kann es nur an den Stellen geben, wo Manager und Politiker das Problem erkannt haben und mit anderen überlegen, wie man das neoliberale Wirtschaftssystem zu einer *sozial-ökologischen Marktwirtschaft ohne Kapitalismus* transformieren kann. Für eine kritische Kooperation müssten die Kirchen schon heute massiver auf die Verantwortlichen in Wirtschaft und Politik einwirken und Verweigerung überall dort zeigen, wo notorisches Unrecht geschieht. Zugleich sollten die Kirchen unverantwortlichen Institutionen und Konzernen die Legitimation entziehen und dies öffentlich kund tun. Daneben sollten die etablierten Kirchen beim Aufbau von Gegenmacht behilflich sein, die von Basisgruppen auf lokaler und regionaler Ebene schon gestaltet wird. Vor allem wäre Kirche eine konkret bekennende, wenn sie erst einmal bei sich selbst und in sich selbst ein alternatives Finanzgebaren, Sozialverhalten und Umweltbewusstsein im Sinne einer durchgreifenden Selbstevangelisierung durchführen würde.

DK: Dr. Körner, Sie haben den Zusammenbruch des ostdeutschen Sozialismus hautnah miterlebt. Der global etablierte Kapitalismus ist allein übrig geblieben. Man sagt: alternativlos.

CHK: Die sozialistische Wirtschaftsweise war an einem von oben diktierten Gleichheitsprinzip orientiert, das jede persönliche Initiative unterband und Bedürfnisse zentralistisch festlegte, die nur unzureichend befriedigt werden konnten. Deshalb entsprach dieser Zustand dem Krankheitsbild der *Sklerose,* der Verhärtung. Die kapitalistische Wirtschaftsweise ist am Leitbild der unregulierten Freiheit ausgerichtet und

hat durch die freie Marktwirtschaft die Kapitalverwertung und -vermehrung zum Selbstzweck erhoben, sodass sie einem wild wuchernden *Krebsgeschwür* gleicht.
DK: Ihre Alternative wäre, soweit habe ich Sie verstanden, eine nachhaltig sozial-ökologische Wirtschaftsweise, die dem Leitbild der Solidarität entspricht. Welche konkreten Reformschritte wären dazu nötig?
CHK: Zuerst eine *Geldreform*. Grundlage dafür wäre die Erkenntnis, dass Geld nur als Tauschmittel und Wertmesser fungieren darf und von seiner Funktion als Schatzmittel (Wertaufbewahrungsmittel) befreit werden muss. Denn Geld ist nichts anderes als ein effektives Transportmittel, das den Handel unterschiedlicher Waren zwischen Erzeugern und Verbrauchern ermöglicht. Insofern ist Geld mit Güterwaggons der Eisenbahn zu vergleichen, die Waren von einem Ort zum andern transportieren. Dieser Vergleich hilft uns auch zum Maßstab eines gerechten bzw. neutralen Geldes weiter. So würde niemand demjenigen, der einen Waggon benutzt, eine Prämie (Zins) zahlen, damit er ihn entlädt, um ihn zurück in den Umlauf zu bringen. Sondern der Nutzer muss im Gegenteil eine Gebühr an die Eisenbahngesellschaft (Staat oder öffentliche Einrichtung) bezahlen, *Standgeld* genannt. Wenn er den Waggon nicht rechtzeitig wieder in den Güterumlauf bringt. Nichts anderes müssten wir auch mit dem Geld tun, um den Zins und seine negativen Folgen abzuschaffen bzw. zu relativieren. D.h. konkret: Statt Zinsen muss eine Nutzungs- oder Umlaufgebühr erhoben werden, die verhindert, dass Geld um des eigenen Gewinns willen zurückgehalten wird. Wie das praktiziert werden kann, hat Prof. Dr. Dieter Suhr schon vor Jahren aufgezeigt.
DK: Eine Geldreform allein dürfte kaum ausreichen!
CHK: Sie müsste begleitet werden von einer *Landreform*, weil sonst überschüssiges Geld von Bodenspekulanten angezogen würde. Da Boden weder von Menschen produziert noch vermehrt werden kann, muss er Gemeinbesitz sein, der aber privat genutzt werden kann. So sollte der Grund und Boden der Kommune gehören und von dieser verpachtet werden. So war es in vielen europäischen Ländern üblich, bis das römische Recht den Privatbesitz im späten Mittelalter einführte. Vom rechtlichen Standpunkt aus dürften keine Probleme bestehen, da das Grundgesetz in Artikel 15 den Boden als „sozialpflichtiges Gut" bezeichnet. Übrigens wäre dann auch die Zeit der leeren Kassen der Kommunen vorbei.
DK: Und was sagen Sie zur Steuerreform?
CHK: Zur Geld- und Bodenreform gehört auch eine *ökologische Steuerreform*; ihre ersten Schritte erleben wir bereits. Grundsatz einer solchen

Steuerreform wäre zum einen, dass nicht Einkommen, sondern Produkte besteuert werden. Zum andern müssten die ökologischen Kosten der Produkte in die Bemessung der Produktsteuer schon mit einfließen. Dies würde uns erstens aus der Verteuerung der Arbeit (durch Einkommensteuer) befreien. Zweitens würde sich langfristig ein sehr unterschiedliches, aber ökologisch sinnvolles Konsumverhalten entwickeln. Die Menschen würden sich z.B. den Kauf eines neuen Autos zweimal überlegen; denn es wäre dann billiger, Dinge zu reparieren, als neue zu bauen. Statt des Müllberge erzeugenden Wegwerfverhaltens würde man verantwortlicher mit unwiederbringlichen Rohstoffen umgehen.
DK: Sie haben jetzt drei Richtungen genannt, in die eine nachkapitalistische Wirtschaftsweise gehen sollte.
CHK: Ja, damit habe ich aufgezeigt, dass es nicht mehr nach dem Maßstab der bisherigen Marktwirtschaft gehen darf: *Gemeinwohl* und *Eigennutz*. Vielmehr heißt es nun radikaler gefasst: *Gemeinwohl* als *Eigennutz*. Dahinter steht die Erkenntnis: Mir selbst kann es nur gut gehen, wenn es auch den anderen gut geht. Damit würde das neue Wirtschaftsmodell nicht mehr so sehr dem menschlichen Egoismus entsprechen, sondern der menschlichen Solidarität. Genau dies kann aber schon jetzt von Gruppen vor Ort auf lokaler Ebene eingeübt und praktiziert werden, wie es z.B. die verschiedenen „Tauschringe“ in Europa aufzeigen.
DK: Können Sie kurz erklären, was man sich unter einem „Tauschring“ vorzustellen hat?
CHK: Tauschringe sind meist in Krisenzeiten, also in Entscheidungszeiten entstanden. Wenn in solchen Kairos-Zeiten Bewohner einer Region Handelsgeschäfte untereinander nur mithilfe eines Zahlungsmittels tätigen können, das von Menschen außerhalb dieser Region ausgegeben wird, muss ihre wirtschaftliche Lage immer von Ereignissen abhängig sein, die sie nicht beeinflussen können. Daher ist der erste Schritt von betroffenen Bevölkerungsteilen, die ihre wirtschaftliche Unabhängigkeit erweitern wollen, die Einführung eines lokalen Zahlungsmittels. Dieses kann neben der nationalen Währung z.B. in einem Tauschring verwendet werden. Es geht also darum, den herkömmlichen Geldkreislauf durch eine Art regionaler Zweitwährung zu durchbrechen und einen neuen überschaubaren lokalen Wirtschaftskreislauf zu installieren. So vernetzt ein Tauschring Menschen, die Käufe mit einer eigenen Maßeinheit durchführen wollen. In Deutschland gibt es zur Zeit über 200 Tauschringe. Hier wird die Währung oft mit „Talent“ bezeichnet. Aber man kennt auch die Währung „DöMark“, „Batzen“ oder „Wür-

zis". Das Besondere an Tauschringen ist aber, dass sie vor allem Dienstleistungen vermitteln und in selbst gefundenen Verrechnungseinheiten verbuchen. So wird ein Lernprozess in Gang gesetzt, der veranschaulicht, dass gerechtes Wirtschaften *Miteinander-Wirtschaften* bedeutet. Es geht also in Tauschringen darum, sich mit den eigenen Fähigkeiten auf die Bedürfnisse der anderen so einzustellen, dass die Fähigkeiten aller Teilnehmer optimal entfaltet und die Bedürfnisse aller bestens befriedigt werden. Dies gelingt aber nur, wenn sich die Menschen auch in der Zeitdimension fair miteinander ausgleichen, statt zufällige Zeitvorsprünge zu Geld zu machen. Um dies zu erreichen, werden sehr oft zeitlich begrenzte Zahlungsmittel als Verrechnungseinheit verwendet. Einen guten Überblick über Tauschringe, lokale Währungen und ihre Praktizierung findet man in dem Handbuch für lokales Wirtschaften von Richard Douthwaite und Hans Diefenbacher „Jenseits der Globalisierung".

DK: Ich habe von dem „Zahlungsnetzwerk München-Geld" gehört. Was ist das besondere Anliegen dabei?

CHK: Es handelt sich um ein Projekt, das die Einrichtung eines Zahlungsnetzwerkes von Bürgern und Bürgerinnen mit der Stadtsparkasse und der Stadt München zum Ziele hat. In diesem Netzwerk soll es für langfristige Anlagen oder Kredite keinen Zins geben. Stattdessen muss für positive oder negative Beträge auf dem Girokonto eine Liquiditätsgebühr bezahlt werden, das nach dem Konzept des „neutralen Geldes" fungieren soll, wie es der verstorbene Augsburger Professor Dieter Suhr erstellt hat. Das CGW-Mitglied Thomas Mayer will in seiner Eigenschaft als Geschäftsführer der „Omnibus-Gemeinnützige GmbH für Direkte Demokratie" dieses Modell mittels eines Bürgerbegehrens einführen lassen. Die Umsetzungsstudie dazu entwickelte das CGW-Mitglied Norbert Olah mit seiner Arbeit „Gerechtigkeit ist wettbewerbsfähig". In ihr weist er nach, dass ein neutrales Geld geschaffen werden kann durch die Verlegung der Bankmarge in Form einer Liquiditätsgebühr, die den Geldumlauf fördert. Dieses Zahlungswerk ermöglicht zugleich Tausch- und Spargerechtigkeit wie auch Währungsstabilität. Damit sind alle Anforderungen erfüllt, die ein inflationsfreies und wertstabiles Währungsmittel haben muss.

DK Dr. Körner, zuletzt möchte ich Sie ganz persönlich fragen: Wie sehen Sie die Zukunft? Wie stellen Sie sich auf den womöglichen Tag X eines Zusammenbruchs unseres Finanz- und Wirtschaftssystems ein?

CHK: Wenn ich kein Christ wäre, könnte ich die Zukunft nur pessimistisch beschreiben. Die negativen Erfahrungen der Gegenwart und Ver-

gangenheit lassen keine gute Zukunft erwarten. Alle meine Hoffnungen würden begraben werden. Aber als Christ, der an die Auferstehung der Toten – und d.h.: an den Aufstand des Lebens gegen alle Todesmächte – glaubt, meine ich noch immer, dass Umkehr möglich ist. Dazu muss man sich nur auf die geistigen und spirituellen Kräfte einlassen, die Gott uns gegeben hat. Sie sind in den Schriften der Bibel als bleibendes Gedächtnis für die Menschheit und als Zukunftsverheißung niedergelegt. Allerdings rechne ich ganz bewusst mit dem Crash unseres gegenwärtigen Wirtschafts- und Finanzsystems. Denn es ist lebensvernichtend und selbstzerstörerisch. Doch das Wissen um dieses Ende lähmt nicht meine alternative Aktivität, sondern beflügelt mich umso mehr, die weltweit entwickelten Ideen einer gerechteren, sozial und ökologisch verantworteten Wirtschaftsordnung zu verbreiten und vorzubereiten. Dabei werde ich global denken, aber vorzugsweise lokal handeln, denn die Menschen vor Ort sind für mich zuerst die Betroffenen, denen geholfen werden muss. Wenn dies viele an vielen verschieden Orten der Welt gleichzeitig tun, dann geschieht schon im Kleinen eine Teilabkoppelung aus dem deregulierten Weltmarkt. Zugleich wird dadurch ein Wirtschaften für das Leben ermöglicht, das sich als Gegenmacht von unten etabliert. So werden Samenkörner für eine neue Gesellschaft gelegt, die mich dazu motivieren, jetzt schon so zu leben, als ob wir schon in einer befreiten Welt lebten. Wir konnten da ja in der DDR-Zeit Erfahrungen sammeln. Im Westen versuchte dies Theodor W. Adorno (Hauptvertreter der „Kritischen Theorie" der „Frankfurter Schule") mit seinem säkularen Imperativ zu verwirklichen:
„Man sollte, soweit es nur irgend möglich ist, so leben, wie man in einer befreiten Welt glaubt leben zu sollen, gleichsam durch die Form der eigenen Existenz, mit all den unvermeidbaren Widersprüchen und Konflikten, die das nach sich zieht … Die wichtigste Form, die das heute hat, ist der Widerstand."
Als Christ, der aus dem Indikativ der Befreiung von Angst und Gier durch Jesus Christus lebt, benutze ich lieber das Gleichnisbild des Fisches. Der Fisch als Christussymbol des neuen Lebens sagt mir für meine Existenz: „Tote Fische schwimmen mit dem Strom, lebendige dagegen."
DK: Dr. Körner, ich danke Ihnen für diese Mut machenden Worte.

Kapitel II OIKOCREDIT – die ökumenische Entwicklungsgenossenschaft

Ein Interview mit Adelheid von Guttenberg/ Nürnberg

Frau von Guttenberg ist Mitglied der EKD-Synode, langjährige Beauftragte für Kirchlichen Entwicklungsdienst (KED) der Evangelisch-Lutherischen Landeskirche in Bayern, Vorsitzende des bayerischen Förderkreises von OIKOCREDIT (OC).

DK: Verehrte, liebe Adelheid, du kämpfst seit Jahren um ein alternatives Wirtschaften im kirchlichen Bereich. Du hast dir die Anliegen der Ökumenischen Entwicklungsgenossenschaft OIKOCREDIT zu Eigen gemacht. Was verbirgt sich hinter diesem Namen?
AvG: OIKOCREDIT verbindet die verschiedenen Bedeutungen des griechischen Wortes *oikos* (Ökonomie, Ökologie, Ökumene) mit dem lateinischen credere (glauben). Darin drückt sich die Überzeugung aus, dass auf der ganzen bewohnten Erde Menschen den Willen und die Fähigkeit haben, sich selbst zu helfen, wenn ihnen die vorhandenen Ressourcen nicht vorenthalten werden. OIKOCREDIT (OC) ist eine Genossenschaft mit eindeutig christlicher Ausrichtung. Doch ist niemand wegen einer anderen Religionszugehörigkeit oder Herkunft ausgeschlossen, weder als Mitglied noch als KreditnehmerIn. „Care-holder" statt „share-holder"! AnlegerInnen entscheiden sich für diese Form des Investments, weil sie darin eine ethische Alternative sehen und einen Weg zu mehr Gerechtigkeit für die Marginalisierten und aus dem Marktgeschehen Ausgeschlossenen.
DK: Wie umfangreich muss man sich die Genossenschaft vorstellen?
AvG: 500 Mitglieder sind es weltweit. Die Zahl sagt wenig aus, denn hinter ihr verbirgt sich eine große Anzahl von Einzelpersonen, Gruppen und Großinstitutionen.
DK Kannst du das ein wenig anschaulich darstellen?
AvG: Die Frage könnte auch lauten: Was hat die vierklassige Grundschule im niederbayrischen Krinning-Raßreuth mit der Konferenz katholischer Bischöfe in Kanada zu tun, was die Diözese Hildesheim mit der E. P. Secondary School in Ghana, die Evangelische Landeskirche in Württemberg mit der Ford Foundation in USA oder der Synodalrat der

Böhmischen Brüder in Tschechien mit der Ökumenischen Aktion der Karmelitinnen in Venezuela? Es sind Welten, die sie trennen. Aber eines ist ihnen gemeinsam: Sie sind AnteilseignerInnen bei der Ökumenischen Entwicklungs-Genossenschaft OIKOCREDIT. Die einen sind mit einem kleinen Beitrag von vielleicht einem Genossenschaftsanteil in Höhe von 200 Euro dabei, andere dagegen mit einem Betrag von über 2 Mio US-Dollar, wie die Stiftung der Presbyterianischen Kirche in den USA.

DK: Was ist das ethische Anliegen der Genossenschaft?

AvG: Es geht um eine nachhaltige, selbst bestimmte Entwicklung für Menschen in armen Regionen und letztlich um mehr Gerechtigkeit zwischen Nord und Süd. Arme und Reiche, Kleine und Große sind untereinander verbunden – Menschen, die durch geographische Entfernungen und soziale Unterschiede getrennt sind und meist nichts voneinander wissen. AnteilseignerInnen, die einen Teil ihrer Ersparnisse oder ihres Einkommens in der Entwicklungsgenossenschaft anlegen, sind Miteigentümer der Genossenschaft und tragen auch das Risiko mit. Sie investieren in armen Regionen, dort, wo Menschen nicht genügend Geld oder Vermögen besitzen, um ein Darlehen von einer Bank zu erhalten, Menschen, die nicht „bankfähig" sind, aber durchaus kreditwürdig. Sie sind sehr wohl in der Lage, wirtschaftliche Aktivitäten zu entfalten und sich einen Lebensunterhalt zu verdienen, wenn sie Zugang zu Kapital erhalten.

DK: Die Miteigentümer sind offenbar ein buntes Volk. Wie setzen sie sich zusammen?

AvG: Sie teilen sich in vier Kategorien auf:

Erstens: 435 Kirchen und kirchliche Organisationen (u.a. Kirchenräte, Diözesen, Ordensgemeinschaften, Hilfswerke, Missionsräte, der Weltgebetstag der Frauen usw.). Nur juristische Personen können direkt Mitglied werden.

Zweitens: 32 Förderkreise (FK). Sie sind vereinsrechtlich organisiert und bilden mit rund 20.000 Mitgliedern die tragende Basis von OC. Sie verwalten treuhänderisch die Anteile ihrer Mitglieder. Sie stellen die Struktur bereit, die es Einzelpersonen (Mitgliedsbeitrag 15 Euro), Vereinen und Initiativen (Beitrag 30 Euro) ermöglicht, in OC zu investieren. Im Bayerischen FK z.B. sind es über 1000 Mitglieder. Die FK bringen ca. 80 % des Anteilskapitals auf.

Drittens: 22 Projektträger, also GeschäftspartnerInnen in den verschiedenen Weltregionen, z.B. Die „Vereinigung der Kaffee-Kooperativen in Costa Rica" oder Transfair in Deutschland. Kriterium ist, dass sie fünf Jahre erfolgreich mit einem Darlehen gearbeitet haben.

Viertens: Die „International Share Foundation“ mit 100 nichtkirchlichen Mitgliedern, darunter Banken, Stiftungen, Hilfsorganisationen und seit kurzem die zwei größten Gewerkschaften in Holland.
DK: Wenn OC mit Zinsen und Dividenden arbeitet, wie sehen die Sätze aus?
AvG: OC verwaltet z.Zt. 140 Mio. Euro Anteilskapital. Die Darlehen werden in harter Währung zu einem Zinssatz von 9 % verliehen. Die Genossenschaftsmitglieder erhalten in der Regel 2 % Dividende. Anfang 2001 hatte OC 290 Geschäftspartnerinnen in 50 Ländern. Die Rückzahlungsquote liegt bei durchschnittlich 85 %. Im Jahr 2000 flossen 23 Mio. Euro in neue Darlehen. Das bedeutet eine Steigerung von 50 % gegenüber dem Vorjahr.
DK: Wer leitet eigentlich ein so erfolgreiches „Unternehmen“?
AvG: Ein 16-köpfiger Vorstand, dessen Mitglieder mehrheitlich aus dem Süden kommen. Ausführende Organe sind die Hauptgeschäftsstelle in den Niederlanden und die zwölf Regionalstellen in verschiedenen Erdteilen. Die einheimischen Fachkräfte beraten und sorgen dafür, dass die Projekte begleitet werden – eine wesentliche Voraussetzung für Investitionen.
DK: Steckt hinter der Entstehung von OC ein politisches Anliegen?
AvG: Nach 25 Arbeitsjahren sagte im Jubiläumsjahr 2000 die scheidende Vorsitzende Frau Hagan aus Ghana, OC sei jetzt eine kreative Alternative in der Finanzwelt, die Brücken zwischen Besitzenden und Besitzlosen baut, indem sie armen Menschen Zugang zu Kreditmitteln verschafft. Die Vollversammlung des Ökumenischen Rates der Kirchen 1968 in Uppsala war ein Meilenstein in der Entwicklung eines Konzeptes für eine gerechtere Weltgemeinschaft. Die Frage nach der Gerechtigkeit stand auf der Tagesordnung und damit die Frage nach der Funktion und Verwendung der kirchlichen Haushaltsmittel. Kirchenmitglieder fragten, warum Kirchen ohne Skrupel in Industrien investieren, die den Vietnamkrieg oder die Apartheid in Südafrika unterstützten. Gäbe es für sie keine Wege, Mittel zu investieren, die mehr der christlichen Botschaft entsprächen?
DK: Es erfolgte dann ja auch bis zum Sturz des Apartheidsystems ein weitgehender Rückzug der Kirchen aus den mit dem System verbunden Banken. Was aber hat die Kirche sich selbst abverlangt?
AvG: Die Kirchen wurden in Uppsala aufgefordert, 2 % ihrer Haushaltsmittel jährlich für den neu gegründeten Entwicklungsfonds zur Verfügung zu stellen – eine Forderung, die kaum erreicht wurde. Aber die

evangelischen Kirchen Deutschlands gründeten den „Kirchlichen Entwicklungsdienst“ mit dem Ziel, einen Beitrag zur Verringerung von Hunger und Not nicht nur durch Spendenmittel über die Hilfsorganisationen zu leisten, sondern eine langfristige Gemeinschaftsverpflichtung durch die Unterstützung von Entwicklungsprojekten einzugehen.
DK: Wie steht OC zum Internationalen Währungsfond und zur Weltbank?
AvG: In den zurückliegenden Jahren hat vor allem der Internationale Währungsfond (IWF) zur Verarmung breiter Bevölkerungsschichten beigetragen. Erschreckendes Beispiel: Äthiopien! Man lese nur das Buch des Chefökonomen der Weltbank und Nobelpreisträgers Joseph E. Stiglitz: „Die Schatten der Globalisierung“.
Das Konzept einer alternativen kirchlichen Bank entstand ja gerade aus der Einsicht, dass die bisherigen entwicklungspolitischen Instrumente unzureichend waren. Weder die scharfen Maßnahmen des IWF und der WB noch die Art der Kreditvergabe durch Geschäftsbanken konnten die Kluft zwischen „Erster“ und „Dritter“ Welt verringern. Im Gegenteil! Es flossen wegen des Zinseszinses und des Preisgefälles beim Nord-Süd-Warenaustausch letztendlich mehr Gelder von Süd nach Nord zurück, als dargeliehen worden waren. Immerhin, die Grundlagen für ein effektiveres Engagement der Kirchen durch die Ökumenische Entwicklungsgenossenschaft wurden mit dem ehemaligen Generaldirektor der WB, Robert McNamara, erarbeitet.
DK: Stieß OC auf Widerstand in der Finanzwelt?
AvG: Die Schweizer Behörden ahnten die ethische Herausforderung und verweigerten erst einmal die Genehmigung des Geschäftsbetriebes für die Genossenschaftsbank. Auch die deutsche Behördenaufsicht glaubte nicht an das Konzept „Investieren in die Armen“. Erst das Angebot des damaligen niederländischen Entwicklungshilfeministers Jan Pronk, den Sitz in den Niederlanden anzusiedeln und Steuerfreiheit zu gewähren, brachte den Durchbruch.
DK: Gab und gibt es auch Widerstände seitens der Kirchen?
AvG: Es war unerwartet schwer, sie für eine Investition zu gewinnen. Ein Gutachten der EKD bescheinigte 1977, die Idee sei wunderbar, banktechnisch aber undurchführbar und wirtschaftlich nicht tragbar. Das kirchliche Haushaltsrecht ist auf Sicherung (Mündelsicherheit) und Gewinnmaximierung bzw. Werterhalt ausgerichtet. Aber die Idee „Geld anlegen für eine gerechtere Zukunft“ überzeugte durch die Initiative ökumenisch engagierter Kirchenmitglieder dann doch. Viele Kirchen

machen bis heute aber geltend, dass sie auf Rendite von Anlagen zu marktüblichen Konditionen angewiesen seien. „2% sind unter diesem Gesichtspunkt eben unwirtschaftlich." Dennoch hat z.B. die Nordelbische Evangelisch-Lutherische Kirche 20% ihrer Reserven alternativ angelegt, die Schwedische Kirche sogar 25%.

DK: Wie steht es um die Nachfrage nach ethischen Geldanlagemöglichkeiten?

AvG: Die ist in den vergangenen Jahren enorm gewachsen. Zweifelhaft aber erscheint uns, dass in den Angeboten für „nachhaltiges Investment", z.B. im Fonds „Kirche, Caritas und Diakonie" (KCD) auch die Ölkonzerne BP Amoco und Royal Dutch als investitionswürdig beurteilt werden, nur weil sie in ihrer Branche die „saubersten" seien.

DK: Könntest du bitte einen konkreten Partner schildern, welcher den Dienst von OIKOCREDIT in Anspruch genommen hat?

AvG: Die Genossenschaft El Ceibo in Bolivien wurde 1977 von Kleinbauern gegründet. Sie ist ein Zusammenschluss von 37 Basisgenossenschaften mit ca. 1800 Mitgliedern. 80% der ländlichen Bevölkerung in Bolivien leben unter der Armutsgrenze. Vom Staat erhalten die Bauern, wie in so vielen anderen Ländern auch, keinerlei Unterstützung. Die Genossenschaftsbauern waren von der Regierung umgesiedelt und zum Anbau von Kakao „überredet" worden. Sie hatten mit vielen Problemen zu kämpfen. Als weltweit wohl erste Produzentengenossenschaft verarbeitet El Ceibo inzwischen Kakao zu Halbfertigprodukten für den Export nach Europa und stellt daneben Fertigwaren für den einheimischen Markt her. Von OC erhielt die Genossenschaft 1987 ein erstes Darlehen über 100.000 US-Dollar, das inzwischen zurückgezahlt ist, 1997 ein weiteres Darlehen über 250.000 US-Dollar mit einer Laufzeit von zehn Jahren für den Ankauf von Kakao von den Kleinbauern. Ein vergleichbares Darlehen bei einer einheimischen Bank wäre mehr als doppelt so teuer.

DK: Ich höre immer wieder, dass dort, wo Frauen Geld und Marktgeschehen in Händen haben, effektiver, zuverlässiger und weniger korrupt gewirtschaftet wird. Sogar auf den euro-amerikanischen Börsen sind Spekulantinnen klüger, vorsichtiger und erfolgreicher als von Hektik, Gier und Ehrgeiz getriebene Männer.

AvG: Die Grameen Bank in Bangladesh, mit der auch OC in Verbindung steht, begann mit Kleinkrediten für Frauengruppen. Heute verleiht sie 30 Mio. US-Dollar monatlich an 1,6 Mio. Menschen, 94% davon Frauen. Die Rückzahlungsrate beträgt 98%. Im Gegensatz zu Männern,

die Gelder vorzugsweise in den Erwerb von Konsumgütern und Maschinen investieren, sind Frauen gezwungen, sich wirtschaftlich so zu betätigen, dass der Hunger gestillt werden kann, Kranke versorgt werden und Mittel da sind, um den Kindern eine Schulbildung zu ermöglichen. In der Entwicklungshilfe, ob kirchlich oder bei WB und IWF, ist es schon längst keine Frage mehr: Wenn Armut wirklich bekämpft werden soll, muss der Frauenförderung erste Priorität zukommen. Armut und Bevölkerungswachstum hängen ursächlich mit dem Grundübel der Unterdrückung von Frauen zusammen.
DK: Hat OC eigentlich mit Konkurrenz zu rechnen?
AvG: OC muss sich auf einem wachsenden Markt behaupten: Einerseits gibt es immer mehr Fonds mit so genannten ökologischen oder ethischen Kriterien und andererseits wächst die Zahl der Geldverleiher oder so genannten „Hinterhofbanken“, die Kredite in den armen Regionen vergeben. Auch etablierte Banken und Hilfsorganisationen sind inzwischen auf dem Mikrofinanzmarkt tätig. In Südafrika bezahlen VerbraucherInnen für Überziehungskredite bei renommierten Kreditkartengesellschaften bis zu 25 % Zinsen im Jahr. Im Bereich der Kleinkredite verlangen Geldverleiher Zinssätze von 60 % bis zu mehr als 1000 %. Armut und Ausbeutung – wie wichtig sind da Konzepte, die es Menschen ermöglichen, auf einer soliden Basis zu wirtschaften und dafür die Mittel zu erhalten.
DK: Du gebrauchtest soeben das Stichwort „Mikrofinanzmarkt“. Gehört auch OC in diese Kategorie, ist also gemessen am eigentlichen Finanzmarktgeschehen nur ein Tropfengeber für einen heißen Stein?
AvG: OC arbeitet unter globalen Bedingungen, die sich in den letzten Jahren massiv verändert haben. Den Profiten der einen steht die wachsende Armut von vielen gegenüber. Geld wird immer mehr zu einer Ware, mit der spekuliert wird, anstatt die Funktion als Tauschmittel zu erfüllen. Über 1 Billion US-Dollar wechseln jeden Tag die Besitzer. Das Entwicklungsprogramm der Vereinten Nationen hatte 1996 berechnet, dass „der Nettowert des Vermögens der 358 reichsten Menschen der Welt dem Gesamteinkommen von 2,3 Mrd. Menschen entspricht.“ Seit 30 Jahren hat sich die Zahl der armen Länder verdoppelt und ist auf 50 Länder angestiegen. In Deutschland erreichte das private im In- und Ausland angelegte Geldvermögen 1996 fast 5 Billionen DM. 1999 waren es bereits über 6,7 Billionen. Indem diese Geldvermögen gegen Zinsen und Gewinnbeteiligungen an Banken, öffentliche Haushalte und Unternehmen ausgeliehen werden, stellen sie eine enorme wirtschaftliche

Macht dar. Privatanleger wie VerbraucherInnen verfügen damit auch international über große Einflussnahmemöglichkeiten und bestimmen über das Wohl und Wehe vieler Menschen mit. Demgegenüber bewegen sich die wirtschaftlichen Aktivitäten der Armen in einem eng begrenzten Rahmen und sind einem hohen Grad von Unsicherheit und Risiken ausgesetzt. In Südostasien z.B. arbeiten 60–70 % im informellen Sektor, d.h. auf eigene Faust.

DK: Wie risikofreudig kann da OC noch arbeiten?

AvG: Der Grundauftrag von OC lautet, dorthin zu gehen, wo Währungsrisiken bestehen, in Länder und Projekte, damit Arme wirtschaftlich auf die Beine kommen. Andererseits muss OC kostendeckend und risikovorsorgend handeln. In diesem Spannungsfeld bewegt sich die Gemeinschaftsbank von Anfang an. Ursprünglich sollten 25 % des Anlagekapitals der Absicherung dienen und 75 % in Projekte gehen, heute liegt das Verhältnis ungefähr bei 50:50.

Rückzahlung in harter Währung mit einem Zinssatz von 9 % ist keine leichte Aufgabe, vor allem wenn einheimische Währungen abgewertet werden und die Inflationsrate hoch ist. Die realen Kosten eines Darlehens sind jedoch viel höher und betragen 16 %. Wegen der Risiken, die die Genossenschaftsbank selbst zu tragen hat, gehen 8 % in einen Risikovorsorgefonds. 6 % werden für die Geschäftsaufgaben benötigt und 2 % sind Dividende. Um den Fehlbetrag auszugleichen, muss OC einen Teil des von Projektpartnern nicht benötigten Anteilkapitals anderweitig investieren. Das geschieht ebenfalls unter Beachtung der ethischen Grundsätze. Das Risiko, das OC trägt, wird von vielen Genossenschaftsmitgliedern geteilt. Die Finanzkrise in Asien 1997 mit dem Verfall der Wechselkurse stürzte sehr viele Menschen in große Armut und beraubte auch ProjektpartnerInnen von OC jeglicher Gewinne. Als Folge davon konnte 1999 eine Dividende von nur 1 % ausgezahlt werden. Ökonomische Krisen und die zunehmenden Naturkatastrophen wie Hurrikan Mitch oder El Ninjo stellen nicht nur die Partner, sondern auch das Kreditmodell das ihnen zugute kommen soll, vor große Herausforderungen.

DK: Wie blickst du da in die Zukunft?

AvG: OC muss seine Strukturen den Gegebenheiten immer wieder anpassen und neue Instrumente entwickeln. Flexibilität und Prinzipientreue zu vereinbaren, vor dieser Frage stehen heute nicht wenige Organisationen. Es ist auch für die Fähigsten schwer, etwas zu erreichen, wenn die Bedingungen der Weltwirtschaft gegen sie arbeiten. Die harten Strukturanpassungsprogramme, der Protektionismus des Nordens, die

Agrarpolitik sind Beispiele dafür. Überall auf der Welt schreitet die Enteignung der Bauern fort, weil große Konzerne wie Monsanto sich die alleinige Verfügung über Pflanzen und Saatgut durch Patentierung sichern. Das ist ihnen möglich, weil sie über riesige Geldmittel verfügen und Gewinn die ausschlaggebende Maxime ist.
DK: Das klingt nicht gerade optimistisch?
AvG: Unser Anliegen ist unaufgebbar. Wir hoffen, dass immer mehr Menschen und Institutionen ihre Verantwortung nicht am Bankschalter abgeben, sondern fragen, was mit ihrem Geld geschieht und wo die Vermehrung herkommt. Und wir hoffen vor allem, dass endlich kirchliche Finanzbehörden nicht nur „Sparsamkeit und Wirtschaftlichkeit" in den Vordergrund stellen, sondern gleichermaßen nach dem sozialen und ökologischen Gewinn ihrer Geldanlagen fragen. Unser aller Auftrag wird vom Generalsekretär des Weltrates der Kirchen so formuliert: „Verantwortlicher Umgang mit Geld muss sich heute darin bewähren, die Strukturen, Prozesse und Machtzusammenhänge, in die jeder Umgang mit Geld den Einzelnen wie gesellschaftliche Gruppen hineinbindet, kritisch zu analysieren und konkret nach Wegen zur Herstellung von mehr Gerechtigkeit im Verhältnis von Reichen und Armen zu suchen. Dieser Herausforderung dürfen – so meine ich – auch ChristInnen und Kirchen in unserem Land nicht länger ausweichen."
DK: Liebe Adelheid Guttenberg, dieses Wort aus Genf mag als Zusammenfassung unseres Interviews gelten. Herzlichen Dank für die Einblicke in dein Wissen und dein Engagement!

Mit beiden Interviews kamen Vertreter von praktischen Alternativmodellen zu Wort, deren Arbeit inzwischen unter dem weltweiten Dach von „Attac" angesiedelt ist, jenem schon erwähnten internationalen Sammelbecken, das jetzt zur Darstellung kommen soll.

Kapitel III Attac – ein weltweiter Angriff auf unkontrollierte und unbesteuerte Geldtransaktionen

„Eine bessere Welt ist möglich!"

In diesem Kapitel schildere ich, wie angekündigt, die ursprünglich französische, inzwischen weltweit rasch wachsende Bewegung Attac. Die Abkürzung bezieht sich auf das Kernanliegen dieser radikaldemokratischen Solidaritätsbewegung: „*A*ssociation pour la *t*axation des *t*ransactions financières pour l'*a*ide aux *c*itoyens". Sinngemäß würde ich das etwa so übersetzen: „Vereinigung für die Besteuerung von Spekulationsgewinnen des Großkapitals (Tobinsteuer) als Mittel zur Wiederherstellung der zivilgesellschaftlichen Souveränität der Staatsbürger".
Im Folgenden schöpfe ich in meiner Darstellung aus dem kleinen Buch von Ruth Jung „Attac: Sand im Getriebe", um über die Entstehung und die Ziele der Bewegung zu berichten.

Drei Erzählungen über die Anfänge
Erste Erzählung: *Der Zeitungsmacher Ignacio Ramonet ruft zur „Entwaffnung der Märkte" auf.*
Es geschah im Jahr 1997. Es ist die Zeit der berühmten Asienkrise, die durch die Finanzpolitik des Internationalen Währungsfonds (IWF) ausgelöst wurde. Etwa 22 Mio. Menschen fallen durch die Börsenstürze in plötzliche Armut. Da schreibt in Paris Ignacio Ramonet, der Herausgeber der Monatszeitung *Le Monde diplomatique* (Auflage heute: 700.000) im Dezember 1997 ein zornbebendes Editorial. Darin heißt es: „Will man verhindern, dass sich die Welt im 21. Jahrhundert endgültig in einen Dschungel verwandelt, in dem die Räuber den Ton angeben, dann wird die Entwaffnung der Finanzmärkte zur ersten Bürgerpflicht." Die unerwartete Reaktion: Mehr als 4000 Leser melden sich engagiert zu Wort. Alle wollen, dass sich sofort Ramonets Idee verwirklicht, eine Bürgerbewegung zur Kontrolle und Besteuerung der internationalen Finanztransaktionen zu gründen, um die empörende Umverteilung des Wohlstandes von unten nach oben zu beenden.
In gut französischer Revolutionstradition („Widerstand ist Bürgerpflicht!") wird am 3. Juni 1998 die Widerstandbewegung Attac gegründet. Bauern, Arbeitslose und Intellektuelle finden sich zusammen. Zu

den Gründern zählen nicht nur prominente Persönlichkeiten, sondern vor allem 47 Gewerkschaften, Zeitungsredaktionen, ökologische Gruppen, linkskatholische Gruppen, Arbeitslosenbewegungen, Landarbeiter- oder Obdachlosenorganisationen. Als Präsident wird der Direktor der Zeitung, der Literaturprofessor Bernard Cassen, gewählt. Er ist überzeugt: „Wir haben die Bewegung nicht erfunden. Wir dienen nur als Auslöser, denn sie war schon da und wartete nur auf einen Träger." Tatsächlich gab es z. B. ja schon Hunderttausende, die in Paris gegen die Maastrichtkriterien demonstrierten. In diesen strangulierenden Richtlinien verpflichteten sich die EU-Staaten Europas, die Sozialkosten zu senken und auf eine regulierende Einflussnahme der Regierungen auf die Eigenmächtigkeit von Kapital und Wirtschaft zu verzichten.

Im Jahre 2001 gab es bereits 230 französische Attac-Lokalkomitees. Heute arbeiten nationale Gruppen in allen Erdteilen. Aus Deutschland ist z. B. die christliche Kairos-Arbeit der „Konziliaren Bewegung für Gerechtigkeit, Frieden und Bewahrung der Schöpfung" über „Kairos Europa" unter das Dach von Attac geschlüpft. Alle diese Organisationen haben sich zwar mit dem internationalen Programm von Attac identifiziert, haben jedoch ihre eigenen Wurzeln und ihre eigenen Zentralen. Es handelt sich bei Attac um ein Netz ohne Zentrale, innerhalb dessen die Information ständig zirkuliert. Man tauscht sich aus über das Internet (http://www.attac.org). Man begegnet sich auf kontinentalen oder weltweiten Treffs, z. B. anlässlich von Weltwirtschaftsgipfeln der großen sieben (bzw. acht) Wirtschaftsnationen (G 7). Man bildet dort offensive Gegengipfel, die freilich immer wieder von militanten Anarchogruppen zu Gewaltausbrüchen missbraucht werden. Aber es gelingt immer mehr, sich in die internationalen Verhandlungen, die hinter verschlossenen Türen stattfinden, einzumischen, Weltöffentlichkeit herzustellen und sich mit sachkompetenten Alternativen zu Gehör zu bringen.

Um etwas von der „säkularen Spiritualität" des Attac-Gründers Ignazio Ramonets zu vermitteln, zitiere ich nun Passagen aus seiner flammenden Rede „Morgenröte" (Ruth Jung, S. 81–89):

„Die Globalisierung ist eine Art zweite kapitalistische Revolution. Sie wirkt bis in die verborgensten Winkel des Planeten und ignoriert die Unabhängigkeit der Völker ebenso wie die Verschiedenheit der politischen Systeme. Auf diese Weise erlebt die Erde eine neue Ära der Eroberung, wie im Zeitalter der großen Entdeckungen oder der Kolonisation."

Ramonet sieht den Hauptunterschied zu dieser historischen Epoche darin, dass die Globalisierung nicht so sehr auf die Eroberung von Ländern zielt, als vielmehr auf die Eroberung von Märkten. Es geht nicht um Eroberung von Territorien, sondern um „die Besitznahme der Reichtümer".

„Eine umfassende Privatisierung aller Lebens- und Naturbereiche" (einschließlich der Patentierung und Vermarktung der neuen Gentechnologien!) „bereitet sich vor und begünstigt das Hervortreten einer derart absolutistischen Macht, wie man sie in der Geschichte vermutlich noch nie gekannt hat. Einer Macht, die danach hungert, die Dinge und die Worte, die Natur und die Kultur, den Körper und die Gedanken zur Ware zu machen."

Ramonet meint: „Niemals zuvor waren die Herren der Welt so wenige und niemals waren sie derart mächtig ... Große Unternehmensgruppen plündern die Umwelt ohne jedes Maß: Schrankenlos und ohne Skrupel ziehen sie ihren Profit aus den Reichtümern der Natur, die doch Gemeingut der Menschheit ist. Das alles ist begleitet von einer mit der Geschäftswelt und großen Banken verbundenen Finanzkriminalität, die Summen von mehr als 1000 Mrd. Dollar pro Jahr waschen." Demgegenüber ist im Bewusstein zu halten: „Weltweit leben fast 3 Mrd. Einwohner – die Hälfte der Menschheit – mit weniger als 2 Euro pro Tag."

Aber darin und im zunehmenden Mangel an Trinkwasser und Proteinen in den Entwicklungsländern sieht Ramonet keine Schicksalhaftigkeit.

„Diese Situation ist nicht unausweichlich. Nach Angaben der Vereinten Nationen würde es genügen, den 225 größten Vermögen der Welt weniger als 4 % des angehäuften Reichtums abzunehmen, um die Grundbedürfnisse der gesamten Weltbevölkerung auf Nahrung, Schulbildung und Gesundheit sicherzustellen."

13 Mrd. Dollar würden ausreichen, um die weltweiten Gesundheits- und Ernährungsbedürfnisse zu befriedigen, „also knapp die Summe, die die Einwohner der Vereinigten Staaten und der Europäischen Union jährlich für Parfüm ausgeben."

In dieser Situation proklamiert Attac: „Genug!" „Schluss damit, die Globalisierung schicksalhaft hinzunehmen. Schluss damit, den Markt anstelle gewählter Repräsentanten entscheiden zu lassen. Schluss damit, mit ansehen zu müssen, wie die Welt in eine Ware verwandelt wird. Schluss mit Erdulden, Resignation und Unterwerfung."

Ramonet fügt hinzu: „Vielleicht stellt Attac ja wirklich einen Wendepunkt dar: Denn das Verlangen nach Gerechtigkeit und Gleichheit, das wie eine untergründige Strömung die lange Menschheitsgeschichte durchzieht, taucht mit uns wieder auf."

Ramonet spricht gerne von den immer zahlreicher werdenden *citoyens*, die eine *radikale Demokratie* fordern. Er meint damit nicht Bürger, die alle vier Jahre brav ihre Regierungen (welcher Parteien auch immer) wählen, die doch nur willige Sklaven der unbegrenzten Bedürfnisse des Großkapitals sind. Vielmehr meint er mit den *citoyens* mündige Staatsbürger, freie Menschen, die in einer echten Demokratie den Volkssouverän darstellen und echte Information und echte Kontrolle über die verschleierten supranationalen Entscheidungsebenen bekommen. Die zunehmende Zahl der Nichtwähler zeigt, dass immer mehr Bürger ihre Demokratie für eine Täuschung halten. Aber: „Die citoyens vervielfachen ihre Mobilisierungen gegen die neuen Mächte; sie sind davon überzeugt, dass das eigentliche Ziel der Globalisierung ... die Zerstörung des sozialen Kollektivs, die Aneignung der politischen und sozialen Sphäre durch den Markt und die Privatwirtschaft ist: dagegen sind sie entschlossen, sich zu wehren."
Ramonet fährt fort: „Es ist Zeit anzuerkennen, dass eine andere Welt möglich ist. Und es ist Zeit, eine neue solidarischere Ökonomie zu gründen, die auf dem Prinzip einer nachhaltigen Entwicklung beruht und den Menschen in den Mittelpunkt der Versorgung stellt. Zu beginnen wäre mit einer Entwaffnung der Finanzmärkte. Die Zerschlagung der Finanzmacht erfordert eine Besteuerung der Kapitaleinkünfte und insbesondere der spekulativen Finanztransaktionen auf die Wechselkurse über den Weg der Tobin-Steuer." (Der Vorschlag einer solchen Steuer stammt von dem durchaus konservativen englischen Wirtschaftswissenschaftler Tobin, der alles andere als ein Revolutionär war.)
Ramonet, der Begründer und Ehrenpräsident von Attac, schließt seine Rede so:
„Wie heißt er doch wieder, jener Moment, in dem eine andere Welt als möglich aufscheint? Er hat einen sehr schönen Namen, Freunde und Genossen: Er heißt Aurora – Morgenröte."

Zweite Erzählung: *Der Schafzüchter José Bové demontiert eine McDonald's-Fastfood-Filiale.*
Es ist der 12. August 1999 im südfranzösischen Landstädtchen Millau. Bauern der autonomen Bauerngewerkschaft *Conféderation paysanne* und der Gewerkschaft der Schafsmilchproduzenten führen eine zuvor angekündigte Protestaktion durch. Sie demontieren unter Führung des Schafzüchters José Bové einige Fertigbauteile eines am Ortsrand in Bau befindlichen amerikanischen McDonald's-Lokals, verladen die Teile auf

ihre Traktoren und transportieren sie zum Depot der Präfektur. Mit diesem „pädagogischen Symbolakt“ wird eine effektive Aufklärungskampagne eröffnet. Sie richtet sich gegen die rücksichtslose Handelspolitik der USA, die mit Genehmigung der Welthandelsorganisation WTO (World Trade Organisation) den in der Region produzierten Roquefortkäse und andere Export-Agrargüter mit enormen Strafzöllen belegt hat, weil Frankreich sich im Rahmen der Europäischen Union geweigert hatte, hormonbehandeltes US-Rindfleisch zu importieren.
Bové sagte später: „Es war wirklich eine Art pädagogische Aktion, die zur Aufklärung darüber beigetragen hat, wie die supranationalen Institutionen versuchen, die Welt einzig im Interesse der transnationalen Konzerne zu organisieren.“ Viele wussten vorher gar nicht, dass es eine WTO gibt und was sie bewirkt. Es beginnt eine Aufklärung der Öffentlichkeit über die Hintergründe der Lebensmittelskandale, die durch das immer aggressiver betriebene Agrobusiness verursacht sind. Es gelingt den Bauern, viele Leute mit dem griffigen Schlagwort *malbuffe,* dem industriell gefertigten schlechten Fraß, politisch aufzuklären. Ein Rentner, ehemaliger Finanzinspektor von Millau, der bei der McDonald's-Aktion mitgewirkt hat, berichtet später, wie ihm diese Aktion zum „Zünder“ geworden ist: „Zuerst schien es, als ginge es nur um die Verteidigung des Roquefort. Aber da war noch etwas anderes. Wir spürten, dass die Sache viel weiter ging, denn über den Roquefort hinaus war es die Forderung nach Respekt, nach Anerkennung der *Citoyenneté*“ (also des Rechts und der Pflicht, als demokratischer Mensch das politische Gemeinwesen mitzubestimmen).
Am 30. Juni 2000 beginnt der Prozess gegen José Bové wegen „gemeinschaftlich begangener schwerer Sachbeschädigung“. Sogar eine Bombendrohung wird ihm in verleumderischer Weise vorgeworfen. Es muss ihm offenbar unter allen Umständen das Handwerk gelegt werden. In diesen Tagen verwandelt sich das kleine Millau in eine vorübergehende Welthauptstadt des Protestes der globalisierungskritischen Bewegung. Zu der Solidaritätsveranstaltung kommen, zum Ärgernis des gaullistischen Bürgermeisters, fast hunderttausend Menschen. Die Organisation hatte mit höchstens 25.000 gerechnet. Viele Menschen und Organisationen aus fünf Kontinenten kommen zu Wort und berichten, welchen schädlichen Auswirkungen der ökonomischen Globalisierung sie vor Ort ausgesetzt sind. So wird aus dem Prozess gegen Bové, der zu drei Monaten Gefängnis ohne Bewährung verurteilt wird, zugleich eine Anklageerhebung der Bürger gegen die liberale Globalisierung, wie der mit angeklagte Schafzüchter Jean-Emile Sanchez meint.

Nun, diese ganze Geschichte war keine Aktion von Attac. Wohl aber sprach bei der Solidaritätsgroßveranstaltung auch die Vizepräsidentin von Attac, Susan George; ebenso nordamerikanische und indische WissenschaftlerInnen, GewerkschafterInnen und BürgerrechtlerInnen. Die Aktion von Millau hatte unübersehbar die Schlagkraft des Attac-Prinzips vorgeführt: „Lokal handeln, global denken!“ Die Attac-Formel von der „Entwaffnung der Märkte“ wurde hier übernommen. Der Öffentlichkeit wurde deutlich, dass die WTO die Ernährungssouveränität, also das Recht der Länder und Regionen, sich selbst zu versorgen, zugunsten auswärtiger Großkonzerne abschaffen will. Das betrifft ja nicht nur Europa, sondern besonders die Bevölkerung in den Dritte-Welt-Ländern, die noch zu zwei Dritteln von der eigenen Landwirtschaft lebt. Schließlich gelang es Attac noch im selben Jahr 1999, die Verhandlungsrunde und die Beschlüsse der WTO in Seattle/USA zu blockieren. In der Zentrale der Boeing-Flugzeugindustrie und der Microsoft-Computerproduktion wurde im Namen einer großen Idee demonstriert: „Die Welt ist nicht wie Ware zu verkaufen!“

Dritte Erzählung: *Subcommandante Marcos marschiert aus dem Urwald nach Mexiko-City.*
2. Januar 1995. Der Anführer der aufständischen Indios, Subcommandante Marco, verliest in der Kathedrale der Hauptstadt von Chiapas (San Cristobál) mit Genehmigung des progressiven Ortsbischofs Ruiz eine so genannte *Erklärung aus dem Lakandonischen Urwald*:
„Heute sagen wir: Ya basta! Es reicht!“ Das ist gesagt mit der ganzen Energie des *Zapatismus*, also der indianischen Befreiungsbewegung, die sich im Guerillakrieg mit der mexikanischen, vom internationalen Kapital benutzten Regierung befindet. Aber Marcos ist kein marxistischer oder sonst irgendwie ideologisch gefärbter Revolutionär. Es geht einfach darum, der nationalen und internationalen Öffentlichkeit bewusst zu machen, dass die Lebensmöglichkeiten und kulturellen Interessen der indigenen Bevölkerung in Chiapas, jenem riesigen Bundesstaat mit den größten Erdgasvorkommen, missachtet werden. Es geht darum, dass sich die ausgegrenzte und entmündigte indianische Bevölkerung im rohstoffreichsten Land Mittelamerikas in die Politik einmischt, in eine Politik, die bestimmt ist durch das zwielichtige Freihandelsabkommen *Nafta* zwischen Mexiko, Kanada und den USA.
Marcos zeigt sich in der Kathedrale nicht als purer Widerständler, sondern als Fürsprecher und Repräsentant für „eine Möglichkeit, andere

menschliche Beziehungen aufzubauen, basierend auf der Hoffnung, dass eine andere Welt möglich ist.“

Sechs Jahre später, Februar 2001: Als Anführer der zapatistischen Befreiungsarmee verlässt Subcommandante Marco zusammen mit 23 anderen Commandantes sein Refugium im Lakandonischen Urwald. Sie machen sich auf den 3000 Kilometer langen Weg in die Hauptstadt Mexiko-City. Sie werden von Tausenden von Sympathisanten begleitet. Am 11. März 2001 angekommen, spricht Marco auf dem Zócalo-Platz im Herzen der Großstadt vor Hunderttausenden von Menschen. Er richtet sich an alle Mexikaner:

„Hier also sind wir. Wir verkörpern die Würde der Revolution, das vergessene Herz des Vaterlandes.“

Unter den Anwesenden sind auch Attac-Präsident Bernard Cassen, Ignacio Ramonet, José Bové, die Tochter des französischen Staatspräsidenten Danielle Mitterand und der betagte portugiesische Schriftsteller und Literatur-Nobelpreisträger José Saramago.

Zu Ramonet sagt Marcos im Blick auf die von Attac geforderte Tobinsteuer Sich dafür einzusetzen „heißt, sich einer Preisgabe der Welt zur Plünderung entgegenzustellen. Einer Preisgabe zur Plünderung, die wir, die indigene Bevölkerung Mexikos, hier seit der Eroberung vor mehr als 500 Jahren im Jahre 1492 erleiden. Heute erlebt die Welt mit der Globalisierung eine vergleichbare Preisgabe zur Plünderung, weil Globalisierung die Privatisierung von öffentlichem und kollektivem Gut bedeutet und ebenso die Privatisierung der öffentlichen Kulturgüter Wissen und Lehre.“

An diesem Tag wird allen bewusst: Die zapatistische Befreiungsbewegung mit Subcomandante Marcos stellt außerhalb Europas die erste symbolische Revolte gegen die neoliberale Globalisierung dar; sie ist Wegbereiter für die internationale Attac-Bewegung.

Das Attac-Manifest 2002

Im Jahre 2002 hat Attac vier Jahre nach seiner Gründung ein Manifest veröffentlicht. Der deutsche Text ist erstveröffentlicht in *Blätter für deutsche und internationale Politik 3/2002, Blätter Verlagsgesellschaft Bonn, www.blaetter.de.*

Die Abschnitte des scharf, konkret und hoffnungsfroh argumentierenden Manifests haben folgende Überschriften:

Eine Bewegung, die das Kräfteverhältnis verändert

Sich die Zukunft wieder aneignen

Eine gerechte Welt
Die Arbeit im Zentrum der Reorganisation der Gesellschaft
Öffentliche Dienstleistungen schützen und verbessern
Kommt die Bildung unter den Hammer?
Steuern – Teufelszeug oder Instrument für Gerechtigkeit und Solidarität?

Eine solidarische Welt
Das Gesundheitswesen im Norden wie im Süden wiederherstellen
Von einer Generation zur nächsten – Renten aus massivem Gold
Wirtschaftliche Alternativen entwickeln und umsetzen

Eine nachhaltige Welt
Die Bedrohung der Erde durch die Vermarktung
Wasser – ein schützenswertes Allgemeingut
Demokratie geht auch durch den Magen
Die kulturelle Vielfalt verteidigen

Über die Grenzen hinaus agieren
Attac in Frankreich und in 40 weiteren Ländern

Kirchen treten ATTAC bei!
„Wirtschaft im Dienst des Lebens"
(Aus dem Brief der westeuropäischen Kirchenkonferenz in Soesterburg/ Holland an die Kirchen in Westeuropa vom 19. Juni 2002):

Kirchen, die an dem ökumenischen Prozess teilgenommen haben … bekräftigen, dass die Ideologie des Neoliberalismus unvereinbar ist mit der Vision der oikumene, der Einheit der Kirche und der ganzen bewohnten Erde. Weitreichende und wachsende Ungerechtigkeit, Ausschluss und Zerstörung sind der Gegensatz zum Teilen und zur Solidarität, die unabdingbar dazugehören, wenn wir Leib Christi sein wollen … Die Konsultationen … zeigen, dass es Götzendienst gleichkommt, den globalen Markt nach Maßgabe einer unhinterfragten neoliberalen Wirtschaftslehre auszugestalten … Wir ermutigen unsere Kirchen … durch Beitritt zu Bewegungen wie ATTAC, wie gerade geschehen durch den Reformierten Bund in Deutschland …

(Quelle: Rundbrief KAIROS EUROPA vom November 2002, Seite 17, Weinheimerstr. 19, 68519 Viernheim)

Kapitel IV Der scheinbare Realist und der scheinbare Utopist

Ein Schlussdialog über Wahrheit und Weisheit

Scheinbarer Realist (SR): Lieber Freund, ich verstehe deine Kritik an unserer Geldwirtschaft nicht. Sie hat doch weltweit so viel Wohlstand hervorgebracht wie noch nie in der Geschichte der Menschheit. Ich gebe ja zu, wir stecken in einer Krise. Aber Krisen haben schon immer die Fantasie zu Innovationen und Korrekturen angeregt. Du aber scheinst mir ein großer Zukunftspessimist zu sein und empfiehlst uns eine Zukunft, die sich ganz konservativ aus der Tradition speist. Für mich ist das utopisch.
Scheinbarer Utopist (SU): Ich denke, wir müssen zugeben, dass wir im Grunde alle ratlos sind. Selbst der Internationale Währungsfond (IWF) ist ratlos. Wir glauben immer noch an die Zukunft der Industriegesellschaft der letzten zwei Jahrhunderte; aber sie steht jetzt an ihrem Ende. Und die neue Geldgesellschaft ist bereits an einer monetären Diarrhöe erkrankt, an einem Kräfte verzehrenden Durchfall, gegen den wir kein Heilmittel wissen außer weitere Geldvermehrungswirtschaft, „oben rein, unten raus“.
SR: Aber wir haben doch ein reales Wachstum von Jahr zu Jahr.
SU: Wir haben keine echte Entwicklung. Entwicklung ist etwas anderes als Wachstum. Wachsen tut auch der Krebs. Entwickeln tut sich alles, was gesund ist.
Wir haben uns aber zum Wachstum verdammt. Nullwachstum ist für das jetzige System eine Katastrophe. Es wäre gut für die Umwelt, und für die Entwicklungsländer wäre gut, wenn sie sich vom Tropf der permanenten „Bluttransfusion“ vom Norden allmählich abhängen, weil Abhängige nie auf eigene Beine kommen. Katastrophal aber wäre Wachstumsstillstand für die Geldwirtschaft.
SR: Jetzt hast du das medizinische Bild vom Krebs gebraucht, vorhin das vom Durchfall, eben das von der Bluttransfusion. Sprich doch bitte mal ohne Bild.
SU: Ein deutliches Symptom für die Krankheit unseres Systems ist die Arbeitslosigkeit. Sie wird eher zu- als abnehmen. Niemand glaubt an ein wirksames Konzept. In Ostdeutschland sind ganze Industriestrukturen unwiederbringlich weggebrochen. Neue werden gar nicht mehr benötigt.

Jedenfalls nicht für Warenproduktion, nur für Arbeitslose. Als Kanzler Kohl nach der Wende binnen fünf Jahren „blühende Landschaften" ankündigte, glaubte er noch an die Zukunft der Industriegesellschaft. Was blüht, verdankt sich aber nicht der Eigenproduktivität, sondern dem Geldtransfer durch die Solidaritätssteuer – und so sehen wir jetzt viele sanierte, aber leer stehende Bürogebäude, viele restaurierte, aber ungenutzte historische Fassaden, sehr moderne Infrastrukturen für eine abwandernde, schrumpfende Bevölkerung. Das Wort „Wiedervereinigung" klang so, als könnte das alte Modell der BRD der Fünfziger- bis Neunzigerjahre auf Gesamtdeutschland übertragen werden.

SR: In der Analyse stimme ich wohl mit dir überein. Aber deiner utopischen Therapie kann ich nicht folgen.

SU: Ich habe eigentlich keine konkrete Therapie. Das gebe ich zu. Niemand weiß einen Rat. Wir wursteln weiter. Es gibt keine system-immanente Korrekturen und erst recht keine Gesamtalternative zum herrschenden System. Die vielen kleinen, wenn auch weltweit vernetzten, nichtstaatlichen Basisinitiativen bewegen sich nur in lokalen oder regionalen Nischen und sind vom Rahmen des Kapitalismus keineswegs unabhängig. Nicht nur bezüglich Ostdeutschland. Es gilt weltweit. Auf der einen Seite kumuliert sich immer mehr ungeheures Kapital in den Händen von immer weniger Konzernen, eine mörderische Fresserei unter den großen Hechten hat begonnen, genannt freundliche oder feindliche Übernahme; auf der anderen Seite entstehen immer größere Verelendungen der afrikanischen, asiatischen und lateinamerikanischen Gesellschaften. Auf der einen Seite ist die Wasser- und Luftqualität verbessert (in Ostdeutschland oder im Ruhrgebiet einfach auch dank des Zusammenbruchs der Industrie). Auf der anderen Seite werden die Regenwälder, die lebensnotwendigen Lungen der Erde, in atemberaubendem Tempo abgeholzt, nur zugunsten des Profits der euroamerikanischen Verschwendungsgesellschaft. Die Wüsten wachsen, die Böden verkarsten.

SR: Ich stimme dir ja zu: Die größten Gefahren für die Menschheit heißen: Klimaerwärmung mit den Folgen von Überschwemmungs- und Dürrekatastrophen bisher nicht da gewesenen Ausmaßes; Bodenerosion auf dem Lande und Bodenversiegelung in den wachsenden Städten, dadurch Vergrößerung statt Verringerung des Welthungers, zumal die Bevölkerungsexplosion ausgerechnet in den Armutskontinenten passiert.

SU: Aber eigentlich wäre die Erde und die Ernährungstechnologie durchaus in der Lage, mehr als 6 Mrd. Menschen zu ernähren, freilich nicht auf dem ungesund überhöhten, verschwenderischen Konsumniveau des Nordens und Westens.

SR: Ich denke, die größte Gefahr droht dem Globus vom Geist des Menschen, von seiner Gier, seiner Angst, seiner Verblendung, seinen religiösen, politischen und ökonomischen Ideologien. Das Zentralproblem ist der Geist des so genannten Wissensmenschen, des *homo sapiens*. Seine enorme rationale Intelligenz im Neocortexgehirn wird unbewusst vom Triebhaften instrumentalisiert, also vom limbischen System seines Alt-Säugetiergehirns mit seinen automatischen Trieben und Emotionen; dazu kommt ein eher schädliches als nützliches Trägheits- und Gewohnheitspotenzial in seinem (Reptiliengehirn genannten) Kernhirn, dem ältesten Teil unseres zerebralen Neurosystems.

SU: Mich wundert, wie du redest. Traust du der Vernunft, der realitätsbezogenen *ratio* so wenig zu?

SR: Das ist mein Realismus, dass ich nüchtern sehe, der Mensch ist eine Sackgasse der Evolution, nicht die erste übrigens im Laboratorium der blind laborierenden Natur. Sobald der *homo sapiens* sich lebensfeindlich verhält, wird er vom Leben ausgemerzt werden. Ich bezweifle, dass die Menschheitsentwicklung noch tausend Generationen lang Zeit hat, das sehr junge, vielleicht erst 3000 Jahre alte logische Denken zur Vorherrschaft gegenüber dem zähen magisch-mythischen Denken zu bringen. Kurz und mit Verlaub gesagt: Der Massenschädling Mensch wird an sich selbst und seiner Überpopulation zugrunde gehen. Er hat seinen Zenit bereits überschritten. Sprichst du nicht selbst vom drohenden Kollaps in spätestens 40 Jahren?

SU: Die Prognosen der Wissenschaftler des Club of Rome nennen das Stichjahr 2030 als den Schnittpunkt eines Syndroms, wo alle verschiedenen Problemkurven in einer einzigen Katastrophe zusammentreffen. Du aber sprichst von einem Szenario der Auslöschung des *homo sapiens* überhaupt.

SR: Sollte dieses hoch intelligente und kriminelle, dieses kluge und dumme Lebewesen tatsächlich, wie noch viele glauben, einen übernatürlichen und guten Schöpfer haben, so müsste der über sein irdisches Abbild gewiss entzückt und besorgt, begeistert und betrübt, erstaunt und entsetzt, schließlich enttäuscht und wütend sein. Sagt das nicht auch deine apokalyptische Bibel?

SU: Dein Realismus ist offenbar mit Misstrauen, Skepsis oder gar Zynismus verbunden. Auch ich traue dem „Geist" (kleingeschrieben) wenig zu. Meine Hoffnung aber ist der GEIST (großgeschrieben). Letzterer ist der unerschaffene göttliche GEIST, ersterer der gewordene menschliche Geist, der dazu bestimmt ist und sich danach sehnt, in einen umfassenden Kontakt mit seinem göttlichen Ursprung zurückzufinden.

SR: Diese Unterscheidung zwischen GEIST und Geist ist dem utopischen Denken eigen. Aber ich verstehe jetzt, was ich eigentlich nicht verstehe, warum du dich in deinem Buch so viel auf die alten biblischen Geschichten und sogar auf mittelalterliche Mönchsweisheiten berufst. Gar noch Mythen und Märchen ziehst du heran, in der illusorischen Meinung, damit etwas Hilfreiches zu unserem Wirtschaftssystem beitragen zu können. Ich muss sagen, ich verstehe dich hierin nicht. Das, was du göttlichen GEIST nennst, kommt in Reinkultur in der Natur und Geschichte der Menschheit nicht nachprüfbar vor. Es handelt sich wohl um eine Projektion des menschlichen Geistes an die „leere Leinwand des Himmels“. Die reale Religionsgeschichte, besonders auch die christliche, ist doch geprägt von Irrtümern, Zänkereien, heiligen Kriegen und weltfernen Dogmen, kurz: von „Geist“ ganz kleingeschrieben. Ich halte die Weisheit von Mythen und Mystik, von Märchen und Mönchen für lebensfremd, um nicht zu sagen für neurotisch. Was bringt sie für unsere heutigen ökonomischen Problem? Deine Texte kommen mir vor wie Werkzeuge in einem alten Handwerker- und Bauernmuseum, die du für die postindustrielle Welt neu empfiehlst, von Amos und Jeremias bis Franziskus und Tolstoi …

SU: Ich denke, in meinem „Museum“ sind heilvolle Urerfahrungen gespeichert, gültige Lernergebnisse von großen Leid- und Schuldgeschichten mit kreativem Potenzial. Das gilt besonders für die Bibel. Sicher, ich kann dir keine konkreten ökonomischen Modelle aus den alten Texten ziehen. Aber ich kann erkennen: Hier liegen die Grundlagen für jegliche humane Kultur wie ein Schatz im Acker der Geschichte vergraben. Ich grabe aus und wecke die Erinnerung an unaufgebbare Erleuchtungen.

SR: Du wirst doch nicht glauben, dass sie im 21. Jahrhundert fruchtbar werden, nachdem sie selbst in biblischen Zeiten oder im allerchristlichsten Mittelalter nicht effektiv gewesen waren? Es sind Erleuchtungen, die historisch nie zum Tragen kamen. Es sind Traditionen von Verlierern, von besiegten Utopisten, die auf der Strecke blieben.

SU: Von Märtyrern also, von Zeugen der unterdrückten Lebenswahrheit. Ich stimme zu: Alle echten Propheten wurden zu ihren Lebzeiten verspottet oder gar gesteinigt. Nur die falschen Propheten, übrigens immer Heilspropheten, fanden das Ohr ihrer Zeitgenossen. Aber nach den

Katastrophen wurden die von den Schülern der Unheilspropheten versiegelten Texte hervorgeholt und für den Neuanfang fruchtbar gemacht. Sie weisen weit über ihre Zeit hinaus. Echte Mystik und echte Prophetie gehören in wechselnden historischen Gewändern einer zeitlosen, ewigen Wahrheit an.
SR: Wahrheit? Was ist Wahrheit?
SU: Wenn du auf diese Pilatusfrage keine Antwort erwartest, weil es keine Antwort geben darf, dann muss ich schweigen.
SR: Es darf keine Antwort geben, weil es keine Antwort geben kann. Das Problem ist nämlich, dass niemand eine zutreffende Diagnose über den Patienten „Menschheit" stellen kann, weil keiner von uns eine Beobachterposition außerhalb von uns einnehmen kann.
SU: Aber du hast doch vorhin selbst eine Diagnose gestellt, nämlich: „Unheilbar! Exitus!"
SR: Ich wollte damit nur an die Binsenweisheit erinnern: Die Erde braucht den Menschen nicht, der Mensch braucht die Erde. Und außerdem halte ich es für höchst wahrscheinlich, dass es intelligentes Leben auch in anderen kosmischen Regionen des Universums gibt.
SU: Da stimme ich zwar zu, aber ich kann die Erde und den „Erdling" (auf hebräisch: adam) nicht preisgeben. Falls du jetzt noch einmal zur Wahrheitsfrage kommen würdest und zu mir sagen würdest: „Sag doch mal, was ist denn *deine* Wahrheit?", könnte ich antworten.
SR: Gut, ich frage dich!
SU: Wir können die Welt bzw. die Welten nicht von außen sehen. Aber genau dieser Bewusstseinssprung wäre nötig. Und er ist möglich. Nicht auf dem vom Geist erschlossenen, rationalen Weg der Wissenschaft, aber auf dem vom GEIST inspirierten Weg der Offenbarung. Die seit etwa 3000 Jahren bezeugten Erleuchtungserfahrungen einzelner Menschen bezeugen alle dasselbe: Das unendlich vielfältige Universum und die tausendgliedrige Menschheit sind eine Einheit, zusammengehalten und durchpulst von einem einzigen Herzschlag, von der innersten und äußersten Macht im Universum, nämlich von der bedingungslosen, von der absoluten Liebe.
SR: Liebe ist freilich kein teleskopisch oder mikroskopisch zu untersuchendes Objekt. Und psychologisch recht diffus.
SU: Vielleicht sind schon die Gefühle, die die Kosmonauten angesichts des kleinen blauen Planeten in unserem Sonnensystem regelmäßig überkommen, nämlich Gefühle einer überraschenden Liebe, ein Hinweis auf die Einheits- und Liebeserfahrungen der Mystiker.

SR: Für mich bewegen wir uns jetzt im Bereich des nur Psychologischen.
SU: Des Utopischen. Ich stehe dazu. Real kann ich nur feststellen, dass es, wie gesagt, seit etwa 3000 Jahren (oder noch früher, schon mit dem Entstehen der ersten Hochkulturen) immer häufiger spirituelle Einheits- und Liebeserfahrungen gibt. Ein besonderer Bewusstseinssprung scheint sich um 800 v. Chr. entwickelt zu haben. Die griechische Philosophie, die israelitische Prophetie, die buddhistische Erleuchtung, die chinesische Mystik-Ethik sind einige Brennpunkte. Überall entsteht Weisheit, die Raum schafft für Liebe.
SR: Was ist Weisheit? So möchte ich jetzt die Pilatusfrage umformulieren.
SU: Hast du nicht selbst deine Antwort darauf?
SR: Weisheit? Das heißt für mich, die grundsätzliche Unzulänglichkeit des Menschen einzugestehen und besonders die Menschheitsbeglückungsabsichten des Menschen zu fürchten. Uns bleibt als Gestalt der Weisheit bestenfalls die Rolle des bewussten Narren. Sokrates mit seiner unnachgiebigen Hinterfragungsmethode war wohl so ein weiser Narr. Ich weiß, dass ich nichts weiß. Wer weiß schon, ob das Wissen von heute sich nicht morgen als Aberglaube herausstellt und der Aberglaube von heute als Wissen?
SU: Aber wo bleibt bei dieser Demut die Liebe?
SR: Du wirst natürlich das Christentum als Liebesreligion anführen wollen.
SU: Nein, was man mit diesem Schlagwort meinte, ist eigentlich nur die Rolle der Nächstenliebe und der Diakonie.
SR: Die Bilanz davon dürfte unter dem Strich plus/minus auf Null zulaufen. Viel gut Gemeintes, aber schädlich Wirkendes wäre bei der christlichen Erziehung mit zu verbuchen.
SU: Sicher. Aber eine wirkliche und endgültige Übersicht ist wohl keinem Sterblichen möglich. Im Übrigen ist das religionsgeschichtliche Spezifikum des Christentums nicht die Nächstenliebe, sondern dass Gott nichts ist als Liebe und dass diese Liebe sich geschichtlich inkarniert hat in dem gekreuzigten und auferstandenen Menschen Jesus von Nazaret.
SR: Du hast vorhin angedeutet, dass die „spirituellen Liebeserfahrungen", wie du es nennst, auch außerchristlich immer mehr zunehmen. Ich sehe dagegen mehr eine Zunahme des krankhaften, zerstörerischen Fundamentalismus, meinetwegen des „Bösen".
SU: Vielleicht kumuliert beides, eine Globalisierung des Lichtes und der Finsternis. Ob alles am Ende im Licht oder alles in Finsternis endet, das ist eine Glaubensentscheidung, für mich wie für dich. Ich glaube mit vie-

len Zeitgenossen, dass sich in unserer Epoche eine Bewusstseinserweiterung der Menschheit vollzieht, eine Erhellung, Vertiefung, Reinigung des Bewusstsein. Nicht nur einzelne große Geister, sondern viele kleine Leute in der gesamten Völkerwelt sind durch ungeheure Leiden zur Liebe gelangt im Unterschied zu vielen, die im reaktiven Hass stecken geblieben sind.
In esoterischen Kreisen glaubt man an ein Netz zwischen den Anhängern großer spiritueller Persönlichkeiten, zu denen man so unterschiedliche Leute zählt wie den Dalai Lama, Mutter Teresa von Kalkutta, den Papst Johannes Paul II., Nelson Mandela, Albert Einstein, Carl Friedrich von Weizsäcker, Albert Schweitzer, Jimmy Carter, Jehudi Menuhin, Roger Schutz von Taizé …
SR: … Da zählst du fast nur lauter alte Männer auf – und fast nur christliche – und fast keine Frauen und einige sind schon lange tot.
SU: Wir könnten sicher noch viele weniger bekannte Männer und Frauen aus allen Kulturkreisen aufzählen. Wir müssten dazu nur mal das Sortiment einer Hugendubelschen Buchhandlung durchgehen. Es ist schon fast eine Mode geworden, die Kraftorte der Erde aufzusuchen, den Jakobsweg nach Santiago auf dem Sternencampus oder das Sonnenheiligtum Stonehenge: immer dieselben kosmischen Liebeserfahrungen und die Erkenntnis, dass die Erde und der Mensch himmlischen Ursprungs und göttlichen Wesens sind. Wir erleben, wie sich überall die indianische, die buddhistische, die christliche, die keltische, die sufische (also islamische) Spiritualität reaktiviert und globalisiert. Das verleiht mir das Bewusstsein, in einer außerordentlichen Zeit leben zu dürfen.
SR: Du bist eben ein klassischer Utopist. Ich kann die frommen Überhöhungen der Materie und die vom Menschen ausgehenden Negativitäten nicht ausblenden. Ich glaube, wir müssen die Dinge jetzt mal so unentschieden stehen lassen. Das Glas ist halbleer und halbvoll.
Mich würde aber interessieren: Wie lebst du als Utopist eigentlich? Ist denn dein Lebensstil durch das, was du glaubst und sagst und schreibst, irgendwie gedeckt? Du profitierst ja mit deinem Wohlstand und deinem Bankkonto von dem System, das du kritisierst.
SU: Das ist eine peinliche Frage. Wenn ich mich ihr stelle, dann kann ich nur von großen Kompromissen berichten. Was soll ich da aufzählen? Es sind nur realsymbolische Zeichen.
SR: Dann will ich anders fragen: Was kann man real tun, um einen alternativen Lebensstil in unserer gottverdammt schönen Welt zu praktizieren?

SU: Täglich meditieren. Loslassen. Nicht alles machen, was machbar ist. Bewusst werden. Bewusstheit ist alles. Die meisten Menschen schlafen ja noch.

Und dann: Keine Schulden machen, keine Ratenkäufe tätigen, keine Börsenspekulation; sie dient lediglich der schnellen Geldvermehrung, die immer auf Kosten anderer geht.

Investieren statt spekulieren, wenn man Kapital flüssig hat. Spareinlagen nur bei Banken, die ihre Zinserträgnisse ausschließlich in ökologischen, nichtmilitärischen und sozialverträglichen Projekten anlegen. Banken wie die „Umweltbank Nürnberg" handeln nach dem Motto: „Zuerst kommt die Moral, dann die Rendite".

Geld ausgeben, nicht horten; Geld muss zirkulieren und dazu dienen, Leben zu verwirklichen.

Keine Erbschaften annehmen. Wenn doch, dann sofort sinnvoll weiterspenden. Ehrlich vom selbst Erworbenen leben.

Jedem Bettler einen Euro geben. Die Gründe dafür sind ganz knapp stärker als die Gründe dagegen. Ich habe mir das gut überlegt und es hat nichts zu tun mit einem billig erworbenen guten Gewissen.

Keinen Cent in irgendein Lotto- oder Totospiel!

Ganz wichtig (auch um spannende Erfahrungen mit dem Gottvertrauen zu machen): 10 % aller Einnahmen abgeben für ökologische, soziale, alternative Bewegungen, z.B. für Windkraftanlagen in einem belorussischen Dorf mit neugebauten Ökolehmhäusern für tschernobylgeschädigte Umsiedlerfamilien (Dietrich Bodelschwingh, Heimstatt Tschernobyl e.V. Münster). Es gibt unzählige Möglichkeiten, „sein Brot übers Wasser fahren zu lassen."

Unterschriftensammlungen prüfen. Z.B. unterschreiben für die Einführung der Tobinsteuer zur geringfügigen Besteuerung der Spekulationsgewinne – eine solche Steuer brächte Milliarden in die Staatskassen.

Vegetarisch einkaufen, kochen, essen. Weniger aus ideologischen als aus landwirtschaftspolitischen Gründen, aber auch um den unsäglichen Lebendviehtransport quer durch Europa nicht zu unterstützen.

Autofrei leben, so viel wie möglich. Keinesfalls teure Wagen kaufen. Diese sündhaft teuren Göttermotoren sind viel zu stark und zu schnell, viel zu schädlich für unsere Landschaften, unsere Sinne, unsere Umwelt.

Öffentliche Verkehrsbetriebe nutzen. Fahrrad fahren. Atomfreien Strom beziehen, auch wenn er noch etwas teurer ist (über greenpeace-energy überall möglich).

Tauschringe aufsuchen. Eine-Welt-Läden benützen. Eine-Welt-Kontakte herstellen. Informiert sein. Asylantenbewerber und -bewerberinnen betreuen. Anerkannten Asylanten ein Zimmer zur Verfügung stellen.
Kein Fernseher im Haus! Keine Stunde Zeitverschwendung vor dem Hausgötzen mit der blauen Mattscheibe. „Fernsehen ist nicht gelebtes Leben!" Die Information über Presse und Rundfunk ist besser und zeitsparender.
SR: Du kommst in Fahrt. Es reicht mir. Sicher könntest du noch mehr aufzählen. Sehr viel Konsumverweigerung dabei, der Rest karitativ. Das alles kratzt nicht am Wolkenkratzer des Weltfinanzsystems.
SU: Gewiss nicht, aber ich baue mit einer wachsenden Zahl von Gleichgesinnten am Haus der Zukunft, die vorbereitet sein will, wenn der babylonische Turm eingestürzt ist. Außerdem bin ich nicht allein. Die Zahl der Menschen, die ähnlich denken und leben, nimmt international rapide zu. Und wenn ich nur der Einzige wäre, so wäre es doch eine winzige Zelle am kranken Körper der Menschheit, die einigermaßen gesund ist. Nach dem holistischen Prinzip findet sich die Ganzheit im kleinsten Detail. Was dem Detail zugute kommt, kommt der Ganzheit zugute und umgekehrt.
SR: Ein schöner Glaube. Ich kann ihn leider nur naturwissenschaftlich nachvollziehen, nicht mystisch.
SU: Macht nichts. Du lebst dennoch davon. Aber jetzt sage *du* mir: Wie lebst denn *du* als praktischer Nutznießer des Wirtschaftssystems?
SR: Du wirst lächeln: Es deckt sich zum großen Teil mit dem, was du aufgezählt hast. Auch ich lebe umweltbewusst und unterstütze alternative Initiativen. Aber was kann man als einfaches Mitglied der Zivilgesellschaft schon groß machen. Deine die Dinge überhöhende Spiritualität liegt mir freilich fern. Meine „Spiritualität" (ich mag dies schwammige Modewort eigentlich nicht) besteht darin, dass ich weiß, wie wenig wir wissen können, und dass wir deshalb gut daran tun, demütig zu bleiben. Sowohl bei wissenschaftlichen wie bei religiösen Denkern ist diese Bescheidenheit leider selten.
Und, nimm es mir nicht übel: Kleinaktionär will ich bleiben. Und den Fernseher benutze ich gerne und nach Maß. Und einen ordentlichen Flitzewagen lasse ich mir auch nicht ausreden. Da bleibe ich Realkonsument meiner Zivilisation.
In deinen Augen bin ich sicher ein Scheinrealist. Aber immerhin durchschaue auch ich den illusionären Charakter unserer „realen" Wirtschaftswelt.

SU: Und vielleicht bin ich nur ein Scheinutopist und ahne etwas vom Wesen der realen Wirklichkeit.
SR: Dann wären wir ja nicht so weit auseinander. Wir sollten miteinander im Gespräch bleiben.
SU: Ja. Ich brauche deine nüchterne, auf Nachprüfbarkeit und Bescheidenheit pochende Wissenschaftlichkeit. Und ich gebe dir, wenn du willst, Anteil an der die Wissenschaft transzendierenden Weisheitstradition der Menschheit. Denn offenbar ist jeder von uns beiden beides: ein Utopist und ein Realist. Du ein negativer Utopist und ein positiver Realist, ich ein positiver Utopist und ein negativer Realist.
SR: Vielleicht ist es so.
SU: Dann wären wir beide unterschiedliche Repräsentanten einer uralten, urmenschlichen Lebensphilosophie namens Realutopie.
SR: Realutopie – dieses Unwort gehört nicht zu meinem Wortschatz. Und vergiss nicht, dass uns bei einigermaßen ähnlicher Ethik gedankliche Welten trennen. Du glaubst an einen seligen Ausgang der von einem guten Gott gelenkten Menschheitsgeschichte. Ich glaube nicht an eine Vorsehung, sondern an die Unvorhersehbarkeit der weiteren Evolution; aber ein „rascher“ Untergang des *homo sapiens* dürfte gewiss sein.
SU: Des *homo sapiens demens*, zu Deutsch: des modernen Wahnsinnsmenschen.
SR: Ja.
SU: So „rasch“, wie die jüdisch-christliche Messiashoffnung das Heraufkommen des *homo sapiens spiritualis* erwartet, zu Deutsch: des modernen Weisheitsmenschen. Dem müssen wir zuarbeiten, in uns und um uns herum.
SR: Ich mache mit. Aber ich bin nicht so sicher wie du, dass durch unsere Konzepte die Weltordnung wirklich besser wird.
SU: Sollen wir denn den Dingen, d.h. den Mächten und den Machern, ihren Lauf lassen? Im Übrigen glaube ich: Unsere babylonische Glückskultur geht bald an sich selbst zugrunde. Geld oder Leben! Wer soll wen regieren? Wir müssen uns entscheiden.

GEBET

vor einer altrussischen Pantokrator-Ikone, als sie im rosenfarbenen Licht eines herbstlichen Sonnenuntergangs leuchtete, mit Worten aus Eph 1,15 ff:

Gedenken wir jetzt
all der einmaligen Menschen,
die ihre Stimme in diesem Buch erhoben haben.
Und gedenken wir derer,
welche diese Stimmen gehört haben.
Beten wir, dass der Gott unseres Herrn Jesus Christus,
der Erzeuger und Gebärer aller Herrlichkeit
auf der kleinen Erde, im Universum und in der Ewigkeit,
uns in unseren finsteren Zeiten gebe
den Geist der Weisheit und erleuchtete Augen unseres Herzens,
damit wir erkennen, in welcher Gefahr wir stehen
und zu welcher Hoffnung wir berufen sind
und welches Erbe uns anvertraut ist
und welche Kraft in uns wirksam ist in Christus,
der eingesetzt ist über alle Reiche, Gewalt, Macht, Herrschaft
und alles, was sonst einen Namen hat
in dieser und in der kommenden Welt.
Amen.

Literaturverzeichnis

(Eine Auswahl aus benutzter und aus weiterführender Literatur)

Amery, Carl: Global Exit. Die Kirchen und der Totale Markt, München 2002

Bekenntnisschriften der evangelisch-lutherischen Kirche, Göttingen 1952

Bickel, Johannes: Erlaßjahr 2000, c/o Südwind e.V., Kampagne Kurier Nr. 18, Siegburg 2000

Binswanger, Hans-Christoph: Geld und Magie, Deutung und Kritik der modernen Wirtschaft anhand von Goethes Faust, Stuttgart 1985

Bonhoeffer, Thomas: Ursprung und Wesen der christlichen Seelsorge, München 1985

Brecht, Bertolt: Kalendergeschichten, Reinbek 1953, auch in: Ders.: Ausgewählte Werke, 5. Bd., Frankfurt 1997, S. 226

Buber, Martin: Das dialogische Prinzip, Heidelberg 1965

Ders.: Die Erzählungen der Chassidim, Stuttgart 1992

Bultmann, Rudolf: Geschichte der synoptischen Tradition, Göttingen 1995, 10. Auflage

Chossudovsky, Michel: Global Brutal, Frankfurt 2002, 8. Aufl.

Concordanz der Ansichten und Urteile des Reformators, Bd. 4, Darmstadt 1831

Crüsemann, Marlene/Schottroff, Willy (Hrsg.): Schuld und Schulden. Biblische Traditionen in gegenwärtigen Konflikten, München 1992

Das Neue Testament, übersetzt und kommentiert von Wilckens, Ulrich, Köln/Zürich 1991, 8. Aufl.

Dodel, Franz: Weisung aus der Stille, Zürich/Düsseldorf 1999

Douthwaite, Richard/Diefenbacher, Hans: Jenseits der Globalisierung – Handbuch für lokales Wirtschaften, Mainz 1998

Duchrow, Ulrich: Alternativen zur kapitalistischen Weltwirtschaft. Biblische Erinnerung und politische Ansätze zur Überwindung einer lebensbedrohenden Ökonomie, Gütersloh/Mainz 1994, überarbeitete Aufl. 1997

Ders.: Weltwirtschaft heute – ein Feld für bekennende Kirche?, München 1987

Ders./Diez, Lioba: Processus Confessionis: Dient Gott, nicht dem Mammon. Texte zum Ökumenischen Prozeß für Alternativen zur neoliberalen Globalisierung, epd-Dokumentation Nr. 22, Frankfurt 2002

Ders./Hinkelammert, Franz Josef: Leben ist mehr als Kapital. Alternativen zur globalen Diktatur des Eigentums, Oberursel 2002

Evagrios Pontikos: Über die acht Gedanken, Würzburg 1992

Forest, Jim: Das Maß der Liebe. Die Biographie von Dorothy Day, Zürich 1989

Freud, Sigmund: Charakter und Analerotik, in: Gesammelte Werke, Bd. 7, Frankfurt 1977, 6. Aufl., S. 203–213

Fromm, Erich: Haben oder Sein. Die seelischen Grundlagen einer neuen Gesellschaft, Stuttgart/München 1976

Galilea, Segundo: Christ werden zur Befreiung. Persönliche Bekehrung und soziale Veränderung, Salzburg 1983

Gandhi, Mahatma: Die Lehre vom Schwert und andere Aufsätze aus den Jahren 1919–1922, Oberwil 1990

Ders.: Mein Leben, Frankfurt 1983

Goudzwaard, Bob/de Lange, Harry M.: Weder Armut noch Überfluß. Plädoyer für eine neue Ökonomie, München 1990

Gollwitzer, Helmut: Die kapitalistische Revolution, München 1974

Grefe, Greffrath Schumann: attac – was wollen die Globalisierungskritiker? Rowohlt 2002

Gregor von Nazianz: Reden, hrsg. von Kertsch, Manfred, München 1983

Grün, Anselm: Der Himmel beginnt in dir, Freiburg 1994

Häuptling Seattles Rede (William Arrowsmith): Meine Worte sind wie Sterne, sie gehen nicht unter. Reden der Indianerhäuptlinge, München 1986

Häuptling Seattles Rede (Ted Perry 1972): Wie kann man den Himmel verkaufen, Göttingen 1996

Haller, Wilhelm: Die heilsame Alternative. Jesuanische Ethik in Wirtschaft und Politik, Wuppertal 1989

Ders.: Ohne Macht und Mandat. Der messianische Weg in Wirtschaft und Sozialem, Wuppertal 1992

Hardt, Michael/Negri, Antonio: Empire. Die neue Weltordnung, Frankfurt/New York 2002

Hauptmann, Gerhart: Der Narr in Christo Emanuel Quint (Roman von 1910), München 1994

Heine, Heinrich: Die Harzreise, Stuttgart 1972

Hinkelammert, Franz Josef: Die ideologischen Waffen des Todes. Zur Metaphysik des Kapitalismus, Fribourgh 1985
Hugo, Victor: Die Elenden („Les Misérables“, Roman von 1862), übersetzt von Eckert, Ernst Richard, Berlin o.J.
Johne, Karin: Einübung in christliche Mystik, Graz 1991
Jung, Ruth: ATTAC, Sand im Getriebe (mit Beiträgen von José Saramago, Ignacio Ramonet und Bernard Cassen), Hamburg 2002
Kästner, Erich: Gesammelte Schriften, Zürich/München 1969
Kairos Europa e.V.: Arbeitsmappen „Kurz und Knapp“ (zu beziehen über: Kairos Europa, Hegenichstraße 22, D-69124 Heidelberg):
Das internationale Finanzsystem. Funktionsmängel und Reformbedarf (Material für Gemeinden und Basisgruppen)
Wirtschaft und Finanzen als Glaubensfrage (Theologische Impulse für Gemeinden und Gruppen im „Prozess des Bekennens“)
Karrer, Otto (Hrsg.): Franz von Assisi. Legende und Laude, Zürich 1945
Kennedy, Magrit: Geld ohne Zinsen und Inflation. Ein Tauschmittel, das jedem dient, München 1991
Kessler, Wolfgang: Wirtschaften im dritten Jahrtausend. Leitfaden für ein zukunftsfähiges Deutschland, Oberursel 1996
Ders.: Geld und Gewissen. Kompass für ethisch motivierte Sparer, Oberursel 2000
Ders.: Weltbeben. Auswege aus der Globalisierungsfalle, Oberursel 2002
Keynes, John Meynard: The General Theory of Employment, Interest and Money, Cambridge 1986
Kleine Philokalie. Betrachtungen der Mönchsväter über das Herzensgebet, hrsg. von Baumotte, Manfred, Zürich/Düsseldorf 1997
Koller, Dietrich: Heilige Anarchie. Eine Streitschrift gegen die Ämterherrschaft in den Kirchen für das Charisma der Leitung und die Chance der Laien, München 1999
Kurz, Robert: Schwarzbuch Kapitalismus. Ein Abgesang auf die Marktwirtschaft, München 2002
Lao-tse: Tao-Te-King, übersetzt von Debon, Günther, Ditzingen 1979
Luther, Martin: Ausgewählte Werke, hrsg. von Bornkamm, Karin/Ebeling, Gerhard, Frankfurt 1990
Luther, Martin: Werke in Auswahl, hrsg. von Clemen, Otto, Berlin 1962–1968
Marx, Karl/Engels, Friedrich: Die heilige Familie oder Kritik der kritischen Kritik (1845), Ausgabe des Marx-Engels-Instituts,

Moskau/Frankfurt/Berlin (zitiert nach Erich Fromm, Haben oder Sein)
Mayer, Anton: Der zensierte Jesus. Soziologie des Neuen Testaments, Meilen 1983
Meister Eckhart: Predigten und Schriften, ausgewählt von Heer, Friedrich, Frankfurt 1956
Onken, Werner: Silvio Gesell und die Natürliche Wirtschaftsordnung. Eine Einführung in Leben und Werk, Stöfs 1999
Plato: Sämtliche Werke, hrsg. von Otto, Walter F., Reinbek 1957–1959
Rauschnig, Hermann: Gespräche mit Hitler, Wien 1973
Rinser, Luise: Wie, wenn wir ärmer würden – oder die Heimkehr des verlorenen Sohnes, Percha 1974
Sanders, Rainer: Gegen die Verwilderung der Sitten in Wirtschaft und Gesellschaft. Eine Streitschrift, Oberursel 2000
Schmitt, Klaus (Hrsg.): Silvio Gesell – „Marx" der Anarchisten? Texte zur Befreiung der Marktwirtschaft vom Kapitalismus und der Kinder und Mütter vom patriarchalischen Bodenunrecht, Berlin 1989
Schröder, Heinz: Jesus und das Geld. Wirtschaftskommentar zum Neuen Testament, Karlsruhe 1981
Shakespeare, William: Der Kaufmann von Venedig, in: Rothe, Hans (Hrsg.): Der elisabethanische Shakespeare, Baden-Baden/Genf 1955
Sölle, Dorothee: Mystik und Widerstand, Hamburg 1997
Stiglitz, Joseph: Die Schatten der Globalisierung, Berlin 2002
Teilhard de Chardin, Pierre: Das göttliche Milieu, Zürich/Düsseldorf 2000
Tolstoi, Leo: Volkserzählungen, Stuttgart 1951
Toms, Michael (Hrsg.): Money, Money, Money. Die Suche nach Reichtum und die Jagd nach dem Glück, Zürich 1998
Veerkamp, Ton: Autonomie und Egalität, Berlin 1993
Veit, Ludwig: Das liebe Geld. Zwei Jahrtausende Geld- und Münzgeschichte, München/Berlin/London/New York 1969
Weisheit der Väter, hrsg. von Kraft, Heinz, Hamburg 1957
Weisung der Väter (Apophtegmata Patrum), eingeleitet und übersetzt von Müller, Bonifaz, Freiburg 1965 = Sophia. Quellen östlicher Theologie, hrsg. von Zyciak, J./Nyssen, W., Bd. 6
Zoche, Hermann-Josef: Die Jesus AG, München 2002